CB064120

ROGER CROWLEY
Conquistadores

Como Portugal forjou o primeiro império global

TRADUÇÃO
HELENA LONDRES

CRÍTICA

Copyright © Roger Crowley, 2015
Copyright mapas © András Bereznay
Copyright © Editora Planeta do Brasil, 2016
Todos os direitos reservados.
Título original: *Conquerors*

Coordenação editorial: Sandra R. F. Espilotro
Preparação: Tiago Ferro
Revisão: Carmen T. S. Costa / Maria A. Medeiros
Diagramação: A2
Capa: Marcos Gubiotti
Imagem de capa: Theodore de Bry / Getty Images

CIP-BRASIL. CATALOGAÇÃO NA PUBLICAÇÃO
SINDICATO NACIONAL DOS EDITORES DE LIVROS, RJ

C958c

Crowley, Roger
 Conquistadores : como Portugal forjou o primeiro império global / Roger Crowley ; tradução Helena Londres. - 1. ed. - São Paulo : Planeta, 2016.

 Tradução de: Conquerors
 ISBN 978-85-422-0880-1

 1. Portugal - História - Período de descobertas, 1385-1580. I. Título.

16-36473   CDD: 946.902
                             CDU: 94(469)

MISTO
Papel produzido a partir
de fontes responsáveis
FSC® C011188
www.fsc.org

Ao escolher este livro, você está apoiando o manejo responsável das florestas do mundo

2022
Todos os direitos desta edição reservados à
Editora Planeta do Brasil Ltda.
Rua Bela Cintra 986, 4º andar – Consolação
São Paulo – SP – 01415-002
www.planetadelivros.com.br
atendimento@editoraplaneta.com.br

SUMÁRIO

MAPAS   10
PRÓLOGO: A PROA DA EUROPA   15

PARTE I: RECONHECIMENTO, A ROTA PARA AS ÍNDIAS
O PLANO DAS ÍNDIAS   25
A CORRIDA   39
VASCO DA GAMA   55
"O DIABO O CARREGUE!"   77
O SAMORIM   95

PARTE II: COMPETIÇÃO: MONOPÓLIOS E GUERRA SANTA
CABRAL   117
O DESTINO DO *MIRI*   133
FÚRIA E VINGANÇA   145
POSTO AVANÇADO   155
O REINO DA ÍNDIA   173

A GRANDE MERETRIZ DA BABILÔNIA	189
" O TERRÍVEL"	205
TRÊS DIAS EM CHAUL	221
"A IRA DOS FRANCOS"	239
DIU	249

PARTE III: CONQUISTA: O LEÃO DO MAR

AS PORTAS DO SAMORIM	265
"OS PORTUGUESES NUNCA ABREM MÃO DAQUILO QUE GANHAM"	277
PRISIONEIROS DA CHUVA	291
OS USOS DO TERROR	303
PARA O OLHO DO SOL	309
A BALA DE CERA	329
"TODAS AS RIQUEZAS DO MUNDO EM SUAS MÃOS"	345
A ÚLTIMA VIAGEM	361

EPÍLOGO: "ELES NUNCA PARAM NUM SÓ LUGAR"	379
AGRADECIMENTOS	387
NOTAS	389
BIBLIOGRAFIA	403
ÍNDICE REMISSIVO	407

A Pascal, que inspirou e encorajou a viagem,
com muitos agradecimentos.

O mar com limites pode ser grego ou romano;
O mar sem fim é português.

Fernando Pessoa

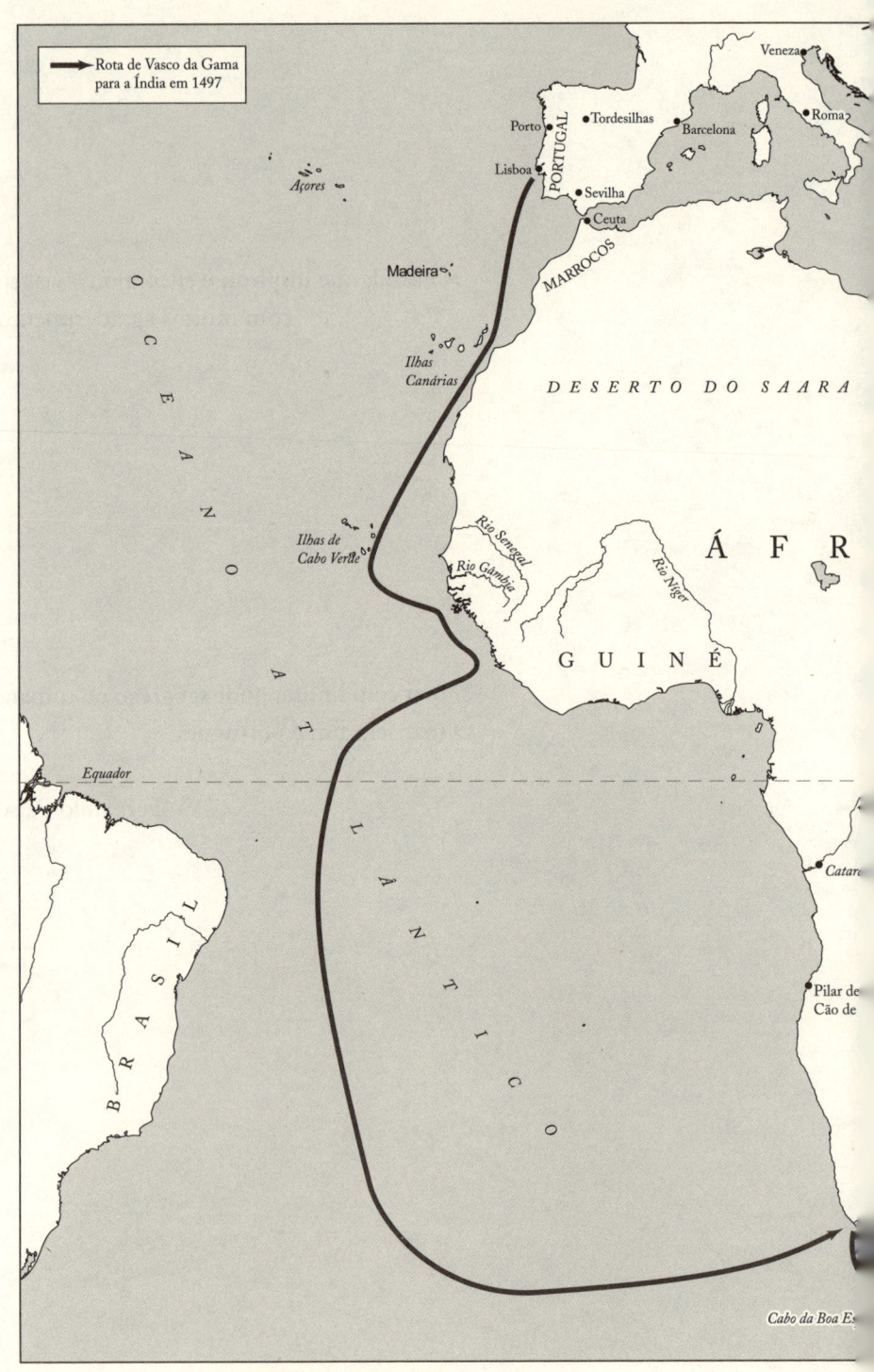

De Portugal para a Índia c. 1500

A

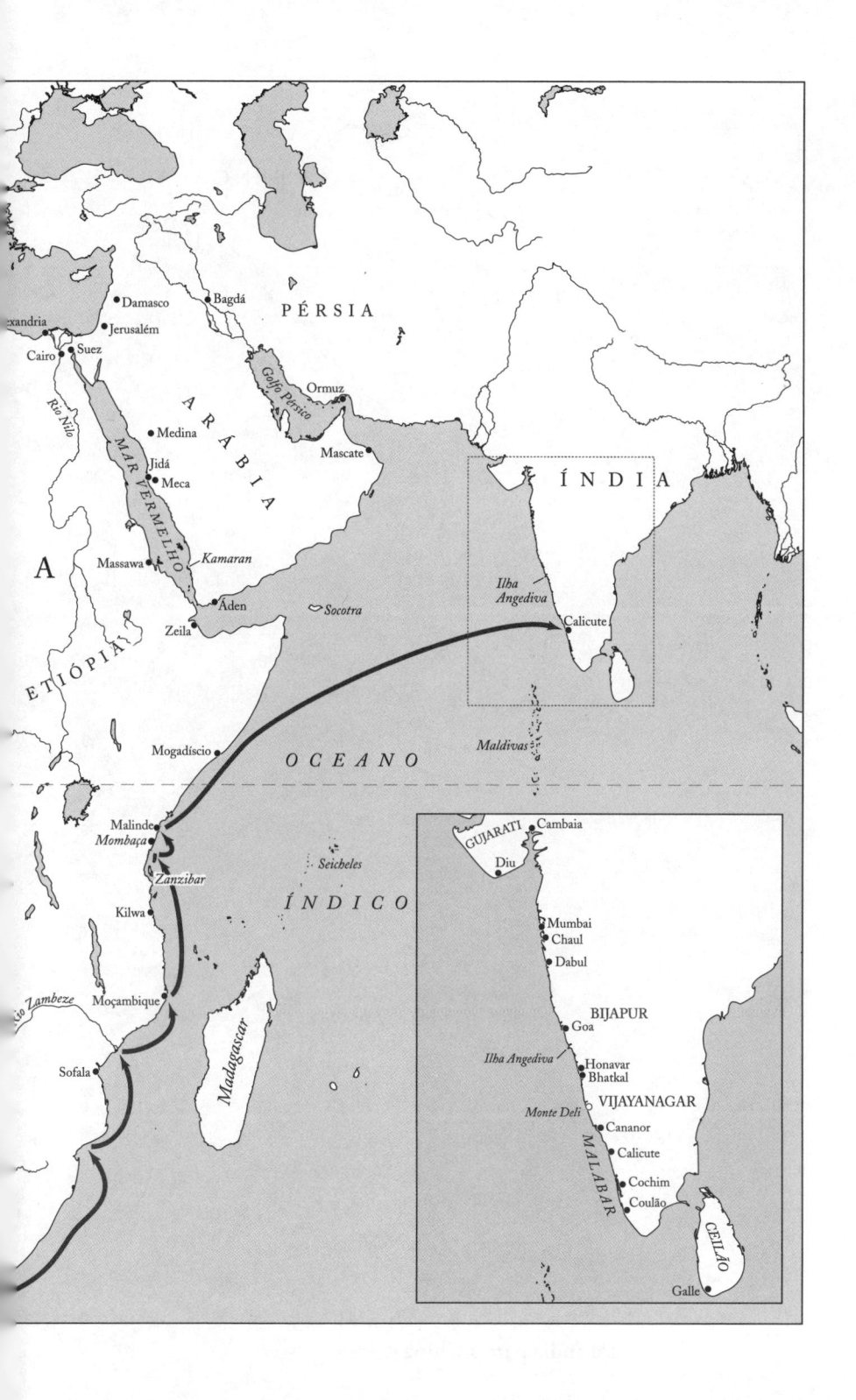

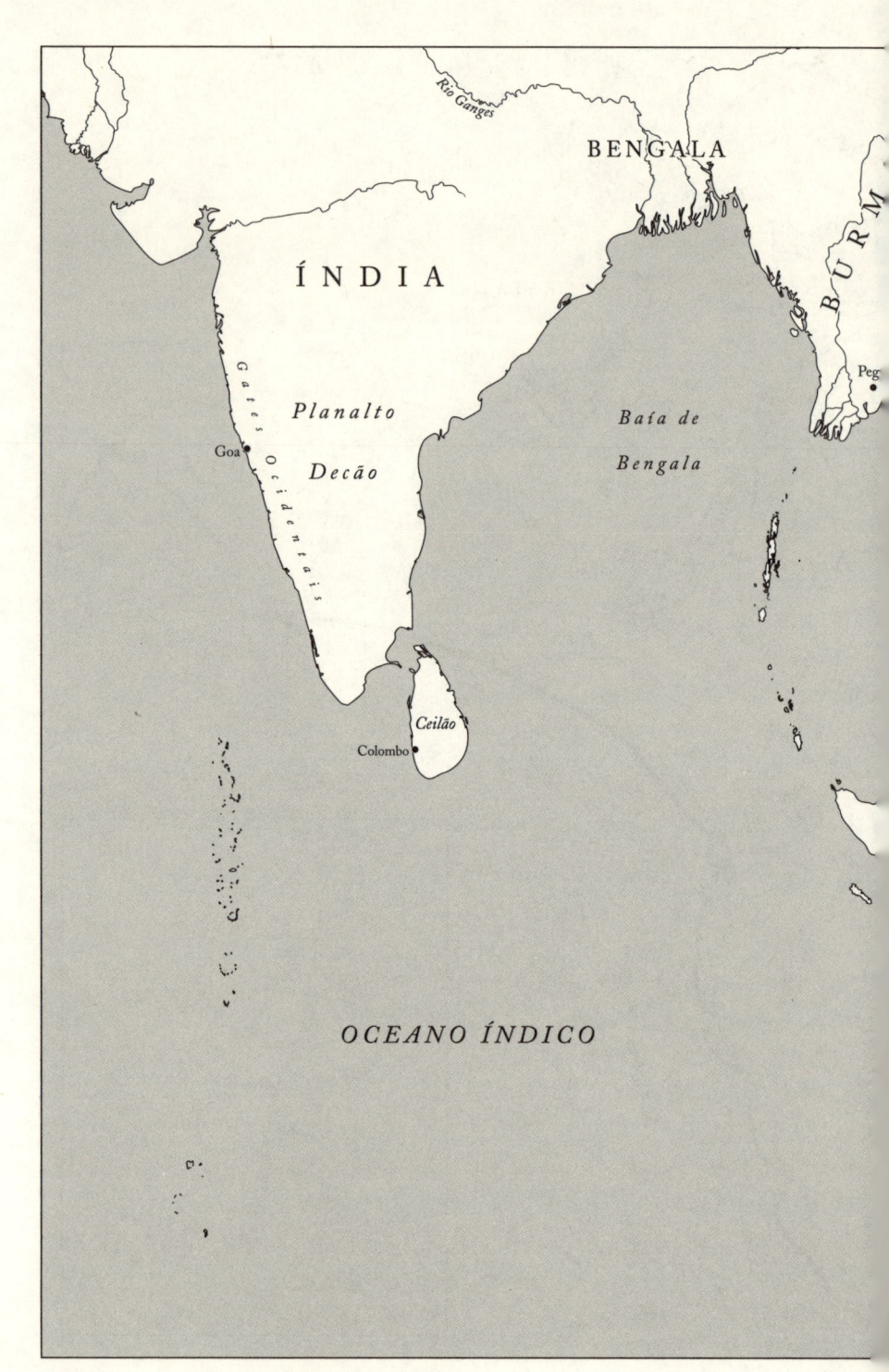

Da Índia para a China *c.* 1500

Map

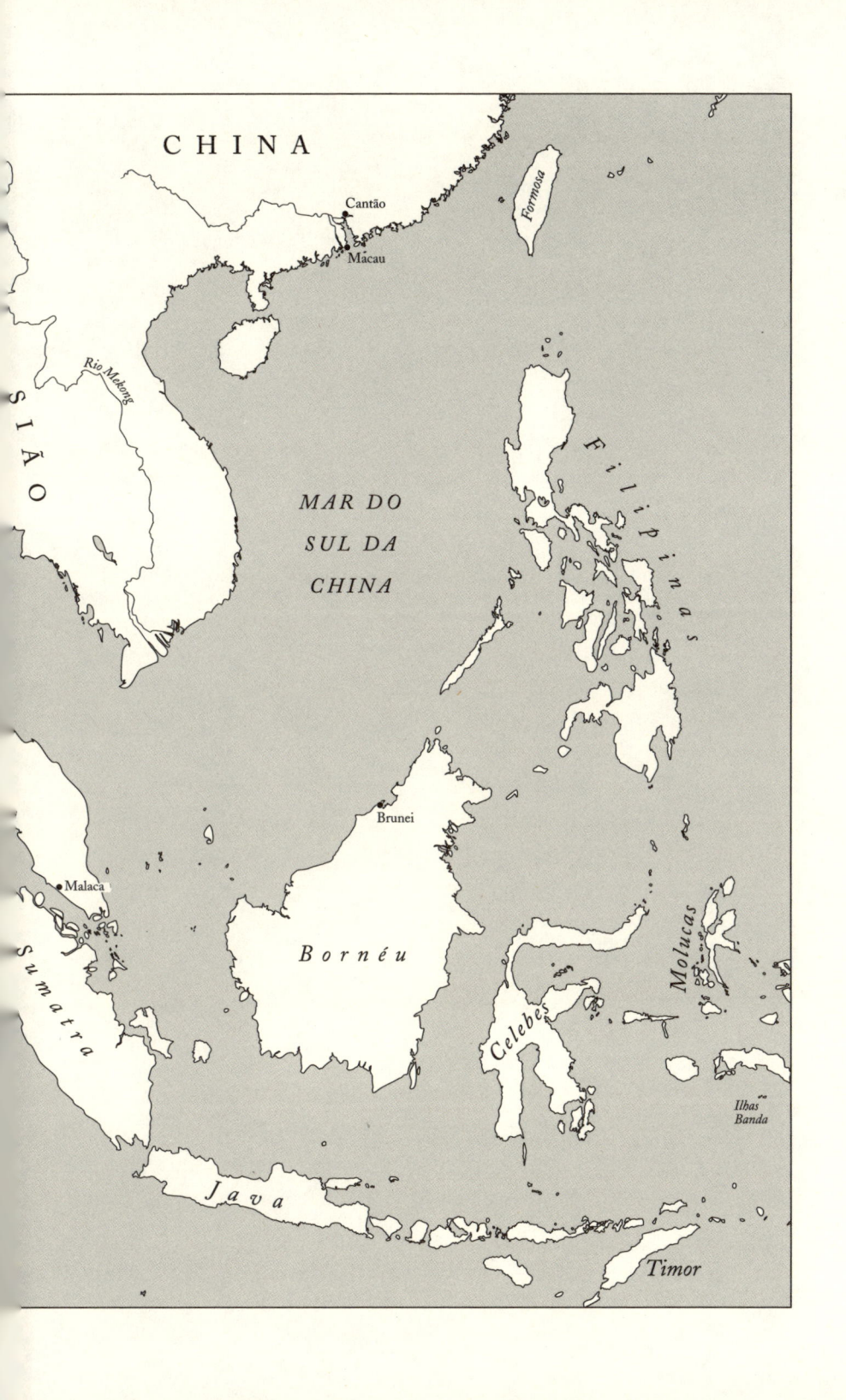

CHINA

Cantão
Macau
Formosa
Rio Mekong
SIÃO
MAR DO SUL DA CHINA
Filipinas
Malaca
Brunei
Sumatra
Bornéu
Celebes
Molucas
Ilhas Banda
Java
Timor

PRÓLOGO

A PROA DA EUROPA

Em 20 de setembro de 1414, a primeira girafa a ser vista na China aproximava-se do palácio imperial em Pequim. Uma multidão de observadores espichava a cabeça para ter um vislumbre desse ser curioso, "com corpo de veado e rabo de boi, um chifre carnudo, sem osso, com manchas luminosas que pareciam uma nuvem vermelha ou uma bruma púrpura", de acordo com o embevecido poeta da Corte, Shen Du. O animal parecia inofensivo: "Seus cascos não pisam em criaturas vivas... seus olhos vagueavam sem cessar. Estão todos encantados com ele". A girafa era levada por uma trela por seu cuidador, um bengalês; era um presente do longínquo sultão de Melinde, na África Oriental.

O gracioso animal, captado numa pintura da época, era o troféu exótico de uma das mais estranhas e espetaculares expedições da história marítima. Durante trinta anos, no início do século XV, o imperador da recém-estabelecida dinastia Ming, Yongle, enviou uma série de armadas aos mares ocidentais como demonstração do poderio chinês.

Eram frotas grandes. A primeira, de 1405, era constituída de cerca de 250 navios carregando 28 mil homens. No centro iam os navios do tesouro, juncos com conveses múltiplos, nove mastros e 440 pés de comprimento, dotados de inovadores compartimentos herméticos para flutuação e lemes imensos, com quarenta metros quadrados. Eram acompanhados por um séquito de embarcações de apoio, transportadores de tropas, navios de combate e tanques de água – com os quais se comunicavam por um sistema de bandeiras, lanternas e tambores. Além dos navegadores, marinheiros, soldados e trabalhadores auxiliares, eles levavam também tradutores para se comunicar com os povos bárbaros do Ocidente e cronistas para o registro das viagens. As frotas carregavam alimento suficiente para um ano – os chineses não queriam dever favores a ninguém – e navegavam direito pelo coração do oceano Índico, da Malásia até o Sri Lanka, com bússolas e placas astronômicas calibradas esculpidas em ébano. Os navios do tesouro eram conhecidos como jangadas das estrelas, com potência suficiente para viajar até a Via Láctea. "Nossas velas", diz um relato, "grandiosamente desfraldadas como nuvens, continuam seu curso dia e noite, rápido como o de uma estrela, atravessando as ondas selvagens." O almirante era um muçulmano chamado Zheng He, cujo avô havia feito a peregrinação a Meca e se orgulhava do título de Eunuco Três Gemas.

Essas expedições – seis durante a vida de Yongle e uma sétima em 1431-1433 – foram épicos da navegação. Cada qual durou de dois a três anos, e abrangeram todo o oceano Índico, de Bornéu a Zanzibar. Embora tivessem ampla capacidade de repelir piratas e depor monarcas, e também levassem produtos para comercializar, não eram originalmente empreendimentos militares nem econômicos, mas exibições cuidadosas de poder diplomático, ou *soft power*. As viagens dessas jangadas das estrelas eram demonstrações não violentas de projeção da magnificência da China para os Estados costeiros da Índia e da África Oriental. Não havia tentativa de ocupação militar nem obstáculos às áreas de livre-comércio. Com um tipo de lógica reversa, eles conseguiram demonstrar que a China não queria nada, desejava dar, e não tomar: "Ir aos países [bárbaros]", nas palavras de uma nota da época, "e dar presentes a eles de modo a transformá-los, exibindo o nosso poder". Os embaixadores dos povos da periferia do oceano Índico, intimidados, voltavam com a frota para pagar tributo a Yongle – para reconhecer e admirar a China como centro do mundo. Pedras preciosas, pérolas, ouro, marfim e animais exóticos que eles expunham diante do imperador eram pouco mais que um reconhecimento simbólico da superioridade chinesa. "Os países além do horizonte e nos confins da Terra se tornaram todos súditos", anotaram eles. Os chineses referiam-se ao mundo do oceano Índico, embora tivessem uma boa ideia do que ainda havia além dele. Enquanto a Europa refletia sobre os horizontes para além do Mediterrâneo, como os oceanos se conectavam e o feitio possível da África, aparentemente os chineses já sabiam de tudo isso. No século XIV, eles fizeram um mapa mostrando o continente africano como um triângulo agudo, com um grande lago no meio e rios correndo para o norte.

No ano seguinte à chegada da girafa a Pequim e a 39 mil quilômetros de distância, uma forma de poder diferente alcançava o litoral da África. Em 1415, uma frota portuguesa navegou pelo estreito de Gibraltar e atacou o porto muçulmano de Ceuta, no Marrocos, um dos baluartes mais bem fortificados e estratégicos de todo o Mediterrâneo. Sua captura deixou a Europa pasma. No início do século XV, a população de Portugal não ultrapassava 1 milhão de habitantes. Seus reis eram pobres demais para cunhar suas próprias moedas de ouro. As bases da economia eram a pesca e a agricultura de subsistência, mas sua pobreza era igualada apenas por suas aspirações. D. João I, o Bastardo, fundador da reinante Casa de Aviz, apoderou-se da Coroa do país em 1385 e impôs a independência de Portugal do vizinho reino de Castela. O ataque a Ceuta tinha o propósito de absorver as energias inquietas da nobreza em uma campanha que combinava a bravura medieval com as paixões das cruzadas. Os portugueses tinham chegado para lavar as mãos no sangue infiel. Seguiram o contrato à risca. Três dias de pilhagem e massacres saquearam um lugar descrito antes como "a flor de todas as cidades da África [...] sua porta de saída e sua chave". Esse golpe assombroso chamou a atenção dos rivais europeus para o fato de que o pequeno reino era autoconfiante, enérgico – e se movimentava.

Três dos filhos de João – Duarte, Pedro e Henrique – fizeram jus a seus nomes em Ceuta, num dia de luta feroz. No dia 24 de agosto, na mesquita, ritualmente purificada com sal e renomeada Nossa Senhora da África, eles foram sagrados cavaleiros por seu pai. Para os jovens príncipes, esse foi um marco do destino. Em Ceuta, os portugueses tinham sido agraciados com um primeiro vislumbre da riqueza da África e do Oriente. A cidade era a principal saída para as caravanas que traficavam ouro do rio Senegal através do Saara, e o entreposto mais a oeste para o comércio de especiarias muçulmanas com as Índias. Para aqui, escreveu o cronista português, vinham todos os comerciantes do mundo, "de Etiópia, de Alexandria, da Síria, da Barbária, da Assíria... além daqueles do Oriente que viviam do outro lado do rio Eufrates, e das Índias... e de muitas outras terras que estão fora do eixo e ficam além da nossa vista". Os conquistadores cristãos viram com os próprios olhos os depósitos de pimenta-do-reino, cravo e canela, e depois intencionalmente os destruíram em busca de tesouros enterrados. Saquearam os estandes de 24 mil comerciantes apócrifos e saíram destruindo moradias abundantemente acarpetadas de mercadores ricos e cisternas subterrâneas maravilhosamente abobadadas e azulejadas. "Nossas pobres casas pareciam chiqueiros, comparadas às de Ceuta", escreveu uma testemunha ocular. Foi ali que Henrique logo percebeu a riqueza que poderia ser alcançada "além do eixo" se a barreira islâmica pudesse ser flanqueada ao longo da costa da África. Ceuta marcou o início da expansão portuguesa, o limiar de um novo mundo.

Foi o destino e a sorte de Portugal ter sido deixado fora da movimentada arena do comércio e das ideias no Mediterrâneo. No limite exterior da Europa, na periferia da Renascença, os portugueses só conseguiam olhar com inveja a riqueza de cidades como Veneza e Gênova, que haviam monopolizado o mercado de produtos luxuosos do Oriente – especiarias, seda e pérolas – comercializados com as cidades islâmicas de Alexandria e Damasco e revendidos a preços de monopólio.

Em vez disso, eles encararam o oceano.

Trinta e dois quilômetros a oeste do porto marítimo de Lagos, a costa de Portugal termina em um cabo rochoso que avança para o Atlântico, o cabo de São Vicente. Aí é a proa da Europa, o ponto localizado no extremo sudoeste do continente. Decerto na Idade Média o mundo terminava ali. Dos penhascos rochosos o olhar abrange uma ampla extensão de água e sente o impacto do vento. O horizonte se encurva a oeste para um ponto de fuga onde o sol mergulha numa noite desconhecida. Durante milhares de anos, os habitantes da margem da península Ibérica olharam desse litoral para o nada.

Os árabes, cujo amplo conhecimento do mundo parava um pouco além do estreito de Gibraltar, chamavam essa ponta de Verde Mar da Escuridão: mistério aterrador e potencialmente infinito. Desde os tempos antigos, ele vinha sendo fonte de infinitas especulações. Os romanos tinham ouvido falar das ilhas Canárias, rudimentos de rochas 160 quilômetros a sudoeste, que eles chamavam de Afortunadas e das quais mediam longitudes – todas apontando para o leste. Para o sul, a África desvanecia-se em lendas, seu volume e ponto mais distante eram desconhecidos. Em mapas antigos e medievais, pintados em tiras de papiro ou pergaminho, o mundo em geral é um prato circular rodeado de oceano, a América não tinha sido descoberta, e as extremidades da Terra eram separadas por uma insuperável barreira de água escura. O geógrafo clássico Ptolomeu, de profunda influência na Idade Média, acreditava que o oceano Índico era fechado, inacessível por navio. Mesmo assim, a expectativa portuguesa a partir do cabo de São Vicente era de oportunidade para eles. Foi ao longo desse litoral, com um longo aprendizado em pesca e navegação, que eles aprenderam a arte da navegação em alto-mar e os segredos dos ventos do Atlântico, e isso daria a eles uma inigualável maestria. Na sequência de Ceuta, começaram a usar esse conhecimento para realizar as viagens ao longo do litoral africano que viriam a consolidar a tentativa de alcançar as Índias por mar.

Os empreendimentos das cruzadas contra os muçulmanos no Norte da África estariam profundamente relacionados com a aventura marítima portuguesa. Num arco simétrico, a Casa Real de Aviz começou sua ascensão em Ceuta, em 1415, e foi destruída 163 anos depois. Nesse ínterim, os portugueses avançaram mais depressa e chegaram mais longe do que qualquer outro povo na história. A partir de um início estabelecido, eles seguiram ao longo da costa da África, rodearam o cabo das Tormentas e alcançaram a Índia em 1498; chegaram ao Brasil em 1500, à China em 1514 e ao Japão em 1543. Foi um navegador português, Fernão de Magalhães, que permitiu à Espanha circum-navegar a Terra após 1518. A campanha de Ceuta foi um ponto de partida para esses projetos; foi concebida em segredo, como uma saída para paixões religiosas, comerciais e nacionalista, alimentadas por um ódio subjacente do mundo islâmico. Nas cruzadas ao Norte da África, diversas gerações de conquistadores portugueses tiveram sua primeira experiência com a guerra. Ali, eles despertaram o apetite marcial e desenvolveram reflexos violentos que traumatizariam os povos do oceano Índico e permitiriam que um pequeno número de invasores adquirisse enorme poder. No século XV, a população portuguesa inteira era pouco maior que a da cidade chinesa de Nanjing, e ainda assim seus navios exerciam um poder mais aterrador que as armadas de Zheng He.

As espantosas frotas dos Ming, comparativamente, eram tão avançadas e caras quanto uma ida à Lua – cada qual custava a metade da receita interna anual do país –, e deixavam para trás tão pouco quanto pegadas na poeira lunar. Em 1433, durante a sétima expedição, Zheng He morreu, possivelmente em Calicute, no litoral indiano. É provável que tenha sido sepultado no mar. Depois dele, as jangadas das estrelas nunca mais navegaram. A corrente política na China tinha mudado: os imperadores fortificaram a Grande Muralha e se fecharam atrás dela. As viagens oceânicas foram proibidas, e todos os registros, destruídos. Em 1500, passou a ser crime capital construir um navio com mais de dois mastros; cinquenta anos depois, era crime navegar num deles. A tecnologia das jangadas das estrelas desapareceu com o corpo de Zheng He nas águas do oceano Índico e deixou para trás um vácuo de poder à espera de ser preenchido. Quando Vasco da Gama alcançou a costa da Índia, em 1498, o povo local só conseguia transmitir relatos confusos sobre visitantes misteriosos, com barbas estranhas e navios incríveis que uma vez tinham chegado a suas praias. Zheng He só deixou um monumento significativo de suas viagens: uma placa comemorativa escrita em chinês, tamil e árabe, oferecendo graças e louvores a Buda, Shiva e Alá, respectivamente: "Ultimamente temos enviado missões para anunciar nossos poderes às nações estrangeiras, e durante a viagem pelo oceano, foram agraciadas com as bênçãos de sua proteção beneficente. Escaparam de desastre e da má sorte, e viajaram em segurança para lá e para cá". Esse era um generoso gesto de tolerância religiosa elaborado em Galle, perto da ponta sudoeste do Ceilão (hoje Sri Lanka), onde os navios viravam a costa ocidental da Índia para o mar da Arábia.

Os portugueses chegaram sem bênçãos ou magnificência. Os minúsculos navios de Gama, com cerca de 150 homens, podiam todos caber dentro de um dos juncos de Zheng He. Os presentes que ofereceram ao rei hindu eram tão miseráveis que ele se recusou a inspecioná-los, mas os portugueses anunciaram suas intenções com cruzes vermelhas pintadas nas velas e canhões de bronze. Ao contrário dos chineses, primeiro eles atiraram, e nunca foram embora; a conquista era um projeto nacional em curso, e ano após ano eles aprofundaram suas posições, até ficar impossível expulsá-los.

O monumento de Galle existe até hoje. É coroado por dois dragões chineses disputando o mundo, mas foram marujos portugueses que primeiro ligaram os oceanos e lançaram as fundações para uma economia mundial. Suas façanhas têm sido amplamente desconsideradas. Esse é um episódio épico de longo alcance em navegação, comércio, tecnologia, finanças, cruzadas, diplomacia política, espionagem, batalhas marítimas, naufrágios, resistência, coragem – e extrema violência. Em seu âmago, foi uma explosão surpreendente por cerca dos trinta anos que formam o tema deste livro, quando esses poucos portugueses, liderados por um punhado de extraordinários construtores de impérios, tentaram destruir o islã e controlar o oceano Índico inteiro e o comércio mundial. Nesse processo, eles assentaram as fundações de um império marítimo com alcance global e deram início à grande era das descobertas europeias. A era histórica de Vasco da Gama pôs em movimento quinhentos anos de expansão ocidental e as forças da globalização que ainda hoje moldam o nosso mundo.

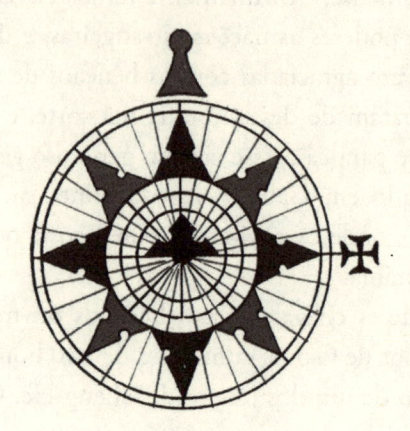

PARTE I
RECONHECIMENTO

A rota para as Índias

1483-1499

1
O PLANO DAS ÍNDIAS

1483-1486

13° 25' 7" S, 12° 32' O" E

Em agosto de 1483, um grupo de marinheiros castigados pelo tempo estava puxando um pilar de pedra para a posição vertical em um promontório na costa do que hoje é Angola. Ele tinha cerca de um metro e meio de altura e era encimado por uma cruz de ferro fixada a um pedestal com chumbo derretido. Sua haste cilíndrica tinha o topo modelado em forma de cubo, em cujas faces estavam gravados o escudo português e uma inscrição:

> Na era de 6681 anos da criação do mundo, há 1482 anos do nascimento de Nosso Senhor Jesus, o mais Alto e Excelente e Poderoso príncipe, rei d. João II de Portugal, enviou Diogo Cão, escudeiro desta Casa, para descobrir esta terra e plantar estes pilares.

O monumento, um minúsculo furo de alfinete na imensidão da África, marcava o ponto mais ao sul da exploração europeia além das praias do Mediterrâneo. Era ao mesmo tempo um ato de posse pouco modesto e um bastão carregado para o sul, promontório a promontório, ao longo da costa ocidental da África, em busca de um caminho marítimo para a Índia. O monumento proclamava suas próprias mitologias a respeito de tempo, identidade e missão religiosa. Cão plantou uma sequência desses memoriais de pedra enquanto navegava para o sul sob as ordens de seu rei. Esculpidos provavelmente no ano anterior, daí o desencontro das datas, nas verdes colinas de Sintra, perto de Lisboa, e carregados por milhares de milhas em uma caravela que balançava muito, eles eram atos de profunda intenção, como uma bandeira americana numa nave espacial preparada para o pouso na Lua. À medida que Cão olhava de seu pilar para o sul, a costa parecia se encurvar para leste. Talvez tenha pensado estar próximo do final da África. O caminho para a Índia estava à vista.

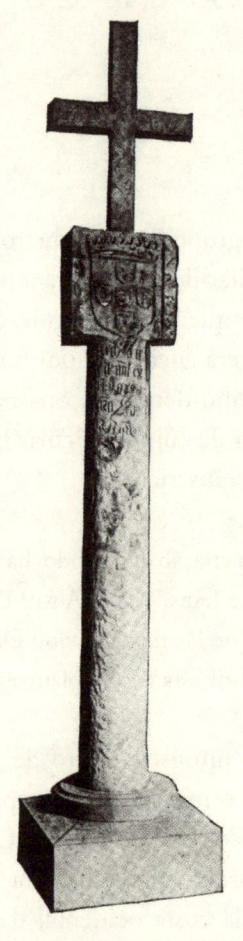

Pilar de Diogo Cão.

Como uma missão espacial *Apollo*, esse momento representava décadas de esforço. Na sequência de Ceuta, o príncipe Henrique, que passou à corrente sanguínea da história como Henrique, o Navegador, começou a patrocinar expedições ao longo da costa da África em busca de escravos, ouro e especiarias. Ano após ano, de promontório a promontório, navios portugueses se aventuravam na direção sudoeste da África Ocidental, medindo com cautela a profundidade mergulhando linhas pesadas com ponta de chumbo à medida que avançavam, sempre cuidadosos com baixios e recifes. Nesse processo, eles começaram a delinear o feitio de um continente: as costas desertas da Mauritânia, os luxuriantes litorais tropicais da região que eles chamaram de Guiné, a terra dos Pretos, e os grandes rios da África equatorial: Senegal, Gâmbia e rio Grande. Sob a direção de Henrique, incursões e comércio andavam de mãos dadas com a curiosidade etnográfica e o mapeamento. Cada cabo e baía era sucessivamente assinalado com um alfinete num mapa, batizado com o nome de um santo cristão, de uma característica visível ou de algum evento.

Essas expedições eram empreitadas modestas – dois ou três navios, sob a direção de um escudeiro da Casa de Henrique, embora a navegação e a administração do navio fossem de responsabilidade de um piloto experiente e em geral anônimo. Cada qual levava alguns soldados, com as bestas de prontidão ao se aproximarem de um litoral desconhecido. Os navios propriamente ditos – caravelas – eram um desenvolvimento português, possivelmente de origem árabe. Suas velas latinas triangulares permitiam que navegassem próximos da *linha* do vento, coisa inestimável para fazer a volta da costa da Guiné; o baixo calado as tornava ideais para entrar em estuários. Eram muito adequadas para a exploração, mesmo que o pequeno porte – mal chegavam a oitenta pés de comprimento por vinte de largura – limitasse o espaço para suprimentos, fazendo com que as longas viagens se tornassem um desafio.

As motivações de Henrique eram ambíguas. Portugal era pequeno e empobrecido, à margem dos negócios europeus e cercado pelo seu poderoso vizinho, o reino de Castela. Em Ceuta, eles vislumbraram um mundo diferente. Henrique e seus sucessores esperavam ter acesso às fontes do ouro africano, aprisionar escravos e obter especiarias. Ele foi influenciado por mapas medievais produzidos em Maiorca por um cartógrafo judeu que mostrava rios reluzentes levando o reino à lendária Mansa Musa, "rei dos reis", que governara o reino de Mali no início do século XIV e controlara as fabulosas minas de ouro do rio Senegal. Os mapas sugeriam que alguns rios cruzavam o continente inteiro e se ligavam ao Nilo. Eles alimentavam a esperança de que a África pudesse ser atravessada por vias fluviais.

A Casa Real projetou essas viagens para o papa como cruzadas – prosseguimento da guerra contra o islã. Os portugueses tinham expulsado os árabes de seu território muito antes de seus vizinhos em Castela e estabeleceram um precoce sentido de identidade nacional, mas o apetite pela guerra santa permaneceu imutável. Como monarcas católicos, a Casa Real de Aviz procurava legitimidade e paridade nos palcos europeus como guerreiros de Cristo. Numa Europa que se sentia cada vez mais ameaçada pelo islã militante, em particular depois da queda de Constantinopla, em 1453, eles obtiveram do papado concessões espirituais e financeiras, além de direitos territoriais sobre as terras exploradas em nome de Cristo. A ordem de Roma para as cruzadas justificava "invadir, buscar, capturar, vencer e subjugar todos os sarracenos e pagãos e outros inimigos de Cristo, [...] e reduzir suas pessoas à escravidão perpétua".

Além disso, os portugueses eram impelidos por um desejo de executar grandes feitos. Henrique e seus irmãos eram meio ingleses – a mãe deles era Philippa de Lancaster, bisneta de Eduardo III; eram primos de Henry V, vitorioso em Agincourt. Uma atmosfera de bravura cavalheiresca, alimentada pela ancestralidade anglo-normanda e pelos romances medievais, pairava pesadamente sobre a Corte Real e infundia em seus nobres irrequietos uma mistura de orgulho espinhoso, coragem impulsiva e um desejo de glória, todos ligados à febre das cruzadas. Esse grupo de nobres – em português, *fidalgos*, literalmente, "filhos de algo" – vivia, lutava e morria por um código de honra que acompanharia os portugueses pelo mundo todo.

Por trás da iniciativa da África jazia um sonho muito antigo da cristandade militante: o de contornar o islã, que bloqueava o

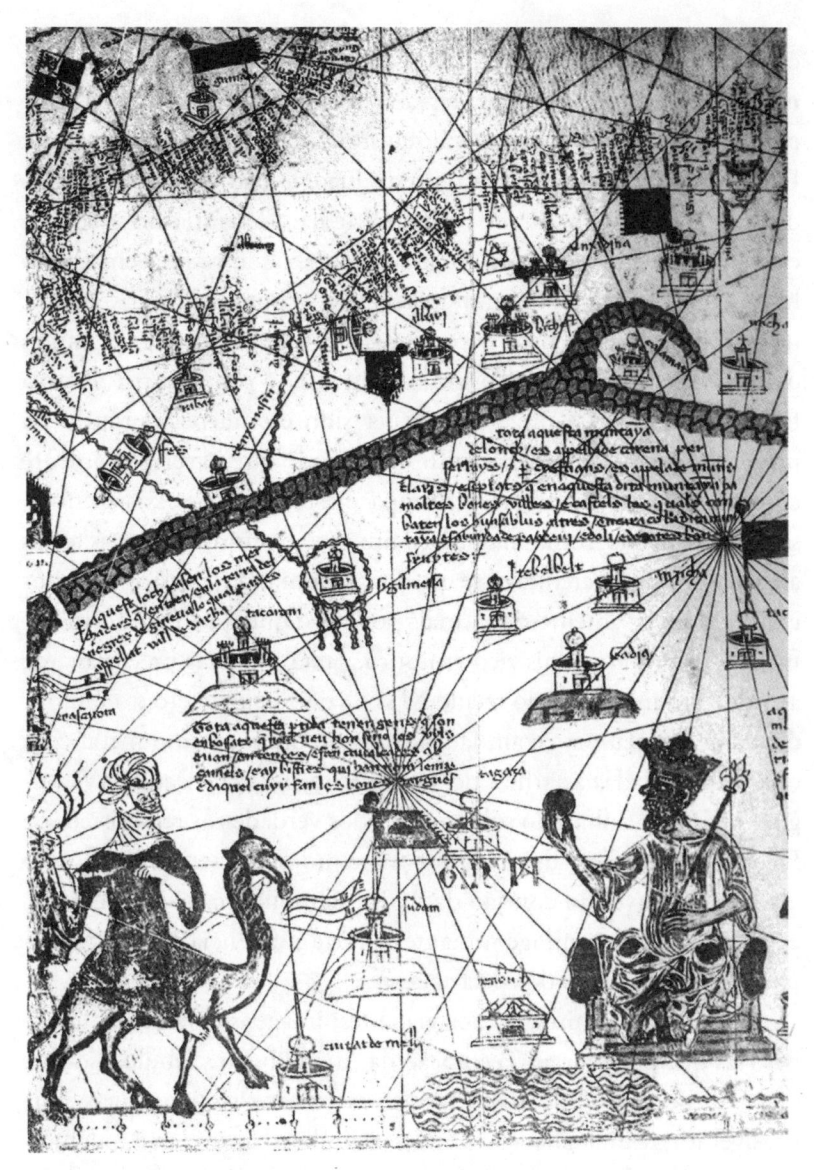

Detalhe do atlas catalão de 1375, produzido em Maiorca, mostrando Mansa Musa segurando uma pepita de ouro. Ao norte, o mítico rio de Ouro, a costa do Norte da África e o Sul da Espanha.

caminho para Jerusalém e para a riqueza do Oriente. Alguns dos mapas retratavam uma figura régia vestida com um manto vermelho e uma mitra de bispo na cabeça, seu trono reluzente de ouro polido. Esse era o lendário rei cristão, Preste João – João, o Padre. O mito do Preste João vinha desde a Idade Média. Consistia no credo da existência de um poderoso monarca cristão que residia em algum lugar além da barreira do mundo islâmico e com quem a cristandade ocidental poderia se ligar para destruir o infiel. Essa crença surgiu de histórias de viajantes, falsificação literária – sob a forma de uma famosa carta com a pretensão de ter sido escrita pelo próprio rei no século XII – e conhecimento obscuro de que haveria realmente comunidades cristãs além da Europa: nestorianos na Ásia Central, seguidores de são Tomás na Índia e um antigo reino cristão nas terras altas da Etiópia. Acreditava-se que Preste comandava vastos exércitos e que era imensamente rico, "mais poderoso que qualquer outro homem no mundo e mais rico em ouro, prata e pedras preciosas", de acordo com um relato do século XIV. Dizia-se que o teto e o interior das casas em seu país eram ladrilhados de ouro, mesmo metal com que eram forjadas as armas de seu exército. Lá pelo século XV, a figura de Preste tinha sido sobreposta à dos verdadeiros reis cristãos da Etiópia, e os mapas sugeriam que seu reino podia ser alcançado por via fluvial através do coração da África. Durante mais de um século essa deslumbrante miragem manteria forte influência sobre a imaginação e as estratégias dos portugueses.

Os mapas; as histórias dos viajantes; imagens confusas de grandes rios que penetrariam o coração da África; boatos fabulosos sobre ouro; rumores de poderosos monarcas cristãos com os quais seria possível forjar uma aliança contra o mundo islâmico: esse rodamoinho de meias-verdades, satisfação de desejos e geografia equivocada infiltraram-se na visão de mundo dos portugueses. Foi o que os atraiu ainda mais para o sul, ao longo da costa africana, em busca do rio de Ouro, o rio que os levaria a Preste João. Cada golfo, cada foz de rio parecia algo promissor para seus navios perscrutadores, mas o impulso costa abaixo foi conquistado com dificuldade. A maré violenta fazia com que deitar âncora se tornasse um ato traiçoeiro;

a recepção das populações locais era sempre tensa. Os portugueses encontraram vastas lagoas e pântanos de mangues tortuosos na foz dos rios, nevoeiros densos, calmarias e violentas tempestades de chuvas equatoriais. A zona das febres atingiu fortemente os marinheiros. Dentro do golfo da Guiné, os ventos locais e uma forte corrente de leste para oeste dificultavam o progresso, mas os navegantes durante muito tempo foram impulsionados por uma corrente na direção leste da costa. Aos poucos eles passaram a acreditar que lentamente atingiriam a ponta mais ao sul da África e que as riquezas da Índia poderiam ser alcançadas por mar, e não por rios; mas o feitio e o tamanho do continente, cinquenta vezes maior do que a península Ibérica, desconcertaram e confundiram seus conceitos prévios durante quase oito anos.

A ideia de contornar as garras do islã sobre a Europa era ao mesmo tempo econômica e ideológica. O comércio direto com os povos da África Subsaariana, a obtenção de ouro e possivelmente de especiarias – a imagem da pepita de ouro na mão do rei de Mali – tinham um enorme poder de atração: ligar-se ao Preste João e seu exército mítico e atacar o islã pela retaguarda também eram argumentos persuasivos. Com a morte de Henrique, a iniciativa vacilou durante algum tempo, até ser impulsionada outra vez nos anos 1470 por seu sobrinho-neto, o príncipe João. Foi quando João se tornou rei, em 1481, que o projeto da África recebeu um estímulo inteiramente novo.

Barba preta e rosto comprido, e com expressão um tanto melancólica, exibindo "um ar de tal gravidade e autoridade que todos o reconheciam como rei", João era "um homem que comandava os outros e não era comandado por ninguém". Ele talvez fosse o monarca europeu mais notável do início da Idade Moderna. Para o povo português, João passaria à história como o Príncipe Perfeito. Sua rival, Isabel, rainha de Castela e depois do reino unificado da Espanha, fez-lhe o supremo elogio. Ela simplesmente se referiu a ele como "O Homem". João estava preocupado com "o profundo desejo de fazer coisas grandiosas", e a primeira das coisas grandiosas para as quais ele estendeu a mão foi a exploração da África. Ao subir ao trono, embarcou em um intenso período de cinco anos de exploração financiada pelo Estado, esperando satisfazer dois objetivos: encontrar um caminho para as Índias e alcançar o lendário reino de Preste João. Foi a Diogo Cão, erguendo pilares ao longo da costa ocidental da África, que ele confiou a tarefa.

D. João, o Príncipe Perfeito.

Entretanto, por volta de 1480 circulavam pelo cais de Lisboa outras ideias a respeito de uma possível rota para as Índias. A cidade era a fronteira da exploração, um laboratório de testes das ideias a respeito do mundo. Por toda a Europa, astrônomos, cientistas, cartógrafos e mercadores se referiam a Portugal para obter as mais recentes informações acerca do continente africano. Matemáticos judeus, comerciantes genoveses e cartógrafos alemães sentiam-se atraídos para o burburinho da cidade, a vista do oceano sem limites na boca do rio Tejo (ou Tagus), de onde as caravelas portuguesas voltavam com escravos negros, papagaios de cores brilhantes, pimenta-do-reino e mapas desenhados à mão. O interesse de João pela arte de navegar levou à formação de um comitê científico munido desses recursos intelectuais. Isso incluía José Vizinho, discípulo do grande astrônomo e matemático judeu da época, Abraão Zacuto, e do alemão Martin Behaim, mais tarde criador de um protótipo do globo terrestre.

Movidos pelo interesse na pesquisa científica, os dois realizaram viagens em navios portugueses para empreender observações solares.

Enquanto Cão avançava lentamente pela costa, no verão de 1483, o aventureiro genovês Cristóvão Colombo – em italiano, Cristoforo Colombo, conhecido pelos espanhóis como Cristóbal Colón – estava na Corte Real de Lisboa, propondo uma estratégia alternativa para alcançar as Índias. João já conhecia essa estratégia. Uma década antes ele lembrara de uma carta e de um mapa sobre o assunto, do famoso matemático e cosmógrafo florentino Paolo Toscanelli. Toscanelli havia proposto uma "rota marítima daqui até a Índia, a terra das especiarias; uma rota mais curta do que pela Guiné". Seu raciocínio era que, como o mundo era esférico, podia-se chegar às Índias navegando em qualquer direção, e a viagem seria mais curta se navegassem para o oeste. Fora a ainda invisível barreira das Américas, Toscanelli cometera um erro fundamental: ele calculou para menos a circunferência da Terra. Mas a carta e o mapa estavam destinados a se tornar ingredientes poderosos na aceleração da corrida pelo mundo que tomara a península Ibérica nas décadas finais do século. Colombo conhecia ou tinha uma cópia da carta de Toscanelli, e agora se aproximava ousadamente de João pedindo os recursos para fazer a tentativa. O rei estava preparado para manter sua mente aberta. Apresentou a proposta do superconfiante Colombo para consideração do comitê de sábios e matemáticos, e esperou a volta de Cão.

Cão retornou a Lisboa no início de abril do ano seguinte, 1484, com um relatório sobre o litoral voltado para leste. João questionou minuciosamente seu explorador e ficou bastante satisfeito com os resultados, a ponto de premiá-lo com uma grande pensão anual e elevação à nobreza, com seu próprio escudo de armas. Cão escolheu a figura de dois pilares coroados por cruzes para seu emblema. Para João, as Índias estavam ali na esquina. Parecia que mais uma expedição resolveria o caso.

O relatório de Cão foi o fim imediato das esperanças de Colombo. Tanto a atitude quanto a matemática do genovês foram consideradas errôneas. O comitê de João julgou que Colombo havia aumentado o erro de Toscanelli a respeito do tamanho do mundo:

ele encolhera o mundo em 25%, na sua estimativa da distância até as Índias, e isso certamente foi considerado inadmissível, como eram também inadmissíveis suas exigências de recompensa. "O rei, que considerou Cristóvão Colombo prepotente e impositivo ao falar de suas habilidades, enganado e fantasioso a respeito da [posição da] ilha do Japão, deu-lhe pouco crédito", lembrou o historiador português João de Barros, "e com seu desapontamento, ele deixou o rei e partiu para a Espanha, onde também foi apregoar sua petição". Colombo passou a ocupar-se do *lobby* junto a Isabel e Fernando, aproveitando a rivalidade entre os dois reinos para fazer avançar seu projeto.

Enquanto isso, o rei João confiava no sucesso. Em maio ou junho de 1485, Cão, acompanhado por Martin Behaim, partiu outra vez, com novos pilares para cravar na extremidade da África. Alguns meses mais tarde, o rei português trombeteava ao mundo que seus marujos estavam próximos do desafio final. Em novembro, seu orador, Vasco Fernandes de Lucena, elaborava a submissão do rei ao novo papa, Inocêncio VIII, numa declaração ressonante de nacionalismo e cruzada santa. Ele falou do Preste João e da

> [...] bem fundamentada esperança de que, com a exploração do mar da Arábia, onde os reinos e nações daqueles que habitam a Ásia, apenas obscuramente conhecidos de nós, praticam com grande devoção a fé sagrada do salvador, em relação aos quais, se for verdade o que os mais sábios geógrafos propõem, a navegação portuguesa está a poucos dias de alcançar. Na verdade, tendo explorado a maior parte do litoral africano, nossos homens chegaram perto do promontório de Prassus [o fim da África] apenas no ano passado, onde o mar Árabe começa; tendo explorado todos os rios, costas e portos numa distância de mais de 7.240 quilômetros de Lisboa, a partir da mais rigorosa observação do mar, da terra e das estrelas. Assim que essa região for explorada, veremos uma enorme acumulação de riquezas e honra para todo o povo cristão e especialmente para vós, Santíssimo Padre.

Lucena continuava, citando o Salmo 72: "Ele dominará também de mar a mar, e do rio até os confins da terra". O rio era o Jordão; poderia muito bem ter sido o Tejo, na visão cada vez mais global de João.

Entretanto, no mesmo instante em que Lucena falava, as esperanças do rei viam-se outra vez frustradas. A milhares de quilômetros dali, Cão descobria que a tendência para leste da terra era ilusória, não passava de uma grande baía que logo se voltava outra vez para o sul, em um litoral aparentemente interminável. Naquele outono ele montou mais um pilar, num promontório 160 milhas ao sul; a costa gradualmente mudou da floresta equatorial para colinas de areia baixas, estéreis, com vegetação esparsa e semidesértica. Cão atingiu o mais longínquo limite de resistência em janeiro de 1486, num lugar que ele chamou de cabo da Cruz, na moderna Namíbia, onde plantou seu pilar em meio a uma colônia de focas aquecendo-se nas rochas negras. Parecia que a África ia continuar para sempre, e o próprio Cão escorrega pelas fendas da história nesse ponto, e desaparece. Ou morreu na viagem de volta, ou conseguiu voltar a Lisboa, e João, furioso e envergonhado pelo fracasso dessa missão publicamente celebrada, condenou-o à vergonha e à obscuridade.

Seja lá qual tenha sido seu destino, Cão acrescentou mais 2.330 quilômetros de litoral ao glossário dos cartógrafos. Os portugueses pareciam infatigáveis em sua resistência e disposição de ir até os limites do mundo conhecido, navegando pelos mares bravios em suas ágeis caravelas ou sondando os rios enormes da África Ocidental em busca do obscuro reino de Preste João e uma rota terrestre para o Nilo. Muitos pereceram na tentativa. Morreram em naufrágios, de malária e atingidos por flechas envenenadas, deixando seus pequenos marcadores como talismãs contra o esquecimento.

Não há memorial mais pungente das tentativas de Cão do que o da catarata de Ielala, no rio Congo. Quem chegou até ali navegou ou remou cerca de 160 quilômetros rio acima a partir do mar, passando por pântanos de mangues e margens de florestas densas. À medida que avançavam, a corrente aumentava em ferocidade, até que eles chegaram a uma garganta na rocha e a cachoeiras estrondosas, uma colossal torrente de água derramando-se do coração da África. Quando não puderam ir adiante, abandonaram suas embarcações e arrastaram-se por dezesseis quilômetros sobre as rochas, na esperança de encontrar água navegável a montante, mas a sucessão de corredeiras os derrotou. Na face de um penhasco projetado acima de uma violenta torrente, deixaram uma escultura, monumento de um tipo diferente. As armas do rei João, uma cruz e algumas palavras: "Aqui chegaram os navios do ilustre monarca dom João II de Portugal, Diogo Cão, Pedro Anes, Pedro da Costa, Álvaro Pires, Pêro Escobar A...". Embaixo, à direita e entalhados numa letra diferente, outros nomes: "João de Santiago, Diogo Pinheiro, Gonçalo Álvares, de doença João Álvares..."; em outro lugar, apenas um nome próprio: "Antão".

A principal inscrição gravada nas rochas da catarata de Ielala.

As inscrições eram irregulares, suas circunstâncias eram tão ambíguas quanto uma última entrada no diário de um explorador polar. Revelam os nomes dos homens que capitaneavam os navios – Diogo Cão e os outros gravados ao lado da cruz –, mas é improvável que os comandantes estivessem presentes. É provável que Cão tivesse ordenado uma viagem secundária para sondar a navegabilidade do Congo; são esses homens que formam o segundo grupo de nomes. Os dois conjuntos de inscrições estão incompletos, como se tivessem sido interrompidos no mesmo momento. É evidente que os homens estavam doentes ou mortos, provavelmente de malária. Será que estavam fracos demais para continuar? Será que foram surpreendidos ou atacados enquanto arranhavam a pedra? O incomum é que não havia data; nem havia qualquer registro contemporâneo dessa exploração, desconhecida até que exploradores europeus toparam com a inscrição, em 1911.

A ideia portuguesa de uma rota fluvial ou terrestre cruzando a África, alimentada pelas suposições dos geógrafos antigos e as páginas douradas dos cartógrafos medievais, demorou a morrer. A crença de que os grandes rios da África Ocidental se ligavam ao Nilo, que o reino do Preste João por pouco estava fora do alcance, ao longo de um continente cuja largura tinham calculado mal, condenou os portugueses a décadas de esforço persistente e desconcertante. João despachou diversas missões terrestres em busca de informação, ouro e prestígio. A sondagem rio Congo acima foi feita repetidamente. Caravelas navegaram oitocentos quilômetros subindo o rio Senegal, mas foram barradas pelas corredeiras de Felu. Quando missão semelhante foi detida nas cascatas de Barrakunda, na Gâmbia, João enviou engenheiros para quebrar as rochas do leito do rio, mas eles foram derrotados pela escala da tarefa. Ao mesmo tempo, empregados e escudeiros da Casa Real partiram para o interior a pé. Pequenas equipes cruzaram o deserto da Mauritânia até Wadan e Timbuktu; até os reinados de Jolof e Tokolor; até o rei Mandinga, que eles conheciam como Mandi Mansa, na Nigéria superior. Alguns voltaram com relatos de reinos e rotas de comércio; outros sumiram.

Mas João não desistia, sem se amedrontar nem com a obstrução das corredeiras de Gâmbia e do Congo, nem com o litoral da África, que não cessava de retroceder, nem com a localização incerta de um rei cristão semimítico. O âmbito, a coerência e a persistência de seu projeto da Índia eram espantosos. Em 1486, seu comitê de geógrafos em Lisboa se debruçava cada vez mais intensamente sobre disformes mapas do mundo. Enquanto Colombo pressionava os monarcas da Espanha para empreender sua rota pelo oeste, o rei intensificava seus esforços. No mesmo ano, o termo *descobrimento* foi registrado por escrito pela primeira vez em idioma português.

2

A CORRIDA

1486-1495

O castelo de São Jorge, em Lisboa, situado em um promontório rochoso com vista de longo alcance sobre o rio Tejo, continha entre seus tesouros um suntuoso mapa do mundo. Ele fora encomendado trinta anos antes pelo pai do rei João, Afonso, a um monge cartógrafo de Veneza, com a instrução de resumir o melhor conhecimento geográfico da época.

Fra Mauro produziu um extraordinário trabalho artístico, minuciosamente detalhado e iluminado com folha de ouro, os mares ondulantes em azul vivo e as imagens das cidades encasteladas. Parecendo um enorme escudo circular, com três metros de diâmetro e orientado para o sul, seguindo a tradição árabe, o mapa mostrava algo que nenhuma outra carta europeia havia mostrado antes: retratava a África como um continente isolado, dotado de um cabo ao sul, que ele chamou de cabo do Diabo. Embora a África esteja seriamente distorcida, e de muitos detalhes já terem sido ultrapassados pelas descobertas portuguesas da época de João, Fra Mauro tentara aplicar uma abordagem com base em evidências. Veneza, com seus profundos contatos comerciais com o Oriente, era o órgão centralizador de informações de histórias de viajantes a respeito do mundo para além da Europa.

A representação é salpicada por centenas de comentários textuais em tinta vermelha e azul, tiradas principalmente de relatos de primeira mão de Marco Polo e de um viajante do século XV chamado Niccolò de Conti, além de "informações de todas as novas descobertas feitas ou projetadas pelos portugueses". "Muitos pensavam e muitos escreveram que o mar não engloba nossa zona temperada habitável pelo sul", anota Mauro no mapa, "mas há muitas evidências apoiando uma opinião contrária, e especialmente as dos portugueses, porque o rei de Portugal enviou suas caravelas para verificar o fato por inspeção ocular." Atenção especial é dada às ilhas das especiarias e aos portos do oceano Índico – de interesse particular para os portugueses –, e Mauro ataca diretamente uma afirmação-chave da geografia de Ptolomeu: que o oceano Índico era um mar fechado. A evidência particular que ele apresenta para uma rota inteiramente marítima para as Índias inclui o relato do antigo geógrafo Strabo acerca dessa viagem, além de uma história, provavelmente contada por Conti, da viagem de um junco chinês que dizia-se ter navegado em torno da África.

O mapa de Fra Mauro cristalizou de forma visual a ambição dos portugueses de encontrar uma rota marítima para as Índias. Acentuou, além disso, o pouco que os europeus sabiam. Nunca o mundo estivera mais dividido. Os europeus da Idade Média tinham menos contato com o Oriente do que tivera o Império Romano. Marco Polo percorrera as rotas da seda controladas pelos mongóis e voltara pelo oceano Índico em um junco chinês. Seu relato permaneceu imensamente influente, porque as ligações quase diretas do século XV com o Oriente haviam sido cortadas. O Império Mongol desabara, destruindo as rotas terrestres de longo alcance; na China, seu sucessor, a dinastia Ming, depois das viagens espetaculares das jangadas das estrelas, tinha sido tomada pela xenofobia e fechou suas fronteiras. Com exceção dos relatos de Conti, quase todo o conhecimento europeu tinha quase duzentos anos. O islã cercou a Europa cristã. Os otomanos chegaram à Europa e bloquearam as rotas terrestres. A dinastia Mamluk, no Cairo, controlava a desejada riqueza do Oriente e a comercializava por meio de Alexandria e Damasco com preços de monopólio. Sobre as fontes exatas das especiarias, sedas e pérolas vendidas aos venezianos e genoveses, só havia rumores.

Sem se deixar desanimar pelo fracasso de Cão em torno da África, João persistiu. O âmbito de sua investigação se tornou cada vez mais abrangente. Nada escapava. Sob suas ordens, dois monges partiram pelo Mediterrâneo para buscar informações sobre o Preste João no Oriente. A respeito da rota pelo oeste proposta por Colombo, João cobriu suas apostas. Licenciou um aventureiro flamengo chamado Fernão de Ulmo com a concessão para navegar para oeste durante quarenta dias com duas caravelas, financiando a própria viagem e com direito sobre qualquer terra que descobrisse, pagando à Coroa 10% sobre todos os ganhos. O rei efetivamente concedeu à iniciativa privada um empreendimento que ele julgava especulativo, mas que não podia descartar definitivamente. Essas iniciativas não deram resultados. Parece que Ulmo não conseguiu levantar os recursos. Os monges deram a volta em Jerusalém porque não sabiam falar árabe. Nem um pouco intimidado, João tentou outra vez.

O rei tinha reunido ao seu redor uma geração leal de pilotos, marinheiros e aventureiros altamente talentosos, escolhidos sobretudo pelo talento, e não pelo status social, e ele agora os convocava para um impulso final. Em 1486, João planejou energicamente uma abordagem em três frentes para resolver o problema da Índia e localizar o Preste João. Ele atacaria a questão nas duas pontas. Uma excursão mais focalizada navegaria além dos pilares de Cão e tentaria contornar a África; ao longo do caminho, deixaria nativos africanos que falassem português para buscar informações a respeito do lendário rei cristão no interior do continente; e corrigiria o fracasso da iniciativa terrestre para o leste recrutando pessoas que falassem árabe para penetrar o interior das Índias a fim de obter informações sobre especiarias, reis cristãos e a possibilidade de rotas de navegação para o oceano Índico.

Em outubro de 1486, pouco depois da volta de Cão – ou da volta de seus navios –, João designou um cavalheiro de sua Casa, Bartolomeu Dias, para comandar a próxima expedição pelo litoral da África. Mais ou menos à mesma época, ele escolheu substitutos para uma expedição por terra para o oceano Índico.

O homem que ele recrutou para essa tarefa foi Pero de Covilhã. Covilhã tinha cerca de quarenta anos, era um aventureiro de mente rápida, múltiplos talentos, de origem humilde, exímio espadachim, servidor leal dos reis portugueses e espião. Além do português, ele falava castelhano fluentemente, e, mais importante ainda, árabe, que provavelmente aprendeu com a população árabe na Espanha. Já tinha trabalhado em operações sigilosas para João na Espanha e empreendido negociações secretas com o rei de Fez, no Marrocos. Foi a Covilhã e a outro português que falava árabe, Afonso de Paiva, que o rei confiou uma operação ousada.

Na primavera de 1487, enquanto Dias preparava seus navios, os dois homens recebiam instruções do bispo de Tânger e de dois matemáticos judeus, membros da comissão que rejeitara Colombo. Eles apresentaram aos aventureiros um mapa de navegação do Oriente Médio e do oceano Índico, supostamente a melhor conjectura disponível na Europa para o mundo além do Mediterrâneo, provavelmente inspirado no trabalho de Fra Mauro. No dia 7 de maio, eles tiveram a última audiência secreta com o rei em seu palácio, em Santarém, fora de Lisboa, onde lhes foram dadas cartas de crédito para pagar a passagem na viagem marítima até Alexandria. Entre aqueles que sabiam dessa audiência estava o duque de Beja, dom Manuel, de dezoito anos, primo do rei, para quem a memória dessa expedição viria a ter importância especial. Durante o verão, eles embarcaram em um navio de Barcelona para a ilha cristã de Rodes, onde compraram um estoque de mel que lhes permitisse passar pelos mercadores no mundo árabe. Dali, pegaram outro navio até Alexandria, portal do mundo islâmico.

De volta a Lisboa, Dias dava os retoques finais em sua expedição pelo litoral oeste da África. Deram-lhe duas caravelas pertencentes à Coroa e também, pela natureza de longo alcance da viagem e da capacidade limitada das caravelas, um navio de armazenagem de cordame quadrado "para carregar provisões extras, porque em diversas ocasiões a [falta delas] enfraquecera os navios que exploravam, durante a viagem de volta". Depois da expedição de Cão, os navios carregavam também certo número de pilares de pedra para marcar os estágios da viagem. O próprio Dias era um homem do mar experiente e levou consigo os melhores pilotos da época, entre eles Pero de Alenquer, destinado a desempenhar papel-chave nos empreendimentos na Índia. Alenquer era estimado pelo rei João, que a seu respeito dizia ser "o homem que por sua experiência e habilidade em navegação merece ter honrarias, favores e ser bem gratificado". O piloto do navio de suprimentos era João de Santiago, registrado na inscrição das cataratas de Ielala, que seria inestimável para retraçar a viagem de Cão de volta ao seu ponto final.

Essa pequena flotilha saiu do Tejo em algum dia no final de julho ou início de agosto de 1487. Viria a se tornar uma das expedições mais significativas na história das explorações, mas também uma das mais misteriosas. Passou quase despercebida nos registros da época, como se os cronistas portugueses estivessem olhando para outro lado. Existem apenas algumas notas à margem, dispersas em mapas e livros, e menções fortuitas em crônicas. Fora isso, seus detalhes, sua abrangência e suas realizações esperariam sessenta anos para ser registrados pelo historiador João de Barros, no século XVI. Se os detalhes exatos das instruções de navegação de Dias foram perdidos, a substância delas pode ser reconstruída: primeiro, prosseguir para o sul além da última marca de Cão, em busca do obscuro promontório Prassus, o ponto final da África. Segundo, desembarcar pessoas ao longo da costa para buscar mais informações a respeito de uma rota interior ou fluvial para o reino do Preste João. Isso, em conjunção com as jornadas de Paiva e Covilhã, constituiu uma estratégia determinada e coerente para resolver o mistério do caminho para a Ásia.

Com essa finalidade, Dias levava consigo seis africanos, dois homens e quatro mulheres, que tinham sido sequestrados por Cão em uma de suas jornadas e aos quais ensinaram português, porque, de acordo com João de Barros, "o rei ordenou que eles fossem deixados ao longo do caminho pela costa, bem-vestidos e supridos com amostras de prata, ouro e especiarias". A intenção era que eles, "indo às aldeias, contassem às pessoas a grandeza de seu reino e da riqueza que lá havia, e como seus navios navegavam ao longo dessa costa, e que buscavam a descoberta da Índia, e especialmente um rei chamado Preste João". As mulheres foram especialmente escolhidas, já que não seriam mortas em disputas tribais.

Em Alexandria, os dois espiões, Covilhã e Paiva, estavam morrendo de febre.

Dias navegou ao longo da costa ocidental da África, passando o último pilar de Cão, dando nomes aos cabos e baías em homenagem aos dias dos santos, à medida que avançava; pelos marcos, o progresso da expedição pode ser datado: sucessivamente, golfos de Santa Marta (8 de dezembro), São Tomé (21 de dezembro) e Santa Vitória (23 de dezembro); no dia de Natal eles chegaram a uma baía que chamaram de golfo de São Cristóvão. Estavam no mar havia quatro meses, ziguezagueando contra um vento sudoeste que soprava ao longo do litoral, com uma corrente que puxava para o norte. Em diversos locais da costa eles devem ter desembarcado seus infelizes embaixadores, embora um já tivesse morrido na viagem; dos outros, nada mais foi registrado. Foi nesse ponto que resolveram deixar o navio de suprimentos com nove homens a bordo para ser recolhido na volta, nas praias da Namíbia.

Durante vários dias as duas caravelas avançaram ao longo de uma costa desolada de colinas baixas. Foi então que os pilotos tomaram uma decisão espantosa. A cerca de 29 graus para o sul, eles desistiram da batalha áspera contra os ventos e correntes adversas. Em vez disso, afastaram os navios da costa, baixaram suas velas a meio mastro e lançaram-se no vazio do oceano a oeste, com o objetivo intuitivo de navegar para leste. Ninguém sabe exatamente por que isso aconteceu; pode ter sido uma manobra antes elaborada, ou um momento de genialidade, uma intuição a respeito dos ventos do Atlântico, com base em experiências prévias de navegar de volta pela costa da Guiné. Isso envolvia um bordejo para oeste, para longe da costa africana, levando os navios para fora, em um grande arco para o centro do Atlântico, onde eles captavam os ventos que os levavam para leste, de volta a Portugal. Talvez, raciocinaram eles, o mesmo

A caravela: ideal para exploração, mas pequena para longas viagens.

ritmo se aplicasse ao sul do Atlântico. Qualquer que fosse a lógica, esse foi um momento decisivo na história do mundo.

Durante treze dias, e por cerca de 1.600 quilômetros, as naus com velas a meio mastro navegaram para o nada. Ao entrar nas latitudes antárticas, ficou muito frio. Homens morreram. Cerca de 38 graus ao sul, a intuição deu resultado. Os ventos se tornaram mais variáveis. Eles viraram os navios para leste, na esperança e expectativa de atingir a costa infinitamente longa da África, que imaginavam ainda correr de norte a sul. Navegaram por vários dias. Terra nenhuma manchava o horizonte. Ficou decidido que virariam os navios outra vez para o norte, na esperança de encontrar terra. Em alguma hora, lá pelo final de janeiro, viram montanhas altas; em 3 de fevereiro de 1488, desembarcaram em uma ponta que batizaram de baía das Vacas. Eles estavam em mar aberto havia cerca de quatro semanas; a grande volta que fizeram levou-os além do cabo da Boa Esperança e do cabo das Agulhas, o ponto mais ao sul da África, onde o oceano Atlântico se encontra com o Índico.

A chegada em terra foi tensa. Eles viram um grande rebanho de vacas guardadas por pessoas "com cabelo lanoso, como os da Guiné". Não conseguiram se comunicar com aqueles pastores. Nove anos mais tarde, o piloto Pero de Alenquer esteve lá outra vez e lembrou o que aconteceu. Quando os portugueses colocaram os presentes na praia, os nativos simplesmente fugiram. O lugar era evidentemente provido de uma fonte, mas "quando Dias estava captando água, perto da praia, eles tentaram impedi-lo, e quando arremessaram pedras de uma colina, ele matou um deles com a flecha de uma besta".

Depois dessa escaramuça, eles navegaram mais uns 320 quilômetros, e a costa virou inequivocamente para o nordeste. Agora, pela primeira vez, parecia que eles tinham contornado a ponta da África; a água ficava mais quente, porém o ataque dos mares tinha cobrado seu preço. No dia 20 de março, eles alcançaram uma baía onde plantaram seu último pilar; nesse momento, as tripulações exaustas, "a uma só voz, começaram a murmurar, reclamando que não deviam proceder ainda além, dizendo que os suprimentos estavam se exaurindo [e] que precisavam voltar para o navio de carga, que tinham deixado para trás com provisões, e que agora estava tão distante que, quando chegassem lá, já estariam todos mortos". Dias queria prosseguir, mas era obrigado, por suas instruções de navegação, a consultar os outros oficiais em questões importantes. Eles concordaram em continuar por apenas alguns dias; quando chegaram a um rio, que batizaram de rio Infante, fizeram a volta. Parecia evidente que Dias estava decepcionado, mas acolheu a decisão da maioria. O historiador João de Barros, ao escrever sessenta anos mais tarde, retrata os passos de Dias: "Ao partir do pilar que erigira naquele lugar, ele foi tomado de grande tristeza e profunda emoção, como se estivesse dizendo adeus a um filho banido para sempre; lembrou os grandes perigos enfrentados por ele e seus homens, como tinham viajado longe para chegar apenas àquele ponto, e que Deus não tinha lhe concedido o grande prêmio". "Ele viu a terra da Índia", disse outro cronista, "mas não conseguiu entrar nela, como Moisés na Terra Prometida." Mas isso eram imaginações retrospectivas.

De volta a Lisboa, enquanto esperava notícias de Dias ou de Covilhã, o rei João ainda protegia suas apostas. Ele não podia afastar definitivamente as vantagens da rota pelo oeste e estava muito consciente da rivalidade crescente com a Espanha. No dia 20 de março, ele concedeu a Colombo um salvo-conduto para voltar a Lisboa, onde este foi preso por causa de dívidas. Enquanto isso, Covilhã e Paiva haviam milagrosamente se recuperado da febre que os atingira em Alexandria. Eles tomaram um barco Nilo abaixo até o Cairo, uma caravana pelo deserto até o mar Vermelho e depois navegaram para Áden, na boca desse mar. Ali os dois homens se separaram, Paiva partindo para a Etiópia, rumo ao que acreditava ser o reino do Preste João, e Covilhã para a viagem à Índia.

Voltando agora seus navios para leste a fim de retornar para casa, Dias teve uma visão do cabo da Boa Esperança pela primeira vez. Aquele foi um momento histórico: essa prova definitiva do final da África demoliu para sempre o dogma da geografia de Ptolomeu. De acordo com Barros, Dias e seus companheiros o chamaram cabo das Tormentas, que o rei João mudou para cabo da Boa Esperança, "porque prometia a descoberta da Índia, há tanto tempo desejada e buscada". Dias deixou o cabo com um belo vento de popa.

Os homens do navio de suprimentos haviam sido abandonados nas praias desertas da Namíbia por nove meses, esperando desanimados as caravelas que talvez jamais voltassem a ver. Quando elas regressaram, em 24 de julho de 1488, dos nove homens, apenas três estavam vivos. Os outros tinham sido mortos pela população local numa escaramuça por causa das mercadorias de troca. Entre os mortos, muito possivelmente estava o irmão do próprio Bartolomeu, Pero. Para um dos sobreviventes, Fernão Colaço, o escrevente do navio, fraco e doente, a visão das caravelas foi demais. Disseram que ele morreu "de alegria ao ver seus companheiros". O navio estava podre, cheio de gusanos. Depois de transferir seu conteúdo, queimaram-no na praia e seguiram para casa. As castigadas caravelas reentraram no Tejo em dezembro de 1488. Dias estivera seis meses fora, descobrira cerca de 2 mil quilômetros de litoral novo e rodeara a África pela primeira vez.

Só ficamos sabendo de seu retorno por uma nota marginal escrita num livro por Cristóvão Colombo, ainda em Lisboa, sob salvo-conduto. É evidente que ele foi testemunha do relato que Dias fez ao rei:

> Note-se que em dezembro deste ano, 1488, desembarcou em Lisboa Bartolomeu Didacus [Dias], o comandante de três

caravelas, que o rei de Portugal enviara à Guiné para explorar a terra e que relatou que navegara seiscentas léguas além do mais longe atingido até então, ou seja, 450 léguas para o sul, depois 150 léguas para o norte, até um cabo que ele nomeou de cabo da Boa Esperança, cabo este que julgamos estar em Agisimba, sua latitude, como determinada pelo astrolábio, sendo 45º S, e sua distância de Lisboa, 3.100 léguas. Essa viagem, ele [Dias] a retratou e descreveu de légua em légua numa carta de navegação, de modo que pudesse mostrar ao rei; a tudo o que eu estava presente.

As latitudes que Colombo mencionou foram submetidas a um caloroso debate histórico, mas parece não haver dúvidas de que ele estava presente quando o rei e seus cosmógrafos se debruçaram sobre os detalhes da viagem, cujas anotações vazariam rapidamente para os mapas da época. Dias tinha realizado duas façanhas primordiais. Ele demonstrara definitivamente que a África era um continente com uma rota marítima para a Índia, abolindo alguns dos preceitos da geografia de Ptolomeu; e, por sua inspiração em fazer o desvio para fora, no mar, ele solucionara a parte final do enigma dos ventos e sugerira o modo de chegar até lá – não descendo junto à costa da África, mas fazendo um arco pelo Atlântico vazio, numa alça larga, e depois confiando nos seguros ventos de oeste para que levassem os navios ao redor da ponta do continente. Essa foi a culminação de sessenta anos de esforços dos marinheiros portugueses, mas não ficou evidente se o feito foi reconhecido pelos homens para quem Dias contou sua história. Depois de tantos falsos indícios, talvez estivessem mais cautelosos. Não houve honras meritórias para Dias, nenhum pronunciamento público proclamando que a terra fora vista de relance, como se eles não acreditassem na evidência revelada: os mares mais quentes, a curva da costa. Ainda se agarrando aos retalhos da geografia clássica, o consenso parecia ser de que talvez ainda houvesse um ponto mais distante a ser ultrapassado. No ano seguinte, em outro discurso que era quase uma repetição do anterior, desta vez ao papa, alegou-se que "todos os dias estamos tentando alcançar aqueles promontórios... e também as areias do Nilo, pelo qual se chega ao oceano Índico e, dali, ao golfo Bárbaro, fonte de infinitas riquezas". Foi só nove anos depois que o valor da viagem de Dias se tornaria manifesto. Quanto a Colombo, ele sentiu que o interesse de João havia morrido. Voltou a pressionar a Corte espanhola.

Distante no oceano Índico, Covilhã ainda viajava. No outono daquele ano ele apanhou um *dhow* (veleiro tradicional da região) que fazia comércio pelo oceano Índico até Calicute (agora Kozhikode), foco do comércio de especiarias e ponta final de grande parte do comércio de longa distância vindo do leste. No início de 1488, ele provavelmente ainda estava em Goa; depois navegou para o norte, para Ormuz, na boca do golfo Pérsico, outro centro de atividade do oceano Índico. Entrecortando o oceano, coletando e secretamente anotando informações sobre rotas de navegação, ventos, correntes, portos e políticas, ele pegou um navio que ia do litoral leste da África até Sofala, mais ao sul, diante de Madagascar, o ponto mais distante da navegação árabe no sul do Índico. Tentava colher informações a respeito da viabilidade de se contornar a África por mar e da navegação ao longo da costa oriental. Ao voltar ao Cairo, em 1490 ou início de 1491, já estava viajando havia quase quatro anos; tinha examinado as principais rotas de comércio do Índico e estava em condições de dar ao rei um relato detalhado.

De volta ao Cairo, ele soube que Paiva havia morrido em algum ponto a caminho da Etiópia. Enquanto isso, João enviava dois judeus, um rabino e um sapateiro, para procurar seus espiões. Misteriosamente, eles de algum modo encontraram e reconheceram Covilhã no tumulto do Cairo e lhe entregaram cartas do rei. A ordem era voltar a Lisboa, mas não antes "de ter visto e descoberto o grande rei Preste João". Covilhã escreveu uma longa carta ao rei, mandada de volta com o sapateiro, detalhando tudo que vira ou soubera a respeito do comércio e da navegação no oceano Índico e acrescentando que as "caravelas do João que frequentavam a Guiné, navegando de um ponto ao outro e procurando a costa da ilha de Madagascar e

Sofala, poderiam facilmente entrar nesses mares orientais e alcançar o litoral de Calicute, porque há mar por todo o caminho".

A essa altura, Covilhã parecia ter sido tomado por uma incurável sede de correr o mundo. Resolveu concluir o negócio de Paiva, mas interpretou as ordens de João livremente. Acompanhando o rabino até Áden e Ormuz, ele fez seu próprio tour, pesadamente disfarçado, nos locais sagrados do islã – Meca e Medina – antes de partir para as montanhas da Etiópia. Ali se tornou o primeiro português a conhecer o homem que chamavam de Preste João, o imperador cristão da Etiópia. O governante da época, Eskender, o recebeu com honrarias, mas se recusou a deixá-lo partir. Ele foi descoberto no país trinta anos mais tarde por uma expedição portuguesa que narrou sua história. Permaneceu na Etiópia até morrer.

Os dois, Dias e Covilhã, tinham efetivamente unido os pontos de uma possível rota para as Índias. O Plano da Índia estava completo, embora não estivesse claro quando ou até mesmo se o relatório de Covilhã havia chegado ao rei, nem o que significava o silêncio que envolveu as realizações de Dias nos círculos da Corte. Entretanto, nesse ínterim, por coincidência, um padre etíope chegou a Lisboa, enviado pelo papa. João o mandou de volta com uma carta endereçada ao Preste João, exprimindo "o desejo que tinha de sua amizade e como ele explorara toda a costa da África e a Etiópia". Esse palavreado sugere que ele tinha recebido notícias de Covilhã. No início dos anos 1490, João provavelmente tinha todas as informações necessárias para dar o impulso final rumo ao Oriente e para unificar o mundo.

Mas nada aconteceu. Haveria uma pausa de oito anos antes que os portugueses dessem seguimento a duas décadas de investigação paciente. Nos anos depois da volta de Dias, João foi soterrado por problemas. Foi envolvido em amargas campanhas no Marrocos, no final dos anos 1480 – sempre um dever religioso para os reis cruzados portugueses; começava a sofrer da doença renal que finalmente o mataria; e foi atingido por uma onda de azar. Em 1491, seu único filho e herdeiro, Afonso, morreu num acidente a cavalo.

Em 1492, quando os judeus foram expulsos da Espanha, inúmeros deles fugiram para Portugal, e esse afluxo, apesar dos benefícios trazidos pelo grande número de pessoas industriosas e educadas, exigia atenção cuidadosa.

No ano seguinte veio outro golpe pesado: a 3 de março de 1493, um navio castigado lutou para entrar no porto em Restelo, perto de Lisboa, o ancoradouro tradicional para os navios que retornavam, mas essa nau não era portuguesa. Era Colombo que voltava, na caravela *Santa Maria*, com notícias de uma viagem até as "Índias" – na verdade, as atuais Bahamas, Cuba, Haiti e República Dominicana –, feita sob o patrocínio da rival Espanha. Não fica evidente se Colombo, fabulista pouco confiável, que reinventou seu próprio passado, foi soprado acidentalmente ao Tejo por uma violenta tempestade ou se sua visita era intencional, como uma esnobação calculada ao rei que o rejeitara. O homem que esperava para entrevistá-lo era Bartolomeu Dias, cuja viagem havia eliminado as chances de Colombo ser patrocinado pelo governo português. De acordo com Colombo, que alegava ter alcançado as ilhas próximas ao Japão, ele foi generosamente recebido pelo rei.

O relato do português foi mais discreto. Colombo era insuportavelmente confiante. A Corte Real achou "suas maneiras ensoberbadas, e ele continuamente excedia os limites da verdade, em seu relato, fazendo a expedição parecer muito mais significativa em termos de ouro, prata e riquezas do que ela realmente era", e repreendendo o rei pela falta de confiança. João ficou tocado pela aparente prova dos reféns nativos que ele trouxera. Na aparência, não eram africanos; pareciam o que ele imaginava como sendo os povos das Índias, mas ninguém podia ter certeza do que exatamente o genovês havia encontrado. Os conselheiros do rei tinham uma solução simples: matem-no discretamente, e as descobertas espanholas fenecerão. João recusou a proposta; ela era moralmente errada e um péssimo ato diplomático, numa época em que as relações entre as duas monarquias já estavam tensas.

O que ele fez foi mandar uma carta severa e breve a Fernando e Isabel, em Sevilha, dizendo que Colombo tinha invadido o território português. Em 1479, para pôr fim a uma guerra anterior, os dois monarcas haviam concordado em traçar uma fronteira horizontal pelo oceano Atlântico, ratificada pelo papa, que definia áreas de exploração exclusivas. João acreditava que Colombo tinha descoberto terras dentro de seus domínios e se preparou para enviar sua própria expedição. Os espanhóis apelaram para Alexandre VI, o papa Bórgia espanhol, que deu parecer favorável à Espanha, cortando de Portugal as enormes faixas do Atlântico que eles acreditavam ter conquistado por esforço próprio. Repentinamente, a hegemonia atlântica portuguesa ficou ameaçada, e eles não estavam dispostos a perder investimentos de décadas. João ameaçou com uma guerra. Os dois lados concordaram com negociações face a face, passando ao largo do papa, a fim de desmontar um problema diplomático maior.

Na antiga e pequena cidade de Tordesilhas, nas planícies da Espanha central, uma delegação de cada reino se encontrou para dividir o mundo. Ali, eles simplesmente cortaram o globo em dois com uma linha vertical através do oceano Atlântico, "do Ártico até o polo Antártico"; as terras a leste dessa linha seriam portuguesas, a oeste, espanholas. João e sua equipe de astrônomos e matemáticos, provavelmente mais experientes e hábeis, obrigaram os oponentes a mover essa linha da posição original, proposta pelo papa, mais de 1.600 quilômetros para oeste – a meio caminho entre as ilhas de Cabo Verde, portuguesas, e as ilhas do Caribe, descobertas por Colombo – que ele acreditava fazerem parte da costa da Ásia. De modo conveniente, essa alteração viria a trazer a costa do Brasil, ainda aparentemente não descoberto, para dentro do domínio português. Como não havia como fixar acuradamente a longitude do meridiano de Tordesilhas, a posição exata da linha continuou objeto de disputas ferozes. E assim permaneceria até 1777.

Do mesmo modo que o próprio ano de 1492, o tratado marcou um momento decisivo no final da Idade Média. Embora o combinado em Tordesilhas tenha sido mais tarde ratificado pelo papa Pio III, os direitos sobre o mundo haviam sido efetivamente retirados da hegemonia do papado. Eles foram calculados por cientistas e demarcados de acordo com interesses nacionais secularizados. De

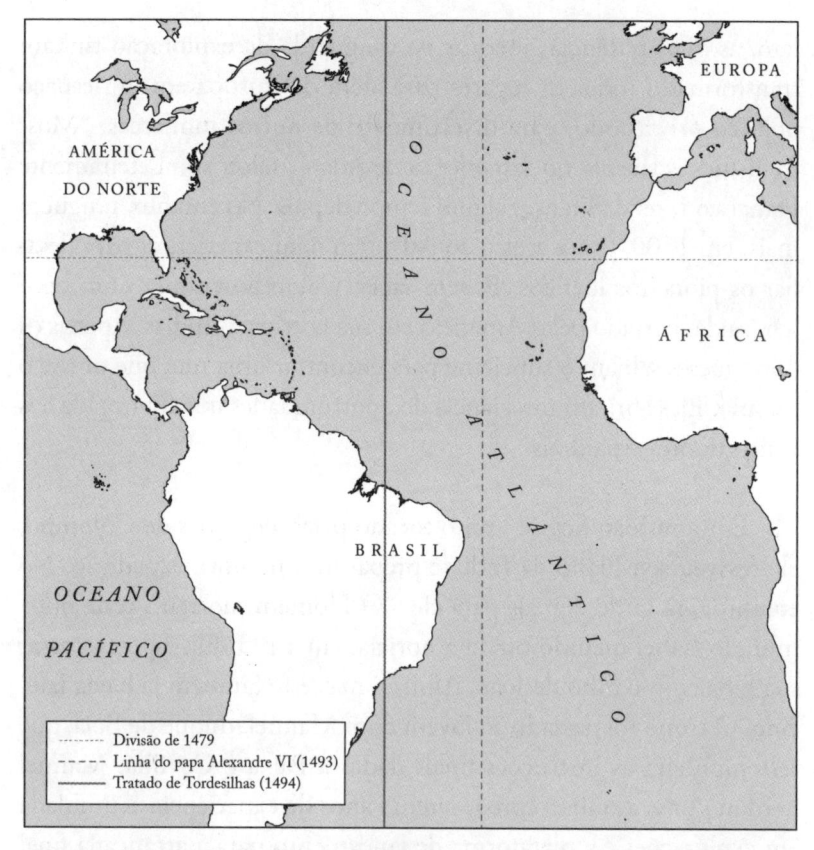

Divisão de 1479
- - - - - Linha do papa Alexandre VI (1493)
———— Tratado de Tordesilhas (1494)

Divisão do mundo: a feroz rivalidade entre portugueses e espanhóis pelas descobertas para além do oceano Atlântico levou a uma série de disputas. Dom João estava certo em sua crença de que Colombo tinha invadido território português ao sul da linha traçada em 1479. A solução do papa foi favorável à Espanha. Em uma sequência de bulas, em 1493, ele decretou que o espaço deveria ser dividido por uma linha vertical que corria de polo a polo, fixada cem léguas a oeste dos Açores e das ilhas de Cabo Verde. Isso dava à Espanha o direito a todas as descobertas a oeste dessa linha, incluindo mesmo a Índia, e parecia não conceder a Portugal direitos iguais a qualquer terra a leste. A exclusão potencial da Índia era inaceitável para João. Em Tordesilhas, a linha foi mudada 170 léguas para oeste, incluindo a aparentemente ainda não descoberta costa do Brasil. Além disso, o acordo devolveu a Portugal direitos sobre terras não descobertas a leste da linha. O Tratado de Tordesilhas gerou outras disputas do lado mais distante do mundo, quando os espanhóis, em 1521, navegando para oeste, chegaram às ilhas Molucas, que os portugueses tinham alcançado em 1512, navegando para leste.

fato, as duas potências ibéricas na vanguarda da exploração tinham transformado todos os lugares para além da Europa em um espaço político privatizado, para divertimento de outros monarcas. "Mostrem-me a cláusula no testamento de Adão", falou zombeteiramente Francisco I, rei da França, algum tempo depois. No entanto, ninguém mais, em 1500, tinha acesso ao Atlântico nem experiência para desafiar os pioneiros ibéricos. E, sem saber, Colombo entrara num beco sem saída, barrado pelas Américas em sua corrida às Índias. Apenas os portugueses sabiam o suficiente para encontrar uma rota que unisse o mundo. Eles abriram uma janela de oportunidades que foi negada aos competidores espanhóis.

Embora João ficasse muito tocado pelas alegações de Colombo, ele reviveu seu Plano da Índia e preparou uma nova expedição. No entanto, era tarde demais para ele. "O Homem morreu", teria murmurado Isabel quando ouviu a notícia, em 1495. Ela esperava casar sua filha com o filho de João, Afonso, mas este também já havia falecido. O trono foi passado ao jovem dom Manuel, duque de Beja, que testemunhara as instruções finais dadas a Paiva e Covilhã. Manuel herdou por acaso uma coroa, oitenta anos de experiência acumulada em explorações e a plataforma de lançamento para a arrancada final rumo à Índia. Recebeu de presente até mesmo a madeira para construir os navios. Se João passou para a história portuguesa como o Príncipe Perfeito, Manuel estava destinado a ser o Venturoso.

3

VASCO DA GAMA

outubro de 1495-março de 1498

O novo rei herdara um veio de destino messiânico que corria fundo na Casa Real portuguesa de Aviz. Nascido no dia da festa de Corpus Christi e batizado com o nome luminoso de Emmanuel, "Deus conosco", ele conferiu um significado místico à sua coroação. Tinha 26 anos de idade, rosto redondo e braços desproporcionalmente longos, que lhe chegavam aos joelhos, dando-lhe uma aparência simiesca. Foram necessárias circunstâncias extraordinárias para ele subir ao trono: a morte ou exílio de seis pessoas, inclusive o misterioso acidente a cavalo que matou o filho de João, Afonso, e o assassinato de seu irmão, Diogo, pelas mãos do próprio João. Ele encarou o parentesco como um sinal de que havia sido escolhido por Deus.

Nos anos finais do século, com a aproximação do aniversário de 1500 anos do nascimento de Cristo, tendências apocalípticas varreram a Europa, especialmente a península Ibérica, onde a expulsão tanto dos muçulmanos quanto dos judeus era encarada como um sinal. Nesse ambiente, Manuel acreditava, e era encorajado a acreditar, que estava predestinado a coisas extraordinárias: a exterminação do islã e a disseminação da cristandade pelo mundo todo, sob um monarca universal. "Dentre todos os príncipes ocidentais da Europa", escreveu o marinheiro Duarte Pacheco Pereira, "Deus só quis escolher Sua Alteza." A possibilidade de que grandes feitos pudessem ser realizados pelo minúsculo Portugal encontrava justificativa na citação bíblica: "Os primeiros serão os últimos e os últimos serão os primeiros".

Rei Manuel I como monarca universal, com seu lema "[Voltamo-nos] para Deus no céu, mas para Vós na terra". Ele está flanqueado por suas armas, com os cinco brasões e a esfera armilar, o símbolo místico da exploração portuguesa do mundo.

O Plano da Índia, que vacilara nos últimos anos conturbados do reinado de João, tornou-se a primeira saída para esses sonhos. Manuel acreditava que tinha herdado o manto de seu tio-avô Henrique, "o Navegador". Desde a queda de Constantinopla, a Europa cristã sentia-se cada vez mais cercada. Para contornar o islã, ligar-se ao Preste João e às ditas comunidades cristãs na Índia, apoderar-se do controle do comércio de especiarias e destruir a riqueza que dava poder aos sultãos Mamluks no Cairo, desde os primeiros meses de seu reinado já havia, embrionária, uma visão geoestratégica de vasta ambição; iria, com o tempo, espalhar os portugueses pelo mundo inteiro. Se foi forjada no espírito de cruzada, ela também tinha uma dimensão material: não apenas para tirar o comércio dos Mamluks, mas também para suplantar os venezianos como empório de bens de luxo do Oriente. O projeto era ao mesmo tempo imperial, religioso e econômico. Foi nesse espírito que Manuel começou a reunir a expedição para chegar às Índias, um espaço vagamente definido, dada a falta de conhecimento detalhado, que na imaginação europeia provavelmente abrangia todo o oceano Índico e onde mais pudessem crescer as especiarias.

A ideia não foi endossada completamente. Quando Manuel chamou um conselho geral, em dezembro de 1495, algumas semanas depois de sua coroação, houve feroz oposição vinda da classe dos nobres, que tinha sido intimidada pelo rei João e não via qualquer glória, mas muito risco, em um empreendimento de tão longo alcance, comparado às fáceis recompensas de uma cruzada no Marrocos. Durante seu reinado, Manuel se mostraria às vezes vacilante e indeciso, mas também podia ser autoritário. Ele alegou uma obrigação herdada de prosseguir nas descobertas e chamou seu sentimento de missão divina, com o fito de anular todas as objeções.

> E dando um motivo prioritário, àqueles que citaram dificuldades se a Índia fosse descoberta, de que Deus, em cujas mãos ele punha a questão, proveria os meios para o bem-estar de seu reino [de Portugal], finalmente o rei decidiu prosseguir com sua descoberta, e quando ele estava mais tarde em Estremoz, nomeou Vasco da Gama, fidalgo de sua casa, capitão-mor [comandante] dos navios que ele enviaria.

Parece que, inicialmente, Vasco da Gama era apenas a segunda opção para esse empreendimento. Manuel tinha primeiro requisitado o irmão mais velho de Gama, Paulo, que alegou doença, mas concordou em seguir na viagem de qualquer modo, sob comando de Vasco. Este último, "solteiro, na idade de enfrentar os desafios de tal viagem", contava então trinta e poucos anos. Sua carreira inicial, sua experiência e os motivos para sua escolha permanecem um tanto misteriosos. Ele aparece em poucas anotações anteriores a 1496. Seus conhecimentos acerca de navegação são desconhecidos. Ele vinha da pequena nobreza do porto marítimo de Sines, ao sul de Lisboa, e provavelmente tinha prática como corsário ao longo da costa marroquina. O que quer que ele tenha sido antes, Vasco teve, como Colombo, uma vida envolta em mito. Parece que tinha pouca paciência. Na época de sua nomeação, vigorava uma considerável acusação de desordem violenta contra seu nome. A natureza obstinada de sua personalidade iria se desenrolar na viagem. Implacavelmente embebido na tradição cruzada de ódio ao islã, resistência diante da dura vida no mar, mas muito impaciente com as gentilezas diplomáticas, Gama veio a ser descrito como "audaz em ação, severo em suas ordens e formidável quando zangado". É provável que ele tenha sido escolhido mais para mandar nos homens e negociar com os desconhecidos reis do Oriente do que para conduzir os navios.

Lá pelos anos 1490, a exploração ao longo da costa da África tinha transformado Lisboa em uma cidade trepidante, cheia de

Vasco da Gama

atividade e expectativas. O descarregamento de produtos exóticos nas margens suavemente inclinadas do rio Tejo – especiarias, escravos, papagaios, açúcar – evocava as esperanças de novos mundos para além da arrebentação. Em 1500, provavelmente 15% da população era formada por negros da Guiné – havia mais escravos na cidade do que em qualquer outro lugar da Europa. Lisboa era exótica, dinâmica, colorida e decidida, "maior que Nuremberg e muito mais populosa", disse o sábio alemão Hieronymus Münzer, que chegou lá em 1494. A cidade era a vanguarda das novas ideias a respeito de cosmografia e navegação, o formato do mundo e como ele podia ser representado nos mapas. Depois de sua expulsão da Espanha, em 1492, uma onda de imigrantes judeus, muitos deles cultos ou empreendedores, enriqueceu ainda mais o dinamismo da cidade. Embora sua acolhida não tenha durado muito, esses judeus levavam consigo um notável cabedal de conhecimentos. Entre os refugiados estavam o astrônomo e matemático judeu Abraão Zacuto, cuja criação de um astrolábio marítimo e de um livro de tabelas para mapear a posição de corpos celestes iria, em seu tempo, revolucionar a navegação no mar.

Para Münzer, Lisboa era uma cidade de maravilhas. Ali ele podia ver uma sinagoga impressionante, com dez grandes candelabros contendo cinquenta ou sessenta velas cada; o corpo de um crocodilo pendurado como troféu no coro de uma igreja; o bico de um pelicano e a enorme serra dentada de um peixe-espada; misteriosas canas gigantescas, recolhidas nas praias das ilhas Canárias (que também foram inspecionadas por Colombo e tomadas como prova da existência de terras no Oeste longínquo). Além disso, ele chegou a ver "um mapa dourado enorme e extraordinariamente bem-feito, com catorze palmos de diâmetro" – era o mapa de Fra Mauro, de 1459, exibido no castelo da cidade. Ele pôde conhecer marinheiros que sabiam contar histórias terríveis acerca de sobrevivência e fuga e conversar com um contingente de fundidores de canhões e artilheiros alemães muito estimados pelo rei.

A quantidade de produtos para vender no porto o espantou: grandes pilhas de aveia, nozes, limões e amêndoas, enormes quantidades de sardinhas e atum para exportação pelo mundo mediterrâneo. Visitou os escritórios que controlavam a importação de bens desse mundo novo, onde viu as mercadorias da África: tecidos tingidos vindos de Túnis, tapetes, bacias de metal, caldeirões de cobre, contas de vidro colorido e, da costa da Guiné, enormes pacotes de pimenta ardida, "da qual nos deram um bocado", presas de elefantes e escravos negros.

O que Münzer obteve não foi apenas o relance de um mundo exótico além da curvatura da Terra, mas a infraestrutura industrial da construção de navios, profissões relacionadas às viagens marítimas e instalações de arsenais que davam a Portugal seu impulso marítimo. Ele viu:

> Uma enorme oficina com muitas fornalhas onde fabricam âncoras, colubrinas [canhões] e daí por diante, e todo o necessário para o mar. Havia tantos operários enegrecidos em torno das fornalhas que achávamos estar entre os ciclopes na gruta de Vulcano. Depois vimos, em quatro outras construções, inúmeras colubrinas enormes e soberbas, e também armas de arremesso, azagaias, escudos, placas peitorais, morteiros, armas de mão, arcos, lanças – tudo muito bem-feito e em grande abundância, [...] e com enormes quantidades de chumbo, cobre, salitre e enxofre!

A capacidade de produzir canhões de bronze de alta qualidade e a técnica para dispô-los efetivamente no mar provavelmente foram desenvolvidas pelo enérgico rei João, cuja mente inquisitiva e cujos amplos interesses incluíam experiências práticas com artilharias levadas a bordo. Ele desenvolvera o uso de grandes bombardas em caravelas e fizera testes de tiro para determinar seu emprego mais eficiente nos conveses de navios em movimento. A solução era disparar os canhões no nível da água. Um pouco mais alto e era provável que os tiros assobiassem por cima das cabeças. Em alguns casos, os canhões eram posicionados abaixo, nos porões, e podiam fazer as balas ricochetearem na superfície da água, aumentando assim seu alcance. Além disso, os portugueses desenvolveram berços, leves canhões giratórios de bronze, carregados pela culatra, que podiam ser conduzidos em escaleres e, quanto à taxa de fogo – até vinte tiros por hora –, tinham vantagem sobre os canhões carregados pela boca. A superioridade de sua artilharia, aumentada pelo recrutamento de fundidores de canhões e artilheiros alemães e flamengos, iria se tornar uma vantagem decisiva nos eventos que estavam prestes a se desenrolar.

A expedição em perspectiva era modesta em escala, mas cuidadosamente preparada. Baseara-se em décadas de aprendizado acumulado. Toda a habilidade e o conhecimento adquiridos em projetos de navios, navegação e provisão para viagens atlânticas entraram na elaboração de duas robustas embarcações, e Manuel lançou mão de uma talentosa geração de experiência prática em sua construção. A caravela fora um agente e instrumento de toda essa exploração, ideal para entrar em rios tropicais e batalhar na costa africana contra o vento, mas terrivelmente desconfortável em viagens longas pelos grandes mares. Dias, ao contornar o cabo da Boa Esperança, havia exposto seus limites operacionais: a tripulação se recusou a seguir adiante.

Foi Dias quem ficou encarregado do projeto e da supervisão de dois robustos galeões, os navios que os portugueses chamavam de "naus", para liderar a viagem. A instrução era clara: eles tinham de durar o suficiente para suportar os mares violentos do Atlântico Sul; deviam ser espaçosos para melhor acomodar e aprovisionar as tripulações do que os instáveis conveses de uma caravela; pequenos o suficiente para manobrar em águas rasas e portos. Os navios em construção, com a estrutura rodeada de andaimes de madeira, tinham cascos arredondados como banheiras, laterais altas, castelo de popa alto e três mastros; mesmo assim, tinham pouco calado e não eram grandes demais. Possuíam cerca de oitenta pés de comprimento e provavelmente pesavam, cada um, de cem a 120 toneladas. As velas quadradas os tornavam menos manejáveis em vento contrário; a compensação era seu vigor contra a imprevisível violência de mares desconhecidos. Foi construído, além disso, um navio de provisões, com a intenção de ser queimado próximo ao cabo.

Parece que não foram poupadas despesas na construção ou no aprovisionamento desses navios, nem no recrutamento e pagamento

Construção de galeões no estaleiro de
Lisboa. Uma caravela está ancorada no centro,
à direita da imagem.

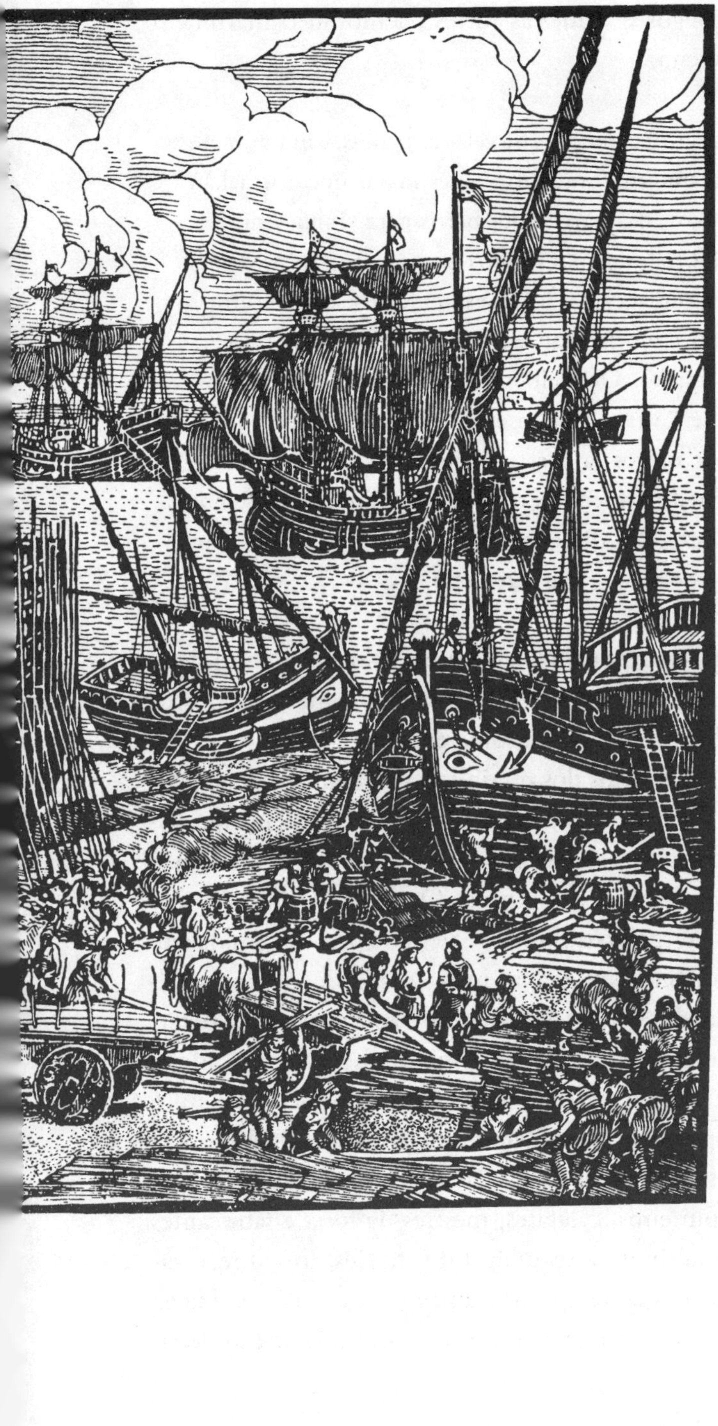

das tripulações. "Foram construídos por excelentes mestres e trabalhadores, com pregos e madeiras fortes", lembrou o marinheiro Duarte Pacheco Pereira.

Cada navio tinha três conjuntos de velas e âncoras, e um número de talhas e cordame três ou quatro vezes maior que o usual. A tanoaria dos cascos, das pipas e dos barris para vinho, água, vinagre e óleo foi fortalecida por muitos aros de ferro. As provisões de pão, vinho, farinha, carne, legumes, remédios, além de armas e munição, eram também maiores do que seria necessário para uma viagem daquelas. Os melhores e mais habilidosos pilotos e marinheiros de Portugal foram enviados nessa viagem, e eles receberam, entre outros favores, salários mais altos que os de qualquer homem do mar em outros países. O dinheiro gasto nos poucos navios dessa expedição era tanto que não vou entrar em detalhes, por medo de que não acreditem.

Os barris rolados rampa acima nas praias do estaleiro continham comida suficiente para três anos. Gama recebeu 2 mil cruzados de ouro para o empreendimento, uma soma enorme; seu irmão, Paulo, recebeu o mesmo. Os salários dos marinheiros foram aumentados, e parte do dinheiro foi paga antecipadamente, para sustento de suas famílias. Isso talvez fosse o reconhecimento de que muitos deles não voltariam. Nenhum detalhe foi omitido. Os navios levavam o melhor auxílio para a navegação disponível: além de pesos de sondagem e ampulhetas, astrolábios e os mapas mais atualizados – e possivelmente cópias das tabelas mais recentes de Abraão Zacuto, para determinação de latitudes pela altura do Sol. Vinte canhões foram içados a bordo, tanto as grandes bombardas quanto os berços menores, junto com abundante suprimento de pólvora hermeticamente selada para protegê-la da maresia e grandes quantidades de balas de canhão. Hábeis artesãos – carpinteiros, calafates, mestres de forja e fabricantes de barris –, que garantiriam a segurança dos navios, foram recrutados aos pares, para o caso de a morte diminuir suas fileiras. Havia intérpretes para falar banto e árabe; músicos para liderar cantilenas do mar e tocar fanfarras cerimoniais; artilheiros, homens de armas e hábeis marinheiros apoiados por uma subclasse de "forragem de convés". Eram compostos por escravos africanos, órfãos, judeus convertidos e homens condenados, alistados para o trabalho pesado subalterno: puxar cordas, elevar âncoras e velas, bombear água do porão. Os condenados eram especialmente descartáveis. Eles foram soltos da prisão especificamente para desembarcar a fim de efetuar as primeiras averiguações em litorais fora do mapa ou potencialmente hostis; havia também padres, para liderar as preces e consignar a alma dos mortos no mar de forma cristã.

Havia ao todo quatro navios: os dois galeões, batizados de *São Gabriel* e *São Rafael*, em homenagem aos arcanjos, de acordo com uma promessa feita pelo rei João antes de sua morte; com eles ia uma caravela, a *Bérrio*, e o navio de suprimentos, de duzentas toneladas. Gama convidou marinheiros que ele conhecia e parentes em quem pudesse confiar, para diminuir a possibilidade de dissidência em uma expedição coesa. Entre eles estavam seu irmão Paulo, comandante do *Rafael*, e dois primos. Seus pilotos e principais marujos eram os mais experientes da época. Incluíam Pero de Alenquer e Nicolau Coelho, que tinha contornado o cabo com Bartolomeu Dias, e o próprio irmão de Dias, Diogo. Outro piloto, Pero Escobar, cujo nome foi gravado nas cataratas de Ielala, tinha navegado com Diogo Cão. Bartolomeu Dias estava também escalado para acompanhar a expedição na primeira parte da viagem em um navio com destino à costa da Guiné.

As despesas dessa sondagem modesta, especulativa, sobre o desconhecido, foram custeadas com o ouro da costa da Guiné, e uma sorte inesperada: em 1496, a relutante expulsão dos judeus que não se converteram ao cristianismo tinha constituído o dote do casamento de Manuel com a princesa Isabel de Espanha. Os bens e propriedades dos judeus proveram recursos inesperados.

Estavam no meio do verão de 1497 quando a expedição ficou pronta; as velas ornadas com a cruz vermelha da Ordem de Cristo, das cruzadas, os barris rolados a bordo, os pesados canhões guinchados à sua posição, as tripulações reunidas. A pequena flotilha saiu dos estaleiros e foi ancorada fora da praia, em Restelo, aldeia de pescadores a jusante de Lisboa. No calor abafado, Manuel tinha se retirado para seu castelo no topo da colina, em Montemor-o-Novo, a cerca de 95 quilômetros para o interior, e foi para lá que Vasco da Gama e seus capitães se dirigiram a fim de receber suas instruções de navegação e uma bênção ritual do rei. De joelhos, Gama foi solenemente investido com o comando da expedição e recebeu um estandarte de seda gravado com a cruz da Ordem de Cristo. Recolheu as instruções: procurar reis cristãos na Índia em uma cidade chamada Calicute, aos quais entregaria uma carta escrita tanto em árabe quanto em português, e estabelecer um comércio de especiarias e "as riquezas orientais tão celebradas por escritores antigos, mas que fizeram potências tão grandes como Veneza, Gênova e Florença". Outra carta era endereçada ao Preste João. A missão era ao mesmo tempo sagrada e secular, nuanças de cruzadas e rivalidade comercial.

Restelo, às margens do Tejo, fora dos muros da cidade, tinha sido o tradicional ponto de partida dos viajantes portugueses desde a época de Henrique, o Navegador; sua delicada praia em patamares fornecia um amplo palco para as cerimônias religiosas e os rituais comoventes de partida: "Um lugar de lágrimas para os que partiam e de alegria para os que voltavam". Na colina acima, supervisionando a ampla curva do Tejo que levava para oeste, ao mar aberto, ficava a capela de Henrique, dedicada a Santa Maria de Belém, "Nossa Senhora de Belém", com o objetivo de ministrar os sacramentos aos marinheiros que partiam. A tripulação inteira, algo entre 148 e 166 homens, passou ali a noite quente de verão, antes da partida em oração e vigília.

Oito de julho de 1497. Um sábado. A missão de redescoberta da Índia, "escondida durante tantos séculos". O dia, consagrado à Virgem Maria, tinha sido escolhido por astrólogos da Corte como auspicioso para a partida. Um mês antes, o papa tinha concedido a Manuel a propriedade perpétua das terras conquistadas dos infiéis que outros reis cristãos já não tivessem reivindicado. Pessoas saíram em bandos de Lisboa para a despedida de seus amigos e parentes.

Gama liderou seus homens em uma procissão devota, desde a capela até a praia, organizada pelos padres e monges da Ordem de Cristo. Os navegantes usavam túnicas sem mangas e carregavam velas acesas. Os padres iam atrás, cantando a litania, e o povo o responso. Quando chegaram à beira da água, o silêncio se abateu sobre a multidão. Todos se ajoelharam para fazer uma confissão geral e receber absolvição, de acordo com a bula papal que Henrique obtivera para os que morressem "nessa descoberta e conquista". Segundo João de Barros, "nessa cerimônia, todo mundo chorou".

Depois os homens foram transportados para os navios em pequenos barcos. Às velas foram içadas sob o toque ritmado de címbalos, os navios soltaram as amarras, e o estandarte real elevou-se no navio capitânia de Gama, o *Gabriel*; com os marinheiros erguendo os punhos para o céu e cantando os gritos tradicionais – "Viagem segura!" –, e ao soprar de apitos, a flotilha pegou o vento, liderada por dois galeões, com as figuras de proa de madeira, lindamente pintadas, dos arcanjos Gabriel e Rafael. Teve gente entrando na água para ter um último vislumbre de seus entes queridos pela distância cada vez maior. "E com um grupo olhando para trás, para a terra, e outro para o mar, mas todos igualmente absortos por suas lágrimas e a ideia da longa viagem, permaneceram assim até que os navios estivessem longe do porto." As embarcações deslizaram pelo Tejo até passarem a foz e sentirem a primeira pancada do oceano.

No *Rafael*, um homem, cuja identidade nunca foi estabelecida, se preparava para fazer anotações. O escritor anônimo começa seu conciso diário, o único relato de uma testemunha ocular de tudo que se seguiu, com uma guinada abrupta:

> Em nome de Deus. Amém!
> No ano de 1497, o rei dom Manuel, o primeiro com esse nome em Portugal, despachou quatro navios para descobrir e também ir em busca de especiarias.
> Deixamos Restelo no sábado, 8 de julho de 1497. Possa Deus Nosso Senhor permitir que realizemos essa viagem em seu serviço. Amém!

Se um objetivo estava claro – a busca das especiarias –, o emprego curiosamente difuso do verbo *descobrir*, indefinindo o objetivo, sugere a extensão do salto que isso representava rumo ao desconhecido.

Reconstrução artística do *São Gabriel*.

Levados por ventos favoráveis descendo pela costa da África, eles avistaram as ilhas Canárias em uma semana. Consciente de condições atmosféricas semelhantes, Gama tinha dado ordens para que, se os navios fossem separados, se encontrassem nas ilhas de Cabo Verde, mil milhas mais ao sul. Na noite seguinte, o *Rafael* viria a se perder no nevoeiro. Quando este se dissipou, na manhã seguinte, os outros tinham desaparecido. Ele prosseguiu. Em 22 de julho, quando o *Rafael* avistou as ilhas espalhadas em torno do Cabo Verde, e os outros navios puderam ser vistos, foi a vez do *Gabriel*, e seu comandante, agora sumido. Frustrados, eles ficaram ali durante quatro dias, numa calmaria. Quando o *Gabriel* foi avistado, em 26 de julho, um alívio se espalhou entre a flotilha. "E, conseguindo falar com ele à noite, exprimimos nossa alegria disparando muitas vezes nossas bombardas e tocando as trombetas." Uma certa tensão marcou os primeiros dias da expedição. Passaram uma semana na ilha de Santiago, do arquipélago de Cabo Verde, fazendo reparos em mastros e levando para bordo carne, lenha e quanta água pudessem armazenar em seus barris para a navegação oceânica que tinham à frente.

"Na quinta-feira, 3 de agosto, saímos em direção ao leste", anotou o escritor anônimo em voz de rotina. De fato, a expedição estava prestes a embarcar numa manobra para a qual não havia precedente conhecido e apenas registros incompletos. Cerca de 1.100 quilômetros ao sul de Cabo Verde, perto de sete graus do equador, em vez de seguir o conhecido contorno da África para as calmarias da Guiné, o *Gabriel* e os navios que o seguiam viraram seus lemes na direção sudoeste e mergulharam no centro do Atlântico, em uma enorme curva em arco. A terra tinha desaparecido. Os navios que seguiam vivamente para o mar desconhecido foram engolidos pela vastidão do oceano. As velas estalaram no vento salgado.

O curso adotado por Gama seguia a verdade intuitiva estabelecida por Bartolomeu Dias nove anos antes: para contornar a África, era necessário virar para fora, para o oceano, a fim de apanhar os ventos de oeste que levariam os navios além do Cabo – mas o bordejo do *Gabriel* era uma amplificação imensa do experimento anterior. É evidente que, lá para o fim do século, os navegadores portugueses deviam ter uma ideia clara de como os ventos do sul do Atlântico funcionavam, mas como eles adquiriram esse conhecimento no quadrante sudoeste do mar, isso permanece desconhecido. A possibilidade de viagens exploratórias secretas no intervalo, desde a volta de Dias, é pura especulação. A confiança para submeter os navios ao profundo oceano, fiando-se na navegação solar para determinar a posição, deve ter vindo de algum lugar.

Se aquilo era amedrontador, o diário não emocional não traz qualquer indicação. Em 22 de abril, eles viram aves parecendo garças voarem na direção sul-sudeste, "como se estivessem indo para a terra", mas dessa vez eles estavam mais de 3 mil quilômetros mar adentro. Agarravam-se a um sentimento da passagem do tempo pelo calendário dos dias dos santos; de outro modo, o mundo deles era uma lacuna de mar e céu, sol e vento. Ainda se passariam outros dois meses antes de o diarista ver qualquer outra coisa digna de anotação sugerindo que não estavam perdidos num enorme vazio: "Em 27 de outubro, sexta-feira, véspera de são Simão e são Judas, vimos muitas baleias".

Mesmo antes de os pilotos tomarem o timão para virar a sudoeste, os navios sentiram o peso do mar. A 950 quilômetros ao sul de Santiago, o *Gabriel* rachou o lais de verga,[1] "e ficamos sob a vela do traquete e a vela mestra mais baixa por dois dias e uma noite". A resistência da tripulação deve ter sido testada ao máximo. Cada homem vigiava por quatro horas, descansava outras quatro, dia e noite, sendo o tempo contado pela ampulheta e gritado pelos grumetes do navio: "O plantão mudou, a ampulheta está correndo". A tarefa menos especializada – bombear água dos porões, içar velas, puxar cordas, esfregar conveses – cabia aos condenados e despossuídos. Os homens eram alimentados com uma dieta pouco equilibrada de biscoitos, carne, azeite, vinagre, feijões e peixe salgado – e peixe fresco, quando conseguiam apanhá-los. Todos os alimentos se deterioraram à medida que os dias passavam, os biscoitos estavam bichados, e os ratos, famintos. A única refeição quente provável do dia, se as

---

1 Verga é uma peça de madeira ou metal disposta transversalmente em um mastro. As extremidades da verga são chamadas de lais. (N. E.)

condições fossem razoáveis, seria preparada numa caixa de areia. Não era a comida a faltar, mas água para beber, que se tornava cada vez pior à medida que a viagem avançava e ela tinha de ser misturada ao vinagre. À proporção que os barris se esvaziavam, eram enchidos com água do mar, para manter o equilíbrio da embarcação.

Os aristocratas do navio, os capitães e navegadores, usando os distintivos de seu ofício – um apito pendurado a uma corrente de ouro, pelerines de veludo preto –, comiam e dormiam em suas cabines privadas; os outros, de acordo com seu status: marinheiros experientes no castelo de proa, homens de armas sob a ponte. Se as noites eram fétidas nas cabines, eram piores para os condenados e proscritos, fora, no convés, tremendo sob peles de cabrito ou oleados, à medida que o navio se afastava para o sul do equador, rumo a mares mais frios. Todos dormiam em colchões de palha, com as roupas duras de sal, que no tempo úmido não secavam nunca. Seus cobertores de encerado serviam de mortalha, se tivessem de ser lançados nas profundezas do mar. Os homens defecavam e urinavam em baldes ou diretamente no mar, dependendo das condições. Ninguém se lavava. A ronda do dia era marcada pela chamada para o plantão, as horas das refeições, as emergências para consertos, a rotina das orações, de manhã e de noite. Em clima ruim, os marinheiros ficavam no topo dos mastros, pendurados nos cordames, acima de um mar que mergulhava e recuava, ajustando as velas, puxando ou restabelecendo metros de lona pesada, sentindo o chicote da chuva e do vento. Quando os navios estavam correndo bem e o mar era estável, os homens se entregavam às diversões. Apostas com cartas, uma fonte imediata de problemas, eram proibidas. Os homens podiam pescar, pôr o sono em dia, ler (se soubessem), cantar e dançar ao som da gaita e do tambor, ou ouvir os padres lerem a vida dos santos. Podia haver procissões organizadas pelo convés, para marcar os dias dos santos, e a missa era rezada sem consagração, por medo de o cálice virar e ter seu conteúdo profanado. O papel dos músicos era entreter e preservar a moral.

Cada vez mais magros, sedentos, privados de sono e enfraquecidos por enjoos, aqueles pouco acostumados à vida a bordo sucumbiam à disenteria e à febre. E de maneira quase despercebida, fosse qual fosse a fruta seca, a cebola ou o feijão incialmente incluídos em sua dieta antes de se tornarem não comestíveis, a tripulação inteira passou a experimentar o lento mas constante avanço da doença dos marinheiros. Sem vitamina C em quantidade adequada, os sintomas se apresentavam depois de 68 dias; os homens começavam a morrer depois do 84º; em 111 dias o escorbuto acaba com uma tripulação inteira. Para os homens de Gama, o relógio estava correndo.

Apesar das destruições do mar – os dias quentes do equador, as águas cada vez mais violentas e frias para o sul –, os navios continuavam, numa média de setenta quilômetros por dia. Numa latitude de talvez vinte graus sul, os navegadores sentiram a puxada dos ventos variáveis, voltaram suas proas para sudeste e começaram a varredura para trás, na esperança de contornar o cabo. No sábado, 4 de novembro, o diarista lacônico pegou outra vez sua pena depois de quase nenhuma menção à viagem: "Fizemos sondagens em 110 braças, e às 9 horas avistamos terra. Nos aproximamos uns dos outros e, tendo vestido nossas roupas de gala, saudamos o capitão-mor disparando nossas bombardas, e engalanamos os navios com bandeiras e estandartes". A liberação da emoção acumulada atrás das palavras tensas era evidente. Eles estiveram sem avistar terra durante 93 dias, navegaram cerca de 7.250 quilômetros em mar aberto e resistiram. Aquele era um feito notável para a navegação. A travessia de Colombo até as Bahamas demorou meros 37 dias.

Eles tinham, de fato, errado por pouco o cabo, e chegaram a uma baía larga, 125 graus a noroeste. A chegada em terra era a oportunidade para reparos minuciosos: limpeza dos navios, conserto das velas e ponta da verga, caça de carne e abastecimento de água. Parece que pela primeira vez eles conseguiram montar o astrolábio, inutilizado no convés de um navio instável, e fazer leituras acuradas da latitude. Houve reuniões tensas com os nativos, homens "de cor castanho-avermelhada", de acordo com o escrivão, que ficou surpreso porque "seus inúmeros cães parecem com os de Portugal e latem como eles". Capturaram um homem, levaram-no ao navio e o alimentaram. Entretanto, a língua local se mostrou inacessível aos intérpretes: "Eles falam como se tivessem soluços", anotou no diário. Eram os khoikhoi, povo pastoril do Sudoeste da África que os europeus mais tarde viriam a chamar de hotentotes, em imitação ao som de suas palavras. Inicialmente as trocas foram amigáveis – o escrivão adquiriu "uma bainha que usavam sobre o pênis" –, mas as relações terminaram numa escaramuça na qual Gama foi ligeiramente ferido por uma lança. "Isso tudo aconteceu porque olhamos para esse povo como homens de pouco espírito, incapazes de violência, e portanto desembarcamos sem antes nos armarmos." Esse talvez tenha sido um momento revelador para a expedição. Dali em diante, os desembarques seriam extremamente cautelosos e fortemente armados. A tendência era atirar à menor provocação.

Foram seis dias e diversas tentativas para fazer o contorno do cabo da Boa Esperança sob tempestade. Quando desembarcaram outra vez, na baía dos Pastores – agora rebatizada de São Brás –, onde Dias tinha estado nove anos antes, foi com demonstrações de força: placas peitorais, bestas armadas e canhões rotatórios carregados em escaleres, para mostrar às pessoas que tinham vindo vê-los "que temos os meios de feri-los, embora não tenhamos desejo de empregar esses meios". A incompreensão mútua desses choques, que marcara muitos encontros prévios pela costa da África Ocidental, contrastava com os momentos fascinantes de humanidade compartilhados através das barreiras da cultura e da língua. Aqui a tripulação começou a transferir artigos do navio de suprimentos, que eles então queimaram na praia.

No dia 2 de dezembro, um grande número de nativos desceu à praia. Eram cerca de duzentos.

> Trouxeram com eles uma dúzia de bois e vacas e quatro ou cinco carneiros. Assim que os vimos, desembarcamos. Eles imediatamente começaram a tocar quatro ou cinco flautas, algumas produzindo notas altas, outras baixas, formando assim uma linda harmonia para Negros que não se esperava que fossem músicos: e eles dançaram no estilo dos Negros. O capitão-mor ordenou

que se tocassem as trombetas, e nós, nos barcos, dançamos, e o capitão-mor fez o mesmo ao se reunir a nós.

Os africanos e os europeus ficaram temporariamente unidos por ritmo e melodia, mas a suspeita mútua permaneceu. Terminou dias depois, com os portugueses, temerosos de uma emboscada, disparando seus berços dos escaleres, para dispersar os pastores. A última visão deles da baía, enquanto navegavam para fora, foi a dos khoikhoi demolindo o pilar de pedra e a cruz que os portugueses tinham acabado de erigir. Para aliviar os sentimentos, as tripulações dos navios usaram seus canhões para destruir uma colônia de focas e pinguins ao partir.

A pequena flotilha pagou um preço alto por não ter contornado o cabo da forma desejada. Os navios foram temporariamente separados por uma tempestade; no dia 15 de dezembro, eles lutaram contra a corrente dominante para ultrapassar o último pilar de Dias. No dia 20 de dezembro, tinham sido varridos para o mesmo lugar outra vez. Foi ali que os homens de Dias tinham se recusado a seguir adiante. Os navios de Gama foram liberados desse labirinto costeiro apenas por um avassalador vento que os empurrou para a frente. "Daí por diante, quis Deus em sua misericórdia nos permitir seguir adiante!" – anotou o escritor do diário com alívio. "Possa Ele querer que seja sempre assim!"

Entretanto, a luta para contornar a África tinha desgastado tanto os homens quanto os navios. O mastro principal do *Rafael* rachou perto do topo; depois, ele perdeu a âncora. A água para beber escasseava. Cada homem tinha sua cota de água reduzida a um terço de litro por dia, e a sede deles não era ajudada por terem de cozinhar com água do mar. O escorbuto começava a assolar as tripulações. O alívio de um desembarque amigável era urgente.

No dia 11 de janeiro de 1498, eles chegaram a um pequeno rio. Imediatamente sentiram ter entrado num mundo diferente. Os grupos amontoados de pessoas altas que vieram ao encontro deles não pareciam nem um pouco com os khoikhoi. Não tinham medo e receberam os homens brancos de forma hospitaleira. Eram do povo

Banto, com os quais os intérpretes conseguiram estabelecer algum tipo de comunicação. Água foi levada a bordo, mas a estada não podia se prolongar, uma vez que o vento estava favorável. Lá pelo dia 22 de janeiro eles alcançaram uma costa baixa, com densas florestas, e o delta de um rio muito mais largo, nos quais espreitavam crocodilos e hipopótamos. "Pretos e bem-feitos", pessoas se aproximaram em canoas para vê-los e comerciar, embora alguns de seus visitantes, descritos no diário como "muito altivos, [...] não deram valor a nada que lhes demos".

A essa altura, a devastação do escorbuto tinha avançado, e grande parte da tripulação se encontrava em estado apavorante. Suas mãos, pés e pernas estavam monstruosamente inchados; as gengivas, sanguinolentas e pútridas, cresciam por cima dos dentes, de modo que eles não conseguiam comer. O cheiro saído da boca era intolerável. Os homens começaram a morrer. Paulo da Gama os confortava cuidando dos doentes com seus próprios suprimentos médicos. O que salvou a expedição inteira da aniquilação não foram os cuidados de Paulo nem o ar saudável, como alguns acreditaram, mas, acidentalmente, a abundância de frutas que cresciam nas margens do rio Zambezi.

Eles esperaram um mês ancorados próximo ao imenso delta, calafetando os cascos dos navios, consertando o mastro do *Rafael*, reabastecendo seus barris de água e se recuperando da intensa agressão dos mares. Antes de saírem, erigiram um pilar dedicado a são Rafael e batizaram o rio Zambezi de rio dos Bons Presságios. Havia no ar, no calor maior, no percebido maior grau de civilização do povo nativo uma sensação de expectativa. Depois de sete meses no mar, os homens de Gama estavam no limiar do oceano Índico.

Os navios partiram em 24 de fevereiro, e agora estavam dentro do canal de Moçambique, o estreito espaço entre a costa da África Oriental e a ilha de Madagascar, cujos redemoinhos e correntes poderiam apresentar um sério perigo para os navios a vela. O calor aumentava; o céu e o mar eram de um azul brilhante; a vista na direção da terra, uma orla de árvores verdes, areia branca, arrebentação.

Cuidadosos com os baixios, eles navegavam apenas de dia. À noite, ancoravam. O progresso foi desimpedido até avistarem uma grande baía, no dia 2 de março. A caravela leve, *Bérrio*, testando as profundidades, calculou mal o canal e acabou temporariamente encalhada num banco de areia. Enquanto Coelho, o piloto, liberava o navio e a âncora, eles notaram uma representação de homens em canoas que se aproximavam, vindos de uma ilha próxima, ao som de trombetas de metal. "Convidaram-nos para entrar mais na baía, oferecendo para nos levar ao porto, se quiséssemos. Os que vieram a bordo de nosso navio comeram e beberam o mesmo que nós e foram embora quando ficaram satisfeitos." O porto, como ficaram sabendo, chamava-se Moçambique, e a língua de comunicação era o árabe. Eles haviam entrado no mundo muçulmano, e foi então que a complexidade das negociações tomou um novo rumo.

4

"O DIABO O CARREGUE!"

março-maio 1498

A milhares de quilômetros de distância, nos muros do palácio real de São Jorge, em Lisboa, o grande mapa circular de Fra Mauro projetava sua própria imagem do mundo. A África é grosseiramente distorcida, a Índia, menos um subcontinente definido do que a beirada rasgada de uma vasta Ásia circular. Muitas de suas anotações e dos nomes de locais derivavam das perambulações de Niccoló de Conti, o viajante veneziano do século XV. Mas o mapa mostrava claramente um oceano Índico a ser atravessado e marcava a cidade costeira de Calicute, que Conti identificara como o centro do comércio indiano, com a promissora legenda "Aqui cresce pimenta". O espião Pero de Covilhã também alegou ter enviado detalhes de sua missão à Índia em uma carta entregue no Cairo, antes de sumir nos planaltos da Etiópia. Essa carta deveria ter dado aos portugueses muitas informações a respeito do mundo para o qual eles navegaram, mas continua pouco claro até hoje se a carta de Covilhã foi mesmo transmitida ao rei João, e fossem quais fossem as instruções secretas, os mapas, destinos ou geografia mental que Gama levava consigo, eles provavelmente ficaram ocultos ao anônimo escrivão da viagem. Parece que forneceram a Gama uma carta endereçada vagamente ao "rei cristão da Índia" em Calicute; o fato de ter sido redigida em árabe sugere que os portugueses estavam conscientes de uma significativa presença muçulmana no oceano Índico. Além disso, parece, por tudo o que se seguiu, que o conhecimento deles desse mundo – seus sistemas meteorológicos, as antigas redes comerciais, as intrincadas relações culturais entre o islã e o hinduísmo, suas convenções para negociar e suas políticas – era limitado. Os múltiplos equívocos e mal-entendidos teriam consequências de longo prazo.

O oceano Índico, com trinta vezes o tamanho do Mediterrâneo, tem o formato de um enorme "M", com a Índia como "V" central. É ladeado na margem oeste pelos áridos litorais da península Arábica e a longa costa suaíli da África Oriental; a leste, as barreiras das ilhas de Java e Sumatra e a extremidade rombuda da Austrália Ocidental separam-no do Pacífico; ao sul correm as frias e violentas águas do Antártico. O tempo e as rotas comerciais de tudo o que se movia em sua superfície na época das navegações eram ditados pelo ritmo metronômico dos ventos de monções, um dos grandes dramas meteorológicos do planeta, por cujas flutuações sazonais e reversões, como a operação de uma série de dentes numa engrenagem, mercadorias podiam ser movidas por grandes extensões do globo. O navio tradicional que cobria as águas do oceano Índico ocidental era o *dhow* – ou seja, qualquer um de uma grande família de embarcações compridas, estreitas, dotadas de velas latinas triangulares de diversos tamanhos e desenhos regionais, indo da categoria costeira, entre cinco e quinze toneladas, até navios transoceânicos, com várias centenas de toneladas, que poderiam superar os galeões de Gama. Historicamente, aquelas eram embarcações costuradas e amarradas com cordas de fibras de coco, sem uso de pregos.

Ao contrário de Colombo, os portugueses não tinham irrompido em mares silenciosos. Durante milhares de anos o oceano Índico fora o entroncamento do comércio mundial, transportando mercadorias por um vasto espaço, de Cantão ao Cairo, de Burma até Bagdá, por um entrelaçado complexo de sistemas comerciais, estilos marítimos, culturas e religiões, e uma série de centros: Malaca, na península da Malásia, maior que Veneza, para mercadorias vindas da China e das ilhas das especiarias, mais distantes; Calicute, na costa ocidental da Índia, para pimenta-do-reino; Ormuz, a porta de saída para o golfo Pérsico e Bagdá; Áden, na entrada do mar Vermelho, e as rotas para o Cairo, o centro nervoso do mundo islâmico. Dezenas de outras pequenas cidades-Estado pontuavam seus litorais. Dali eram despachados ouro, escravos negros e bambu da África, incenso e tâmaras da Arábia, lingotes da Europa, cavalos da Pérsia, ópio do Egito, porcelana da China, elefantes de guerra do Ceilão, arroz de Bengala, enxofre de Sumatra, noz-moscada das Molucas, diamantes do planalto de Decão, pano de algodão de Gujarati. Ninguém detinha o monopólio nessa área extensa e complexa demais, e as grandes potências continentais da Ásia deixavam o mar aos mercadores. Havia uma pirataria em pequena escala, mas não havia frotas de guerra protecionistas, e prevalecia uma tênue noção de águas territoriais. As frotas das estrelas da dinastia Ming, a única superpotência marítima, tinham avançado e regredido. Essa era uma vasta e comparativamente pacífica zona de livre-comércio: metade da riqueza do mundo passava por suas águas numa comunidade comercial fragmentada entre diversos participantes. "Deus", dizia-se, "dera o mar a todos."

Esse era o mundo de Simbá. Seus grupos comerciantes principais, distribuídos de forma tênue pelo litoral, das praias orladas de palmeiras da África Oriental às ilhas das especiarias das Índias Orientais, eram amplamente muçulmanos. O islá tinha se espalhado, não à ponta de espada, mas por missionários e mercadores, a partir do convés de um *dhow*. Aquele era um mundo de múltipla etnia, no qual o comércio dependia de interações sociais e culturais, migração de longo alcance e uma medida de acomodação mútua entre islá, hinduísmo, budismo, cristãos e judeus locais; era mais rico, mais profundamente estratificado e complexo do que os portugueses inicialmente imaginavam. A cabeça deles estava definida pela suposição de monopólio de direitos de comercialização, como havia se desenvolvido nos litorais ocidentais da África, e pela guerra santa no Marrocos. Eles irromperam dentro desse mar com seus canhões de disparo rápido montados em navios, ou seja, um jogador fora das regras. Faltavam às embarcações que encontraram no oceano Índico quaisquer defesas comparáveis.

Tornou-se imediatamente claro, à aproximação dos navios de Gama da cidade de Moçambique, que aquilo era diferente da África e de suas experiências anteriores. As casas, cobertas de palha, eram bem construídas; eles podiam vislumbrar minaretes e mesquitas de madeira; o povo, evidentemente formado por mercadores muçulmanos ricamente vestidos, com cafetãs orlados de franjas de seda e bordados em ouro, eram pessoas urbanas, que falavam árabe, com quem os tradutores conseguiam se comunicar. A recepção foi extraordinariamente amigável. "Eles logo vieram a bordo com muita confiança, como se já nos conhecessem há muito tempo, e a conversa era familiar." Pela primeira vez os portugueses ouviram notícias do mundo que tinham vindo encontrar. Pelos intérpretes ficaram sabendo do comércio dos "muçulmanos brancos" – mercadores da península Arábica; havia quatro dos navios deles no porto, trazendo "ouro, prata, cravo, pimenta-do-reino, gengibre, anéis de prata... pérolas, gemas e rubis". "Mais adiante, onde estamos indo", acrescentou o escritor anônimo com uma justificável nota de incredulidade, "eles abundavam, e [...] pedras preciosas, pérolas e especiarias eram tão abundantes que não havia necessidade de comprá-los, já que podiam ser colhidos em cestas." Essa visão inebriante de riqueza era encorajadora demais. Porém, eles também souberam de uma grande presença de cristãos ao longo da costa, e que "o Preste João residia próximo desse lugar; que ele dominava muitas cidades ao longo da costa e que os habitantes dessas cidades eram poderosos mercadores e possuíam grandes navios". A despeito do que se tivesse perdido pela tradução, "nós choramos de alegria e rezamos a Deus para que nos concedesse saúde, para que pudéssemos contemplar o que tanto desejáramos".

Aos poucos os portugueses foram percebendo que eles próprios estavam sendo vistos como mercadores muçulmanos. Inicialmente, o sultão veio a bordo com espírito de amizade, e, apesar das tentativas de Gama para apresentar um espetáculo – provavelmente nada fácil, dada a aparência castigada tanto dos navios quanto dos homens –, o sultão ficou desapontado com a qualidade dos presentes oferecidos. Os portugueses, aparentemente ignorantes da riqueza desse novo mundo, saíram de Lisboa com quinquilharias para deliciar um chefe da África Ocidental: sinos e bacias de metal, coral, chapéus e roupas modestas. O sultão queria tecidos escarlate. Com o fracasso desses marinheiros curiosos e extenuados em estabelecer sua credibilidade como comerciantes ou pessoas de importância, formularam-se questões a respeito de sua identidade e suas intenções. No início, o sultão achou que eram turcos e pediu para ver seus famosos arcos e o Corão. Gama foi obrigado a dissimular: eles vinham de um país próximo à Turquia, e não quisera confiar seus livros sagrados ao mar; mas ele apresentou um impressionante disparo de bestas e exibiu as armaduras, "com o que o sultão ficou satisfeito e surpreso".

Já tinham aprendido como a costa podia ser traiçoeira – o *Bérrio* havia encalhado ao entrar no porto – e que o caminho à frente era pontilhado de baixios. Gama pediu ao sultão que lhe emprestasse um piloto. O sultão providenciou dois, a serem pagos em ouro. Tomado de uma suspeita quanto às intenções dos muçulmanos, Gama insistiu que um deles deveria sempre permanecer a bordo. Se dúvidas surgiam na mente do anfitrião, o clima logo obscureceu. No dia 10 de março, sábado, quando os navios foram levados da cidade para uma ilha a cerca de quatro quilômetros de distância, com o objetivo de se realizar uma missa secreta, um dos pilotos escapou. Gama enviou dois barcos atrás dele, mas foram confrontados por seis embarcações armadas que vinham da ilha, com ordem de que eles voltassem à cidade de Moçambique. Nesse ponto os cristãos provavelmente acharam que seu disfarce tinha sido desmascarado. Um dos pilotos locais foi amarrado para evitar que fugisse, e as bombardas puseram os muçulmanos em fuga. Era hora de avançar.

Entretanto, o tempo atrapalhou a partida. O vento virou e eles foram obrigados a voltar à ilha. O sultão tentou fazer negociações de paz, mas foi rechaçado. Seguiram-se dez dias tensos. A água na ilha era salobra e a nos navios estava acabando. Foram obrigados a voltar ao porto de Moçambique em 22 de março. À meia-noite tentaram um desembarque secreto para pegar água, levando consigo o piloto remanescente. Mas ele não localizou a fonte. Na noite seguinte, eles tentaram outra vez, e encontraram a água vigiada por vinte homens.

As bombardas rugiram e espantaram os homens. A batalha por água continuou. No dia seguinte eles ainda encontraram a fonte vigiada, e dessa vez os homens estavam protegidos por uma paliçada. Bombardearam o local durante três horas, até que os guardas fugiram. Lá pelo dia 25 de março, a ameaça contínua do fogo dos canhões manteve os habitantes refugiados. Depois de conseguirem água outra vez, os portugueses foram embora, mantendo alguns reféns e disparando tiros sobre a cidade, como garantia.

Começava a surgir um padrão de frustração e reação agressiva. Os capitães tinham cada vez menos paciência e estavam desconfiados, desesperados por provisões confiáveis e uma recepção amigável num porto cristão. Não havia nada disso à vista.

O progresso para o norte era lento. Eles foram obrigados a recuar pelos ventos contrários, sondando os canais com extremo cuidado por causa de baixios e bancos de areia, já que não confiavam no piloto cativo. Ultrapassaram o porto de Kilwa, que acreditavam ter muitos cristãos, chicotearam o homem por enganá-los, acidentalmente encalharam o *Rafael* e finalmente chegaram à ilha porto de Mombaça. Era Domingo de Ramos. "Ancoramos ali com muito prazer", anotou o escrivão, "porque esperávamos confiantes que no dia seguinte pudéssemos descer a terra e ouvir missa junto com os cristãos que nos relataram morar ali sob seu próprio juízo em um bairro separado do dos mouros." A confortadora ideia de estar entre companheiros cristãos não desaparecia.

O desembarque em Mombaça seguiu o padrão que eles tinham começado a estabelecer. Houve a recepção inicial do sultão. Dois homens, provavelmente condenados escolhidos para o papel, desceram a terra e foram bem recebidos. Pela primeira vez encontraram "cristãos", "que mostraram a eles um papel, o objeto de adoração deles, no qual havia um esboço do Espírito Santo". Isso viria a ser um dos mais profundos, quase cômicos, mal-entendidos iniciais dos portugueses, de que os hindus, dos quais eles aparentemente não tinham conhecimento, com suas próprias imagens de deuses, eram cristãos de uma seita dissidente. Os portugueses chegavam ao oceano Índico esperando encontrar cristãos marginalizados; esses homens com suas imagens antropomórficas desconhecidas encaixavam-se perfeitamente numa ideia preconcebida.

O sultão mandou para eles algumas amostras de especiarias, como artimanha comercial, mas é muito provável que a reputação deles tenha chegado na frente. Tranquilizados por essa acolhida, o pequeno esquadrão se preparou para entrar no porto sob orientação local, mas então o *Gabriel* começou a ir à deriva e bateu no navio ao lado. Na confusão, os pilotos entraram em pânico. Talvez com medo de novas punições, eles pularam ao mar e foram apanhados por barcos locais. Os portugueses agora estavam apreensivos. Naquela noite, torturaram dois de seus reféns jogando óleo fervente em sua pele para fazê-los "confessar" que tinham tido ordem de capturar esses navios como vingança pelo bombardeio de Moçambique. "E quando essa tortura estava sendo aplicada uma segunda vez, um dos muçulmanos, embora tivesse as mãos amarradas, jogou-se ao mar, enquanto o outro fez a mesma coisa durante o plantão da manhã." A morte por afogamento parecia preferível.

Lá pela meia-noite, os vigias nos navios detectaram o que eles acharam ser a ondulação de um cardume de atuns movendo-se pelo mar iluminado pela lua. Mas eram homens nadando silenciosamente em direção aos navios. Ao chegarem ao *Bérrio*, começaram a cortar os cabos; outros deram um jeito de subir até o cordame, mas, "vendo-se descobertos, silenciosamente escorregaram para baixo e fugiram". Na manhã de 13 de abril, a flotilha partiu outra vez para Melinde, cem quilômetros costa acima, em busca de melhor sorte e um piloto de confiança. O diário anônimo relata que os doentes mostraram bons sinais de recuperação, "porque o clima desse lugar é muito bom". A causa mais provável era a vitamina C de um bom suprimento de laranjas. Mesmo assim, a expedição vacilava. A tripulação estava tão exausta de puxar âncoras que sua força falhou, e eles foram impelidos a cortar o cabo e deixar uma delas no fundo do mar. Enquanto elaboravam seu trajeto costa acima, encontraram dois barcos "e imediatamente lançaram-se em perseguição, com a intenção de capturá-los, já que queriam um piloto que nos guiasse aonde queríamos ir". Um dos barcos escapou, mas o outro não. Todos os dezessete passageiros, inclusive um senhor idoso e sua mulher, preferiram lançar-se ao mar em vez de ser presos por piratas, mas foram trazidos de volta da água, junto com "ouro, prata e uma abundância de milho e outras provisões". A essa altura, prender reféns tinha passado a ser uma estratégia-padrão num mundo percebido como hostil.

Na noite de 14 de abril, eles chegaram a Melinde. Talvez com uma nota de saudades, o diarista anotou que as casas altas, caiadas, com suas muitas janelas, plantadas em meio a campos férteis e folhagens, lembraram-no de uma cidade às margens do Tejo. O dia seguinte era Domingo de Páscoa. Ninguém veio inspecionar o navio estranho. A reputação deles os precedera novamente. Gama desembarcou o velho capturado num banco de areia em frente à cidade, como intermediário cauteloso, e esperou que ele fosse resgatado. A reação inicial do sultão foi semelhante à dos dois desembarques anteriores. O velho voltou com o recado de que o sultão "se alegraria em se reconciliar com ele, [...] e de boa vontade conceder ao capitão-mor tudo de que o país dispusesse, fossem pilotos ou qualquer outra coisa". Gama aproximou os navios da cidade, mas permaneceu afastado, tentando decifrar os sinais. Recusou todos os convites de ir a terra, dizendo que "seu mestre o proibira de desembarcar". As negociações foram feitas por meio de barcos a remo adjacentes, mas as palavras continuavam amigáveis. O sultão enviou carneiros e especiarias. Pediu que escrevessem o nome do rei e prometeu enviar a ele um embaixador ou uma carta.

Ao pesar essas palavras, Gama amenizou sua disposição e soltou os reféns do barco, como prova de boa vontade. Sem querer, os portugueses estavam aprendendo sua primeira lição de diplomacia política no oceano Índico. O sultão buscava aliados numa competição com os rivais muçulmanos pelo comércio no litoral; os cristãos que chegavam, em tempo, iriam compreender como otimizar essas alianças através das linhas de falha da religião para fragmentar a oposição. As duas partes envolveram-se em corteses cerimônias honoríficas, separadas pela segurança de uma extensão de água. O sultão, "muito agradado, fez o circuito de nossos navios, com disparos de saudação". Houve uma troca de visitantes — os condenados mais uma vez foram enviados a terra –, e o sultão, sentado num trono de bronze na praia, e ao som de serenatas tocadas por músicos, ordenou a seus cavaleiros que representassem lutas na areia. Gama recusou repetidas solicitações para ir à praia e visitar o velho pai do sultão.

Enquanto isso, os portugueses ficaram animados ao ouvir que quatro navios de cristãos indianos tinham recentemente chegado a Melinde, e, no devido tempo, esses "cristãos" vieram a bordo. Quando lhes mostraram uma imagem de Cristo na cruz e sua mãe, "eles se prostraram, e, enquanto estávamos lá, eles vieram fazer suas orações diante da imagem, trazendo oferendas de cravos, pimenta-do-reino e outras coisas". O navio deles evidentemente possuía canhão e pólvora; eles iluminaram o céu noturno com uma exibição espetacular de foguetes e bombardas em honra a seus correligionários; os gritos de "Cristo! Cristo!" cortaram o ar, e eles aconselharam Gama, num intercâmbio em um árabe imperfeito, a não ir a terra nem confiar nos muçulmanos. Eles eram diferentes de qualquer cristão que os portugueses já tivessem visto. "Esses indianos são homens castanho-avermelhados", anotou em seu diário, "usam pouca roupa e têm longas barbas e cabelo comprido, que trançam. Contaram-nos que não comem carne de boi." Em meio a essa confusão cultural, é provável que esses havia muito esperados correligionários estivessem gritando "Krishna! Krishna!".

Havia uma atmosfera festiva na recepção dos europeus em Melinde. "Permanecemos em frente a essa cidade durante nove dias, e durante todo esse tempo tivemos festas, lutas simuladas e apresentações musicais." Mas Gama estava ansioso por obter um piloto, e foi preciso o sequestro de mais um refém para consegui-lo. O sultão despachou um "cristão" que estava disposto a guiar a expedição pelo oceano para seu destino desejado. Esse piloto parecia mais um muçulmano de Gujarati, possuía um mapa moderno da costa da Índia e tinha familiaridade com os quadrantes para fazer observações astronômicas. Quinhentos anos mais tarde, capitães árabes de *dhows* ainda amaldiçoariam esse piloto muçulmano que introduzira os francos, os europeus que eles chamavam de *ferengi*, nos segredos da navegação oceânica.

Em 24 de abril, com os ventos das monções virando a seu favor, as tripulações se dirigiram ao mar, "para uma cidade chamada Calicute". A escrita sugere que pelo menos o diarista estava escutando esse nome pela primeira vez – e talvez a expedição inteira, cegamente irrompendo pelo oceano Índico, tivesse apenas um vago sentido de seu destino. Com um vento contínuo de popa, o cruzamento desse novo mar foi muito rápido. Eles se dirigiam para nordeste. Em 29 de abril, foram consolados pela volta da estrela Polar ao céu noturno, perdida de vista desde o Sul do Atlântico. Em 18 de maio, sexta-feira, depois de apenas 23 dias longe da terra e a 3.700 quilômetros de mar aberto, avistaram montanhas altas. No dia seguinte, uma chuva torrencial se abateu sobre o convés, obscurecendo a visibilidade; raios

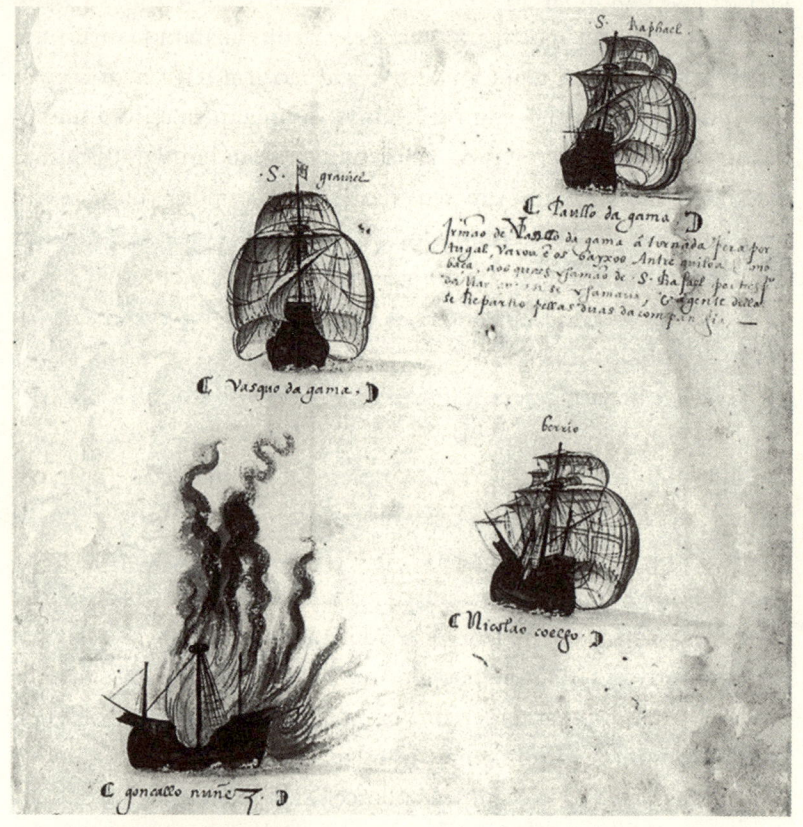

A pequena flotilha de Gama. O navio de suprimentos foi queimado depois que rodearam o cabo da Boa Esperança.

violentos cortaram o céu. Eles tinham atingido o prelúdio precoce das monções. Quando a tempestade arrefeceu, o piloto conseguiu reconhecer a costa: "Ele nos contou que estávamos acima de Calicute, e que esse era o país aonde desejávamos chegar". Através da forte chuva, eles inspecionaram a Índia pela primeira vez: altos picos assomando nas trevas. Tratava-se dos Gates Ocidentais, a longa cadeia de montanhas que rodeia o sudoeste da Índia, na costa de Malabar; os homens conseguiam ver densas inclinações cheias de florestas, uma planície estreita, ondas quebrando na areia branca.

Deve ter sido uma visão emocionante. Eles haviam se despedido de seus entes queridos perto do mar em Restelo 309 dias antes. Tinham navegado 19 mil quilômetros e já haviam perdido muitos homens. Para trás ficava uma viagem muito mais longa, décadas antes, até as primeiras explorações do príncipe Henrique, o duro caminho pela costa da África, as explorações fluviais, os navios perdidos, as gerações de homens que tinham navegado e morrido. Essa primeira visão borrada da Índia se destaca como um momento significativo na história do mundo. Gama pusera fim ao isolamento da Europa. O Atlântico já não era mais uma barreira; tornara-se uma via expressa ligando os hemisférios. Aquele era um momento notável no longo processo de convergência global, contudo, nenhuma percepção de que tinham realizado uma grande façanha apareceu no estritamente factual diário anônimo, e somente depois houve alguns indícios abafados do feito em relatos portugueses: Vasco da Gama pagou muito bem ao piloto, chamou a tripulação para as orações e "deu graças a Deus, que os tinha conduzido em segurança ao lugar havia tanto tempo desejado de seu destino".

Eles chegaram fora de época, com as primeiras rajadas das monções, num período em que nenhum navio visitava essa costa. Do litoral, houve um interesse imediato, deflagrado tanto pela novidade daqueles navios, diferentes dos demais que navegavam no oceano Índico, quanto pelo momento impróprio. Quatro barcos vieram ver os estranhos visitantes e apontaram para Calicute, um pouco distante; no dia seguinte, os barcos estavam de volta. Gama enviou um de seus condenados a terra com os visitantes, um homem chamado João

Nunes, judeu convertido, destinado a viver o maior golpe de sorte da história portuguesa.

A multidão na praia o tomou por muçulmano e o levou a dois mercadores tunisianos que falavam um pouco de castelhano e genovês. O encontro foi marcado por assombro mútuo. Nunes se viu abordado numa língua de seu próprio continente: "O diabo o carregue! O que o trouxe aqui?".

Foi quase um anticlímax, um momento no qual o mundo deve ter encolhido. Os portugueses tinham circundado a Terra apenas para que lhes falassem quase em sua própria língua. A comunidade do comércio islâmico, dos portões de Gibraltar ao mar da China, era muito mais extensa do que os portugueses conseguiam perceber.

"Viemos", replicou Nunes, com considerável presença de espírito, "em busca de cristãos e de especiarias."

Essa era provavelmente uma descrição justa das instruções de dom Manuel. Os tunisianos ficaram igualmente incrédulos. Eles não conseguiam entender como a viagem tinha sido feita, e justamente pelos portugueses: "Por que o rei de Castela, o rei da França ou a *Signoria* de Veneza não mandam homens para cá?".

Nunes, sustentando a dignidade de sua terra de adoção, replicou que o rei de Portugal não o permitiria. Os dois homens o convidaram à sua casa e serviram-lhe petiscos – pão de trigo e mel –, depois, cheios de entusiasmo, o acompanharam de volta aos navios. "Boa sorte! Boa sorte!", um deles desejou assim que ele subiu a bordo. "Muitos rubis, muitas esmeraldas! Você deveria dar muitas graças a Deus por tê-lo trazido a uma terra onde há tantas riquezas!" "Estávamos tão espantados com isso que o ouvíamos falar, mas não conseguíamos acreditar", registrou o diarista anônimo, "que pudesse haver alguém tão longe de Portugal que conseguisse entender a nossa fala."

O encontro com muçulmanos amigáveis era provavelmente tão desorientador quanto qualquer outra coisa que ainda pudesse acontecer. Era como se os portugueses estivessem olhando para seu próprio mundo pelo lado errado de um telescópio. Era a Europa que estava ignorante e isolada, não esse mar onde eles haviam tropeçado. E tiveram uma sorte extraordinária. Um dos tunisianos, um homem que chamaram de Monçaide (talvez Ibn Tayyib), os ajudaria a interpretar esse mundo novo. Ele sentia nostalgia pelos portugueses, cujos navios vira negociando na costa do Norte da África durante o reinado de João II. Ofereceu orientação no labirinto de costumes de Calicute, que se mostraria inestimável. A cidade, disse a eles, era governada por um rei, o *samudri raja*, "Senhor do Mar", que "receberia com prazer o general como embaixador de um reino estrangeiro; especialmente se o objetivo da viagem fosse estabelecer comércio com Calicute, e se o general tivesse trazido com ele qualquer mercadoria adequada para esse objetivo, já que as vantagens que o samorim obtinha dos impostos sobre o comércio constituía sua principal fonte de renda".

Calicute, apesar da falta de um bom porto natural, tinha se estabelecido como o principal centro de comércio de especiarias ao longo da costa de Malabar pela reputação de seus soberanos de boa governança e negociações justas com os mercadores. "Em Calicute", notou um visitante do século XV, "não importa de onde venha um navio e para onde ele vá, se atracar aqui, eles o tratam como qualquer outro navio e o submetem a nem mais nem menos impostos." A cidade era uma comunidade mercantil muçulmana de bom tamanho e profundamente estabelecida, cujo povo, conhecido como mapila, descendia de marinheiros muçulmanos e hindus de casta baixa, além de mercadores em viagem da península Arábica, os "mercadores de Meca"; todos viviam em harmonia com seus senhores supremos hindus de alta casta para benefício mútuo dos dois grupos religiosos. Esse arranjo recíproco tinha sido notado durante uma das grandes expedições marítimas chinesas. "Anteriormente", escreveu o cronista Ma Huan, "havia um rei que fez um tratado sob juramento com o povo muçulmano: vocês não comem carne de boi; eu não como carne de porco; nós vamos reciprocamente respeitar o tabu. [Isso] tem sido honrado até hoje." Era esse arranjo harmonioso que os portugueses estavam destinados a romper.

O samorim costumeiramente morava com outros hindus de alta casta, em um lugar a alguma distância da cidade; ele tinha outra residência em Calicute propriamente dita, situada num ponto de observação do qual podia supervisionar a movimentação dos navios no porto – e cobrar os impostos. Era ali que ele estava acostumado a se encontrar com mercadores e embaixadores estrangeiros. Como estava fora da cidade, Gama enviou dois emissários condenados com Monçaide para reforçar sua causa.

A resposta do samorim foi rápida e acolhedora: ele deu presentes aos mensageiros, expressou sua disposição de conhecer os recém-chegados e partiu com sua comitiva para a cidade. Além disso, providenciou um piloto para levar os navios a um ancoradouro mais adequado, a alguma distância, em um porto seguro, num assentamento que os portugueses chamariam de Pandarani. Gama concordou em mover seus navios, porém, seguindo sua experiência ao longo da costa africana, ele foi cauteloso e não quis prosseguir direto para o ancoradouro que o piloto indicou. A suspeita era uma tendência dos portugueses nesse novo mundo.

A bordo, seguiu-se um acalorado debate entre os capitães a respeito de como proceder. Eles já tinham suposto o pior dos mercadores muçulmanos. O veredito da maioria foi que era arriscado demais para o capitão-mor desembarcar. Mesmo eles acreditando que a maioria da população fosse cristã, a inimizade comercial e religiosa dos comerciantes muçulmanos na cidade tornaria qualquer golpe de sorte de seu líder altamente perigoso. Gama, num discurso provavelmente criado para ele pelos cronistas, insistiu que agora não havia mais jeito. Eles tinham alcançado a Índia como embaixadores do rei. Ele devia então negociar pessoalmente, mesmo sob risco de vida. Levaria alguns homens e ficaria pouco tempo: "Não é minha intenção ficar muito tempo em terra, para não dar tempo aos muçulmanos de tramar contra mim, já que proponho apenas conversar com o rei e voltar ao navio em três dias". Os demais deviam permanecer no mar sob o comando de seu irmão; um barco armado ficaria próximo ao litoral, a fim de manter a comunicação; se ele estivesse em perigo, eles deveriam ir embora.

Na manhã de segunda-feira, 28 de maio, uma semana depois de sua chegada, Gama partiu com treze homens. O grupo incluía intérpretes e o escritor anônimo, bem posicionado para um autêntico relato como testemunha ocular. "Pusemos nossas melhores roupas", registrou ele, "montamos bombardas em nossos barcos e levamos conosco trombetas e muitas bandeiras." O esplendor deveria ser igualado pela defesa armada. Numa cena que viria a ser romantizada por pintores do século XIX, os castigados marinheiros, ainda instáveis por causa das ondas, puseram os pés no subcontinente indiano, "durante tanto tempo obscuro", no melhor estilo que conseguiam exibir, sob o clangor das trombetas.

Foram saudados num estilo contrastante, pelo *bale* – governador – do samorim. Para os marinheiros tontos, a visão do comitê de recepção foi alarmante: um grande número de homens, alguns com grandes barbas e cabelos compridos, as orelhas atravessadas por ouro reluzente, muitos deles nus da cintura para cima e segurando espadas desembainhadas. Esses homens eram naiares, membros da casta hindu dos guerreiros, desde jovens jurados para proteger seu rei até a morte. Os portugueses os tomaram por cristãos, e a recepção parecia amigável. Um palanquim, o meio de transporte reservado aos dignitários, protegido por um guarda-sol, esperava por Gama. Foi erguido sobre os ombros de seis homens, organizados em turnos, que partiram correndo. O resto do grupo teve de seguir da forma que conseguisse. Calicute ficava a certa distância, e, à medida que avançavam, eles atraíam uma crescente multidão. Depois de algum tempo, foram instalados numa casa, onde lhes foram dados arroz com muita manteiga e excelente peixe cozido. Gama, atento ou já impaciente, recusou a comida; o *bale* e seu séquito se retiraram para comer numa casa adjacente, separação talvez exigida pelos ditames do sistema de castas.

Aí então os visitantes foram transferidos para dois barcos amarrados com cordas e impulsionados por remos por um rio entre palmeiras, seguidos por uma procissão flutuante de outras embarcações e pessoas que observavam das margens. "Todos tinham vindo nos olhar", observou o escritor do diário. "Quando desembarcamos, o capitão-mor uma vez mais entrou em seu palanquim." Ao se aproximarem da cidade, as multidões se adensaram; mulheres saíram de casa carregando crianças e os seguiram pela estrada. Uma nota de claustrofobia e desorientação entra na narrativa. Os olhos do narrador rodavam, enquanto ele tentava ver tudo: a aparência pouco familiar das pessoas, "de pele castanho-avermelhada", tão diferente da experiência dos portugueses com os africanos; os homens ora de barba feita, ora pesadamente barbados; as mulheres, "geralmente baixas e feias", mas muito enfeitadas com colares e pulseiras de ouro e anéis nos dedos dos pés, engastados com pedras preciosas que pareciam testemunhar a riqueza da Índia. Em geral, ele achou as pessoas "bem dispostas e aparentemente de boa índole", mas acima de tudo ficou impressionado com a quantidade de gente.

Ao entrar na cidade, foram guiados até uma "grande igreja, [...] tão grande quanto um mosteiro, toda construída de pedra lavrada e coberta de ladrilhos". Não há nada desse relato sugerindo que o templo hindu a que foram levados não fosse uma igreja de alguma seita cristã dissidente. Do lado de fora havia dois pilares, provavelmente *lingams* do deus Shiva. Dentro, viram um santuário, numa capela no centro, com uma porta de bronze; "dentro desse santuário ficava uma pequena imagem que eles disseram representar Nossa Senhora". É impossível saber o que se perdia na tradução entre árabe, português e malayalam, a língua da costa de Malabar. Gama ajoelhou-se e rezou; os padres salpicaram água benta e "deram-nos um pouco de terra branca, que os cristãos desse país têm o hábito de carregar"; Gama pôs a dele de lado. O escrivão notou, quando saíam, os santos nas paredes, usando coroas e "pintados de maneira variada, com dentes protuberantes, dois centímetros para fora da boca, e quatro ou cinco braços".

Já na rua, a população se aglomerava; os visitantes tiveram de se refugiar em uma casa enquanto guardas eram chamados para liberar o caminho em meio à multidão que batia tambores, soprava trombetas e gaitas de foles e disparava mosquetes. As pessoas se amontoavam nos telhados para vê-los passar. Estava próximo ao pôr do sol quando chegaram ao palácio. "Passamos por quatro portas, tendo de forçar nosso caminho, distribuindo muitas cotoveladas nas pessoas." Homens foram feridos na entrada. Por fim, eles chegaram à câmara de audiências do rei, "um grande salão rodeado de assentos de madeira elevados, em fileiras acima uma da outra, como nos nossos teatros, sendo o chão coberto por um tapete de veludo verde, e as paredes, com seda de diversas cores". À frente deles sentava-se um homem que acreditavam ser o rei cristão, para cujo encontro eles tinham percorrido 19 mil quilômetros.

5

O SAMORIM

maio de 1498-agosto de 1499

A primeira visão do monarca hindu foi, aos olhos dos portugueses, notável:

> O rei tinha pele marrom, grande estatura e estava bem avançado em anos. Na cabeça tinha um boné adornado com pedras preciosas e pérolas, e joias do mesmo tipo nas orelhas. Usava uma jaqueta de fino pano de algodão, com botões de grandes pérolas, e as casas eram decoradas com fio de ouro. Em torno da barriga tinha um pedaço de calicô branco, que só lhe chegava até os joelhos; e tanto os dedos das mãos quanto dos pés estavam adornados com muitos anéis de ouro montados com finas pedras; seus braços e pernas estavam cobertos por muitos braceletes de ouro.

O samorim se reclinava numa postura de relaxamento oriental em um sofá de veludo verde, mastigando folhas de betel, e cuspindo numa grande escarradeira de ouro. "À direita do rei havia uma bacia de ouro tão grande que um homem mal conseguiria rodeá-la com os braços; nela havia ervas. Do mesmo modo, havia muitas jarras de prata. O dossel acima do sofá era todo dourado."

Gama evidentemente fora instruído por Monçaide a responder as saudações do rei com os gestos apropriados: não chegar perto demais e falar com a mão à frente da boca. Os convidados receberam frutas e água. Quando lhes pediram que bebessem da jarra sem tocá-la com os lábios, "alguns entornaram a água na garganta, provocando tosse, enquanto outros derramaram água no rosto e nas roupas, o que divertiu muito o rei". No salão lotado, aquela era uma situação de desvantagem cultural, que provavelmente feriu o orgulho de Gama.

Quando lhe pediram que se dirigisse às pessoas ali reunidas, Gama afirmou sua dignidade e exigiu falar em particular. Retirando-se para uma sala apenas com seus intérpretes, ele relatou sua missão: vir à terra da Índia, que eles estavam procurando havia sessenta anos em nome do seu rei, "possuidor de grandes riquezas de todo tipo", para encontrar reis cristãos. Prometeu levar as cartas de Manuel ao samorim no dia seguinte. A essa altura, Gama tinha certeza de que o samorim era cristão.

Algum tempo depois, o samorim perguntou se Gama gostaria de se hospedar com os cristãos (na verdade, os hindus) ou os muçulmanos. Cauteloso, Gama pediu que seus homens se alojassem sozinhos. Eram quase dez horas da noite. Chovia a cântaros. Gama foi carregado no palanquim sob um guarda-chuva; serpentearam pelas ruas, seguidos por uma multidão, tão devagar que Gama perdeu a paciência e queixou-se. Foram tirados da chuva por algum tempo, mas a parolagem oriental continuou. Ofereceram a ele um cavalo, mas sem sela; ele recusou. Supõe-se que tenha viajado no palanquim até chegarem a seus alojamentos, onde uma cama tinha sido entregue por marinheiros do barco, junto com os presentes para o rei. Aquele era o final de um dia longo e confuso de impressões avassaladoras: as multidões, a falta de espaço para respirar, os rituais desconhecidos, a chuva da monção levantando cheiros pungentes. Eles caíram exaustos no sono.

Qualquer credibilidade que eles tivessem ganhado com o samorim logo se evaporou. Se os presentes com os quais os portugueses tinham sido abastecidos em Lisboa foram esnobados em Moçambique e Melinde, aqui foi pior. Na manhã seguinte, Gama pegou os itens para enviar ao palácio: doze peças de pano listrado, quatro capuzes vermelhos, seis chapéus, quatro fios de coral, seis bacias para lavar as mãos, uma caixa de açúcar, duas barricas: uma com mel, outra com azeite. Aqueles eram objetos para impressionar um chefe africano, não para um potentado habituado à rica cultura de comércio do oceano Índico. O *bale* apenas riu: "O mercador mais pobre vindo de Meca ou de qualquer outra parte da Índia ofereceria mais, [...] se ele quisesse dar um presente, teria de ser de ouro". Simplesmente se recusou a enviar esses pífios itens para o Soberano do Mar. Era necessária uma retratação urgente. Gama retorquiu que "não era comerciante, mas embaixador... Se o rei de Portugal o mandasse voltar, ele lhe confiaria presentes muito mais ricos". Alguns comerciantes muçulmanos depreciaram ainda mais os miseráveis objetos.

Vasco da Gama pediu para explicar a situação pessoalmente. Isso poderia ser feito, disseram-lhe, mas ele teria de esperar um pouco, e então seria conduzido ao palácio. Gama esperou impaciente. Ninguém voltou. Por trás do pano, alguma coisa se passava. Os mercadores muçulmanos tinham pressentido uma ameaça nos recém-chegados cristãos; talvez tenham recebido relatos das táticas agressivas e dos bombardeios dos estrangeiros na costa suaíli. Apesar de toda a abertura creditada ao comércio de Calicute, havia interesses constituídos a serem protegidos; há evidência de que os muçulmanos tinham sido usados como instrumento para expulsar os comerciantes chineses da cidade décadas antes. Eles provavelmente garantiram uma audiência com o samorim para transmitir a sugestão de que Gama, na melhor das hipóteses, era um oportunista, na pior, um pirata. Os portugueses passaram a acreditar que os muçulmanos exigiram a morte de Gama. O dia inteiro Vasco da Gama esperou, cada vez mais impaciente. Evidentemente a incapacidade do capitão para relaxar não era compartilhada por seus companheiros. "Quanto a nós outros", disse o escrivão, "divertimo-nos, cantando e dançando ao som das trombetas, e aproveitamos muito."

Pela manhã, eles foram levados de volta ao palácio, onde esperaram por horas. Para Gama, agora inteiramente perturbado, aquele fora um menosprezo calculado. Finalmente veio a notícia de que o rei veria o capitão-mor e mais dois apenas. O grupo inteiro achou que "essa separação não prenunciava nada de bom". Gama atravessou a porta, pesadamente guardada por homens armados, acompanhado por seu secretário e seu intérprete.

A segunda entrevista foi gélida e desconcertante. O samorim queria saber por que Vasco da Gama não viera no dia anterior. Incapaz de entender que motivos esses estrangeiros poderiam ter, a não ser o comércio, suas perguntas se seguiram em rápida sucessão, no sentido de que, se eles vinham de um país rico, por que não haviam trazido presentes? E onde estavam as cartas? Gama foi obrigado a improvisar respostas sobre como ele não trouxera nada porque se tratava de uma viagem de descoberta. Seria seguida por outras, com ricos presentes. Pelo menos ele tinha as cartas. O rei sondou outra vez o mistério do presente: "O que vieram eles descobrir: pedras ou homens?", perguntou ironicamente. "Se tinham vindo descobrir homens, como ele disse, por que não trouxeram nada?" É evidente que ele soubera que um dos navios continha uma imagem de ouro de Santa Maria. "Não é de ouro", foi a resposta de Gama – a imagem provavelmente era de madeira dourada –, acrescentando "que, mesmo que fosse de ouro, ele não se separaria dela, já que o guiara pelo oceano e o guiaria de volta para seu país". Quando chegou à leitura da cópia em árabe da carta, Gama não confiou no muçulmano para a tradução do árabe para o malabar. Mas embora o garoto "cristão" que lhe servia de intérprete soubesse falar as duas línguas, não sabia ler nenhuma delas. Quando foi finalmente traduzida, o samorim ficou parcialmente apaziguado. Vasco da Gama tinha pelo menos estabelecido credenciais autênticas. Finalmente, havia a questão das mercadorias: Gama podia voltar aos navios, desembarcar e vendê-las da melhor forma que conseguisse. Ele nunca mais viu o samorim.

Tensão, incerteza e desconfiança cresceram durante a longa jornada de volta aos navios. Gama, talvez cônscio do seu status, recusou o cavalo e exigiu um palanquim. A chuva de monção castigava as ruas. O escritor anônimo e seus companheiros chapinhavam atrás dele e se perderam no aguaceiro. Por fim chegaram ao porto marítimo de Pandarani, exaustos, e alcançaram o capitão, abrigado numa hospedaria. A essa altura, Gama estava outra vez de péssimo humor.

Pediu que um barco o levasse de volta aos navios. O *bale* respondeu, muito razoavelmente, que estava escuro, seria difícil localizar os navios, ancorados a alguma distância da praia. O antagonismo mútuo entre os dois homens aumentou ainda mais. O grupo estava esgotado; eles receberam uma refeição, "que comemos, apesar do cansaço, tendo estado de pé o dia inteiro".

Na manhã seguinte, Gama pediu os barcos outra vez. O *bale* exigiu que os navios se aproximassem para tornar mais fácil a transferência no mau tempo das monções. Os portugueses temiam uma armadilha orquestrada pela facção muçulmana da cidade; o *bale* suspeitava que esses visitantes estranhos pudessem partir sem pagar os impostos de alfândega. "O capitão disse que, se ordenassem que seus navios se aproximassem, seu irmão iria pensar que ele tinha sido feito prisioneiro, que ele teria dado a ordem por coação, e iria içar as velas e voltar para Portugal." Gama exigiu voltar, com suas queixas, ao samorim, "que era cristão, como ele". O *bale* concordou, mas situou guardas armados às portas, "nenhum de nós tendo permissão para sair sem ser acompanhado por diversos desses guardas". O *bale* exigiu que, se os navios permanecessem ao largo, deveriam abandonar suas velas e leme para não ir embora. Vasco da Gama se recusou. Ao declarar que eles morreriam de fome, a resposta foi que "se morrermos de fome, temos de aguentar". A negociação acabou num tenso empate.

Em meio a isso tudo, Gama deu um jeito de fazer um homem escapar para se encontrar com um barco que aguardava "com ordens de voltar aos navios e pô-los em lugar seguro". O barco mensageiro foi perseguido por uma embarcação local, mas conseguiu voltar aos navios. Os reféns foram tomados pela paranoia. Gama temia que, se os navios fossem até o porto, "uma vez dentro, pudessem ser facilmente capturados, depois do que, eles iriam primeiro matá-lo, depois a nós todos, uma vez que já estávamos em seu poder".

O diário registrou um dia de medo crescente.

> Passamos o dia inteiro em grande ansiedade. À noite, fomos cercados por mais gente do que antes, e não podíamos mais caminhar na área em que estávamos, porém, ficamos confinados

num pequeno pátio ladrilhado, com uma multidão de pessoas ao nosso redor. Bem que esperávamos ser separados no dia seguinte, ou que algum perigo nos atingisse, porque notamos que nossos carcereiros estavam muito aborrecidos conosco. Isso, no entanto, não evitou que tivéssemos uma boa ceia, com coisas encontradas na aldeia. Durante toda a noite fomos vigiados por mais de cem homens, todos armados com espadas, machados de batalha com lâminas duplas, escudos, arcos e flechas. Embora alguns deles dormissem, outros montavam guarda, revezando o plantão durante a noite.

Havia a ansiedade de que aquela pudesse ser a última noite deles na Terra.

Na manhã seguinte, o problema todo desapareceu inexplicavelmente. Seus captores voltaram com "caras melhores", como disse o redator do diário. Fariam o que o rei mandara: se os portugueses desembarcassem suas mercadorias, podiam ir embora. Explicaram aquilo que o irritado Gama não havia entendido: que "era costume da terra que cada navio deveria, ao chegar, imediatamente desembarcar a mercadoria que trazia, como também as tripulações, e os vendedores não voltariam a bordo até que tivessem vendido tudo". Gama prontamente enviou uma mensagem a seu irmão para que enviasse "determinadas coisas" – não tudo. Alguns itens foram desembarcados; dois homens permaneceram para trás, para vendê-los, e os prisioneiros foram soltos para voltar a seus navios. "Com isso nos alegramos muito, e demos graças a Deus por nos ter liberado das mãos de pessoas que não tinham mais senso do que os animais."

O samorim provavelmente continuou incerto quanto ao modo de lidar com esses estranhos visitantes; eles não se encaixavam em nenhuma categoria conhecida de mercador, contudo, evidentemente tinham vindo da parte de um grande rei, e o monarca, comercialmente orientado, cuja riqueza derivava dos navios mercantes que vinham a seu porto aberto, estava relutante em desprezar uma oportunidade em geral fora de seu alcance. Os comerciantes muçulmanos eram indiscutivelmente hostis aos intrusos infiéis. Não é certo que estivessem planejando o assassinato dos portugueses, mas o antagonismo deles era, além de comercial, religioso. Os portugueses tinham chegado à costa da Índia cheios de desconfiança. Empedernidos por décadas de guerras santas no Norte da África, suas estratégias-padrão eram a suspeita, a tomada agressiva de reféns, a espada semidesembainhada e uma simples escolha binária entre cristãos e muçulmanos, que parecia não ter incluído no cálculo a existência do hinduísmo. Essas simplificações displicentes não eram adequadas às complexidades do oceano Índico, onde hindus, muçulmanos, judeus e até indianos cristãos estavam integrados numa única zona de comércio.

Apenas uma porção dos bens foi desembarcada – não o estoque completo, como era o costume – e exibida numa casa em Pandarani. O rei enviou comerciantes para inspecionar os bens; eles torceram o nariz para os patéticos itens à venda. "Cuspiram no chão, dizendo 'Portugal! Portugal'." Gama se queixou ao rei e perguntou se ele podia levar seu estoque para Calicute. Numa demonstração de boa vontade, o samorim ordenou a seu *bale* que transportasse os artigos à sua própria custa. "Isso foi feito", disse o escrivão, vocalizando a perpétua suspeita portuguesa e a tendência em interpretar mal os motivos, "porque havia a intenção de nos causar algum mal, porque tinham dito ao rei que éramos ladrões e tínhamos o propósito de roubar."

Mesmo assim, a situação agora dava aos visitantes uma oportunidade de participar, numa escala modesta, da vida comercial da cidade. Os marinheiros chegaram com um pequeno estoque de artigos para comercializar em seu próprio benefício – "pulseiras, panos, camisas novas e outros itens" –, e deixaram-nos ir a terra em três turnos. Eles ficaram muito decepcionados com os resultados. Camisas finamente elaboradas alcançaram um décimo de seu valor em Portugal, assim como outros itens, mas em troca puderam comprar pequenas quantidades de especiarias e pedras preciosas. Durante as semanas que se seguiram, eles começaram a destrinchar as diferentes camadas da sociedade de Malabar. Ao longo da rota para Calicute, entraram em contato com as famílias de pescadores de casta baixa (cristãos), que pareciam amistosas. Foram convidados para "comer ou dormir" – o que provavelmente era um eufemismo para os favores fáceis das mulheres de Malabar –, e as pessoas foram a bordo com seus filhos para trocar peixe por pão, e eram tantas que "às vezes anoitecia antes de nos livrarmos delas". Essas pessoas eram evidentemente paupérrimas. Elas arrancavam biscoitos das mãos dos marinheiros que remendavam as velas "e os deixavam sem nada para comer". Como medida política, Gama deu ordens para que todos que viessem a bordo fossem alimentados, "para induzi-los a falar bem de nós".

Os portugueses, culturalmente curiosos, estavam começando a notar as divisões na sociedade, e aprendiam rápido. As semanas de interação informal permitiram que eles vislumbrassem os mecanismos e ritmos do comércio no oceano Índico e delineassem as redes de suprimento, informação que guardariam para o futuro. Calicute propriamente dita era uma grande produtora de gengibre, pimenta-do-reino e canela, embora esta última de melhor qualidade pudesse ser obtida em "uma ilha chamada Ceilão, que fica a oito dias de viagem para o sul". Os cravos vinham de uma ilha chamada Malaca. "Os navios de Meca" (vindos da península Arábica, a cinquenta dias de navegação para fora) levavam especiarias para o mar Vermelho e depois, via uma série de transbordos, sucessivamente para o Cairo, Nilo acima até Alexandria, onde carregavam os galeões de Veneza e Gênova. Os portugueses anotaram todos os controles e barreiras nesse comércio: os deslocamentos ineficientes, o roubo no caminho para o Cairo, os impostos exorbitantes pagos ao sultão de lá. Era essa complexa cadeia de suprimentos que eles tinham a intenção de romper.

Julho e agosto eram meses mortos para o comércio em Calicute, cedo demais para que os ventos de monções trouxessem os *dhows* da Arábia e do golfo Pérsico, mas os visitantes devem ter sentido o cheiro das especiarias perfumando o ar úmido e visto os estoques de mercadorias prontos para a chegada dos ventos, junto com porcelana e laca da China, cobre e metais trabalhados, enxofre e pedras preciosas.

Além disso, ouviram histórias muitos antigas, contadas por visitantes misteriosos que "usavam o cabelo comprido, como os germanos, e não tinham barba, exceto em torno da boca". Evidentemente esses homens tinham chegado com recursos técnicos formidáveis.

Eles desembarcaram usando uma couraça, capacete e um visor, carregando uma determinada arma fixa a uma lança. Suas embarcações eram armadas com bombardas, mais curtas do que as que usamos. A cada dois anos eles voltam com 25 embarcações. Não sabem dizer de que povo são, nem que mercadorias trazem a essa cidade, exceto que incluem pano de linho muito fino e utensílios de latão. Abastecem-se com especiarias. As embarcações deles têm quatro mastros, como as da Espanha.

Esse era um relato elaborado das grandes frotas chinesas das estrelas da dinastia Ming, há muito findas, que haviam deixado um vácuo de poder no oceano Índico à espera de ser preenchido – mas, como todos os viajantes errantes do mar, tinham deixado uma impressão genética: havia uma mistura chinesa na população de Calicute e ao longo da costa de Malabar.

No início de agosto, Gama estava pronto para partir. O comércio que poderia ser feito já estava completo, e o capitão provavelmente queria sair antes que chegasse um pesado influxo de navios árabes, e os ventos se tornassem desfavoráveis à partida. O problema era que a expedição estava seriamente fora de sintonia com os ritmos climáticos do oceano.

Encorajado pelo fato de ter feito algum comércio, Gama fez uma tentativa de criar uma pequena mas permanente presença comercial na cidade. Ele enviou presentes ao samorim e informou-lhe que gostaria de partir, mas deixando alguns homens para trás, a fim de continuar as negociações. Ao mesmo tempo, requisitava embaixadores (ou reféns) para acompanhar os navios até Portugal. Em troca dos presentes, pediu algumas sacas de especiarias, que seriam pagas, "se ele [o samorim] quisesse".

As comunicações com o samorim tinham voltado a congelar. O mensageiro de Gama, Diogo Dias, esperou quatro dias antes de ser admitido à presença dele. O samorim não se dignou a olhar para os presentes; eles deviam ter sidos enviados ao seu agente. Depois exigiu uma taxa de comercialização dos portugueses, dizendo "que depois eles podiam ir embora: esse era o costume do país e dos que vinham a ele". Dias respondeu que ele voltaria a Vasco da Gama com essa mensagem, mas viu-se detido na casa com suas mercadorias por homens armados, e foram dadas ordens para que nenhum barco se aproximasse dos navios portugueses. O samorim estava evidentemente preocupado que eles fossem embora sem pagar.

Mais uma vez o relacionamento se esclareceu. Gama não tinha entendido que todos os comerciantes eram obrigados a pagar impostos portuários e que os pobres bens que eles tinham deixado em terra não eram uma garantia. Em vez disso, sua interpretação desse comportamento era de que "o rei cristão" tinha sido influenciado pelos muçulmanos por motivos comerciais; que estes haviam dito ao samorim "que eles eram ladrões, e que se alguma vez navegássemos para o seu país, nenhum outro navio viria de Meca [...] ou de nenhuma outra parte, [...] que ele não teria mais lucros daí [comércio com os portugueses], já que não tínhamos nada para dar e preferíamos tomar, e que assim o país dele ficaria arruinado". A suposição estratégica básica se mostraria correta, mesmo que o medo dos portugueses de que os muçulmanos tivessem oferecido "ricas propinas ao rei para nos capturar e nos matar", talvez não. Durante todo esse período, Gama continuou a receber conselhos e explicações dos dois muçulmanos tunisianos que havia conhecido no primeiro desembarque, e que os guiaram na compreensão daquele mundo confuso.

Enquanto isso, os detidos conseguiram mandar uma mensagem para os navios, dizendo que eram mantidos reféns. Como agora Gama sabia disso, e o povo do samorim não sabia que ele sabia, ele conseguiu traçar um plano secreto. No dia 15 de agosto, surgiu um barco carregando alguns homens oferecendo-se para vender pedras; na realidade, era provável que eles viessem sondar o clima nos navios. Gama não deu indícios de que sabia dos reféns; escreveu uma carta para Diogo Dias em terra, como se nada estivesse errado. Não vendo ameaças, outros mercadores foram visitar os navios: "Todos foram bem recebidos por nós, e lhes demos de comer". Em 19 de agosto chegaram 25 homens, incluindo "seis pessoas de qualidade" (hindus de alta casta). Gama viu uma oportunidade e imediatamente sequestrou dezoito deles, exigindo seus homens de volta. Em 23 de agosto, ele blefou que estava voltando para Portugal, içou as velas e esperou a dezenove quilômetros da costa. No dia seguinte, voltou e ancorou à vista da cidade.

Seguiram-se negociações cautelosas, um barco foi enviado oferecendo a troca de Dias pelos reféns. Desconfiado como sempre, Gama escolheu acreditar que seu homem estava morto e que aquela era apenas uma tática de adiamento, "até que os navios de Meca capazes de nos capturar tivessem chegado". Ele estava jogando pesado, ameaçando disparar suas bombardas e decapitar os reféns, a não ser que os homens fossem devolvidos. Blefou ainda com outra retirada, para mais longe, pela costa.

Em Calicute, havia consternação. O samorim mandou chamar Dias e tentou desatar o nó. Ofereceu devolvê-lo em troca dos reféns a bordo e, em um processo de dupla tradução – malabar para árabe, árabe para português –, ditou uma carta endereçada ao rei Manuel e escrita por Dias com uma pena de ferro sobre folha de palmeira, "como é costume no país". O ponto principal dizia: "Vasco da Gama, um cavalheiro de sua casa, veio ao meu país, o que me agradou. Meu país é rico em canela, cravo, gengibre, pimenta-do-reino e pedras preciosas. O que lhe peço em troca é ouro, prata, corais e pano escarlate". O samorim talvez estivesse protegendo suas apostas contra um comércio futuro. Ele permitiu, além disso, que um pilar de pedra fosse erguido – o sinistro cartão de visitas das intenções portuguesas.

Enquanto isso, as negociações continuavam. Dias foi trazido e os reféns foram trocados num barco a remo, uma vez que nenhum dos acompanhantes ousava subir a bordo do *Rafael*. O pilar de pedra foi alçado a um barco, e seis reféns foram libertados. Os outros seis, Gama "prometeu entregar na manhã em que a mercadoria lhe fosse devolvida". No dia seguinte, ele recebeu uma visita de surpresa. Monçaide, o tunisiano, implorou para ser levado a bordo. Sua ajuda aos visitantes indesejáveis tinha voltado seu povo contra ele, que temia por sua vida. Mais tarde, sete barcos se aproximaram com a mercadoria, com muitos homens. A barganha era a troca dos homens pela mercadoria, mas Gama a rompeu. Sumariamente, ele resolveu abandonar a mercadoria e levar os reféns para Portugal. Vasco da Gama foi embora deixando um recado: "Cuidado, já que ele esperava em breve voltar a Calicute, e então eles saberiam se éramos ladrões". O capitão não era de perdoar nem de esquecer. "Portanto, abrimos as velas e partimos para Portugal, muito alegres com nossa boa sorte em ter feito tão grande descoberta", registrou o escrivão com júbilo.

Eles já tinham deixado para trás um legado amargo. O samorim ficou furioso com o acordo rompido e enviou um enxame de barcos atrás deles. Esses barcos alcançaram os portugueses, mais calmos, adiante, na costa, em 30 de agosto. "Cerca de setenta barcos se aproximaram de nós, [...] apinhados de gente que usava uma espécie de couraça feita de pano vermelho." Ao chegarem perto, os portugueses dispararam suas bombardas. Uma luta contínua foi travada por uma hora e meia, até "que se abateu uma tempestade de raios que nos levou para o mar; e, quando eles já não conseguiam mais nos causar dano, recuaram, enquanto nós prosseguimos em nossa rota". Esse seria o primeiro de vários embates no oceano Índico.

Novas complicações surgiram até que a pequena flotilha pudesse ganhar o mar; os navios não estavam em bom estado e precisavam de água doce. Eles prosseguiram lentamente pela costa, procurando fontes de água e sendo bem recebidos pelos pescadores locais, com quem negociaram comida e conseguiram cortar a canela silvestre que crescia ao longo da costa. Em 15 de setembro, erigiram seu terceiro pilar numa ilha. Alguns dias mais tarde, desembarcaram em uma ilha de um pequeno arquipélago com abundantes fontes de água, cujo nome eles erroneamente ouviram dos hindus locais como Angediva.

Durante esse tempo, seus movimentos eram cuidadosamente observados. Em 22 de setembro, sofreram o segundo ataque de uma flotilha de Calicute, mas a artilharia portuguesa danificou o principal navio, e os demais debandaram. A presença desses navios estrangeiros estava causando contínuo interesse e desconfiança, e Gama achava o litoral cada vez mais desconfortável. Nos dois dias seguintes, barcos de representação agitavam bandeiras de amizade.

Gama os botou para correr com tiros de aviso. Outra visita amigável, esta trazendo presentes de açúcar de cana, foi repelida. Havia um crescente sentimento de que a curiosidade era o disfarce de alguma intenção funesta. Eles foram avisados pelos pescadores locais de que uma dessas tentativas fora feita por um notável pirata da região, chamado Timoji, um homem que viria a ser personagem importante nos subsequentes feitos portugueses.

Enquanto estavam carenando o *Bérrio* na praia, receberam outra visita – um homem muito bem-vestido que falava o dialeto veneziano e se dirigiu a Gama como um amigo. Ele tinha uma história a contar. Era cristão e tinha sido capturado e obrigado a se converter ao islã, "embora no coração ainda fosse cristão". Estava a serviço de um rico senhor, de quem ele enviava uma mensagem: "Ele podia ter nesse país qualquer coisa que nos servisse, inclusive navios e provisões, e se quiséssemos ficar permanentemente lhe daríamos grande prazer". Inicialmente suas alegações pareciam plausíveis, porém, à medida que o tempo passava, os portugueses notaram que ele "falava tanto de tantas coisas que às vezes se contradizia".

Paulo da Gama, enquanto isso, examinava as credenciais do misterioso visitante com os hindus que o acompanhavam: "Eles disseram que se tratava de um pirata que viera nos atacar". O veneziano foi sequestrado e levou uma surra. Depois de ter sido "questionado" três ou quatro vezes, uma história diferente surgiu. Ele admitiu que havia um número crescente de navios se preparando para o ataque, mas não podia dizer mais nada.

Evidentemente era hora de partir. Logo os navios mercantes muçulmanos estariam chegando da península Arábica, e Angediva era uma escala para abastecimento de água. Os navios portugueses, com exceção do *Rafael*, tinham sido carenados; foram carregados de água fresca; foram coletadas cargas de canela com a ajuda dos pescadores locais. Num ato final de desdém, Vasco da Gama recusou uma bela oferta do capitão pela devolução de um navio que capturara. Ele "disse que não estava à venda, e, como [o navio] pertencera a um inimigo, preferia queimá-lo". Tal intransigência era uma antecipação do que estava por vir.

Em 5 de outubro, os navios se puseram ao mar, levando com eles o enigmático espião veneziano; ele poderia ser útil. Agora eles não tinham mais ninguém que tivesse algum conhecimento se os ventos de monções poriam o mar para oeste nessa época. Eles provavelmente tinham pouca escolha, dadas as circunstâncias, mas não se sabe se Gama estava consciente de que esse seria um terrível erro. Quando 950 quilômetros os separavam da Índia, o "veneziano" finalmente confessou, embora sua história fosse se desenrolar em estágios. Ele era realmente o agente de um senhor rico, o sultão de Goa. Fora enviado para avaliar se os navios poderiam ser tomados pelo sultão, e não por um corsário, com o objetivo de empregar os portugueses em guerras com os reis vizinhos. Para Gama, isso o ajudaria com a política na Índia Ocidental e assinalava a importância de Goa. A história do veneziano se tornava cada vez mais surpreendente à medida que a viagem avançava. Ele era um judeu polonês, vítima dos pogroms da Europa Central, cujas perambulações o tinham levado a passar por sucessivas identidades. Durante a viagem, ele iria adquirir mais uma. Ao chegar a Portugal, ele foi batizado com o nome cristão de Gaspar da Gama.

A volta pelo oceano Índico foi um pesadelo. Os detalhes estão abafados no diário anônimo, que se refere apenas brevemente a "calmarias frequentes e maus ventos", mas a realidade de estar preso no oceano Índico durante três meses pode ser lida nas entrelinhas: brisas contrárias desanimadoras os empurravam de volta, depois, as mais terríveis calmarias, com os navios parados durante dias num mar quente; noites iluminadas por uma lua impiedosa; homens brigando por qualquer sombra que as amuradas ou as velas murchas pudessem proporcionar, torturados pela sede e pela fome, clamando aos santos por ajuda; vermes nos biscoitos; a água estragada. Foi necessário molhar as pranchas para evitar que a madeira lascasse, tornando os navios incapazes de navegar.

Os pavorosos sintomas do escorbuto reapareceram: "Todo nosso povo outra vez sofria com as gengivas, que cresciam por cima dos dentes, de modo que não conseguiam comer. As pernas e outras partes do corpo inchavam, e esses inchaços se espalhavam até que o infeliz morria". Os hindus de alta casta provavelmente foram os primeiros a partir, proibidos pela Lei Bramânica de comer em alto-mar. "Trinta de nossos homens morreram dessa maneira – um número igual tendo morrido anteriormente –, e aqueles capazes de navegar cada navio eram apenas sete ou oito." "Tínhamos chegado a tal estado que todos os compromissos com a disciplina haviam desaparecido", foi o comentário taciturno do escrivão sobre o que parecia ter sido um motim em formação. Era evidente que houve pedidos para voltar à Índia, possivelmente até uma conspiração para tomar o controle dos navios. Os comandantes em princípio concordaram em voltar, isso se o vento oeste prevalecesse. Mais duas semanas, de acordo com o escritor anônimo, e eles estariam todos mortos.

Então, quando o desespero atingiu seu apogeu, um vento favorável começou a soprar e os levou para oeste por seis dias. Em 2 de janeiro de 1499, os navios castigados avistaram a costa africana. Tinham levado apenas 23 dias para fazer a travessia; a volta levou 93. As lições das monções sazonais foram duras.

Descendo a costa africana, passaram pelo porto muçulmano de Mogadíscio; Gama, ainda tomado pela raiva dos muçulmanos da costa de Malabar, sem mais nem menos bombardeou a cidade e seguiu em frente. Em 7 de janeiro, os navios surrados chegaram a Melinde, onde outra vez tiveram uma recepção calorosa. Receberam laranjas, "muito desejadas por nossos doentes", mas, para muitos, era tarde demais. A amizade com o sultão de Melinde resultou em uma troca de presentes, inclusive uma presa de elefante para o rei Manuel; um pilar de pedra foi erigido, e um jovem muçulmano recebido a bordo, pois "desejava ir conosco para Portugal". Seguiram, passando ao largo da inóspita Mombaça, mas, em 13 de janeiro, ficou evidente que eram poucos para navegar os três navios. O *Rafael*, que não fora carenado na costa indiana, era o mais atacado por gusanos. Transferiram todos os bens e a graciosa imagem vermelha e dourada do arcanjo e queimaram o navio na praia. Em Zanzibar fizeram contato pacífico com o sultão, depois pararam na ilha de São Jorge, perto de Moçambique, para rezar uma missa e erguer seu último pilar, mas "a chuva caía tão pesada que não pudemos acender fogo para derreter o chumbo e fixar a cruz, de modo que o pilar ficou sem ela".

Aproveitando ventos mais frios, fizeram uma parada na baía de São Brás, em 3 de março; viraram o cabo a 20 de março, embora "às vezes quase mortos de frio [e] seguimos nossa rota com um grande desejo de chegar em casa". Aqui o relato anônimo é interrompido abruptamente, em 25 de abril, em circunstâncias desconhecidas, perto dos baixios na boca do rio Gâmbia, ao largo da costa da África Ocidental. A conclusão da viagem foi anotada em outras fontes. O *Bérrio* e o *Gabriel* se separaram numa tempestade, mas a essa altura Vasco da Gama tinha preocupações mais sérias. Seu irmão Paulo estava morrendo. Na ilha de Santiago, ele passou o *Gabriel* para seu piloto, João de Sá, alugou uma caravela e correu com Paulo para a ilha Terceira, nos Açores. O *Bérrio* navegou até a boca do Tejo e atracou em Cascais, perto de Lisboa, em 10 de julho de 1499; o *Gabriel* chegou logo depois. Paulo, que tinha fielmente acompanhado seu irmão nessa viagem épica, morreu depois de chegar à ilha Terceira e ali foi enterrado. Vasco da Gama, de luto, não chegou de volta a Lisboa até, provavelmente, o final de agosto. Ele passou nove dias em retiro com os monges na capela de Santa Maria de Belém, pranteando a morte do irmão, antes de fazer uma triunfal entrada em Lisboa, no início de setembro.

A viagem havia sido épica. Eles ficaram fora um ano, viajaram 38 mil quilômetros. Tinha sido uma façanha de resistência, coragem e muita sorte. O preço foi alto. Dois terços da tripulação morreu. Sem ter ciência do ritmo das monções, eles tiveram sorte em sobreviver; o escorbuto e o tempo adverso poderiam ter acabado com todos eles no oceano Índico.

Vasco da Gama foi recebido com grande aclamação; recebeu concessões de terra e dinheiro, foi elevado à alta nobreza e lhe foi dado ainda o título honorífico de almirante das Índias. Manuel encomendou processões e missas rituais por todo o país, e, com um instinto confiante de relações-públicas, passou a projetar o grande sucesso de Portugal para o papado e as Casas Reais da Europa. Teve a maliciosa alegria de informar a Fernando e Isabel da Espanha que seus navios "tinham alcançado e descoberto as Índias", e tinham comprado quantidades de "canela, cravo, noz-moscada e pimenta-do-reino [...] também muitas lindas pedras de todo tipo, como rubis e outras". "Estamos conscientes", continuou ele ironicamente, "de que Vossas Altezas ouvirão falar dessas coisas com grande prazer e satisfação." Para o papa Alexandre Bórgia e seus cardeais, ele escreveu proclamando a descoberta da Índia cristã: "Sua Santidade e Sua Reverência devem publicamente se alegrar e dar muitas graças a Deus". O fato de que grande parte das informações sobre esse mundo tenha vindo de Gaspar da Gama, um judeu converso, foi tomado como um sinal de que "Deus ordenou e quis constituir Portugal como um reino para o grande mistério de Seu serviço, e para a exaltação da Santa Fé". Manuel viu nisso a mão do destino.

O escudo de armas do enobrecido Gama.

As implicações comerciais se espalharam rapidamente pela Europa. Assim que os primeiros navios atracaram em Lisboa, comentários chegaram a Veneza. Em 8 de agosto, o escrivão veneziano Girolamo Priuli anotou um rumor vindo do Cairo, que "três caravelas pertencentes ao rei de Portugal tinham chegado a Áden e a Calicute, na Índia, e que elas haviam sido enviadas para descobrir as ilhas das especiarias, e que o capitão delas era Colombo. [...] Essas notícias me afetam diretamente, se forem verdadeiras; entretanto, não creio nelas". Em Lisboa, mercadores italianos reuniam detalhadas informações em primeira mão para confirmar a expedição e seu verdadeiro comandante. A perspectiva de a riqueza das Índias estar ao seu alcance direto era óbvia – do mesmo modo que as vantagens comerciais e o potencial de ameaça aos interesses constituídos na Europa. O florentino Girolamo Sernigi chamou a atenção, alertando que os custos com impostos e transporte da atual rota pelo mar Vermelho elevavam seis vezes os preços de compra.

> E tudo vai para pagar os transportadores, os navios e os impostos do sultão. Desse modo, indo pelo outro lado, é possível eliminar todos esses custos e o intermediário. Motivo pelo qual mantenho que o sultão, esses reis e muçulmanos farão tudo que puderem para repelir o rei português nesse negócio. Se o rei [...] continuar, será possível vender especiarias no porto de Pisa muitas vezes mais baratas do que no Cairo, porque será possível adquiri-las ali [via Lisboa] a um custo muito mais baixo.

O resultado final é que os venezianos e genoveses perderiam seu monopólio das especiarias. Sernigi acrescentou: "Não duvido que farão o que puderem para destruir essa empreitada".

A viagem de Vasco da Gama tomou a todos de surpresa. Ela acrescentara 1.800 novos lugares aos dicionários geográficos do mundo e revelara uma montanha de novas informações sobre as Índias. Iria rapidamente obrigar todas as partes interessadas, através de vastas extensões do globo – cristãos, muçulmanos e hindus –, a fazer novos cálculos estratégicos, e levaria inevitavelmente ao conflito comercial e à guerra. Quanto a Manuel, isso aumentou sua confiança. Ao seu título existente, "rei de Portugal e Algarves d'Aquém e d'Além-mar em África e senhor da Guiné", ele acrescentou "senhor da Conquista, Navegação e Comércio da Etiópia, Arábia, Pérsia e Índia". Era uma reivindicação ousada do monopólio do comércio, e uma intimação acerca das intenções portuguesas: o mar devia ter um dono. Mesmo antes da volta de Vasco da Gama, o rei já se preparava para a próxima partida. Do mesmo modo, ele ordenara a supressão de todos os mapas de navegação da viagem de Gama, sob pena de morte. Conhecimento significava riqueza e poder.

PARTE II
COMPETIÇÃO

Monopólios e guerra santa

1500-1510

6

CABRAL

março 1500-outubro 1501

Apenas seis meses após o retorno de Vasco da Gama, uma frota muito maior estava pronta para partir das praias de Belém; treze navios, 1.200 homens e um investimento de capital feito por banqueiros florentinos e genoveses, agora ansiosos por participar das oportunidades oferecidas pelas Índias. Manuel podia ser irresoluto, facilmente influenciado e perverso, mas o ano de 1500 ressoava de portentos messiânicos. A atenção da Europa se voltava para Lisboa e para sua nova armada, liderada pelo fidalgo Pedro Álvares Cabral como capitão-mor, que dava rápida sequência com o objetivo de ganhar vantagens materiais e a admiração religiosa do mundo católico.

A expedição de Cabral marcou a mudança do reconhecimento para o comércio e depois para a conquista. Durante os primeiros cinco anos do século XVI, Manuel viria a despachar uma série de frotas superpostas, de tamanho crescente, no total de oitenta navios, para garantir o sucesso de uma luta de vida ou morte pela posição permanente no oceano Índico. Um enorme esforço nacional, que exigia todos os recursos disponíveis de mão de obra, a construção de navios, provisões materiais e uma visão estratégica para explorar a abertura de oportunidades antes que a Espanha reagisse. No processo, os portugueses surpreenderam tanto a Europa quanto os povos das Índias.

Cabral era capaz de aplicar todo o conhecimento obtido com a viagem de Vasco da Gama. A época da partida já não era mais decidida pelos cálculos auspiciosos dos astrólogos da Corte, mas pelo ritmo das monções. A rota seguiria os arcos para oeste feitos pelos navios em 1497, aproveitando a experiência de pilotos e capitães como Pero Escobar, Nicolau Coelho e o próprio Bartolomeu Dias. A frota de Cabral levava de volta indianos que falavam malabar e que haviam aprendido português, com o objetivo de eliminar o intermediário árabe. O judeu converso Gaspar da Gama estava a bordo, conhecedor das intrincadas políticas da costa de Malabar, e outro judeu convertido, mestre João, o médico de dom Manuel, ia como astrônomo da frota, com o dever de estudar as estrelas do hemisfério Sul, visando a futuras navegações. Depois de todo o embaraço dos presentes oferecidos em Calicute, Cabral levava itens escolhidos para extasiar o samorim. Parece que os portugueses persistiam na crença de que o samorim era um rei cristão, embora de um tipo pouco ortodoxo, e, de acordo com a ordem do papa, uma delegação de frades franciscanos acompanhou a expedição a fim de corrigir erros anteriores, "de modo que os indianos [...] pudessem ter instruções mais completas na nossa fé e possam ser doutrinados e ensinados em matérias que pertençam a ela, como convém o serviço de Deus e da salvação de suas almas".

Igualmente importante era uma missão comercial. O pessoal, os recursos de secretariado e os bens para estabelecer um posto comercial em Calicute acompanhavam a expedição. Com o exemplo dos fracassos da viagem anterior, muita atenção foi dada ao carregamento de utensílios que pudessem ser atraentes para os indianos de Malabar. Entre eles estavam coral, cobre, pigmento vermelhão, mercúrio, pano fino e grosseiro, veludos, cetins e damasco em uma ampla gama de cores, além de moedas de ouro. Um agente comercial altamente experiente, Aires Corrêa, que falava árabe, liderava essa iniciativa comercial, sustentado por uma equipe de escriturários e secretários para manter os registros e as contas. Esses subordinados letrados – como Pero Vaz de Caminha, que escreveu o primeiro relatório sobre o Brasil – produziriam algumas das narrativas mais impressionantes e muitas vezes de cortar o coração sobre os feitos dos portugueses nos anos futuros.

O próprio Cabral não era um homem do mar, era mais um diplomata com um conjunto cuidadosamente montado de instruções, algumas das quais delineadas pelo próprio Vasco da Gama, para estabelecer relações lucrativas e pacíficas com o samorim "cristão". Muito mais bem informado que seu predecessor, Cabral poderia consultar o documento de múltiplas páginas, que continha opções no caso de uma série de eventualidades. Além disso, o orientava para assumir ação peremptória contra eventuais inimigos.

A saída de Belém, em 9 de março de 1500, foi marcada por grandes pompas. Houve uma missa penitencial e a bênção do estandarte real, ostentando cinco círculos que simbolizavam as cinco chagas de Cristo. Dessa vez Manuel estava lá em pessoa para entregá-la a Cabral; depois, a procissão liderada pelos frades "e o rei foi com eles até a praia, onde todo o povo de Lisboa estava reunido, cada qual para ver seus maridos e filhos", e eles observaram os escaleres saindo dos galeões ao largo da praia do Restelo e o desenrolar das velas. Manuel acompanhou a frota por barco até a foz do Tejo, onde os navios de partida sentiram o golpe do mar e viraram suas proas para o sul.

Usando a experiência de Gama, os pilotos adotaram uma rota mais direta. Não se fez qualquer parada quando passaram pelas ilhas de Cabo Verde sob tempo bom. Com boas condições de mar, o desaparecimento repentino de um dos navios parecia um mistério e um agouro. As ordens eram seguir a rota em arco anterior: "Quando tiverem o vento de popa, então tomariam o caminho do sul. E se tivessem de variar o curso, que fosse em direção sudoeste. E assim que encontrassem um vento leve, deveriam adotar um curso circular até que pusessem o cabo da Boa Esperança diretamente a leste". Eles devem ter alargado o arco, porque em 21 de abril avistaram a oeste, "primeiro, uma grande montanha, muito alta e redonda, e outras terras mais baixas para o sul, e terra plana com grandes bosques de árvores".

Esse golpe de sorte se mostrou tão pacífico quanto inesperado. Os habitantes nus eram inteiramente diferentes das tribos encontradas nas praias da África: "Eram pardos, todos nus, sem coisa alguma que lhes cobrisse suas vergonhas. [...] e o cabelo deles era longo e eles depilavam a barba. E as pálpebras e por cima das sobrancelhas eram pintados com figuras em branco e preto e azul e vermelho. Traziam o beiço de baixo furado". Notou-se que "as mulheres também andam nuas, sem por isso ter vergonha, e têm um corpo lindo, com cabelo comprido". Pela primeira vez os portugueses viram redes – "camas instaladas como teares". O povo parecia dócil. Dançaram ao som das gaitas de fole dos portugueses e estavam dispostos a imitar as ações da missa rezada na areia tropical, e se assustavam facilmente, "como andorinhas no comedouro". Para o proselitismo, pareciam ser material promissor para conversão.

Esse lugar, que eles batizaram de Terra de Vera Cruz, tinha abundância de água doce, frutas e animais estranhos. Eles comeram carne de peixe-boi, "grande como um barril, [com] cabeça parecida com a de um porco e olhos pequenos, e não tinham dentes e as orelhas eram do comprimento de um braço". Viram papagaios de cores brilhantes, "alguns do tamanho de galinhas; e havia outros pássaros muito lindos". Um navio foi separado para voltar a Portugal com as notícias para Manuel dessa nova terra reivindicada. Levava uma carta de mestre João, o astrônomo, com suas observações das estrelas do sul e um relato franco sobre a dificuldade em fazer pontaria com esses instrumentos astronômicos e as tabelas de latitudes modernos: "Parece-me impossível medir a altura de qualquer estrela no mar, já que labuto muito, e não importa quão pouco o navio jogue, erra-se por quatro ou cinco graus, de modo que não pode ser feito, a não ser em terra". Outra carta do escrivão Pero Vaz de Caminha dava a Manuel um relato minuciosamente observado e brilhantemente redigido de todas as maravilhas desse novo mundo e do povo tupinambá que o habitava. Esse era o início da história do Brasil, e uma das últimas coisas escritas por Caminha. Em 2 de maio, depois de nove dias de troca e reabastecimento, eles se puseram ao mar, deixando dois condenados em terra. "Eles começaram a chorar, e os homens da terra os consolaram e mostraram que tinham pena deles."

A frota de Cabral navegava em latitudes muito mais ao sul que Vasco da Gama, com a estimativa de contornar o cabo da Boa Esperança sem problemas. No dia 12 de maio eles observaram um cometa "com uma cauda muito longa, indo em direção à Arábia", visível por mais de uma semana, que interpretaram como mau agouro. O desastre ocorreu doze dias mais tarde. Em 24 de maio eles entraram numa zona de alta pressão do Atlântico Sul. O vento parecia constante, atrás deles, quando foram atingidos pela proa por uma borrasca. A fúria e a direção dos ventos os apanharam inteiramente despreparados: "Tão repentino foi que não soubemos de nada até as velas estarem atravessadas nos mastros". Num instante, "quatro navios se perderam com todos a bordo, sem que pudéssemos dar-lhes qualquer ajuda". Entre os engolidos pelo mar estava Bartolomeu Dias, a alguma distância do cabo que ele fora o primeiro a contornar doze anos antes. O que sobrou da frota ficou espalhado em três grupos, e eles correram na frente da tempestade durante vinte dias sem que uma vela fosse erguida.

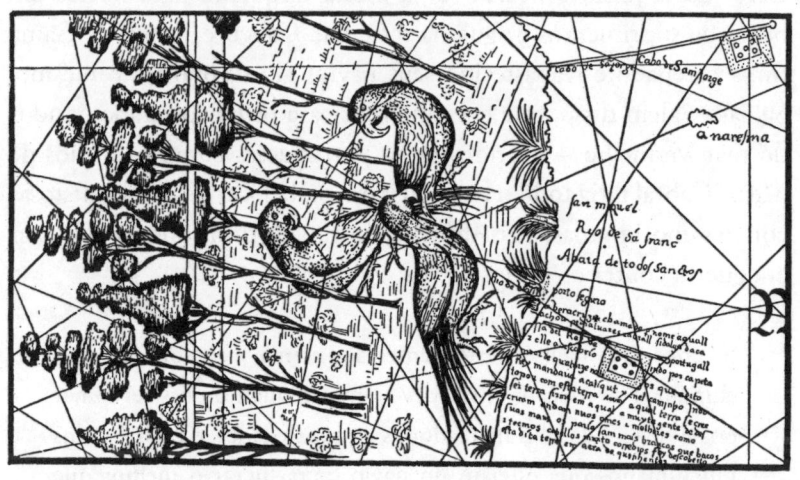

Extrato redesenhado de um famoso mapa-múndi português, o planisfério de Cantino, contrabandeado para fora do país por volta de 1500. Os detalhes mostram a costa do Brasil pela primeira vez, com seus papagaios "do tamanho de galinhas".

Os maltratados remanescentes, sete navios, finalmente se reagruparam em Moçambique no dia 20 de junho; um oitavo, o de Diogo Dias, irmão de Bartolomeu, avistou Madagascar pela primeira vez, mas não conseguiu encontrar a frota e acabou voltando para Lisboa. A recepção que os navios de Cabral receberam ao longo da costa da África não foi muito melhor que as anteriores. O sultão de Moçambique, que já conhecia os canhões dos portugueses, estava pelo menos mais tratável. Conseguiram água e obtiveram pilotos para levá-los a Kilwa, a mais importante cidade mercantil da costa, onde o sultão os saudou sem entusiasmo. Como os muçulmanos de Calicute, ele não tinha necessidade de intrometidos em seu território comercial. Evitaram inteiramente Mombaça. Foi apenas em Melinde que receberam uma boa acolhida; os homens estavam de novo doentes com a "doença da boca", "que as laranjas curaram", e lhes deram um piloto para o cruzamento até a Índia.

Quando chegaram às ilhas Angediva, quatrocentas milhas ao norte de Calicute, é que o teor das instruções de Cabral se tornou claro. Essas ilhas forneciam uma escala frequente para navios em busca de suprimentos e água na rota para Calicute. Vasco da Gama tinha carenado e reabastecido seus navios ali; Cabral fez o mesmo. Sabia-se, além disso, que era uma rota para os navios árabes vindos do mar Vermelho – referidos pelos portugueses como os navios de Meca. Cabral faria todo o possível para estabelecer relações amistosas com o samorim; mas, além desse território, ele tinha ordens de entrar em guerra contra os navios árabes:

> Se encontrar navios pertencentes aos acima mencionados muçulmanos de Meca no mar, deve tentar o quanto possível tomar posse deles e de suas mercadorias e propriedades, e também dos muçulmanos que estejam no navio, para lucrar o melhor que puder, e para guerreá-los e causar o maior dano possível, como um povo com que temos uma inimizade tão grande e antiga.

Cabral deveria informar o samorim a respeito dessas ordens. A essa altura, os portugueses estavam inteiramente conscientes da real vantagem de sua artilharia. Eles deveriam golpear os navios árabes com seus canhões, em vez de entrar em batalha quando estivessem próximos. Os pilotos e capitães, recursos humanos valiosos, deveriam ser apanhados vivos; as instruções quanto aos passageiros eram mais vagas. Na pior das hipóteses, "tu os abrigarás em um dos navios, o mais desmantelado que houver, e deves deixá-los entrar, e depois deverás afundar ou queimar todos os outros". Essas instruções, que seriam livremente interpretadas, eram efetivamente bipolares: estabelecer comércio pacífico com o samorim "cristão" dando aos mercadores muçulmanos dentro do porto uma saudação cordial ("comida e bebida e outro bom tratamento"), enquanto travavam combate em uma guerra total contra seus súditos muçulmanos uma vez que eles tivessem navegado para fora de suas praias. Essas instruções estabeleceram o padrão futuro das operações portuguesas no oceano Índico e deram início a uma irreversível sequência de eventos. Cabral esperou quinze dias nas ilhas Angediva para emboscar os navios árabes. Não apareceu nenhum. Ele seguiu caminho para Calicute, supostamente ancorando, de acordo com as instruções detalhadas, "seus navios próximos uns dos outros e arrumados em boa ordem, decorados com as flâmulas e estandartes e tão bonitos quanto puderes torná-los".

Desde a visita de Vasco da Gama, o velho samorim tinha morrido; agora era seu sobrinho quem governava o reino, mas os relacionamentos não se mostraram mais fáceis. Tornou-se logo evidente que os malabares, aos quais tinham ensinado o português, eram inúteis como intérpretes, já que se originavam de casta baixa e eram proibidos de conspurcar a presença do rei. Os portugueses começaram, como antes, com uma exigência agressiva para a tomada de reféns. Cabral estava sob ordens rigorosas de não desembarcar sem essa precaução. Foram necessários vários dias de negociações irritantes e impasses para conseguir uma permuta pela qual o comandante pudesse desembarcar. Cabral seguiu as instruções rigorosamente, enquanto o samorim se irritava com a perspectiva de hindus de alta casta serem detidos no mar, onde, de acordo com os tabus, eles não podiam comer, beber e dormir. Quando alguns deles tentaram fugir nadando, foram postos no porão; em retaliação, os homens de Cabral foram presos.

Todas as instruções subjacentes de Cabral tinham um tom peremptório. Os portugueses acreditavam que tinham vindo com a permissão do papa e o desejo de Deus para garantir o comércio com a Índia. Os magníficos presentes apresentados por Cabral ao samorim em sua câmara de audiências foram acompanhados por protestos abundantes de amizade a um rei cristão – e por exigências rígidas. Eles queriam indenização pelos bens deixados para trás por Gama, tarifas de impostos preferenciais e preços baixos para as especiarias, um posto de comércio seguro e isenção da regra comum de que os bens de um mercador morto se tornava propriedade do governante local. Cabral deveria fazer com que o samorim entendesse que os portugueses tinham de travar uma guerra santa contra os muçulmanos, uma vez que eles estavam além de seus reinos, "porque isso vem para nós por sucessão direta", e lhe pediam que ele expulsasse a todos os que estivessem comerciando ali, "porque nisso ele cumpria seu dever como rei cristão". Em troca, ele receberia "todo o lucro que até então havia tido com eles e muito mais". Além disso, o grupo de franciscanos iria corrigir seus desafortunados erros na doutrina da fé, "como convém ao serviço de Deus e à salvação de suas almas". Havia ainda um completo fracasso na compreensão das realidades culturais e religiosas do oceano Índico.

Foram necessários dois meses e meio de negociações desajeitadas, impasses e partidas fingidas por Cabral – a tática empregada por Gama – antes que um acordo comercial e um entreposto pudessem ser estabelecidos para o comércio de bens, dirigido pelo agente Aires Corrêa. Havia desconfianças dos dois lados, e a incapacidade dos portugueses para falar diretamente em malabar continuou a ser um problema sério. Corrêa só sabia árabe, de modo que toda comunicação com o samorim tinha de ser feita por meio dos serviços de um intermediário muçulmano; essa confiança em se fiar em intermediários hostis à presença portuguesa pode ter sido uma opinião falsa.

Que os portugueses tinham o poder de infligir danos foi demonstrado numa bravata que provavelmente saiu pela culatra. O samorim queria adquirir um valioso elefante de guerra de um comerciante no porto de Cochim, mais ao sul; sua oferta de compra fora menosprezada, mas, quando um navio carregado de animais, junto com outras embarcações, passou pelo litoral, ele pediu aos portugueses que o capturassem. Cabral enviou uma única caravela, a *São Pedro*, sob o comando de Pero de Ataíde. Inicialmente o samorim desdenhou desse esforço – havia apenas setenta homens a bordo –, mas Cabral tinha equipado a caravela com uma grande bombarda. O *dhow* indiano estava bem armado e carregava trezentos homens, mas Ataíde o perseguiu costa acima. O muçulmano do *dhow* riu do navio minúsculo ao lado de suas embarcações, muito mais altas, até que a caravela começou a lançar tiros mortais, danificando severamente o casco e matando muitos a bordo. Quando o navio finalmente se rendeu, ele foi levado de volta a Calicute, e os elefantes de guerra, entregues ao samorim com grande cerimônia. Um dos animais fora morto no ataque e serviu de alimento para os marinheiros portugueses. Essa demonstração do que os estrangeiros conseguiam fazer teve um impacto considerável ao longo da costa de Malabar, mas pode também ter feito com que o samorim os olhasse com temor: eles tinham o poder de extorsão.

Enquanto isso, o carregamento das especiarias avançava lentamente. Depois de três meses em Calicute, apenas dois navios tinham sido carregados; ficou evidente que os mercadores árabes de alguma maneira impediam os trabalhos, enquanto seus próprios navios pareciam partir secretamente cheios de carga. Cabral reclamou, e o samorim, preso entre dois interesses rivais, apaziguou seu hóspede indesejado dando-lhe permissão para tomar qualquer navio muçulmano que estivesse saindo do porto carregado. Quando o fato aconteceu outra vez, Cabral fez exatamente isso.

É provável que ele inicialmente tivesse hesitado em ceder a uma provocação como essa, mas agiu sob o incentivo do agente, Corrêa, que por sua vez tinha sido falsamente persuadido a fazer isso por chefes muçulmanos. O objetivo subjacente desses muçulmanos era provocar uma reação dentro da cidade, e produziu o efeito desejado. O confisco foi um ponto crítico para tensões que estavam a ponto de estourar. Em circunstâncias nas quais era impossível conhecer as inclinações do samorim, uma multidão começou a se formar nas ruas da cidade, avançando sobre o posto comercial dos portugueses. Uma testemunha ocular anônima contou o que aconteceu em seguida. Havia cerca de setenta homens dos navios na cidade, armados com espadas e escudos, tentando resistir ao ataque da multidão, "que era incontável, com lanças, espadas, escudos, arcos e flechas". Os portugueses foram obrigados a entrar na construção, que era rodeada por um muro "alto como um homem a cavalo". Eles conseguiram trancar o portão de fora; do muro, atiraram com bestas, das quais tinham sete ou oito, matando bom número de pessoas. Do teto do prédio eles içaram uma flâmula em sinal de alarme para os navios.

Cabral, naquele momento aparentemente doente demais para tratar disso em pessoa, enviou escaleres armados com canhões giratórios para tentar dispersar a multidão. Isso não surtiu efeito. A multidão de muçulmanos começou a destruir o muro externo, "de modo que, no espaço de uma hora, eles o demoliram inteiramente". Os defensores estavam agora encurralados lá dentro, atirando das janelas. Como o posto comercial ficava próximo ao mar, Corrêa ponderou que maior resistência seria inútil. Sua melhor esperança era correr para a praia, esperando que os escaleres viessem resgatá-los. Para seu horror, os escaleres se mantinham atrás, sem ousar se aproximar num mar revolto. A multidão armada se aproximou; Corrêa foi abatido, "e com ele mais cinquenta homens", inclusive Pero Vaz de Caminha, o primeiro cronista do Brasil, e vários franciscanos, "os primeiros mártires cristãos na Índia". Vinte pessoas chegaram à água, inclusive o narrador anônimo, "todos gravemente feridos", e foram puxados, "quase afogados", para os barcos – entre eles o filho de Corrêa, de onze anos, Antônio.

Cabral, provavelmente tonto e sentindo-se mal, esperava um pedido imediato de desculpas por parte do samorim pelo fracasso em proteger sua colônia. Aguardou um dia pela resposta. Nada veio. O samorim estava evidentemente inseguro sobre como reagir. Cabral interpretou esse silêncio como algo de mau agouro; achou que o samorim estava se preparando para a guerra. Vinte e quatro horas mais tarde, Cabral partiu para a vingança. Ordenou a captura de dez navios árabes no porto e a morte de todos que estivessem a bordo. Os habitantes da cidade observavam horrorizados da praia.

> E assim ele assassinou até o número de quinhentos ou seiscentos homens, e capturou vinte ou trinta, que estavam escondidos nos porões dos navios, e também mercadoria; e assim eles assaltaram os navios e tomaram o que havia dentro deles. Um tinha três elefantes, que matamos e comemos, e queimamos todos os nove navios descarregados.

Cabral ainda não tinha terminado. Depois que a noite caiu, ele levou seus navios para próximo da margem e apontou os canhões. De madrugada, ele submeteu Calicute a um feroz bombardeio; houve uma reação com tiros de alguns poucos pequenos canhões na praia, mas o poder de fogo dos portugueses era avassalador. Durante o dia todo, tiros rasgaram a cidade, esmagando prédios, inclusive alguns pertencentes ao rei, e matando um de seus notáveis. O samorim saiu apressadamente da cidade, e Cabral navegou para fora, capturando e queimando mais navios no caminho para a cidade de Cochim (atual Kochi), 160 quilômetros abaixo na costa, que ele tinha instruções para visitar se as negociações com o samorim falhassem. O colapso terminal das relações com Calicute deixou os dois lados machucados e ultrajados. O bombardeio jamais seria perdoado. O massacre do posto de comércio exigia vingança. Foi o primeiro tiro numa longa guerra pelo comércio e a fé no oceano Índico.

As informações a respeito da cidade de Cochim provavelmente foram prestadas por Gaspar da Gama. Os portugueses sabiam que o rajá da cidade, um vassalo do samorim, tinha a intenção de escapar do jugo de Calicute e acolheria bem uma aliança com os novos parceiros no jogo. As saudações foram cordiais. Reféns foram trocados: dois hindus de alta casta e os portugueses correspondentes eram trocados diariamente, já que os primeiros eram proibidos de comer ou dormir no mar. Em duas semanas Cabral foi capaz de carregar seus navios com especiarias e fazer um acordo para o estabelecimento de um pequeno entreposto comercial permanente; os portugueses conseguiram, além disso, aumentar seu conhecimento da costa de Malabar. Mensageiros chegavam de outros portos ao longo da costa, Cananor (Kannur, em malaio) e Coulão (Kollam, em malaio), convidando-o a negociar e buscando aliança contra o samorim. Foi ali também que eles encontraram pela primeira vez um autêntico indiano cristão; dois padres da vizinha Cranganor (Kodungallur), José e Matias, vieram até o navio e ficaram radiantes com o encontro. Se isso era um conforto para os portugueses, provavelmente também representou o momento em que eles finalmente corrigiram o erro da crença havia muito mantida numa Índia cristã, e começaram a perceber a existência e a natureza do hinduísmo "pagão". Longe de ser uma população prioritária, os padres revelaram que os cristãos seguidores de são Tomás eram uma seita pequena e sitiada, rodeada de infiéis, e que quase todo o comércio da costa estava nas mãos dos muçulmanos.

Em Calicute, o samorim ansiava por vingança. Cabral recebia notícias da iminente chegada de uma frota de oitenta navios para interceptá-lo na volta. Sua confiança em sua artilharia era suficientemente alta para que dispensasse a oferta do rajá de apoio naval, mas ele se pôs ao mar quase imediatamente, abandonando homens no posto comercial e levando os dois hindus. Esses tristes reféns não quiseram comer nem beber. Passaram-se três dias antes que eles pudessem ser persuadidos, "e então eles comeram com grande pesar e tristeza". Esse ato de insensibilidade cultural lançou uma longa sombra sobre a aliança com Cochim. Treze anos mais tarde, o rajá ainda reclamava, numa carta a Manuel, a lealdade que ele mostrara aos portugueses e a falta de gratidão da parte deles.

Cabral não queria lutar. Seus navios estavam pesadamente carregados, e os vasos do samorim, com medo dos canhões portugueses, seguiam apenas a distância, e depois se perderam no escuro. Mais acima na costa, o rei de Cananor implorou a Cabral que atracasse e carregasse as especiarias. Essa era tanto uma política de segurança contra os canhões portugueses quanto um desejo de aliança contra Calicute. Fazendo uma breve parada, a frota de Cabral seguiu de volta pelo oceano Índico.

Os navios fizeram a longa rota marítima de volta em pequenos destacamentos. Houve um desastre comercial em Melinde, quando uma manobra brusca provocou a perda de um navio carregado de especiarias: "Nada foi salvo, com exceção das pessoas com a roupa do corpo". Embora o naufrágio fosse queimado para evitar que os muçulmanos tomassem o carregamento, mergulhadores de Moçambique depois recuperaram alguns dos canhões, que mais tarde seriam voltados contra os portugueses.

Em Lisboa, Manuel, confiante de que os ricos presentes para o samorim teriam garantido uma resolução pacífica, já enviava a próxima expedição. Em março, exatamente na época em que os navios de Cabral batalhavam de volta em direção ao cabo, uma pequena frota comercial de apenas quatro navios, sob o comando João de Nova, saiu do Tejo. O tempo entre a chegada e a volta era tão longo que havia um ciclo de dois anos inteiros entre o despacho de uma frota e a realimentação de sua viagem informando a partida de outra. Tudo era determinado pelo ritmo das monções. Em seus cursos separados pelo descampado Atlântico, a frota de cada ano passava cegamente seu predecessor e prosseguia sob instruções dadas com bases em informações defasadas em dois anos, embora já se fizessem alguns arranjos improvisados para mitigar esses efeitos. Quando João de Nova chegou à baía de São Brás, perto do cabo da Boa Esperança, encontrou um sapato pendurado numa árvore contendo uma mensagem informando sobre a situação verdadeira em Calicute. Ele passou ao largo da cidade, fez carregamentos de especiarias em Cananor e Cochim, e outra vez saiu-se bem contra os navios do samorim, graças à artilharia portuguesa.

Os navios de Cabral voltaram a Lisboa em pequenos grupos no verão de 1501. Ao longo do caminho, jornadas colaterais de exploração tinham acrescentado conhecimentos novos aos antigos. O porto de Sofala, importante centro mercantil para o comércio do ouro africano, foi inspecionado. Diogo Dias explorou a embocadura do mar Vermelho. Manuel já formava ideias estratégias nessa direção. Aquela fora uma tarefa árdua: os portugueses tinham encontrado uma paisagem árida e inóspita, o clima era quente como um forno. A maior parte dos marinheiros morreu, "e assim os navios voltaram com apenas seis homens, a maioria doente, e não tinham nada para beber, só a água que coletavam no navio quando chovia". Essas informações todas enriqueciam os mapas que os portugueses compilavam e guardavam sigilosamente para uso futuro.

A volta a Lisboa era ansiosamente esperada. Dos treze navios que partiram, sete voltaram. Cinco deles estavam carregados de especiarias; dois estavam vazios; os outros seis tinham se perdido no

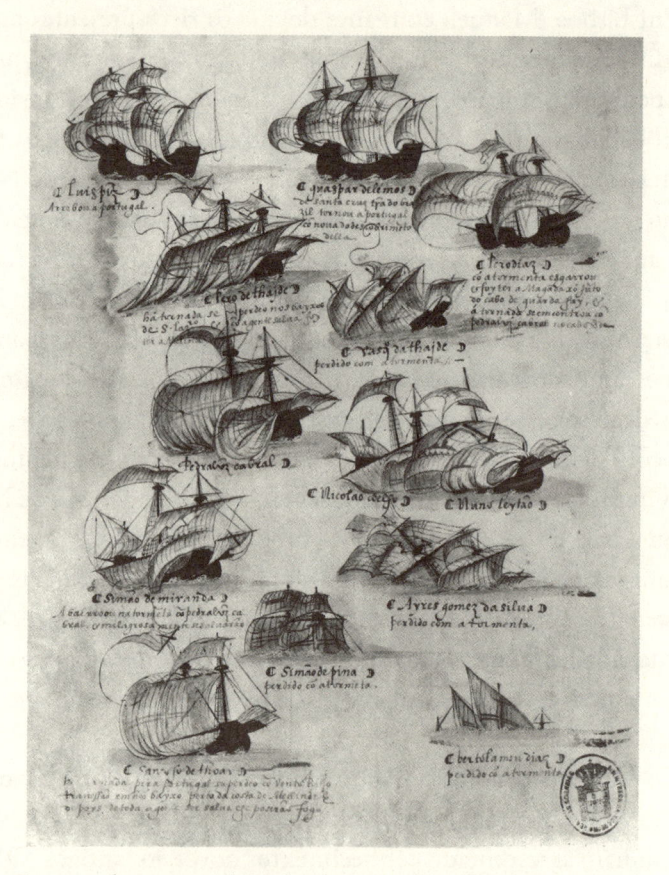

O custo da viagem de Cabral: seis navios perdidos no mar.

mar. Sinos foram tocados, e procissões foram organizadas pelo país. Dentro da Corte portuguesa, os vereditos a respeito da viagem de Cabral eram ambíguos. Havia um forte grupo que acreditava que o preço fora alto demais, as distâncias, muito grandes. Manuel tinha investido pesadamente no empreendimento, e se os navios carregados haviam promovido um belo retorno, a perda de vidas lançava uma sombra sobre ele. A descoberta de terras a oeste foi considerada interessante, mas não significativa. O fracasso em garantir um resultado pacífico em Calicute, a destruição do posto de comércio e agora a clara evidência de que a maioria do povo e seus governantes na costa da Índia não eram cristãos aumentavam a tristeza.

Entretanto, Manuel assegurou que notícias positivas fossem propagandeadas pela Europa. Em nenhum lugar receberam maior atenção que em Veneza. Para a República marinha, o comércio de especiarias, do qual eles praticamente tinham o monopólio no final do século XV, era vital. Isolada na extremidade leste do Mediterrâneo, Veneza trabalhava exaustivamente para manter relações com a dinastia dos Mamluks no Egito, de modo a garantir o carregamento anual de seus navios em Alexandria. A notícia do golpe português ao contornar esses intermediários era assombrosa. Ameaçava a existência da cidade inteira e exigia investigação imediata. Um italiano alerta, observador da cena de Lisboa, Alberto Cantino, escreveu para o duque de Ferrara que o rei "já dissera ao embaixador veneziano que, se seus negócios não dessem certo, como se acreditava, ele abandonaria inteiramente o empreendimento". Isso podia bem representar esperança e expectativa em Veneza. Vozes mais realistas expressaram pressentimentos que raiavam o terror. O embaixador veneziano, "Il Cretico", estava em Lisboa quando os navios chegaram. Os detalhes eram perturbadores. "Eles adquiriram um pesado carregamento [de especiarias] a um preço que tenho medo de contar", relatou. "Se essa viagem continuar, [...] o rei de Portugal poderá se chamar o Rei do Dinheiro, porque todos afluirão para esse país a fim de obter especiarias." Manuel convidou Il Cretico para comemorar o transporte das especiarias, "e eu me alegrei devidamente com ele". Sem dúvida o veneziano teria preferido comer serragem.

De volta a Veneza, o jornalista Girolamo Priule predisse a perdição de sua cidade se os portugueses conseguissem comprar especiarias na fonte e eliminar o intermediário islâmico. "Esses novos fatos são de tal importância para nossa cidade que fui tomado de ansiedade", escreveu ele. E Manuel tripudiou. Sugeriu a Il Cretico "que eu deveria escrever à Sua Serenidade que, daqui em diante, vós deveríeis mandar seus navios para carregar especiarias aqui". Aquele era o início de uma guerra comercial disfarçada entre Veneza e Portugal, na qual a informação era elemento-chave. "É impossível conseguir o mapa daquela viagem", relataram espiões venezianos. "O rei impôs pena de morte a qualquer pessoa que o revelasse."

Mesmo assim, o preço alto da expedição de Cabral danificou a credibilidade de Manuel. Ele agora estava consciente da verdadeira situação da costa de Malabar – contava com poucos cristãos, e o comércio inteiro estava nas mãos de mercadores muçulmanos –, contudo, não tinha abandonado suas ambições. Ele contou a Il Cretico que "proibiria o sultão [Mamluk] de procurar obter especiarias". O rei persistiria.

As perdas em Calicute exigiam uma reação. Com o retorno de Cabral, a estratégia para a Índia mudou. O samorim claramente se revelara um pagão, que rejeitara os ricos presentes, destruíra seu entreposto comercial e matara seus homens. Aos olhos portugueses, era patente que ele estava sob a dominação dos muçulmanos de Meca. Era óbvio que daí por diante eles teriam de lutar pelo comércio com as Índias. Era claro, também, que vingança, a postura-padrão da cristandade militante, estava no ar. Um lamento islâmico sobre a incursão portuguesa no oceano Índico, escrita oitenta anos antes, identificava a expedição de Cabral como o momento em que a paz se transformou em guerra. Sabia-se que os "adoradores de crucifixos" começaram a "invadir as propriedades dos maometanos e oprimir seu comércio". Quando Cabral recusou uma segunda missão, Manuel mandou chamar Vasco da Gama.

7

O DESTINO DO *MIRI*

fevereiro-outubro 1502

Na crença de que o comércio no oceano Índico exigia ação agressiva, Manuel preparou uma frota (agora anual) ainda maior partindo do Tejo na primavera de 1502. Deveriam sair vinte navios, separados em dois esquadrões sob o comando geral de Vasco da Gama. Com ele ia Vicente Sodré, seu tio, que tinha ordens à parte e autonomia. Embora as instruções escritas de Vasco da Gama não tenham sobrevivido, elas podem ser deduzidas pelas ocorrências: exigir reparação do samorim de Calicute pelo assassinato de seus homens, reforçar a exigência de expulsão dos comerciantes muçulmanos, expandir os acordos comerciais com os reis dissidentes na costa de Malabar e aumentar o pequeno posto avançado lá estabelecido com entrepostos comerciais em Cochim e Cananor. Confiantes de que o oceano Índico não possuía nada que se comparasse à artilharia portuguesa, essa era uma receita de diplomacia de canhoneira, se não de guerra declarada.

O efeito concatenado do tamanho das frotas com as ambições de Manuel fica claro nas instruções dadas a Vicente Sodré. Ele deveria "guardar a boca do estreito do mar Vermelho para garantir que navios muçulmanos de Meca não entrassem nem saíssem, porque eram eles que tinham o maior ódio a nós e quem mais impedia a nossa entrada na Índia, já que tinham o controle das especiarias que vinham a essas partes da Europa via Cairo e Alexandria". Esse era um passo à frente no plano geoestratégico que agora aumentava em escala. Vicente Sodré e seu irmão Brás, que o acompanhava, embora tios de Vasco da Gama, tinham mais ou menos a mesma idade que ele. Cresceram juntos e provavelmente colaboraram nas expedições corsárias na costa marroquina; eles certamente compartilhavam da mesma propensão para a violência. Vasco da Gama tinha, além disso, recrutado seu primo Estêvão. Aquele seria um negócio de família.

A nova expedição fora preparada com os então costumeiros rituais de partida. Na missa, rezada na severa Catedral Cruzada de Lisboa, Vasco da Gama foi formalmente agraciado com o título de almirante das Índias e envergou os símbolos do Império e da guerra. Vestido com uma capa de cetim carmesim e adornado com uma corrente de prata, com a espada desembainhada na mão direita e o estandarte real na esquerda, ajoelhou-se ante o rei, que colocou um anel em sua mão.

A maior parte da frota saiu de Restelo no dia 10 de fevereiro de 1502, diante das preces e lágrimas dos familiares dos marinheiros. Um segundo destacamento de cinco navios sob o comando de Estêvão da Gama partiu em 1º de abril. A expedição ampliada incluía um número de observadores que escreveriam relatos. Entre os identificáveis estavam um escrivão português, Tomé Lopes, e um agente comercial italiano, Matteo da Bergamo, os dois no esquadrão de Estêvão. O segundo escrivão registrou o progresso de uma expedição que, definitivamente, fez pender as aspirações portuguesas de comércio pacífico no oceano Índico para violência armada.

Depois da quase aniquilação da frota de Cabral no sul do oceano, os marinheiros enfrentaram a jornada com considerável temor. Tomé Lopes descreveu as mudanças climáticas pelas quais passaram. Da Ilha da Madeira, "região com um clima muito agradável, nem quente nem frio", os navios seguiram para as ilhas de Cabo Verde, e depois fizeram a virada para o sudoeste em direção a alto-mar. Próximo ao equador, o tempo começou a se tornar insuportavelmente quente. A tripulação perseverou, "sem conseguir qualquer alívio, fosse de dia ou de noite"; depois perderam a estrela Polar, e o calor aos poucos diminuiu. Próximo ao cabo da Boa Esperança "ficou extremamente frio; quanto mais nos aproximávamos, mais frio ficava, e menos conseguíamos nos proteger. Para nos manter aquecidos, nos envolvíamos em nossas roupas e comíamos e bebíamos um bocado". Os dias ficaram mais curtos; a luz do dia encolheu para oito horas e meia, as noites tinham quinze horas e meia de duração. Na noite de 7 de junho, o navio de Lopes foi atingido por uma violenta tempestade. O esquadrão se espalhou. "Apenas dois se viram ainda juntos, o *Julia* e nós [...] Na terceira rajada o vento se tornou tão forte que espedaçou nossa latina ao meio e rachou o mastro principal do *Julia* [...] Volumes enormes de água rolaram por cima de nós – a visão causava grande estupefação." Os golpes das ondas varrendo os convés começaram a jogar água para dentro do *Julia*. Mesmo bombeando furiosamente para manter o navio flutuando, as tripulações fizeram promessas e sorteios para determinar quem faria uma peregrinação se eles sobrevivessem. Gelados e ensopados, esperaram a tormenta passar. Em 9 de junho, o tempo melhorou: "Pusemos nossas roupas para secar ao sol, mas ele não emitia grande calor, e mal dava para nos sentir aquecidos outra vez porque tínhamos ficado completamente encharcados pelos numerosos golpes do mar, e não fomos ajudados pela chuva". Os homens de Vasco da Gama passaram a jogar relíquias ao mar como aposta para conquistar a segurança nesse trecho. Dessa vez, todos os navios sobreviveram, mas a viagem de ida e volta ao leste seria sempre um teste de resistência, correndo-se o risco de naufragar.

Os portugueses queriam tanto fazer comércio nas costas orientais da África quanto estabelecer postos avançados seguros, como estações de reabastecimento e reagrupamento de frotas espalhadas pela turbulenta passagem do Atlântico. Depois das negociações tensas e das suspeitas mútuas que perturbaram a primeira visita de Vasco da Gama a Moçambique e Mombaça, agora a abordagem seria mais bruta. Impacientavam-se com as nuances e a monotonia da diplomacia oriental e confiavam que os canhões europeus imporiam respeito. Além disso, perceberam que as monções eram capatazes inflexíveis: elas não esperavam. Se a anuência não fosse imediata, eles usariam a força.

Primeiro Vasco da Gama visitou Sofala e Moçambique, onde a costumeira rodada de troca desconfiada de reféns e desembarque com armas ocultas permitiram que algum ouro fosse comprado com razoável boa vontade. Mas seu objetivo máximo, Kilwa, o principal porto de comércio na costa, tinha recebido Cabral de maneira gelada. Vasco da Gama chegou com sua frota inteira de vinte navios, bandeiras desfraldadas e uma saraivada de tiros de bombardas para declarar a magnificência e o poder da Coroa portuguesa. Ele enviou ao sultão uma nota enérgica exigindo uma audiência. A resposta foi que o sultão estava doente e não poderia recebê-lo. Vasco da Gama prontamente levou seus navios para perto do litoral, postou-os numa fila ameaçadora, armou seus escaleres com 350 homens com mosquetes e canhões giratórios e partiu para a praia. "Ele não queria me ver", dizia o relato do próprio almirante, "mas se comportou com muita descortesia, motivo pelo qual eu me armei com todos os homens que tinha, determinado a destruí-lo, e fui com meus barcos para a frente da casa dele, e, com a proa na areia seca, mandei buscá-lo de modo muito mais descortês do que ele havia se comportado comigo, e ele concordou e veio."

No colorido relato do cronista Gaspar Correia, o almirante discursou para o infeliz governante com a intermediação de um intérprete:

> Sou escravo do rei, meu soberano, e todos os homens que vedes aqui e os que ficaram na frota farão o que eu comandar; e agora, certamente, se eu escolher, em uma única hora vossa cidade será reduzida a cinzas, e se eu decidir matar vosso povo, eles todos serão queimados no fogo.

Vasco da Gama continuou dizendo que "iria buscar [o sultão] pelas orelhas e o arrastaria até a praia, e que o levaria com um anel de ferro em volta do pescoço, e o mostraria pela Índia inteira, para que todos pudessem ver o que se ganha por não escolher ser cativo do rei de Portugal".

Vasco da Gama exigiu o direito de comerciar ouro e um belo tributo anual para o rei de Portugal. Em reconhecimento à supremacia portuguesa, o sultão iria também erguer a bandeira real. Esse era um ato de completa humilhação. O tributo foi pago em duas prestações. A primeira foi entregue com a devida pompa, "com grande ruído e manifestações de alegria", relatou Tomé Lopes, enquanto um grande grupo de mulheres na praia gritava "Portugal! Portugal!". Esse era provavelmente um clamor mais de medo do que de alegria. O espantoso imediatismo da diplomacia de canhoneira estava começando a se fazer sentir pela costa suaíli. Em 27 de julho, Vasco da Gama partiu na direção de Melinde, onde foi recebido calorosamente, embora com nervosismo, pelo seu velho amigo, o sultão.

A travessia do oceano Índico foi comparativamente tranquila. No dia 20 de agosto, a frota inteira estava nas ilhas de Angediva, tendo atacado alguns portos nas cercanias, Honavar e Batecala (Bhatkal), sem qualquer justificativa aparente. Vasco da Gama, sem meias-palavras, declarou ao acovardado rajá, nas palavras de Gaspar Correia, que "essa é a frota do rei de Portugal, meu soberano, que é o senhor do mar, do mundo, e também desta costa". Partindo dali, ele seguiu para o sul. No início de setembro, foi ao monte Deli, um promontório com fundos para lagoas protegidas, ao norte de Cananor. Esse era o primeiro e o último porto a ser visitado por navios mercantes que operavam ao longo da costa de Malabar, e era amplamente usado por navios de especiarias do mar Vermelho, como uma escala para abastecimento de água, madeira e alimentos. Os vinte navios e os mil homens de Vasco da Gama ancoraram no abrigo da lagoa. O escorbuto outra vez cobrava seu preço. Eles montaram tendas para os doentes, mas, apesar do abundante suprimento de laranjas, era tarde demais para muitos. Sessenta ou setenta morreram. Outros manifestavam sintomas preocupantes de outro tipo. Eles desenvolveram tumores entre as pernas, provavelmente como resultado de parasitas tropicais, embora não fossem fatais.

A crista do monte Deli, com cerca de trezentos metros de altura, fornecia um ponto de ampla observação para se planejar uma emboscada marítima. Vasco da Gama e seus parentes provavelmente

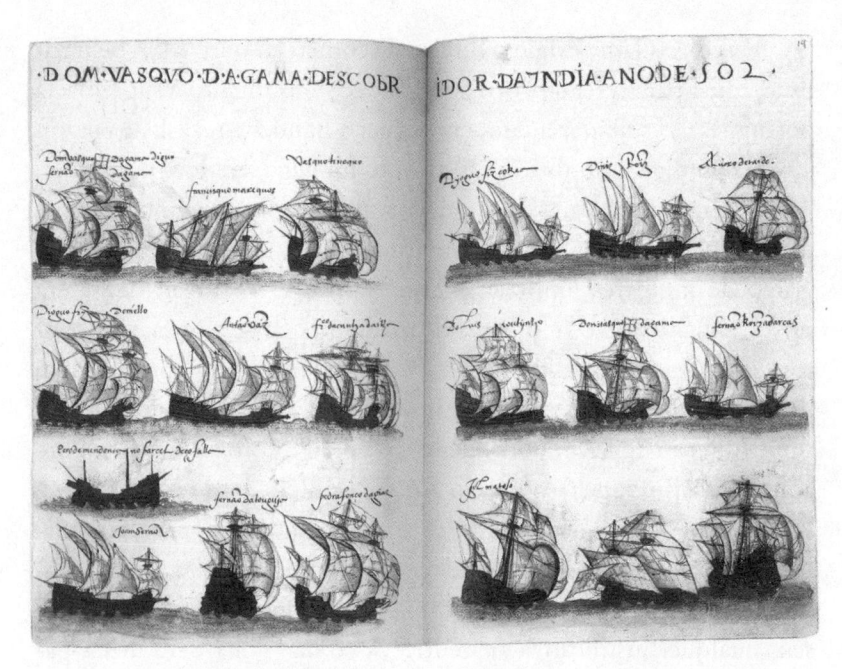

A mudança para a conquista: a segunda frota de
Vasco da Gama era seis vezes maior que a primeira.

tinham executado operações semelhantes quando jovens, ao longo das costas do Marrocos. Se as ordens fossem para estrangular o comércio com o mar Vermelho, havia também a questão da vingança pelo massacre de Calicute, e sem dúvida muitos estavam interessados na oportunidade de saque pessoal. No dia 29 de setembro de 1502, essa oportunidade chegou. Um grande *dhow* foi avistado, vindo do norte. Vasco da Gama saiu para o mar com um destacamento de navios e as bombardas carregadas.

Há diversos relatos feitos por testemunhas oculares sobre o que aconteceu em seguida. O agente comercial italiano, Matteo da Bergamo, ficou chocado demais para confiar os detalhes por escrito numa carta que enviou ao seu empregador. "Não tomamos parte. Disseram-nos que não era da nossa conta", escreveu ele. "Há também alguns detalhes desse evento que não é nem a hora nem o lugar para revelar." O escrivão Tomé Lopes foi menos reticente. Talvez ele tenha sido o primeiro a lançar um olhar crítico e indagador sobre os métodos e a mentalidade das conquistas no oceano Índico.

O navio era chamado *Miri*. Estava voltando do mar Vermelho com cerca de vinte homens, além de mulheres e crianças, muitos dos quais estiveram em peregrinação a Meca. O navio estava evidentemente armado e levava alguns canhões. Incluía mercadores ricos de Calicute, um dos quais era o intermediário do sultão mameluco local, Jauhar al-Faqih, um importante homem de negócios, proprietário de diversos navios.

Para surpresa de Vasco da Gama, o *Miri* rendeu-se sem luta. Havia regras muito bem observadas ao longo da costa de Malabar. Tinha se tornado prática pagar um pedágio, caso se fosse interceptado por piratas locais em determinados trechos, e os mercadores estavam bem providos, confiantes de que poderiam pagar pela liberdade. Al-Faqih fez a primeira oferta. Ofereceu indenização por um mastro rachado em um dos navios portugueses durante a aproximação e o fornecimento de especiarias para todos eles em Calicute. Vasco da Gama recusou. O mercador tentou outra vez: ele entregaria pessoalmente uma de suas esposas e um sobrinho como reféns e um carregamento completo de especiarias para o navio maior de Vasco da Gama – evidentemente uma oferta bem mais alta. Eles permaneceriam a bordo como prisioneiros. Um de seus sobrinhos iria a terra para cuidar da negociação. Além disso, ele se comprometeu que todos os bens portugueses tomados em Calicute seriam devolvidos e que seriam estabelecidas relações pacíficas com a cidade, o que correspondia a uma porta aberta para o comércio de especiarias. Se depois de quinze ou vinte dias essas promessas não tivessem sido cumpridas, o almirante poderia fazer com ele o que quisesse. Vasco da Gama não se emocionou. Mandou Al-Faqih dizer aos mercadores que entregassem tudo o que tinham. O homem, cada vez mais atônito, deu uma resposta digna: "Quando eu comandava este navio, eles faziam o que eu mandava. Como agora é você quem o comanda, diga-lhes você mesmo!".

Os comerciantes deram tudo o que foi pedido, "sem tortura", de acordo com Lopes, aparentemente deixando uma riqueza considerável no navio. Houve, segundo alguns relatos, zombaria considerável entre os capitães de Vasco da Gama sobre sua rígida obstinação em não aceitar os termos nem efetuar um saque total do navio. Lopes estava pasmo. A recusa da oferta por alguma estranha questão de princípio parecia incompreensível: "Pense só nas joias e outros objetos ricos deixados a bordo – os jarros de azeite, manteiga e mel, e outras mercadorias!".

Vasco da Gama tinha outros planos. Para descrença dos passageiros do *Miri* – e provavelmente de muitos na frota portuguesa –, o navio foi despido do leme e do equipamento, depois rebocado por alguma distância pelos escaleres. Artilheiros subiram a bordo do navio, espalharam pólvora e a acenderam. Aquilo era para queimar vivos os muçulmanos.

Agora entendendo a seriedade de sua situação, os que estavam a bordo do *Miri* responderam energicamente. Eles de algum modo apagaram o fogo e procuraram quaisquer armas, mísseis e pedras que pudessem encontrar. Resolveram morrer lutando. Quando os escaleres voltaram para reacender o fogo, foram recebidos com uma saraivada de mísseis. Foram obrigados a recuar. Tentaram bombardeá-los, mas os escaleres levavam canhões leves demais para infligir dano sério. Mesmo a distância conseguiam ver as mulheres implorando por suas vidas, segurando joias e objetos preciosos, implorando a misericórdia do almirante. Elas ergueram algumas das crianças pequenas, "e compreendemos que estavam pedindo piedade", escreveu Tomé Lopes, cujo relato se torna cada vez mais atormentado e confuso. "Os homens indicavam por gestos que estavam dispostos a pagar um grande resgate. [...] Não havia dúvida de que com isso aqui havia o suficiente para resgatar todos os cristãos feitos prisioneiro em Fez e haveria ainda grandes riquezas para nosso senhor, o rei." Vasco da Gama assistia impassível, escondido por uma viseira. Ele não respondeu. No navio, os passageiros começaram a construir barricadas com colchões, ou com qualquer coisa que encontrassem. Venderiam sua vida pelo preço mais alto.

Durante cinco dias, o *Miri*, incapacitado, flutuou no mar quente. O navio em que Tomé Lopes viajava o seguiu de perto, puxando pela popa uma embarcação muçulmana capturada. No quinto dia foram instruídos a acabar com o navio. "Dava para ver tudo", escreveu Tomé Lopes. "Era segunda-feira, 3 de outubro, uma data que lembrarei enquanto viver."

Seu navio aproximou-se do *Miri*. À queima-roupa, um tiro de canhão fez um rombo no convés do *Miri*, mas os portugueses subestimaram seriamente o espírito de luta de seus oponentes. O *Miri* abordou o navio deles, "tão subitamente e com tal fúria que não tivemos tempo de atirar uma única pedra de nosso convés de luta". Imediatamente as mesas foram viradas. Os portugueses viram-se surpresos e em desvantagem. "Muitos de nós não carregávamos armas porque pensávamos estar lutando contra pessoas desarmadas." Eles tiveram de trancar apressadamente os prisioneiros muçulmanos que mantinham no porão e enfrentar um assalto concertado. O *Miri* era mais alto, e uma torrente de mísseis choveu sobre o convés, tantos que os artilheiros não conseguiam chegar aos canhões. Eles abateram alguns atacantes com bestas, mas quarenta de sua tripulação estavam nos escaleres. Dispunham de pouca gente e foram obrigados a se esconder: "Assim que um de nós aparecia no convés aberto, era atacado por vinte ou trinta pedras e flechas ocasionais".

Os dois navios estavam presos um ao outro. Uma luta furiosa persistiu o dia inteiro. Os muçulmanos estavam enlouquecidos além de qualquer dor; "eles se atiravam contra nós com tal ânimo, era um espetáculo extraordinário. Matamos e ferimos muitos, mas eles não hesitavam e pareciam não sentir suas feridas". Tomás Lopes viu a situação se deteriorar em torno de si. "Estávamos todos feridos." Catorze ou quinze homens se refugiaram no castelo de proa elevado, que o enxame de assaltantes tentava invadir. A maior parte dos homens abandonou sua posição e fugiu convés abaixo. Apenas Tomé Lopes e o capitão, Giovanni Buonagrazia, foram deixados ali, lutando por suas vidas. Buonagrazia conseguira uma placa peitoral para se proteger, agora castigada e amassada pela chuva de pedras, com as tiras rasgadas. Tendo um atacante imediatamente à sua frente, sua armadura caiu. Buonagrazia virou-se em meio à balbúrdia da batalha e gritou:

"Tomé Lopes, escrivão deste navio, o que estamos fazendo aqui, agora que todo mundo foi embora?".

Era hora de ir embora. Os dois homens abandonaram suas posições, deixando o controle do castelo da proa aos passageiros do *Miri*. "Eles proferiram altos gritos, como se já nos houvessem vencido." Os muçulmanos agora ocupavam o castelo de popa também, e os que tinham corrido para apoiar o capitão e o escrivão viram que a situação era desesperadora e pularam no mar, onde foram apanhados pelos barcos. "Havia poucos de nós deixados no navio, todos ou quase todos feridos." Novas ondas de homens pularam do *Miri* para tomar o lugar dos feridos, embora um bom número caísse na água e se afogasse. Os poucos portugueses remanescentes estavam presos no convés abaixo do castelo da proa, abrigando-se do bombardeio da melhor maneira possível. "Eles mataram um de nós e feriram mais dois ou três. Tivemos dificuldades para nos proteger das pedras, embora a vela nos abrigasse de algum modo."

A defesa vigorosa do *Miri* fracassara. Agora era apenas uma questão de tempo.

Vasco da Gama, com seis ou sete dos navios maiores, perseguiu a embarcação à deriva e sem leme no mar aberto. A maré estava alta demais para arriscar a abordagem, e a agonia mortal do *Miri* tornou-se horrivelmente demorada. Por mais quatro dias e noites eles perseguiram a presa, disparando tiros sem efeito. Na quinta manhã, um nadador do *Miri* aproximou-se com uma oferta. Em troca de sua vida, ele amarraria um cabo ao leme do navio para que pudessem puxá-lo e queimá-lo. Além disso, ele revelou que não havia mais qualquer coisa para saquear; tudo que era de valor, havia sido jogado no mar – os portugueses não teriam nada. Tomé Lopes pagou um derradeiro tributo ao espírito de bravura dos muçulmanos: "Durante a batalha, algumas vezes vimos um homem ferido por uma flecha arrancá-la, jogá-la de volta em nós e continuar lutando como se não notasse seus ferimentos. E assim foi", concluiu ele, desanimadamente, "depois de tantas lutas, que com grande crueldade e sem qualquer piedade, o almirante queimou o navio e todos os que estavam nele".

Conta-se que, antes que ele afundasse, Vasco da Gama retirou do navio seu piloto corcunda e umas vinte crianças, que ele ordenou que se convertessem ao cristianismo.

O terrível destino em câmera lenta do *Miri* chocou e intrigou mais tarde muitos comentaristas portugueses; segundo historiadores indianos, especialmente, isso foi tomado como um sinal do início do imperialismo ocidental por mar. Foi a primeira colisão violenta entre dois mundos contidos em si mesmos, cujos termos de referência eram mutuamente inexplicáveis. "Nunca se ouviu dizer", disse um governante muçulmano, "que alguém fosse proibido de navegar os mares." Embora os portugueses fossem tachados de piratas, os motivos de Vasco da Gama – uma aplicação de violência marítima que na verdade rejeitava o saque – estavam simplesmente além de qualquer explicação. Ele pode ter sido extremo em sua crença no terror exemplar, mas não era o único. Os portugueses vinham de uma arena de competição feroz, de ódios enraizados e da aplicação militar de tecnologias avançadas na navegação e na artilharia. Levaram ao oceano Índico uma visão estreita do mundo islâmico, vislumbrada através das viseiras abaixadas nas praias do Marrocos. As potências ibéricas que tinham esculpido o mundo em Tordesilhas, em 1494, estavam condicionadas a acreditar no monopólio das comercializações e na obrigação das cruzadas.

Ao longo da costa de Malabar, o incidente do *Miri* nunca foi esquecido nem perdoado. Seria lembrado durante séculos: grandes pecados lançam longas sombras, segundo o provérbio espanhol. Mas Vasco da Gama só tinha começado. Seu ímpeto continuava de pé.

8

FÚRIA E VINGANÇA

outubro-dezembro 1502

Vasco da Gama seguiu para Cananor, teoricamente um porto amigável, onde havia um pequeno entreposto português. A essa altura, o espinhoso almirante ficava desconfiado de qualquer intenção. Recusou-se a ir a terra para se encontrar com o rajá. A reunião, arrumada numa exibição de pompa pelos dois lados, foi canhestramente conduzida, de um lado, reunida numa pequena plataforma que se projetava para o mar, do outro, na popa de um navio. Depois das gentilezas diplomáticas e da troca de presentes, surgiram imediatamente problemas por causa dos termos da comercialização. O rajá não sabia como discutir esses termos; as negociações das especiarias deviam ser feitas com os mercadores da cidade – e eles eram muçulmanos.

Vasco da Gama não conseguia, ou não queria, entender a separação, ao longo de toda a costa de Malabar, entre o poder político de uma elite governante hindu e as atividades econômicas de seus súditos muçulmanos. Os mercadores chamados para vê-lo exigiram preços altos, porque os artigos portugueses eram medíocres demais para se comprar. Essa resposta fez Vasco da Gama ficar furioso. Por que, perguntou ele, tinha o rajá enviado esses muçulmanos até ele, "já que sabia muito bem que eles tinham ódio antigo dos cristãos e eram nosso pior inimigo?". Mas o rajá se recusava a negociar com ele e pretendia devolver no dia seguinte os poucos sacos de especiarias já carregados.

No meio disso tudo, o administrador português em Cananor, Pai Rodrigues, tentou apaziguar os ânimos. Vasco da Gama mandou que ele saísse imediatamente da cidade. Rodrigues o enfrentou: ele não respondia ao almirante. O confronto só serviu para exacerbar o mau humor de Vasco da Gama. Ele saiu relutante, com uma advertência para o rajá: se este prejudicasse os portugueses cristãos, "seus cafres iriam pagar por isso". Ele corria o risco de se indispor com a costa inteira. Foi embora com uma fanfarra de trombetas e salvas de seus canhões, para arrematar.

Ele percorreu a costa em direção a Calicute, procurando encrenca. No caminho, bombardeou um pequeno porto que pagava tributos a Cananor e capturou um navio cheio de muçulmanos. O rajá enviou uma carta apaziguadora ao furioso almirante, dizendo que, se ele matasse seus "cafres", isso não romperia a paz com o rei de Portugal, e o rajá revelaria tudo ao rei. Isso não ajudou a melhorar o humor de Vasco da Gama, já que ficou bastante claro que a carta fora escrita por Pai Rodrigues.

Em Calicute, no entanto, o destino do *Miri* já era conhecido e fazia o samorim refletir. Ficava visível que os portugueses não visitavam por acaso a costa de Malabar. Eles estavam vindo todos os anos. Tomavam qualquer embarcação que cruzassem. O perigo dos recém-chegados indesejáveis iria aumentar exponencialmente se eles estabelecessem uma base em terra. Até os quatro navios enviados no ano anterior tinham demonstrado invulnerabilidade à resistência armada, e naquele ano a frota era imensa. Urgia encontrar uma solução para o problema dos francos,[1] mas, dada a sua superioridade tecnológica, isso não seria fácil.

O samorim fez duas coisas. Escreveu uma carta a Vasco da Gama enquanto ele ainda estava em Cananor, numa tentativa de estabelecer a paz. Ele não queria do cristão nada mais que amizade. Pretendia indenizar pelos bens portugueses que haviam sido deixados

---

1 O termo francos foi usado por diversos povos asiáticos para designar os europeus durante o período das conquistas portuguesas.

na cidade. Em relação às mortes, isso era uma coisa que não podia ser expressa em termos monetários nem ser reembolsada, e como os portugueses tinham matado mais gente no navio de Meca, para não falar nos outros, decerto se considerariam adequadamente vingados. Ele propunha passar uma borracha no passado.

Entretanto, ele escrevera uma carta um tanto diferente para seu rebelde vassalo, o rajá de Cochim, acentuando a necessidade urgente de cooperação e fazendo uma análise lúcida sobre a situação conjunta: "Só restou uma solução segura. Se eles não a adotarem, estamos todos perdidos e conquistados: ao longo de toda a [costa de Malabar] Índia, não dar a eles qualquer especiaria a preço algum". Infelizmente o rei de Cochim continuou desafiador, e foram essas divergências na política local que, por fim, iriam arruinar a todos eles. O rajá respondeu que "estava em paz com os portugueses [...] e não tinha intenção de agir de modo diferente". Além disso, ele mostrou a carta aos portugueses da cidade, que a encaminharam a Vasco da Gama. O almirante recebeu, então, as duas cartas. Sua opinião a respeito da duplicidade indiana permaneceu inalterada.

No dia 26 de outubro, ao se aproximar de Calicute, o almirante enforcou no mastro dois muçulmanos capturados. Eles tinham sido condenados com base em "prova" fornecida pelas crianças trazidas do *Miri*, que os haviam reconhecido como responsáveis pela morte de alguns dos homens de Cabral no massacre do ano anterior. Outro foi morto a golpes de lança no dia seguinte, por ter roubado coisas do entreposto, sob o mesmo testemunho. Em 29 de outubro, a frota ancorou a alguma distância da cidade. "Só conseguíamos ver uma pequena parte dela, situada num vale plano, inteiramente coberto por grandes palmeiras", disse Tomé Lopes. Chegou a bordo uma representação da parte do samorim, repetindo os termos já enviados. Vasco da Gama ficou inflexível. Teria de haver uma restituição plena pela perda de vidas e propriedades, e todos os muçulmanos teriam de ser expulsos, "fossem eles comerciantes ou residentes estáveis, caso contrário ele não queria fazer a paz nem qualquer acordo porque os muçulmanos eram inimigos dos cristãos e vice-versa, desde que o mundo começou, [...] e daí por diante não se devia permitir a entrada nos portos comerciais de qualquer navio vindo de Meca". Isso era totalmente impossível, e Vasco da Gama sabia. O samorim deu a resposta mais apaziguadora possível. Ele queria paz, mas os muçulmanos estavam ali desde tempos antigos. Havia 4 ou 5 mil lares muçulmanos na cidade; seu povo era honesto, leal e prestava muitos serviços de valor.

Vasco da Gama declarou que a resposta era um insulto e prendeu os mensageiros. As relações se deterioraram ao longo do dia, com notas cada vez mais mal-humoradas passando de um lado ao outro. No meio disso, alguns pescadores tinham saído em seus barcos, achando que a paz fora declarada. Os portugueses prenderam os homens e depois tomaram um grande *dhow* carregado de comida. O sangue do samorim ferveu. Esse tipo de ação era contra o espírito do oceano. "Os portugueses se deliciavam mais no roubo e em atos de agressão no mar do que no comércio, [...] seu porto sempre estivera aberto", reclamou ele, "e é por isso que o almirante não deve barrar ou expulsar os muçulmanos de Meca." Se Vasco da Gama aceitasse esses termos, o samorim "agiria na mesma proporção, [...] se não, ele deveria sair do porto imediatamente e lá não mais permanecer; não estava autorizado a ficar nem a parar em qualquer outro porto em toda a [costa de Malabar] Índia". Vasco da Gama respondeu com zombarias. A ordem para sair não teria qualquer outro efeito além de garantir que ele não apreciaria mastigar sua folha de bétele naquele dia. E exigiu uma resposta adequada até o meio-dia do dia seguinte. Ou então...

Naquela noite, Vasco da Gama ordenou que todos os seus navios se deslocassem em direção à cidade; eles foram ancorados com a proa para a frente, a fim de minimizar o alvo para os canhões do samorim. Assim que escureceu, as tripulações viram um grande número de pessoas com lanternas na praia. Elas trabalharam a noite inteira cavando trincheiras e plataformas de artilharia para seus próprios canhões. "De madrugada", lembrou Tomé Lopes, "vimos muito mais gente vindo até a praia." Vasco da Gama mandou que seus navios chegassem mais perto e se preparassem. Depois deu novas ordens. À uma hora da tarde, se não houvesse outra resposta, eles deveriam enforcar os muçulmanos capturados nos mastros, e muitos dos pescadores hindus nas vergas, "içando-os muito alto para que pudessem ser vistos com maior clareza". Nenhuma resposta veio. "E 34 pessoas foram enforcadas."

Logo havia uma grande multidão na praia, parecendo consternada com a visão – e sem dúvida tentando identificar seus parentes. Enquanto eles olhavam para cima, horrorizados, os navios dispararam dois tiros de seus pesados canhões contra a multidão, dispersando-a. Todos os outros canhões dispararam, lançando "uma tempestade e uma chuva contínua de bolas de ferro e pedras que criaram enorme destruição e mataram muita gente". Tomé Lopes viu quando as pessoas se jogavam na areia, depois fugiam ou se arrastavam de bruços, "como serpentes; e, vendo-os gritar, zombamos deles ruidosamente, e a praia logo ficou vazia". Houve tentativas de responder ao fogo, mas as bombardas indianas eram ineficazes – "atiravam mal e demoravam muito para ser carregadas" –, e foram abandonadas quando os tiros pesados começaram a cair por perto. O bombardeio continuou

O poder da artilharia portuguesa, inigualada no oceano Índico.

até a noite, sem pausa, rasgando buracos nas casas de madeira e derrubando palmeiras "com tal estrondo que pareciam cortadas a machado. Algumas vezes vimos pessoas fugindo da cidade em lugares atingidos por tiros".

Mas Vasco da Gama ainda não tinha terminado. Mais tarde, para acelerar os desdobramentos e aumentar o terror, ele ordenou que todos os corpos que pendiam das vergas fossem puxados para baixo. Cortaram-se as cabeças, as mãos e os pés, e os troncos foram jogados ao mar. Os pedaços esquartejados foram depositados em uma das embarcações de pesca. Uma carta foi rascunhada, traduzida para o malaio e fixada por uma flecha na proa; o barco então foi rebocado até a praia. A carta dizia:

> Vim a este porto para comprar e vender e pagar por seus produtos. E aqui está o produto deste país. Estou agora enviando este presente. É também para vosso rei. Se quiserem nossa amizade, terão de pagar por tudo o que tiraram de nós neste porto, sob sua garantia. Além disso, pagarão pela pólvora e as balas de canhão que nos fizeram gastar. Se fizerem assim, imediatamente seremos amigos.

Os corpos chegaram à praia. Cautelosamente, as pessoas se aproximaram para inspecionar o barco e a carta. Vasco da Gama mandou que o fogo parasse, de modo que aqueles na praia pudessem absorver o impacto de sua oferta. Tomé Lopes observou o que aconteceu em seguida. Quando viram o conteúdo do barco,

> o rosto deles mudou, demonstrando a seriedade da questão. Eles estavam profundamente confusos, não conseguiam acreditar em seus olhos. Alguns chegaram correndo e, quando viram as cabeças, quase voltaram correndo outra vez. Outros pegaram algumas das cabeças e as levaram embora, segurando-as com os braços estendidos. Estávamos muito perto e pudemos ver tudo muito bem. Ficamos todos acordados naquela noite, por causa dos grandes lamentos vindos da praia e a cantilena pelos corpos

que o mar havia jogado no litoral. Durante toda a noite eles não pararam de consertar suas trincheiras à luz de velas e lanternas, por medo de que tocássemos fogo na cidade.

De madrugada, a artilharia de todos os dezoito navios disparou outra vez. As casas próximas à água já tinham sido arruinadas. Dessa vez o alvo era mais alto, visando as grandes mansões dos ricos e importantes, mais atrás. A cidade parecia quase deserta. É provável que Vasco da Gama a teria saqueado, se quisesse. Talvez ele ainda esperasse forçar o samorim à submissão. O tiroteio continuou por toda a manhã. Quatrocentos tiros das pesadas bombardas atingiram a cidade. Houve uma tentativa tardia de algumas embarcações para resgatar um *dhow* que os portugueses tinham apreendido, mas foram obrigadas a uma retirada apressada.

No dia seguinte, Vasco da Gama partiu para Cochim, levando atrás de si uma esteira de vingança sanguinolenta e deixando seis galeões e uma caravela sob o comando de Vicente Sodré, bloqueando Calicute por mar. Pelo menos os portugueses podiam se fiar em algum apoio de Cochim. Seu rajá mostrou-se o aliado mais durável de Portugal, e sua lealdade, a longo prazo, não teve nenhuma recompensa, mas seu desejo de escapar ao jugo de Calicute garantiu aos portugueses uma recepção calorosa.

A costa de Malabar inteira, no entanto, estava perturbada pelas turbulentas visitas dos portugueses, e a tensão crescente entre os reis hindus e seus súditos comerciantes muçulmanos causou atrito também em Cochim. O carregamento de especiarias era uma questão indefinida, com preços não combinados – e os comerciantes adotaram uma estratégia de morosidade. "Algumas vezes eles pediam mais pelas especiarias", de acordo com Tomé Lopes, "outras, eles não aceitavam nossas mercadorias. Como essas novas exigências eram feitas todos os dias, eles repentinamente paravam de carregar nossos navios. Desse modo, eles obrigavam o almirante a ir a terra todos os dias", anotou Tomé Lopes. "Quando concordavam com ele em algum ponto, eles começavam a carregar outra vez, e então paravam de súbito." Vasco da Gama talvez tivesse percebido os limites da irascibilidade – era crucial não alienar esse único aliado fiel –, e o comércio em Cochim pelo menos fornecia algum conselho local moderado. Nesse intervalo, os portugueses conseguiram ampliar seu conhecimento a respeito do subcontinente indiano. Escutaram histórias sobre o Ceilão, "uma ilha rica e muito grande, com trezentas léguas de comprimento, com grandes montanhas, a canela cresce em grande quantidade, pedras preciosas, uma grande profusão de pérolas". Era uma perspectiva atraente a ser acrescentada à ávida lista de locais para futura investigação. Grupos de cristãos, seguidores de são Tomás, chegaram de portos vizinhos e ofereceram tanto submissão ao rei Manuel quanto ajuda para carregar as especiarias.

Em Calicute, o bloqueio dos Sodré causava dificuldades, e o samorim ainda lutava para encontrar uma solução para o problema português. Tentava construir uma frente unida contra os intrusos por meios diretos e indiretos, diante de seu aterrador poder de fogo. Sua estratégia era proporcional: tentar atrasar as negociações com os administradores de Vasco da Gama de modo que os portugueses permanecessem durante muito tempo e fossem pegos pelas monções. Isso explicava as táticas de vai não vai dos comerciantes muçulmanos em Cochim, mas um bloqueio de seu porto por parte de outro comércio os obrigou a repensá-las.

O samorim tentou mais uma tática. Enviou um brâmane para falar com Vasco da Gama com uma nova oferta de paz. Vasco da Gama ficou impressionado: os brâmanes, os grandes sacerdotes da Índia, eram homens de alta casta. Através desse emissário, o samorim oferecia pagamento pelos danos e um novo tratado de amizade. Vasco da Gama estava inclinado a levar o visitante a sério, apesar de alguns detalhes discordantes em sua história. Ele pessoalmente queria ir a Portugal, e pediu para que suas especiarias fossem carregadas no navio. O brâmane e outros reféns partiram com Vasco da Gama para Calicute. Lá, o brâmane foi deixado em terra, enquanto seus filhos ficavam a bordo, e ele prometia voltar. Não voltou. Em seu lugar chegou outro homem pedindo a Vasco da Gama que enviasse "um cavalheiro" a terra para receber o que lhe era devido. Ao ouvir a palavra "cavalheiro", Vasco explodiu. Ele exigiu que fizessem saber ao rei que ele não enviaria nem o último de seus grumetes. Não devia nada ao rei. Se o samorim tinha alguma coisa a lhe dar, ele que trouxesse pessoalmente ao navio. Palavras apaziguantes foram a resposta. Tudo estaria resolvido no final do dia seguinte, mas à noite a paciência do almirante tinha se esgotado.

A noite tropical caiu sobre Calicute.

Nas horas de escuridão, antes da madrugada, os vigias no navio de Vasco da Gama viram um barco pesqueiro saindo do porto. À medida que ele se aproximava, deram-se conta de que, na realidade, eram dois barcos amarrados. Vasco da Gama foi chamado em sua cabine. Vestiu-se apressadamente e foi ao convés, achando que o rei cumpria sua promessa. Logo ficou claro que estava em curso algo diferente. Eles conseguiam discernir de setenta a oitenta barcos silenciosamente rumando para o mar. Durante algum tempo, aqueles que estavam de plantão persistiram em acreditar que era uma frota pesqueira. Quando os primeiros tiros soaram, eles se deram conta do engano.

As bolas de fogo das bombardas dos atacantes deslizaram sobre a água e abriram buracos na nau capitânia. Logo os barcos tinham cercado o navio. Chuvas de flechas atingiam quem aparecesse no convés. Pedras foram atiradas do topo dos mastros, mas os atacantes estavam agora perto demais e desferiam fogo muito cerrado para que os artilheiros portugueses conseguissem operar seus próprios canhões. Um *dhow* capturado, amarrado à popa do galeão, foi incendiado na esperança de que as chamas se espalhassem para o navio propriamente dito. O *dhow* foi solto. Mais barcos surgiam, armados com bombardas leves, arcos e flechas. Não havia nada a fazer senão cortar os cabos, abandonar as âncoras e partir, mas a nau capitânia de Vasco da Gama fora presa com uma forte corrente, exatamente para evitar que alguém cortasse o cabo no escuro. A tripulação teve de destroçar a corrente laboriosamente com machados, sob fogo cerrado. Quando foi finalmente liberado, o mar estava tão calmo que os vasos estavam imóveis na água da madrugada, ficando sujeitos a uma tempestade de mísseis.

Foi a sorte que salvou o navio de Vasco da Gama. A flotilha de Vicente Tomé – um galeão e duas caravelas – apareceu inesperadamente de Cananor. O mar estava calmo e os navios tiveram de ser laboriosamente remados para adiante contra a armada de pequenos barcos disparando seus canhões. Os atacantes finalmente se retiraram, "alguns sem braços ou pernas, outros mortos diretamente pelos canhões".

Vasco da Gama ficou duplamente furioso: tanto pela armadilha quanto por ter se deixado cair nela. Mais uma vez os corpos dos reféns foram jogados num barco nativo e levados a terra, acompanhados por mais uma mensagem maligna: "Oh, homem miserável, chamaste-me, e eu atendi ao vosso chamado. Fizeste tudo o que pudeste, e teríeis feito mais se pudésseis. Terás a punição que mereceis: quando eu voltar aqui, pagarei o que vos é devido – e não será em dinheiro".

Assinatura de Vasco da Gama.

9

POSTO AVANÇADO

Dezembro 1502-1505

Vasco da Gama partiu para Lisboa em fevereiro de 1503, deixando para trás dois frágeis postos avançados na costa indiana – os entrepostos em Cananor e Cochim – e um samorim furioso e humilhado em Calicute, mais ainda enraivecido com o sultão de Cochim por desafiar suas tentativas de erradicar os piratas portugueses. Claro que não poderia haver negociações pacíficas com esses intrusos, cujas visitas assumiam uma regularidade sinistra. Com o término de cada monção, seus navios voltavam, algumas vezes em pequenos esquadrões, outras com maiores exibições de força. Eles se anunciavam com o hasteamento de bandeiras e saraivadas de fogo dos canhões. Vinham com desenfreadas exigências sobre especiarias e expulsão da comunidade muçulmana, profundamente enraizada no local. Escarneciam dos tabus da cultura hindu e respaldavam suas ameaças com traumáticos atos de violência que ultrapassavam as regras aceitáveis da guerra.

Os portugueses agora tentavam introduzir um sistema de pedágio para a navegação ao longo do litoral da costa de Malabar: emitiam passes de salvo-conduto, chamados cartazes, que garantiam a proteção para as embarcações de potências amigas. Isso era efetivamente um imposto sobre o comércio. Com o passar do tempo, iriam exigir que os navios mercantes fizessem comércio nos portos controlados pelos portugueses e, além disso, que pagassem substanciais impostos de importação e exportação. Os cartazes, gravados com a imagem da Virgem Maria e de Jesus, marcavam uma mudança radical no oceano Índico. Com a chegada dos europeus, o mar já não era mais uma zona de livre-comércio. O sistema de cartazes introduzia o conceito estrangeiro de águas territoriais, um espaço politizado, controlado por forças armadas, e a ambição portuguesa de dominar o mar.

Todas as implicações dessas ameaças ao comércio no oceano Índico agora ecoavam mundo afora. Em dezembro de 1502, os preocupados venezianos estabeleceram um comitê em Calicute com o objetivo expresso de solicitar algum ato do sultão no Cairo; isso devia ser feito pelo embaixador deles, Banedetto Sanuto, "para encontrar remédios rápidos e secretos". A mais completa discrição era essencial. O escândalo potencial de ajudar muçulmanos contra seus confrades cristãos tornou as iniciativas venezianas extremamente delicadas, mas a missão de Sanuto era clara: enfatizar para o sultão a ameaça imposta pelo bloqueio português à sua rota de especiarias, insistindo para que ele fizesse pressão sobre o samorim para expulsar os intrusos e, com óbvia vantagem para os próprios venezianos, baixar as tarifas sobre as especiarias comercializadas por meio do Egito a fim de competir com os portugueses.

No próprio Cairo, o sultão, Al-Ashraf Qansuh al-Ghawri, tinha outras preocupações – sublevações, ameaças às rotas de peregrinação a Meca e Medina por parte de tribos de beduínos, um tesouro vazio –, mas a presença súbita dos portugueses no oceano Índico era tão desconcertante quanto inexplicável. "A audácia dos francos não conhece limites", registrou o cronista Ibn Iyas a respeito das crescentes incursões.

> Eles dizem que os francos tiveram sucesso em abrir uma brecha num dique construído por Alexandre [o Grande] [...] Essa brecha foi feita em uma montanha que separa o mar da China [o oceano Índico] do Mediterrâneo. Os francos vêm tentando alargar essa brecha para permitir que seus navios passem para o mar Vermelho. Essa é a origem dessa pirataria.

No mundo de *As mil e uma noites* do Cairo mameluco, circulavam essas fantasias. O sultão fez ouvidos moucos à solicitação veneziana: a ideia de diminuir seus ganhos com impostos não era muito atraente, mas o eco dos ultrajes portugueses continuava a se amplificar. O sultão era guardião dos lugares sagrados de Meca e Medina e, de acordo com seu título, "Defensor dos Fiéis". Embora o bloqueio do mar Vermelho fosse afetar seu erário, a liberdade para os peregrinos *hadj* e a proteção mais ampla dos muçulmanos tocaram sua legitimidade. O destino do *Miri* deixara uma impressão profunda. Um segundo evento, no inverno de 1502, enquanto Vasco da Gama ainda estava em Cochim, assegurou-lhe que, mais cedo ou mais tarde, o problema dos portugueses teria de ser abordado.

Vicente Sodré, tio de Vasco da Gama, tinha partido para patrulhar a costa de Malabar e estava ao largo da costa de Cananor, onde os portugueses se encontravam em termos amigáveis com o soberano local, quando recebeu uma solicitação do rajá para que apreendesse navios pertencentes a um rico mercador muçulmano que acabara de ir embora sem pagar os impostos. Vicente Sodré, cujo gosto pela violência era igual ao do sobrinho, teria queimado os navios, se o rajá quisesse. O rajá não queria – pagar os impostos seria suficiente. O mercador, Mayimama Marakkar, voltou ao porto e pagou com relutância, depois foi embora amaldiçoando o rajá e o rei de Portugal.

Com as queixas do rajá, Vicente Sodré tomou a lei em suas próprias mãos. Despiu o mercador e o amarrou ao mastro, onde foi selvagemente espancado e submetido aos desagradáveis ultrajes que os portugueses tendiam a infligir aos muçulmanos do Marrocos, o *merdimboca* – "defecar na boca" –, ao qual Vicente Sodré acrescentou mais um ingrediente. Ele foi amordaçado com um espeto pequeno e, com as mãos amarradas às costas, um pedaço de gordura de toucinho foi também inserido em sua boca. O pobre maltratado ofereceu uma enorme soma de dinheiro para ser poupado dessas humilhações. A resposta de Vicente Sodré foi parecida com a de Vasco da Gama quando o *Miri* tentou comprar sua liberdade: "Bens podiam ser pagos com dinheiro, mas não a honra de reis e grandes senhores". Marakkar era um personagem poderoso no mundo mercantil do oceano Índico, e esse suplício traumático o deixou ardendo por vingança. Em 1504, ele foi em pessoa ao Cairo para relatar essa blasfêmia ao sultão, Defensor dos Fiéis, e exigir uma ação contra os malditos infiéis.

De volta à costa de Malabar, o samorim também ansiava por vingança. Ele entendia completamente o perigo que os portugueses representariam se garantissem um posto avançado permanente dentro dos reinos das especiarias. Era quase de conhecimento comum que, quando Vasco da Gama fosse embora, nos inevitáveis ventos, o samorim cairia sobre Cochim para punir o sultão e destruir o nascente entreposto português. Com essa finalidade, o esquadrão de Vicente Sodré teve a incumbência de proteger a colônia e apoiar o governante de Cochim. Vicente Sodré, no entanto, fora encarregado de bloquear o mar Vermelho e destruir os navios muçulmanos em viagem por Calicute, e essa última tarefa, com um prometido saque vultoso, era mais de seu agrado. Ajudado e instigado por seu irmão Brás, Vicente Sodré desconsiderou todos os rogos do rei de Cochim e do entreposto português e navegou para o norte a fim de forrar os bolsos. Essa flagrante deserção de seus compatriotas não ficou sem protestos. Dois capitães abriram mão de seus comandos para ficar na colônia sitiada.

Com a partida de Vicente Tomé, o samorim agiu com presteza. Avançou na direção de Cochim com uma grande armada e despachou uma carta peremptória ao rajá, apontando as consequências funestas de "oferecer um local para os cristãos, de quem recebemos tanto dano", e exigindo que os entregasse. Caso contrário, o samorim estava "determinado a entrar em sua terra e destruí-la, e apreender os cristãos com todas as suas coisas".

Essa mensagem ameaçadora foi respondida com uma recusa. O rajá tinha se unido aos cristãos e iria arcar com as consequências de sua decisão. Os portugueses interpretaram a fidelidade como um ato de alto cavalheirismo, pelo qual, a longo prazo, ele receberia uma recompensa pífia. O samorim provavelmente calculara as consequências de tomar partido sobre os intrusos com maior realismo, mas o rajá se manteve firme. Enviou seus soldados para vencer ou morrer sob o comando de seu sobrinho e herdeiro, Narayan. Depois de um sucesso inicial, o samorim subornou os homens de Narayan, e seu líder foi morto; o território de Cochim foi invadido. De acordo com as leis da casta militar hindu, os duzentos sobreviventes associaram-se em morte ritual. Rasparam todo o cabelo e avançaram para Calicute, matando quem encontrassem até o último homem ser abatido.

Mas Narayan tinha ganhado tempo para o rei e para os portugueses. Eles se retiraram de Cochim para a ilha de Vaipim. O samorim ateou fogo à cidade, mas não conseguiu alcançar a ilha, já que o tempo das monções já estava em curso. Ele voltou a Calicute assim que as chuvas e o mar revolto começaram a golpear a costa de Malabar, deixando uma pequena guarnição no local. A presença dos portugueses na Índia estava por um fio, mas o rajá tinha confiança de que seus navios retornariam com o ritmo regular da temporada de navegação. Enquanto isso, os Sodré, decididos a saquear os navios muçulmanos vindos do mar Vermelho, já tinham naufragado em uma pequena ilha. Vicente se afogou; seu irmão, Brás, provavelmente foi morto pelos próprios homens. Para os cronistas piedosos, aquela não passou de uma punição merecida: "Parece claro que a perda dos dois irmãos, por causa dos pecados que cometeram, é resultado de eles não ajudarem o rei de Cochim e de deixarem [seus compatriotas] portugueses em tão grande perigo".

Agora, com os Sodré mortos, a pequena colônia portuguesa e o rei de Cochim, junto com seus seguidores imediatos, permaneceram entocados em Vaipim, esperando o resgate. No início de setembro de 1503, a fé deles foi recompensada pela chegada de dois navios de Lisboa, o pagamento inicial do comboio de especiarias do ano, comandados por Francisco de Albuquerque. Duas semanas mais tarde, outros quatro navios alcançaram a ilha. Eles levavam dois dos mais talentosos comandantes que Portugal jamais produzira.

O capitão desse segundo esquadrão era o primo de Francisco, Afonso de Albuquerque, o homem destinado a alterar irreversivelmente o curso dos eventos no oceano Índico, a moldar e também a chocar o mundo. Ele tinha provavelmente mais de quarenta anos em

Afonso de Albuquerque

1503, e possuía uma vida inteira de experiência militar a serviço da Coroa. Com uma aparência impressionante – magro e com um nariz adunco, olhos perspicazes, uma barba que chegava à cintura e que já estava ficando branca –, ele lutara contra os turcos otomanos na Itália, os árabes no Norte da África e os castelhanos em Portugal; tinha visto seu irmão ser morto no Marrocos e fizera campanha com dom João II quando este era um jovem príncipe. Do mesmo modo que Vasco da Gama, ele tinha absorvido o código de honra dos fidalgos, com um ódio enraizado ao islã e uma ética inflexível de retribuição e vingança punitiva. Era solteiro, embora com um filho ilegítimo, ferozmente leal à Coroa, incorruptivelmente honesto e seguro de suas habilidades: navegar, comandar frotas e exércitos, construir fortalezas e governar impérios. "Sou um homem que, se você me confiar uma dúzia de reinos, saberia como governá-los com grande prudência, discrição e conhecimento", escreveu ele uma vez a Manuel, que inicialmente desconfiava dele. "Isso não por qualquer mérito especial meu, mas porque tenho muita experiência nessas questões e estou numa idade em que posso distinguir o bem do mal." Era um homem num turbilhão, tomado por uma energia demoníaca e que não suportava os tolos. Dividia as pessoas, mas partilhava com Manuel o sentido de missão carismática e de império mundial. Ele evidentemente acreditava que seu momento havia chegado.

Com ele, como capitão de um dos navios, vinha o igualmente talentoso Duarte Pacheco Pereira; marujo, líder e gênio tático, geógrafo e cientista experimental, sábio e matemático. Pereira fora um dos cosmógrafos encarregados de elaborar o Tratado de Tordesilhas em 1494. Talvez tenha estado secretamente no Brasil antes de ter sido oficialmente descoberto. Ele produzira o primeiro relato escrito sobre a habilidade dos chimpanzés para usar ferramentas; calculara o grau do arco meridiano com um grau de exatidão sem igual na época; registrara as marés do oceano Índico; era um homem que o poeta épico Luís de Camões mais tarde veio a louvar como o Aquiles português – "Numa mão a espada, na outra a pena".

O rei dom Manuel não tinha dado a nenhum dos Albuquerque o comando total, e as relações entre os dois logo se deterioraram. O altamente competitivo Afonso tinha pressa em partir de Lisboa primeiro, mas sua frota fora atingida por uma tempestade e perdera um navio mercante. Ele chegou de mau humor para encontrar Francisco já instalado, descansando na glória de ter posto a guarnição do samorim para correr, em Cochim, e restituído o rajá ao trono. Além disso, tinha comprado todos os estoques disponíveis de pimenta-do-reino da cidade.

As relações tensas ficaram piores pelo inesperado da situação. As ordens dadas por Manuel eram simples: comprar as especiarias e voltar. Em vez disso, eles encontraram: seu entreposto em perigo; os Sodré, encarregados da proteção, mortos; e a certeza de que o samorim voltaria no devido tempo para destruí-lo. O agente que lá residia e seus companheiros deram a notícia de que não ficariam, a não ser que lhes dessem uma fortaleza segura e uma guarnição. Portanto, era necessário se desviar das instruções escritas do rei, e Francisco já persuadira o relutante rei de Cochim a lhes fornecer um local e prover a madeira e a mão de obra para a tarefa. O forte seria erguido na ponta da longa península de Cochim, guardando a abertura de uma grande lagoa interna e uma rede de rios e cidades no interior.

A construção de um forte de madeira foi apressada. "Cada navio contribuiu para o equipamento", de acordo com Giovanni da Empoli, jovem toscano que acompanhou a viagem como agente comercial. O forte primitivo, de feitio quadrado, com uma paliçada de terra, madeira e pedra bruta, levou pouco mais de um mês para ser construído. De acordo com Empoli, era "muito sólido, [...] com trincheiras e fossos profundos à sua volta, bem guarnecido e fortificado". Esse foi um significativo marco na aventura imperial portuguesa. Aquela era a primeira base sólida de operações em solo indiano, e seu término foi auspiciosamente comemorado com uma cerimônia à altura, no dia de Todos os Santos, 1º de novembro de 1503. Vestidos com suas melhores roupas, bandeiras desfraldadas nas paredes, todos assistiram a uma missa solene. O rajá compareceu, esplendidamente trajado em seu elefante, e o rito foi assistido por seus guerreiros, para ver o edifício terminado.

Embora tivessem sido cuidadosos em manter qualquer desentendimento interno oculto de seus aliados hindus, a atmosfera entre os dois Albuquerque era venenosa. Eles brigavam por tudo – a divisão das especiarias, a velocidade de construção do forte, até o nome do forte. Um dos frades, horrorizado com essas brigas, foi trazido para arbitrar. Francisco queria que o forte se chamasse Castelo Albuquerque; Afonso, ligado às ideias messiânicas do reinado de Manuel, queria batizá-lo em homenagem a ele. Nesse caso, Afonso prevaleceu, mas sua intemperança, competitividade e impaciência, que às vezes comprometiam seu julgamento, eram já uma característica de sua liderança.

As hostilidades com o samorim se radicalizaram e ampliaram; os dois lados concordaram com uma trégua cínica: os portugueses, para fazer seus carregamentos de pimenta-do-reino ao longo da costa de

Malabar para o retorno a Lisboa; o samorim, para planejar um novo ataque. A paz logo foi rompida pelos portugueses, que atacaram um carregamento de especiarias sem justificativa, e a guerra recomeçou. O samorim, no entanto, esperava sua hora. Ele sabia, tão certo quanto o ritmo sazonal dos ventos, que no início de 1504 o grosso da frota carregada de especiarias tinha de voltar para casa. Os portugueses também sabiam disso. Em Calicute, o samorim começou a reunir um novo exército para finalmente expulsar os portugueses.

À medida que janeiro de 1504 avançava, a necessidade de os Albuquerque partirem se tornava urgente. Os ventos de leste logo iriam faltar. Manuel tinha ordenado que as frotas navegassem juntas, mas nesse caso isso não aconteceu. Em Cananor, Francisco ainda estava carregando especiarias num ritmo descansado, e Afonso não aguentava mais esperar. Em 27 de janeiro, ele partiu, enquanto o primo perdia tempo. Francisco finalmente partiu em 5 de fevereiro. Eles deixaram para trás apenas uma força mínima para guardar o Forte Manuel e o reino de Cochim: noventa homens e três navios pequenos sob o comando de Duarte Pacheco Pereira. Eram todos voluntários. Para aqueles que partiam, aquilo parecia um encontro marcado com a morte. "Deus guarde as almas de Duarte Pacheco e de seus homens", eram as palavras em seus lábios, e eles se persignaram à medida que a costa de Malabar desaparecia da vista. O rei de Cochim parece ter ficado horrorizado com as frágeis promessas de seus aliados. Dezoito meses se passariam antes que outros reforços pudessem chegar, vindos dos confins da terra.

A viagem de retorno dos navios de Afonso foi típica das dificuldades permanentes do empreendimento da Índia: tempestades, ventos contrários, falta de suprimentos, enormes golpes de sorte. O toscano Giovanni da Empoli deixou um relato vívido de uma viagem de horror, com calmaria de 54 dias ao largo da costa da Guiné.

> Com pouca água [...] e sem vinho ou outros estoques no navio; as velas e tudo mais estavam gastos, de modo que as pessoas começaram a adoecer, e em cinco dias jogamos pela amurada do nosso navio 76 pessoas, e havia mais só nove, e nenhum mais de

nós, que permanecemos no navio, [...] estávamos em completo desespero. O navio estava afundando por causa dos gusanos, que o consumiam; não havia qualquer esperança de salvação, a não ser com a ajuda de Deus [...] Foi tão ruim que não consigo encontrar palavras para descrever.

De algum modo conseguiram chegar a Lisboa no último suspiro.

O vento estava contra nós, e as pessoas pretas que havíamos trazido, assim que sentiram o frio, começaram a morrer, e mais uma vez, prestes a entrar no porto com um vento contrário, estávamos a ponto de afundar. Estávamos em tal estado que, se tivéssemos de permanecer mais meio dia, teríamos ido ao fundo na foz do rio.

Eles tiveram mais sorte do que imaginaram. A flotilha de Francisco partira de Cananor no dia 5 de fevereiro. Ele nunca mais foi visto, seus navios foram engolidos em algum lugar do oceano Antártico. Foram os relatos dos atos de Afonso que chegaram aos ouvidos do rei.

De volta à Índia, o samorim começou seus avanços sobre Cochim em março de 1504. Ele tinha montado um vasto exército, cerca de 50 mil homens, composto por soldados vindos de seus próprios territórios e de suas cidades vassalas, compreendendo um grande contingente de naires, a casta militar da costa de Malabar, apoiado pela comunidade muçulmana de Calicute, junto com a bagagem e a parafernália necessária: trezentos elefantes de guerra, artilharia e uma força de cerca de duzentos navios para fechar o porto de Cochim. O rajá se viu sem esperanças. Implorou aos portugueses que pegassem os ventos e o inverno na costa da Arábia, em vez de morrer à toa, supostamente deixando-o para submeter-se humildemente ao senhor de Calicute.

Duarte Pacheco, no entanto, viera para a luta. Ele entendeu perfeitamente o que estava em jogo: ao perder Cochim, os outros portos amigos se submeteriam a Calicute. O empreendimento português inteiro estaria acabado. Ele já gastara alguns meses combatendo as forças do samorim durante a estada dos Albuquerque e tivera tempo para estudar o terreno. Cochim estava situada em uma longa faixa de terra à beira do oceano, apoiada por uma lagoa. A região – salpicada de alagadiços, ilhas e vaus de maré orlados de palmeiras – era um labirinto complexo, terreno ideal para uma emboscada. Pereira não recuaria.

Sua resposta foi direta. Ele disse ao rei que iria derrotar o samorim ou "morreria servindo-o, se necessário". Cochim deveria ser um último posto – as Termópilas portuguesa. Pereira tinha, na melhor das hipóteses, 150 homens e cinco navios – um galeão, duas caravelas e dois escaleres de bom tamanho. Os cochineses poderiam convocar oitocentos homens, embora houvesse dúvida sobre quantos iriam realmente lutar por uma causa impopular. O rajá achou que Pereira tinha perdido a razão. Mesmo assim, quando uma grande frota de socorro chegou a Cochim, no outono de 1504, encontrou o comandante português e quase todos os seus homens vivos, e o samorim em ignominiosa retirada.

No meio disso tudo, Pereira havia conseguido uma brilhante vitória estratégica. Ele percebera que o acesso a Cochim, situada numa península rodeada de riachos e canais de água salgada, dependia de atravessar alguns vaus estreitos, de acordo com as marés. Com uma observação minuciosa, Pereira, provavelmente a primeira pessoa a estudar cientificamente as relações entre as marés e as fases lunares, pôde prever quando cada vau estaria transponível e deslocar seus poucos navios, a fim de chegar aos pontos de ataque. Os vaus foram protegidos com fileiras de aguçadas estacas acorrentadas juntas e atiradas à água, e seus navios estavam pesadamente recobertos de tábuas com anteparos protetores de madeira. As operações militares do samorim eram taticamente inflexíveis e vazavam pesadamente. A cada ataque por um vau estreito, o poder de fogo português despedaçava os naires que vadeavam, enquanto eles tentavam prosseguir a machadadas pelas paliçadas. Pereira teve tanto sucesso em restaurar o moral local que, quando os naires encontravam camponeses de casta baixa trabalhando nos campos de arroz, eram atacados com enxadas e pás, e fugiam aterrorizados com medo de contaminação ritual. Durante quatro meses, o samorim montou sete grandes assaltos; todos fracassaram. À medida que as baixas decorrentes das batalhas e do cólera aumentavam, ele desanimava. Em julho de 1504, finalmente retrocedeu com enorme perda de prestígio, abdicou do trono e retirou-se para a vida religiosa. Seu sobrinho o sucedeu.

A frota que socorreu Cochim no outono de 1504 era de bom tamanho: catorze galeões, inclusive cinco grandes e recém-construídos, muitos soldados e marinheiros e grande poder de fogo. Com as notícias da derrota abjeta do samorim ressoando ao longo da costa de Malabar, as chegadas causaram uma poderosa impressão nas cidades mercantis e em seus governantes. Os portugueses eram evidentemente invencíveis. A deserção para a causa deles aumentou; outro dos vassalos do samorim, o rei de Tanur, jurou fidelidade aos portugueses quando a frota chegou a Cochim. O humor entre os muçulmanos de Meca piorou. Um a um, os entrepostos se fechavam aos seus negócios.

A oposição implacável dos portugueses, a ferocidade de suas ações, a mobilidade de suas frotas, a superioridade de seu poder de fogo e o gosto pela luta pareciam uma força irresistível. Não apenas pela costa de Malabar, mas ao longo das areias orladas de palmeiras de África Oriental, um desânimo abateu-se sobre os mercadores viajantes do Cairo e de Jidá. Já em fins de 1504, desalentado pelos acontecimentos imprevistos, um grande número resolveu pegar suas famílias, seus bens e suas mercadorias e voltar para o Egito. No último dia do ano, a frota de Tomé Lopes apanhou e incendiou esse comboio e matou cerca de 2 mil muçulmanos. Esse foi o golpe final na aliança do samorim com comerciantes do mundo árabe. "E com essa derrota o rei se sentiu arruinado; daí para a frente os bons tempos não poderiam ser restaurados, porque ele perdera tanto, e os mouros estavam todos indo embora de Calicute; porque havia uma fome tão grande que a cidade estava sendo despovoada." Os grandes dias de Calicute estavam chegando ao fim. Os portugueses entraram em 1505 com a expectativa confiante de uma ocupação permanente da costa de Malabar. Manuel já planejava a próxima viagem tendo exatamente isso em mente.

As repercussões dessa ruptura do sistema comercial tradicional atravessavam fronteiras. Os venezianos esperavam que a distância, a doença e os naufrágios derrotassem a rota de especiarias dos portugueses. A viagem de ida e volta, de 39 mil quilômetros, com comboios saindo do Tejo em março de cada ano, era um feito extraordinário para a arte da navegação. Além disso, era altamente arriscado. Não era à toa que as pessoas ficavam na praia em Restelo, chorando ao assistir à partida das velas. Dos 5.500 homens que foram para a Índia entre 1497, a primeira viagem de Vasco da Gama, e 1504, cerca de 1.800 – 35% – não retornaram. A maior parte deles naufragara. Mesmo assim, as recompensas eram excelentes. A primeira viagem de Vasco da Gama cobrira mais de seis vezes o capital investido. Calculava-se que a Coroa teria ganhado 1 milhão de cruzados ao ano já descontados os custos – uma vasta soma –, e o cheiro das especiarias no cais de Lisboa atraía mais recrutas para os barcos. Muitos não tinham nada a perder. Portugal era pobre em recursos naturais, periférico aos centros políticos e econômicos da Europa; a

As perdas com os naufrágios assombravam
a imaginação dos portugueses.

atração do Oriente era irresistível. O rei francês Francisco I passou a apelidar Manuel de "O Rei Merceeiro", uma zombaria invejosa das pretensões vulgares de um insignificante monarca que vivia do comércio. Mesmo assim, esse aspecto da monarquia portuguesa era tão inovador na Europa medieval quanto as viagens propriamente ditas. Os reis de Portugal eram mercadores capitalistas reais, obtendo grandes lucros monopolistas.

O dinheiro permitiu a Manuel refazer a Lisboa central. Em 1500, foi aberto espaço nas margens do Tejo para um novo palácio real com vista para o rio, do qual o rei podia observar a chegada das riquezas vindas das Índias. O palácio da Ribeira era tanto uma declaração de esplendor imperial quanto centro de atividade comercial – as duas coisas encontravam-se reunidas na identidade real. Ligados a ele estavam os departamentos de infraestrutura administrativa: a Casa da Índia, a Casa da Alfândega, os departamentos que lidavam com a importação de madeira e escravos e o comércio com Flandres, a Casa da Moeda Real e o arsenal. Nos primeiros anos do novo século, Lisboa tinha se tornado um mundo em movimento, um dos centros mais dinâmicos da Europa, cheio de dinheiro e energia e governado como um empreendimento de fixação de preço por parte da própria Coroa. Grande parte da infraestrutura comercial e tecnológica era comprada do exterior. A habilidade dos portugueses na navegação não tinha rivais, mas faltava ao país a classe média empresarial. Além dos fundidores de canhões e artilheiros, havia necessidade de agentes bem versados residentes nas Índias para comprar e vender; em Lisboa e por toda a Europa, eram necessários distribuidores, varejistas, banqueiros e investidores com tino comercial. Lisboa atraía um influxo de capital humano chegado de Florença, Gênova, Bolonha, Antuérpia, Nuremberg e Bruges.

Quando o poderoso banco dos Fugger se instalou na cidade, em 1503-1504, isso foi tomado como sinal de que a reputação de Veneza como centro das especiarias na Europa estava sob séria ameaça. A piedosa esperança de Priuli, de que o comércio português afundasse nas rochas do cabo da Boa Esperança, falhou. Em fevereiro de 1504, o senado veneziano escutou, sombrio, um relatório sobre

Lisboa e o Tejo. Século XVI.

as especiarias que tinham chegado da segunda viagem de Vasco da Gama. Em contraste, faltaram especiarias para os mercadores venezianos de Alexandria, por motivos que, desconhecidos de Veneza, pouco tinham a ver com os portugueses, e mais com os problemas internos dos mamelucos.

Na primavera de 1504, o comitê de Calicute resolvera renovar suas operações secretas para solapar a posição de Portugal. Os venezianos encarregaram dois agentes: Leonardo da Ca'Masser foi mandado a Portugal para investigar melhor o estado do mercado de especiarias. Ele devia agir como mercador, para depois relatar o que vira. Enquanto isso, Francesco Teldi deveria assumir o papel de comerciante de joias e seguir para o Cairo, a fim de insistir outra vez com o sultão, secretamente, que rompesse a operação portuguesa nas Índias. O comitê de Calicute, em assembleia no palácio dos doges, cogitava esquemas mais fantásticos. Será que o sultão não poderia ser convencido a cavar um canal em Suez, diminuindo os custos de transporte para a Europa? Não há evidências de que essa ideia tenha jamais sido apresentada a Al-Ghawri, mas Teldi foi instruído a sugerir-lhe que diversos mercadores venezianos estavam ansiosos para comprar especiarias em Lisboa, e Manuel os convidara a fazer isso;

mas a *signoria*, claro, queria continuar ao lado de suas antigas alianças comerciais, mas se, infelizmente... As implicações foram apenas sugeridas, dando indícios e fazendo alusões de que outros cursos poderiam ser buscados. A verdade é que os dois lados tinham interesses em comum, mas só conseguiam se aproximar tangencialmente, através de uma fronteira de desconfiança mútua.

Mesmo antes de esses homens partirem, os crescentes gritos de ultraje vindos do oceano Índico tinham obrigado o sultão no Cairo a agir. Ele resolveu adotar uma abordagem mais forte para testar o apoio veneziano e a resolução dos cristãos. Em março, ele despachou um monge franciscano, Fra Mauro, com uma ameaça direta: fazer os portugueses se retirarem do oceano Índico ou ver os locais sagrados e Jerusalém destruídos. Em abril, quando os venezianos receberam o monge, fizeram um jogo ambíguo. Não ousavam sustentar a posição do sultão; multiplicaram os pedidos para o sultão não agir, mas mostraram simpatia pelas alusões e os fraseados tortuosos. Teldi deveria informar ao sultão que eles não haviam se sentido capazes de se pôr abertamente ao lado dele, mas também que era pouco provável que potências cristãs fossem defender Jerusalém. Logo encaminharam o visitante indesejável para o papa. Júlio II, por sua vez, apressou-se em referir a terrível ameaça a Manuel, primeiro por carta, depois mandando um agente, Fra Mauro em pessoa, à Corte portuguesa. Como o monge só chegou a Lisboa no verão seguinte, em junho de 1505, Manuel teve bastante tempo para preparar sua resposta. Quando a mensagem chegou, ela teria um efeito decisivo sobre os portugueses, mas não aquele que o sultão intencionara.

A missão de espionagem de Ca'Masser começou mal. Ao chegar à capital, ele já fora desmascarado, traído pelos rivais florentinos de Veneza que ali estavam, e jogado em uma "horrível prisão", como disse mais tarde. Levado perante o rei, ele de algum modo conseguiu se safar e passou dois anos coletando informações inestimáveis para o Estado veneziano. Mas Manuel desconfiava cada vez mais da bisbilhotice dos estrangeiros. Um mês depois da chegada de Ca'Masser, foi publicado um édito proibindo a construção de globos e a reprodução de mapas, numa tentativa de esconder as vantagens portuguesas de intrusos inquisitivos.

Os portugueses certamente passaram a pensar o pior dos venezianos, em uma competição comercial cada vez mais dura. Eles acreditavam, erroneamente, que dois fundidores de canhões que tinham ajudado o samorim em 1504 haviam sido enviados por Veneza. A república marítima parece ter quase chegado a suprir o Cairo com ajuda tecnológica no nível do Estado, mas decerto havia mercadores dispostos a enviar barras de cobre para Alexandria com esse objetivo, e eles endureceram a determinação árabe. Havia uma concentração flutuante de marinheiros, artífices, artilheiros e especialistas técnicos, banidos e criminosos na bacia Mediterrânea, alguns dos quais provavelmente oriundos das colônias venezianas próximas ao litoral africano — Creta e Chipre —, querendo vender suas habilidades a quem quisesse comprá-las. Em 1505, alguns desses homens seguiram para o Cairo. O aumento gradual de pressão dentro do mundo árabe logo iria exigir uma ação decisiva.

10

O REINO DA ÍNDIA

fevereiro-agosto 1505

Lisboa, 27 de fevereiro de 1505. As frases bombásticas de um édito imperial. Um discurso para todos os envolvidos com o negócio da Índia:

> Dom Manuel, pela graça de Deus rei de Portugal e Algarves, d'Aquém e d'Além-mar em África, senhor da Guiné e da Conquista, Navegação e Comércio da Etiópia, Arábia, Pérsia e Índia, declaramos a vós, capitães dos fortes que ordenamos serem construídos na Índia, juízes, procuradores, [...] os capitães dos navios, que enviamos aqui nesse esquadrão e frota, nobres, cavaleiros, escudeiros, mestres de navios, pilotos, administradores, marinheiros, artilheiros, homens de armas, oficiais e pelotões, e todas as outras pessoas [...].

A lista percorria hierarquia e postos. Depois veio a essência: "que por meio desta carta de autorização, como prova de que nós, pela grande confiança que temos em dom Francisco d'Almeida, [...] damos a ele o cargo de capitão-mor de toda a mencionada frota e armada e da acima mencionada Índia e para permanecer na posse dela por três anos".

Houve repetidos debates e feroz oposição expressa dentro da Corte a respeito da sensatez do empreendimento na Índia. A grande perda de vidas, a resistência obstinada do samorim, o massacre em Calicute, a nobre preferência de fazer cruzadas no Marrocos, mais perto, o medo dos ciúmes de príncipes rivais – tudo isso levou a forte resistência aos planos de Manuel. Mas em 1505 o rei, apoiado por um círculo interno de ideólogos e conselheiros, tinha certeza de que era seu destino prosseguir no projeto da Índia. O que estava inserido na proclamação de 27 de fevereiro era uma estratégia inteiramente nova, um ousado plano de longo prazo, com base em ambições numa escala de tirar o fôlego: estabelecer um império permanente na Índia, apoiado por força militar, e obter o controle sobre todo o comércio no oceano Índico. A hora não era incidental. Manuel estava ciente de que Fra Mauro vinha da parte do papa para expressar seus temores por Jerusalém, e ele provavelmente queria agir antes que o indesejado mensageiro chegasse em pessoa. Numa escala maior, a conjunção de eventos internacionais era altamente favorável: a Itália estava convulsionada pela guerra; os venezianos distraíam-se com sua campanha otomana; o regime mameluco parecia estar em declínio;

Francisco de Almeida

a Espanha enredava-se na Europa. Abria-se uma oportunidade, um momento do destino. Manuel percebeu, também, que os intervalos de tempo entre as comunicações tornavam o controle a partir de Lisboa impraticável. Inseguro e desconfiado, tinha de delegar poder a um representante escolhido e entregar o bastão do comando durante tempo suficiente para que os planos fossem implementados.

O homem escolhido, dom Francisco de Almeida, era na verdade a segunda opção do rei. Tristão da Cunha fora o primeiro a ser nomeado, mas o experimentado homem do mar tinha sido atacado subitamente por cegueira, provavelmente resultado de uma deficiência vitamínica. Embora mais tarde ele tenha recuperado a visão, o incidente foi encarado como um sinal de Deus. Almeida seria o primeiro membro da alta nobreza a liderar uma expedição à Índia. Ele tinha cerca de 55 anos e ampla experiência militar, diplomática e náutica, e além disso possuía as qualidades pessoais que Manuel esperava de um homem em quem podia confiar os altos negócios de Estado. Francisco de Almeida era incorruptível, não se emocionava com as atrações da riqueza, era benevolente, viúvo, sem ligações domésticas, piedoso e maduro em seus julgamentos. Para muitos, a atração pela Índia era a perspectiva de um ganho pessoal; Francisco de Almeida não era manchado pelos apetites dos Sodré. Ele valorizava os títulos acima dos fardos de especiarias, e sabia lutar.

Francisco de Almeida não era apenas o capitão-mor. Ele recebeu também o elevado título de vice-rei, formalmente com poder executivo para agir no lugar do rei. O que isso representava na prática foi detalhado no regimento dado a ele pelo soberano. Esse regimento tinha 101 páginas, contendo 143 itens divididos em capítulos e subcapítulos que revelavam o alto grau de detalhamento com que o rei queria dirigir seu nomeado e a escala sem fim de suas ambições.

Depois de contornar o cabo da Boa Esperança, Francisco de Almeida deveria controlar a costa suaíli. Seus alvos seriam o porto de Sofala, chave para o comércio de ouro, e Kilwa. O método recomendado era chegar fingindo amizade, depois atacar as cidades de surpresa, prender todos os mercadores muçulmanos e confiscar suas riquezas. Fortes deveriam ser construídos, e cumpria exercer controle sobre as fontes de ouro necessárias para o comércio na costa de Malabar em troca das especiarias. Aquela seria uma missão de guerra disfarçada em esforço de paz. Depois, sem perder tempo, ele deveria seguir diretamente pelo oceano Índico e construir mais quatro fortes: na ilha, Angediva, que funcionava como um centro de apoio e reabastecimento para os navios; e nas cidades amigas de Cananor, Coulão e Cochim.

Seguindo para o norte, outro forte deveria ser construído perto da boca do mar Vermelho, e próximo do reino do Preste João, para sufocar o comércio de especiarias do sultão e garantir que "toda a Índia fosse despida da ilusão de conseguir fazer comércio com qualquer outro que não nós". Dois navios ficariam em patrulha permanente ao longo da costa africana até o Chifre da África.

O regimento então voltava sua atenção para o intratável problema de Calicute. De um jeito ou de outro, teriam de lidar com o novo samorim, tão hostil quanto seu predecessor. Francisco de Almeida deveria estabelecer a paz se o samorim concordasse em expulsar os muçulmanos; se não, "travar guerra e destruição total sobre ele, por todos os meios que possa, por terra e mar, de modo que tudo seja destruído".

Nenhum ponto estratégico deveria ser desconsiderado. Depois de bloquear o mar Vermelho, uma frota deveria ser enviada para outras cidades-Estado e reinos islâmicos: Chaul e Cambaia, e Ormuz, na foz do golfo Pérsico. Francisco de Almeida deveria exigir tributo anual para o rei de Portugal; dar ordens para que esses Estados rompessem todas as relações comerciais com os mercadores árabes do Cairo e do mar Vermelho; capturar todas as remessas muçulmanas no caminho. Para pagar por tudo isso, ele devia garantir o carregamento pleno e o envio imediato das frotas anuais de especiarias.

A ambição de Manuel não acabava aí. Depois de cuidar dos navios de especiarias, o vice-rei tinha ordens para abrir novas fronteiras, "descobrindo" o Ceilão, a China, Malaca e "seja que outras partes ainda desconhecidas". Deveriam ser plantados pilares nesse novo solo, como marcas de posse. A lista era exaustiva.

Embora as instruções declarassem também permitir a Francisco de Almeida um determinado grau de liberdade de ação no caso de

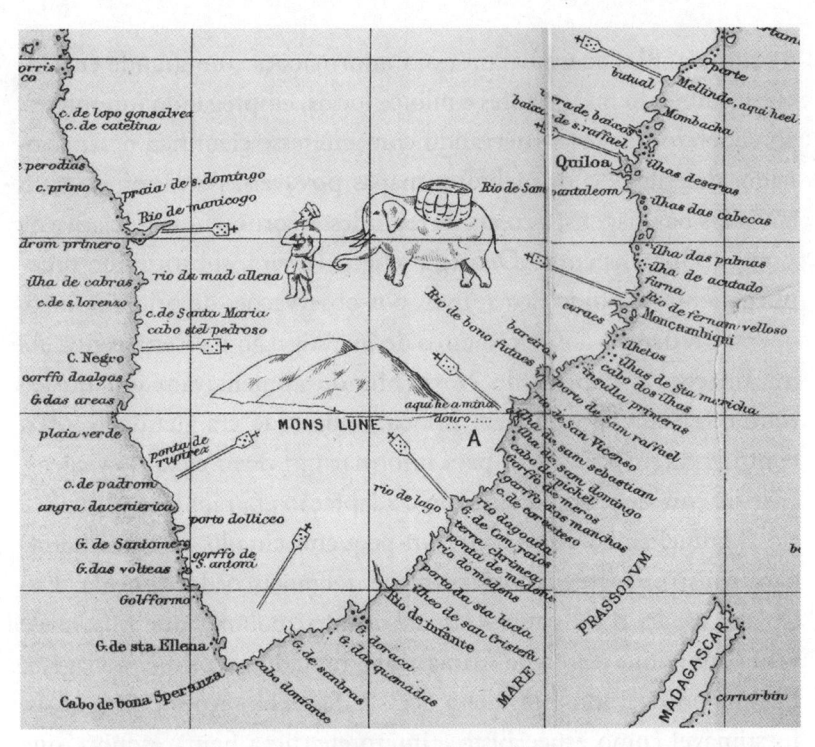

Mapa português, de 1502, do Sul da África, com a linha
da costa marcada por pilares.

eventualidades, na prática elas impunham uma agenda rígida. Manuel jamais vira ou veria o mundo cuja conquista ele exigia, mas o regimento revelava um espantoso conhecimento dos pontos de obstrução do oceano Índico e uma visão geoestratégica autoritária para controlá-los e construir seu próprio império. Seu conhecimento fora obtido numa velocidade estonteante. Depois de sete anos no Novo Mundo, os portugueses entenderam, com um razoável grau de exatidão, como os 67 milhões de quilômetros quadrados do oceano Índico funcionavam, seus portos principais, ventos, o ritmo das monções, as possibilidades de navegação e os corredores de comunicação – e já miravam horizontes mais longínquos. A metodologia da aquisição de conhecimento fora desenvolvida ao longo dos anos em que se arrastaram pela costa da África, durante os quais os portugueses tinham se tornado observadores exímios e coletores de informações geográficas e culturais. Eles acumularam essas informações com grande eficiência, recolhendo informantes e pilotos locais, empregando intérpretes, aprendendo línguas, observando com interesse científico desapaixonado, desenhando os melhores mapas possíveis. Astrônomos eram enviados nas viagens; a coleta de latitudes se tornou uma iniciativa de Estado. Homens como Duarte Pacheco Pereira, substituindo o conhecimento recebido dos antigos por observações de primeira mão, operavam dentro dos parâmetros de investigação da Renascença. As informações a respeito do Novo Mundo alimentavam um núcleo central, a Casa da Índia, em Lisboa, onde tudo era guardado sob o controle direto da Coroa, para informar um novo ciclo de viagens. Esse sistema de retroalimentação e adaptação era rápido e eficiente.

Manuel tinha convocado um pequeno círculo de conselheiros para construir o regimento entregue a Francisco de Almeida. Entre eles estava o influente Gaspar, o judeu polonês que posava de veneziano e que Vasco da Gama tinha raptado na primeira viagem. Ele está entrelaçado à primeira década das explorações portuguesas, inestimável como especialista e intérprete, uma figura esquiva, que mudava de identidade e de nome conforme o patrão do momento e as necessidades da situação. Primeiro, chamou-se Gaspar da Gama; para Manuel, provavelmente Gaspar da Índia; na viagem que estava por vir, ele se chamaria Gaspar de Almeida "por amor ao vice-rei". Ele dizia a seus novos empregadores o que eles queriam ouvir, mas era bem informado. Parece ter tido um bom conhecimento acerca do oceano Índico e ter viajado muito. Foi ele quem sugeriu a primeira abertura para Cochim, e provavelmente fez viagens ao Ceilão, a Malaca e a Sumatra. Entendeu também a importância estratégica do mar Vermelho. Foram essas informações que entraram no grande plano de Manuel em 1505.

Gaspar tinha defendido a ideia de que os portugueses deveriam ferir a jugular muçulmana — atacar Áden, perto do mar Vermelho, e primeiro sufocar o comércio mameluco; depois o samorim seria obrigado a se tornar cliente dos portugueses — em vez de laboriosamente construir fortes na costa de Malabar, o que custaria dinheiro e vidas. O discernimento da estratégia de construção de fortes se tornaria uma questão calorosamente debatida nos anos seguintes. Manuel tinha absorvido o plano, mas não a sequência: ele preferia primeiro estabelecer bases seguras no solo indiano como plataforma para sufocar o comércio muçulmano.

Outros personagens no grupo que rodeava o rei o encorajavam numa interpretação cada vez mais grandiosa dos eventos espantosos que se desenrolavam no oceano Índico. Entre eles, sua segunda esposa, Maria de Aragão, acreditava profundamente que o destino de Manuel era dirigido pelos céus; do mesmo modo que um de seus principais conselheiros, Duarte Galvão, e o homem que se tornaria o arquiteto executivo do sonho manuelino: Afonso de Albuquerque.

Foi com o conselho desse círculo íntimo que foram elaboradas as instruções para Francisco de Almeida, e a expedição foi montada. A frota era imensa: 28 navios, sete vezes o número que tinha saído com Vasco da Gama, apenas oito anos antes, capitaneados por uma ilustre geração de homens do mar experientes – incluindo João de Nova e Fernão de Magalhães, que iria circum-navegar o mundo na década seguinte. O filho de Francisco de Almeida também foi, o vistoso Lourenço, "um nobre cavalheiro, [...] fisicamente mais forte que qualquer outra pessoa, experiente no uso de todas as armas".

Ao todo, estavam alistados 1.500 homens, compreendendo um microcosmo da sociedade enviado para criar um Estado português no além-mar. Eles iam das camadas mais altas da nobreza aos destituídos e às camadas mais baixas da sociedade – judeus convertidos, negros, escravos, condenados –, além de um componente de aventureiros e comerciantes estrangeiros. Eram todos voluntários. Tinham sido escolhidos não apenas para prover as habilidades de navegar e lutar, mas também para estabelecer um novo Estado. Incluíam sapateiros, carpinteiros, padres, administradores, juízes e médicos. Havia um contingente substancial de artilheiros alemães e flamengos, além de três navios de financiamento privado, recrutados por banqueiros e comerciantes capitalistas alemães e florentinos, um investimento enorme. Gaspar da Gama partia com outro intérprete veneziano. Até algumas mulheres se fizeram contrabandear a bordo, vestidas de homem; seus nomes apareceram nos registros, logo depois: Isabella Pereira, Leonor, Branda e Inês Rodrigues.

Isso era, por todas as intenções e objetivos, o *Mayflower* português, partindo para se estabelecer num novo mundo. Levavam canhões para os fortes e para os navios; mercadorias para serem comercializadas (chumbo, cobre, prata, cera, coral); componentes pré-fabricados para fortalezas, como molduras de janelas e pedra aparelhada; madeira para a construção de navios pequenos; e uma infinitude de outros materiais e instrumentos de construção. Eles iam para ficar.

O significado dessa expedição em particular refletiu-se na missa ritual, em 23 de março de 1505, na catedral de Lisboa. O cronista Gaspar Correia deixou um relato de bravura acerca desse evento teatral. Depois do serviço, a concessão cerimonial do estandarte, "de damasco branco brasonado com a cruz de Cristo em cetim vermelho, delineado com ouro e apresentando franjas e borlas de ouro e uma estrela dourada"; o rei apareceu através de uma cortina para apresentar esse talismã, que carregava "o sinal da verdadeira cruz", a seu vice-rei, acompanhando a cerimônia com um longo discurso de bênçãos e exortação para a realização de grandes feitos e "a conversão de muitos infiéis e pessoas". Francisco de Almeida e todos os nobres e capitães se ajoelharam para beijar a mão do rei. Depois seguia a suntuosa procissão até a beira d'água, com "dom Francisco de Almeida, governador e vice-rei da Índia", e seus capitães a cavalo, e o séquito a pé. O próprio Almeida fazia uma figura distinta, vestindo um belo tabardo e um chapéu de cetim preto, montado em uma mula ricamente ajaezada, um homem "de estatura média e presença dignificada, um pouco calvo, mas de grande autoridade, precedido e seguido por oitenta homens de armas carregando alabardas douradas". Usavam sapatos cinzentos, jaquetas de veludo preto e perneiras brancas, estavam equipados com espadas douradas e boinas de cetim vermelho nas mãos; o capitão da guarda, a cavalo, levava o bastão de sua autoridade. Foi assim que Manuel projetou sua missão e seu destino.

E assim esse cortejo prosseguiu solenemente pelas ruas sinuosas até a margem d'água, com Gaspar Correia sem dúvida acrescentando detalhes extravagantes à cena que ele provavelmente não poderia ter testemunhado: o filho de Francisco de Almeida, Lourenço, também vestido de maneira espetacular e carregando o estandarte, e os capitães e nobres com roupas igualmente ricas; o rei, a rainha e todas as demais damas da Corte observando das janelas a passagem. O vice-rei foi o primeiro a entrar no navio, ornado com bandeiras e estandartes. Ao som de uma estrondosa salva de artilharia, as âncoras foram levantadas e os navios tomaram o rumo de Restelo, para mais uma bênção cerimonial na capela sagrada de Santa Maria de Belém. Finalmente partiram no dia 25 de março, o dia auspicioso da Anunciação da Virgem.

A expedição suportou as costumeiras perdas e dificuldades. Um galeão, o *Bela*, sofreu um vazamento e afundou, devagar o bastante para que a tripulação escapasse com seus itens de valor. Passando pelo Brasil, a frota foi atingida por uma violenta tempestade. A nau capitânia de Francisco de Almeida perdeu dois homens que caíram ao mar; os navios se separaram. Ao contornar o cabo da Boa Esperança, no final de junho, Francisco de Almeida caiu sobre a costa suaíli com a ferocidade e a perspicácia estipuladas no regimento. Chegaram ao seu primeiro objetivo, a ilha de Kilwa, a 22 de julho. Era uma visão bem-vinda depois de três meses no mar: casas caiadas com tetos de palha entre palmeiras verdes brilhantes. Para Hans Mayr, o escrivão alemão do *São Rafael*, aquele era um lugar de tranquilidade e abundância luxuriantes. A terra vermelha era "muito fértil, com muito milho, como na Nova Guiné", e o capim crescia tão alto quanto um homem em jardins cuidadosamente cercados, produzindo uma abundância de alimentos: "manteiga, mel e cera de abelha, [...] favos de mel nas árvores, [...] laranjas doces, limões, rabanetes, pequenas cebolas". As frutas cítricas devem ter sido especialmente bem-vindas para os marinheiros atingidos pelo escorbuto. O lugar não era tão quente; pasto farto nutria gado gordo; peixes abundavam e baleias circulavam ao redor dos navios. Kilwa era uma cidade pequena e próspera, de cerca de 4 mil habitantes, com muitas mesquitas abobadadas, "uma delas parecida com a de Córdoba", cujos mercadores muçulmanos, "bem alimentados e pesadamente barbados [constituíam] uma visão intimidadora", de acordo com Mayr. *Dhows* que chegavam a pesar cinquenta toneladas – do tamanho de uma caravela –, amarrados por cordas de fibra de coco, jaziam encalhados no porto. Os campos eram trabalhados por escravos negros. Kilwa comercializava ao longo da costa suaíli até a península Arábica e os estados indianos de Gujarati, e com Sofala, ouro, algodão, pano, perfumes, incenso, prata e pedras preciosas. Era um elo-chave na autossuficiente rede comercial do oceano Índico, cujo desenvolvimento começara havia séculos. Kilwa estava prestes a sentir a força plena de um mundo interventor.

Na verdade, o atual sultão era um usurpador impopular que já tinha experimentado os métodos bruscos da diplomacia portuguesa. Em 1502, Vasco da Gama ameaçara arrastá-lo pela Índia como um cachorro numa corrente. Ele fora obrigado a submeter-se à Coroa portuguesa, desfraldar a bandeira lusa e pagar um tributo anual. Quando Francisco de Almeida chegou, o tributo já não era pago havia dois anos. Tampouco se via sinal da bandeira. Depois da visita de Vasco da Gama, o sultão tentara evitar os visitantes indesejados alegando doença; dessa vez, ele tinha hóspedes. Mandou presentes de comida, na vã tentativa de apaziguar Francisco de Almeida.

Não apaziguado, o vice-rei alinhou seus navios na manhã seguinte, com as bombardas carregadas, desceu a terra com as melhores roupas e exigiu uma audiência. O sultão enviou cinco de seus principais homens e uma promessa de pagar o tributo. A paciência de Francisco de Almeida acabou. Ele confinou o embaixador e se preparou para atacar a cidade. Na madrugada de 24 de julho, lançou o ataque. O vice-rei foi o primeiro em terra, plantando a bandeira portuguesa na praia – um instinto de liderança que revelava um traço de imprudência. A perspectiva de saquear essa rica cidade garantiu um assalto entusiástico dos soldados rasos. Por acaso, a tarefa mostrou-se surpreendentemente fácil. Na primeira demonstração de força, o sultão fugiu com muitos dos habitantes. Quando os atacantes chegaram ao seu palácio, encontraram apenas um homem debruçado numa janela, agitando a bandeira portuguesa como salvo-conduto e gritando:

"Portugal! Portugal!". As portas foram abertas a machadadas, mas o sultão e sua riqueza já não estavam mais lá. Frades franciscanos ergueram uma cruz em uma construção proeminente e começaram a cantar o Te Deum.

Por toda parte seguiu-se um saque indiscriminado da cidade; foi coletada uma grande quantidade como butim, embora ele não tenha sido distribuído de acordo com as instruções: os homens miravam o ganho pessoal, e não enriquecer o rei. Manuel mais tarde se declararia pouco satisfeito com a quantia. No dia seguinte, 25 de julho, festa de são Tiago, patrono da guerra santa contra o islã, começou a ser erigido o primeiro forte de pedra na Índia, construído com o material das casas demolidas. A construção levou apenas quinze dias. Uma guarnição foi destacada, e o rival do sultão, um rico mercador, foi instalado no trono, em uma adequada exibição de pompa. Uma coroa de ouro destinada ao rei de Cochim foi brevemente colocada em sua cabeça; ele jurou eterna lealdade e – também importante – tributos anuais ao rei português. Depois, esplendidamente vestido numa túnica escarlate bordada com fio de ouro, montou num cavalo "selado à maneira portuguesa e, acompanhado por muitos muçulmanos ricamente vestidos, ele foi carregado pela cidade".

Gaspar, o intérprete, o precedeu com o arauto, explicando para os que ainda não haviam entendido: "Este é vosso rei, obedecei-lhe e beijai seus pés. Ele será sempre leal ao nosso senhor o rei de Portugal". Francisco de Almeida escreveu ao rei em tom jubiloso: "Senhor, Kilwa tem o melhor porto entre qualquer outro que eu conheça no mundo e a melhor terra que possa haver. [...] Estamos construindo aqui uma fortaleza [...] tão forte quanto o rei da França possa jamais esperar ter". E sugeriu que, "no meu tempo, sereis o imperador deste mundo no Leste, que é tão maior que o do Oeste".

Instalado o governante fantoche, era hora de o zeloso vice-rei apressar-se para o próximo item de sua longa lista de objetivos. Dois navios foram mandados costa acima para patrulhar o Chifre da África, e arranjos foram feitos para impor o bloqueio de Sofala, até que uma flotilha suplementar viesse de Lisboa e obtivesse sua submissão e construísse um segundo forte.

Mombaça

A essa altura, Francisco de Almeida, que recebera ordens para atravessar diretamente o oceano Índico, já dava sinais de usar a autoridade com que fora investido segundo sua própria vontade. Ele resolveu aumentar o número de cidades tributárias ao longo da costa com um ataque às ilhas Mombaça. Até então o sultão resistira aos portugueses, e a cidade era um centro poderoso de comércio árabe; seus dois portos, protegidos pela ilha, eram superiores a qualquer outro na costa suaíli e constituíam um alvo difícil. O sultão, ciente do agora regular e indesejável retorno dos portugueses, tinha fortificado suas defesas com um bastião e certo número de canhões resgatados por mergulhadores do naufrágio de um navio perdido na expedição de Cabral, quatro anos antes. O conhecimento para operá-los era fornecido por um marinheiro renegado que se convertera ao islã.

Quando a frota de Francisco Almeida se aproximou da ilha, esses canhões abriram fogo e atingiram um dos navios. Contudo, esse foi um sucesso de vida curta. Respondendo ao fogo, um tiro de sorte atingiu o paiol de pólvora do bastião. Os artilheiros muçulmanos fugiram da bateria destroçada. Francisco de Almeida enviou um grupo a terra para exigir que o sultão se submetesse pacificamente ao rei de Portugal. Em resposta, eles receberam uma torrente de xingamentos em português, dizendo que eram cães, vira-latas patifes, comedores de porco... Mombaça não era como Kilwa, cheio de galinhas esperando que lhes torcessem o pescoço. Empolgando-se com o tema, o renegado listou a formidável oposição que os confrontaria: 4 mil homens lutando, inclusive quinhentos arqueiros negros extremamente leais, mais a artilharia na cidade, 2 mil outros homens a caminho. O sultão estava preparado para uma luta de vida ou morte por Mombaça, e Francisco de Almeida, ainda mais determinado a tomá-la.

A cidade era maior e mais grandiosa do que Kilwa. Seu núcleo estreitamente interligado, típico dos mercados ao ar livre (*souks*) árabes, consistia em aglomerados estreitos de ruas, um labirinto de becos sem saída e passagens. Havia casas grandiosas de pedra, algumas com três andares, mas muitas outras eram de madeira com teto de palha, e nisso Francisco de Almeida viu uma oportunidade. Ele resolveu primeiro incendiar a cidade, para depois saqueá-la. Um grupo jogou potes de pólvora sobre as casas; as flamas se espalharam com rapidez. Logo uma grande porção da cidade estava em chamas. De acordo com as crônicas,

> o fogo que correu pela cidade queimou tudo naquela tarde e na noite que se seguiu. Era aterrador de se ver. Parecia que a cidade inteira estava em fogo. Houve uma enorme destruição tanto das casas de madeira, que queimaram até o chão, quanto das de pedra e argamassa, que pegaram fogo e desabaram. E nelas grandes riquezas foram destruídas.

Na manhã seguinte, antes da madrugada, com o fogo ainda aceso, as tropas de Francisco de Almeida atacaram em quatro frentes. Eles encontraram vigorosa resistência e logo se viram envolvidos em uma luta feroz em vielas tão estreitas que dois homens não passavam lado a lado. Tanto homens quanto mulheres atiravam pedras e ladrilhos sobre eles, de cima dos balcões e dos telhados, com rajadas de flechas e dardos, tão rapidamente "que nossos homens não tinham tempo para disparar os mosquetes". Foram obrigados a se agachar atrás de muros, correndo de um abrigo ao outro.

Francisco de Almeida já tinha identificado o palácio, e seus homens lutaram em direção a ele, rua após rua. Em um ato desesperado, os suaílis soltaram elefantes selvagens no meio dos invasores, mas sem sucesso. À medida que os agressores se aproximavam, vislumbraram um grande grupo de homens ricamente vestidos em fuga; era o sultão e seus seguidores. Os agressores encontraram o palácio vazio. Mais uma vez os frades franciscanos ergueram sua cruz, e a bandeira foi içada alto aos gritos de "Portugal!".

E então teve início o saque. Uma a uma, as portas das casas foram despedaçadas, os pertences e seus ocupantes, levados para os navios. Mombaça era o principal centro de comércio da costa suaíli, e os prêmios eram consideráveis, incluindo "grande número de panos muito ricos, de seda e ouro, tapetes e panos de sela, especialmente um tapete que não pode ser superado em qualquer outro lugar e que foi enviado para o rei de Portugal com muitos outros artigos de grande valor". Para evitar que os bens fossem desviados, Francisco de Almeida tentou tornar a operação sistemática. Cada capitão era encarregado de uma área para saquear; tudo tinha de ser retirado e classificado, e as gratificações eram concedidas de acordo com ordens estabelecidas no regimento; a pessoa que encontrasse o butim recebia uma vigésima parte do valor. Na prática havia abuso amplamente disseminado. Os homens tinham viajado à Índia muito menos para disseminar a fé ou por lealdade ao seu rei do que para enriquecer. Mais tarde disseram a Manuel que, se aqueles que roubaram em Mombaça fossem punidos, Francisco de Almeida teria de destruir a maior parte de suas forças. A tensão entre os desejos privados tanto de soldados ordinários quanto de fidalgos e a responsabilidade dos vice-reis em cumprir o mandato real continuou aguda durante todos os séculos da aventura portuguesa. Almeida, direito, incorruptível, ficou desgostoso com as flagrantes brechas que era incapaz de evitar.

Ao abrigo de palmeiras a um tiro de canhão da cidade, o sultão e seu séquito observaram Mombaça sendo saqueada e incendiada. Os portugueses estavam exaustos demais para persegui-los. As baixas eram, como sempre, assimétricas. Setecentos muçulmanos mortos. Cinco portugueses morreram, embora muitos fossem feridos. Foram feitos duzentos prisioneiros, "dos quais muitos eram mulheres de pele clara e boa aparência, e meninas, garotas de quinze anos e menos".

No dia seguinte, o sultão, percebendo que a resistência era inútil e disposto a evitar o destino do governante de Kilwa, enviou uma enorme travessa de prata como sinal de paz e rendeu a cidade. Como gesto de boa vontade, Francisco de Almeida liberou diversos cativos e prometeu proteger a vida e as propriedades de todos os que voltassem. O sultão pagou um grande tributo, que devia passar a ser anual, e assinou um tratado de paz para "durar tanto quanto o sol e a lua". Em 23 de agosto, Francisco de Almeida partiu da costa suaíli deixando um rastro de sangue. Um sistema de comércio que tinha durado séculos era bombardeado até a submissão.

O traumatizado sultão escreveu um relato queixoso a seu velho rival, o rei de Melinde:

> Deus o guarde, Said Ali. Devo deixá-lo saber que um grande senhor passou por aqui, queimando com fogo. Ele entrou nesta cidade com tamanha força e cruelmente que não poupou a vida de ninguém, homem ou mulher, jovem ou velho, ou crianças, não importa quão pequenas. [...] Não apenas os homens foram mortos e queimados, mas as aves do céu caíram na terra. Nesta cidade, o fedor da morte é tal que não ouso entrar lá, e ninguém consegue dar conta ou avaliar a riqueza infinita que eles tomaram.

11

A GRANDE MERETRIZ DA BABILÔNIA

junho-dezembro 1505

A missão de Francisco de Almeida já era ambiciosa, mas em Lisboa o pensamento estratégico de Manuel a respeito do oceano Índico passava por um desenvolvimento contínuo. O forte traço messiânico que tingia sua Corte cada vez ficava mais pronunciado. Seus conselheiros próximos o encorajavam a pensar que ele fora escolhido por Deus para realizar grandes feitos. Sinais eram lidos em seu nome: nas extraordinárias circunstâncias de seu reinado, pela morte de seis candidatos mais bem situados, na maré de riqueza que fluía para os cais de Lisboa, nos rápidos avanços na exploração. Que Manuel tivesse sucesso em alcançar a terra prometida da Índia na primeira tentativa, enquanto fora necessário a seu predecessor três quartos de século para contornar a África – isso era visto como um milagre de Deus, o indício de uma nova era de paz e triunfo cristão, talvez até uma aceleração para o fim dos tempos. Os cinco pontos nas armas portuguesas, posicionados como as cinco chagas de Cristo, e a perseguição dos judeus, cuja conversão forçada ou a expulsão se justificava como uma purificação da nação – tudo era indicação de uma crença febril de que os portugueses eram o povo escolhido, encarregados de grande obra em nome de Deus. A cada sucessivo despojo vindo das Índias, o objetivo se ampliava.

Agora viria o colapso do mundo muçulmano, para o qual o círculo mais próximo de Manuel encontrou referências criptografadas no Apocalipse bíblico de são João. A dinastia mameluca no Cairo era identificada com a Grande Meretriz da Babilônia, a ser derrubada. A ideia profundamente enraizada de guerra santa como vocação portuguesa – "a santidade da Casa da Coroa portuguesa, fundada no sangue dos mártires e por eles estendida aos confins da Terra" – deveria agora avançar em uma enorme frente de batalha. Manuel era encorajado por seu círculo próximo a assumir o título de imperador. "César Manuel", era assim que agora Duarte Pacheco Pereira se referia a ele em seu livro sobre as descobertas portuguesas.

O tom messiânico e o alcance das ambições portuguesas, além de indícios da estratégia de Manuel, ficaram evidentes num discurso feito para o papa Júlio II no início de junho de 1505:

> Os cristãos podem então esperar que em breve toda a traição e heresia do islã serão abolidas e o Santo Sepulcro de Cristo, [...] que foi durante muito tempo pisado e arruinado por esses cães, [...] será devolvido para sua anterior liberdade, e desse modo a fé cristã será espalhada pelo mundo inteiro. E para que isso venha a acontecer mais facilmente, já estamos tentando e esperando nos aliar com o mais importante e poderoso dos cristãos [Preste João], enviando a ele embaixadores e oferecendo a maior das ajudas ao entrar em contato com ele.

Empolgando-se com esses temas, o embaixador de Manuel terminava com um grandioso floreado de retórica – o convite ao papa para capturar o mundo:

> Recebei vosso Portugal, não apenas Portugal, mas também uma grande parte da África. Recebei a Etiópia e a imensa vastidão da Índia. Recebei o próprio oceano Índico. Recebei a obediência do Oriente, desconhecido de vossos predecessores, mas reservado para vós, e isso, já sendo grande, será, pela misericórdia de Deus, cada vez maior.

O papa teria autoridade religiosa sobre uma enorme área designada como o Estado da Índia, que Francisco de Almeida deveria construir, mas as ambições de Manuel avançavam ainda mais, além do regimento. Essa movimentação começou a ficar aparente apenas uma semana depois do discurso para o papa, quando a ameaça do sultão de destruir os locais sagrados finalmente chegou a Lisboa, na pessoa de Fra Mauro. Seu efeito foi diametralmente oposto ao pretendido. Manuel confrontou a chantagem do sultão. Enviou Mauro de volta a Roma com um contra-ataque ao sultão, ameaçando uma cruzada própria se os lugares santos fossem danificados. Referiu-se à memória da história de Portugal com as cruzadas; ele destruiria completamente o infiel. Alegou a sanção de Deus. A ameaça parecia cristalizar um plano definitivo em Lisboa: não apenas para destruir os mamelucos, mas também para recapturar os locais sagrados para a cristandade. Em segredo, Manuel enviou embaixadores para Henrique VII na Inglaterra, para o rei Fernando na Espanha, para Júlio II, para Luís XII na França e para Maximiliano, o santo imperador Romano, convidando para uma cruzada por navio pelo Mediterrâneo até a Terra Santa. Não houve resposta – embora Maximiliano apoiasse –, porém, Manuel não se deixou intimidar.

Depois de 1505, esse projeto ampliado dominou o pensamento português durante quinze anos. Seus arquitetos eram uma sociedade secreta fechada dentro da Corte portuguesa, que mantinha seus planos bem guardados em face da grande oposição comercial, do ciúme dos monarcas rivais e do antagonismo do sultão mameluco. Se sua inspiração era a escatologia medieval a respeito da divina Providência e o fim do mundo, sua estratégia era tirada da compreensão mais contemporânea do mundo conhecido, e sua escala era planetária. Parte disso já estava implícito nas instruções de Francisco de Almeida: primeiro sufocar economicamente os mamelucos, depois atacá-los diretamente a partir do mar Vermelho. As grandiosas novas dimensões envolviam um movimento em cunha. Manuel propunha uma cruzada para a Terra Santa por navios mandados pelo Mediterrâneo e ataques coordenados ao poder muçulmano no Marrocos.

A destruição do bloco islâmico passou a ser a pedra fundamental da política, e a Índia poderia ser uma plataforma para o ataque, e não um fim em si; mesmo a rota marítima poderia, em tempo, ser abandonada, depois que o islá fosse destruído. O comércio poderia recorrer ao mais seguro e curto mar Vermelho, uma vez que estivesse em mãos cristãs. A bolha de riqueza inflacionária encorajara o rei a sonhar. Em julho, o papa concedeu a Manuel um imposto de cruzada por dois anos e a remissão dos pecados daqueles que se alistassem. Embora as expressões públicas dessas ideias fossem estritamente limitadas, Manuel parecia aspirar ao título de imperador de um reino messiânico cristão. Seu construtor seria Afonso de Albuquerque.

Enquanto isso, Ca'Masser, o espião de Veneza, assiduamente reunia dados concretos sobre as fortunas das viagens portuguesas ao longo do cais de Lisboa cada vez que uma frota partia e voltava. Apesar do embargo impingido por Manuel sobre as informações, ele era alarmantemente bem informado. "Vi os mapas de navegação da rota para a Índia", reportou ele, "e como eles mostram todos os lugares em que esses portugueses fazem comércio e negociam e descobriram." Ele sobriamente registrou a composição das frotas, as tonelagens, os carregamentos que saíam, capitães, percalços e naufrágios, tempo de viagem, quantidade de especiarias comprada, arranjos para a venda delas, os preços de venda e outras tantas informações a respeito da infraestrutura do comércio e da administração. Ele estava lá em 22 de julho de 1505, quando a frota anual das especiarias entrou em Lisboa com dez navios, anotando cuidadosamente as quantidades de noz-moscada, cânfora, gengibre e canela, e "pérolas no valor de 4 mil ducados". Ouviu falar de uma vitória esmagadora em Panthalayani, em dezembro do ano anterior, quando dezessete navios mercantes muçulmanos foram destruídos, "todos incendiados com as especiarias que constituíam a carga destinada a Meca, [...] uma perda incrível, [...] 22 portugueses mortos, setenta a oitenta feridos", e acrescentou registros confusos sobre as dimensões da expedição: "A viagem durou dezoito meses, cinco saindo, três e meio carregando, seis e meio de volta – eles deviam voltar mais cedo, mas foram retardados por doze dias em Moçambique pelas más condições dos navios. [...] O primeiro navio fez a jornada em 24 meses e oito dias".

Os venezianos voltados para o comércio tinham uma capacidade muitíssimo boa de avaliar as vastas quantidades de especiarias descarregadas em Lisboa. Eles haviam esperado com fervor que a longa rota para a Índia se mostrasse impraticável, mas o ritmo das viagens portuguesas era implacável. Ano após ano, as frotas eram enviadas e retornavam. Ca'Masser não tinha ilusões quanto à ameaça aos interesses venezianos:

> Vejo que esse empreendimento não pode ser destruído pela incapacidade de navegar até lá. Continua como negócio regular e estável, e sem dúvida o rei vai dominar completamente o mar, porque está óbvio que os indianos não conseguem proteger o comércio marítimo nem resistir à artilharia naval de Seu Muito Sereno Rei. Os navios dos indianos são fracos, [...] sem artilharia, porque atualmente eles não levam nenhuma.

Para Veneza, o único recurso era tentar, mais uma vez, secretamente, incentivar o sultão mameluco à ação. Em agosto de 1505, enquanto Francisco de Almeida saqueava Mombaça, eles instruíram mais um embaixador em viagem para o Cairo, Alvise Sagudino: "Fale com o sultão sem testemunhas, [...] temos um desejo muito forte de nos certificar de que o sultão tenha tomado medidas firmes, [...] Na questão de Calicute damos a ti a liberdade de falar e apresentar o que te parecer apropriado". Para impressionar o sultão com a urgência de seus apuros conjuntos, ele deveria lhe mostrar "a cópia de uma carta recém-recebida de Portugal, sobre a chegada de uma grande quantidade de especiarias", sem dúvida escrita por Ca'Masser.

Os venezianos eram apenas uma entre um crescente tumulto de vozes que se elevavam contra os portugueses no Cairo. A queima de navios, a violência contra os mercadores muçulmanos, os obstáculos à peregrinação *hadj*, o temor pela própria Meca – o sentimento de ultraje islâmico crescia cada vez mais. As crônicas árabes eram exaustivas a respeito das afrontas portuguesas aos muçulmanos no oceano Índico:

> Impondo-lhes obstáculos em suas jornadas, particularmente a Meca; destruindo sua propriedade; incendiando suas moradias e mesquitas; tomando seus navios; desfigurando e pisando seus arquivos e escritos; [...] matando os peregrinos a Meca; [...] abertamente proferindo execrações contra o profeta de Deus; [...] manietando-os com poderosas algemas [...] surrando-os com chinelos, torturando-os com fogo. [...] Em resumo, em todo o seu tratamento aos maometanos, eles se mostraram destituídos de qualquer compaixão!

Fora a agressão contra o islã, a ameaça à sua renda com impostos garantiu que uma colisão com o sultanato mameluco fosse inevitável.

Dentro dos perfumados jardins de prazer e da elaborada vida cerimonial do Cairo, o oceano Índico parecia longínquo. Em julho o sultão estava supervisionando a acomodação de uma nova esposa na cidade. "Sua chegada ocasionou grandioso aparato", de acordo com o cronista.

> Ela foi carregada num palanquim bordado a ouro; o guarda-sol e o pássaro foram içados sobre ela; pequenas moedas de ouro e prata foram espalhadas em seu caminho, e tapetes de seda se estenderam à frente da porta da câmara nupcial até o vestíbulo das colunas; as princesas passaram em procissão diante dela, até ela se sentar em seu estrado. O sultão fizera restaurar o vestíbulo das colunas para uso dela, e o decorou de uma forma original.

Em agosto houve a abertura cerimonial de um canal de irrigação, "de acordo com o costume", para acomodar a inundação anual do "abençoado Nilo", e o sultão celebrou o nascimento do profeta, "de modo magnificente, como sempre fez".

Mesmo assim, os murmúrios de problemas distantes já não podiam ser suprimidos. No mês seguinte ele passou em revista o Exército em preparação para formar três corpos expedicionários. Dois deviam suprimir revoltas internas na península Arábica, o terceiro "para oposição às incursões dos francos nas praias da Índia. Um grande número de soldados foi mobilizado, e a preparação dos equipamentos, ativamente impulsionada". Em 4 de novembro, os soldados estavam prontos para partir; deram-lhes suas provisões e quatro meses de pagamento adiantado. A maior parte dos homens vinha do Norte da África, junto com turcomanos da Anatólia e companhias de arqueiros negros – uma força mista de mercenários islâmicos que os portugueses chamavam de Rumes. Pedreiros, carpinteiros e outros trabalhadores também acompanhavam a força, com o objetivo de fortificar Jidá e cercá-la com um muro – já havia medo de um ataque a Meca e às terras centrais do mundo islâmico. Eles começaram sua marcha para o porto de Suez, no mar Vermelho.

As preparações técnicas para essa expedição permanecem envoltas em mistério. Os mamelucos não eram uma potência marítima; a dinastia vivia parasitando taxas do comércio particular dos mercadores muçulmanos do oceano Índico. Eles não tinham frotas de guerra e sofriam de falta crônica de madeira para a construção de navios. Os troncos de árvores tinham de ser laboriosamente importados das margens do Mediterrâneo, no Líbano, flutuados Nilo abaixo até o Cairo, depois transportados por camelo ou carroça pelos 130 quilômetros de deserto até Suez. A aquisição de metal para a construção de canhões era um transtorno semelhante. Mas os materiais estavam sendo reunidos por uma campanha coordenada. Manuel recebeu o aviso sobre isso durante o curso do ano, via a ilha de Rodes, onde um dos cavaleiros de São João, o português André do Amaral, ao voltar para Lisboa dava informações sobre os mamelucos.

Os portugueses poderiam mais tarde alegar que os navios nas docas de Suez haviam sido construídos com madeira cortada, aparelhada e suprida pelos venezianos, e que a construção fora supervisionada por oficiais venezianos. Quando o embaixador português na Corte de Henrique VIII, na Inglaterra, apresentou essas acusações ao seu correlato veneziano, em 1517, o fato foi sumariamente negado. A República Serena já tinha problemas suficientes em outro lugar. Veneza via o preço como uma arma melhor que a guerra: "O modo mais certo e rápido de fazer com que os portugueses desistam de suas viagens à Índia", foi mais tarde relatado ao Comitê dos Dez da cidade, "será baixar os preços das especiarias de modo que elas fiquem mais baratas em Veneza do que em Lisboa". Essa era a tática que eles vinham tentando usar repetidamente, embora sem sucesso, com o sultão. Mas era provável que os comerciantes venezianos privados suprissem as barras de cobre para a fundição de canhões — eles sempre supriram —, e que técnicos autônomos da comunidade veneziana, como construtores navais e fundidores de canhões, estivessem construindo embarcações com projetos europeus em Suez e canhões no Cairo.

Acreditava-se que a força que o sultão tinha reunido seria adequada à tarefa: 1.100 homens marcharam até Suez no inverno de 1505, sob o experiente comandante naval Hussain Musrif, um curdo. Embarcaram na frota reunida, que consistia de seis galeões e seis galeras de projeto europeu, e começaram a viagem pelo estreito de Jidá. As últimas informações que tinham era de que os portugueses tinham quatro navios no oceano Índico e o comando de apenas um forte, em Cochim. Isso era aproximadamente verdade no verão de 1505, antes da chegada de Francisco de Almeida. Logo, logo, já não seria mais.

Em 27 de agosto, Francisco de Almeida avistou a costa de Malabar pela primeira vez: "Muito alta, com grandes picos e árvores muito altas, de um verde inacreditável", de acordo com Hans Mayr. Os portugueses ainda tinham só um mínimo posto avançado na costa indiana — apenas alguns entrepostos dotados de permissão dos potentados hindus, diante da forte oposição vinda das elites mercantis muçulmanas, além do forte de madeira em Cochim, que tinha sobrevivido por um triz, simplesmente pelo gênio de Duarte Pacheco Pereira. A sede do governo de Francisco de Almeida era efetivamente o convés de seu navio. Suas ordens eram para consolidar sua posição em velocidade vertiginosa, com a construção de uma série de bases fortificadas, por meio de alianças pacíficas, se possível; se não, por guerra.

Seguindo as instruções, ele desembarcou primeiro na ilha desabitada de Angediva, considerada valiosa como ponto de retirada para os portugueses e de observação para emboscadas de navios muçulmanos. O traçado de um forte foi construído em um mês. Então, avançando para o sul, Francisco de Almeida fez uma visita imprevista ao porto de Honavar. Uma discussão com o rajá sobre um carregamento de cavalos levou a um grande ataque. Em uma dessas lutas curtas, duras, que caracterizaram o progresso de Francisco de Almeida, parte da cidade foi destruída, e um número de navios, queimados, pertencentes a Timoji, o notório pirata da costa de Malabar que Vasco da Gama enfrentara sete anos antes. O ataque foi liderado pelo filho de Francisco de Almeida, Lourenço, que logo fez jus ao apelido de "O Diabo", pela ferocidade de seus ataques. Nessa ocasião, ele esteve prestes a ser morto. O próprio Francisco de Almeida levou uma flechada no pé. O ferimento provocou nele "mais indignação que dor", mas o código de honra de bravura ousada criava riscos que teriam consequências para o empreendimento português inteiro. Na sequência, o rajá implorou pela paz, prometendo um tributo anual, e Timoji jurou fidelidade à causa portuguesa – um desenvolvimento que seria significativo. A trilha de cidades em chamas e navios afundados, cujas notícias se espalharam nos ventos das monções, exigiam obediência pelo oceano inteiro.

Manuel tinha insistido com Francisco de Almeida para que corresse diretamente a Cochim, a fim de garantir o carregamento de especiarias para a volta no inverno, e não perder tempo em Cananor, onde os portugueses tinham um entreposto. O vice-rei desobedeceu, provavelmente porque recebera notícias de que a posição comercial estava sob ameaça de mercadores muçulmanos. Em oito vertiginosos dias por lá, ele recebeu embaixadores vindos do poderoso rei hindu de Narsinga, que lhe ofereceram o uso dos portos litorâneos, e a mão de uma irmã em casamento para Manuel, e depois as boas-vindas do rei de Cananor. Hans Mayr se divertiu com o espetáculo do cerimonial hindu, além da numerosa população da Índia.

[O rei] mandou que se pendurassem reposteiros sob uma palmeira, e chegou acompanhado de colunas de homens. Trouxe 3 mil guerreiros com espadas e adagas e lanças, e arqueiros e trombetas e flautas. São duas léguas de Cananor até o palácio do rei, e o caminho é cercado por uma aldeia como uma rua, de modo que, quando ele chegou à tenda, era seguido por mais de 6 mil pessoas. Na tenda havia um sofá com duas almofadas. Ele usava um manto de fino algodão até os joelhos, preso à cintura com uma faixa, e na cabeça tinha um chapéu de seda, como uma boina da Galícia; e desse modo seu pajem levava uma coroa de ouro que devia pesar oito marcos [de ouro].

O rei, talvez consciente da trilha abrasada que os ocidentais estavam deixando em seu caminho, decidiu resistir à pressão da comunidade muçulmana. Ele deu permissão para que o entreposto fosse fortificado e ainda forneceu as pedras para a construção. Francisco de Almeida ficou apenas o tempo necessário para lançar as fundações e seguiu viagem, deixando 150 homens e artilharia para

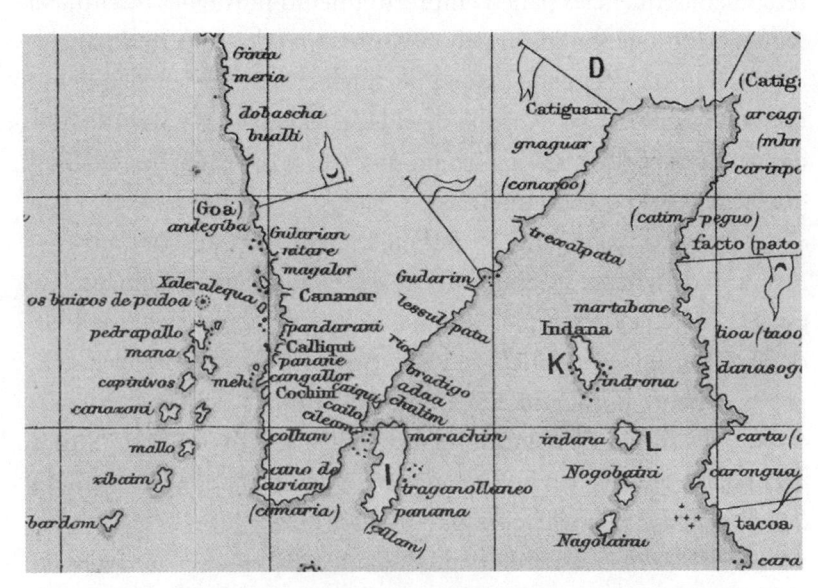

Mapa da Índia de 1502. O Sri Lanka está incluído, junto
com uma dispersão de ilhas semimíticas.

consolidar a construção de uma respeitável estrutura – que logo seria testada num ataque.

No Dia de Todos os Santos – 1º de novembro –, Francisco de Almeida estava em Cochim. A cidade era a chave para todos os planos de Manuel na Índia. Era o único aliado de confiança que os portugueses tinham. Quando Francisco de Almeida chegou, descobriu que Trimumpara, o antigo rei, tinha se retirado para a vida religiosa, e que, sob as leis de sucessão, o trono passara para seu sobrinho, Nambeadora, embora isso fosse contestado por rivais. No que poderia passar por um artifício, Francisco de Almeida conferiu legitimidade de soberania sobre seu próprio reino a Nambeadora, numa magnífica cerimônia, envolvendo elefantes, trombetas, procissões e a apresentação de uma coroa de ouro e presentes valiosos; Nambeadora "aceitou essas coisas da mão do rei dom Manuel, como o maior rei do Ocidente e o rei dos mares do Oriente e senhor em sua coroação, e de todos os que governaram em Cochim". Os portugueses vinham aprimorando essas estratégias ao longo da costa africana havia cinquenta anos. Seguindo rapidamente, Francisco de Almeida solicitou, um tanto dissimuladamente, que o forte de madeira fosse substituído por outro de pedra, "que seria o quartel-general e sede do governador e outros daí por diante que viessem a organizar as conquistas e o comércio dessas partes, de modo que os navios do reino pudessem vir aqui para carregar, e não para qualquer outro porto na costa de Malabar". Com alguma relutância – construções de pedra eram, por tradição, prerrogativa de reis e brâmanes – o rei concordou. A persuasão incluía a promessa de Francisco de Almeida de que ele lhe entregaria as chaves, como sinal de que o forte pertencia ao rei. Entretanto, governantes acima e abaixo na costa de Malabar viriam a descobrir que, uma vez que os francos estivessem abrigados atrás de baluartes sólidos, com artilharia montada em robustas plataformas de canhões, seria praticamente impossível desalojá-los.

Entretanto, o discurso persuasivo de Francisco de Almeida, tal como anotado pelo historiador Barros, tinha outra linha, talvez com uma visão de mais longo alcance. Ele declarou que "a principal intenção do seu rei dom Manuel ao fazer essas descobertas era o desejo de comunicar-se com as famílias reais dessas partes, de modo que pudesse haver o desenvolvimento do comércio, uma atividade que resulta das necessidades humanas e que depende de uma aliança de amizade por meio da comunicação de um com o outro". Essa era uma consciência presciente das origens e dos benefícios do comércio de longa distância: o desenfreado movimento de globalização que fora iniciado por Vasco da Gama.

Durante os meses finais de 1505 e já em 1506, Francisco de Almeida estava furiosamente ocupado, como se a oportunidade que se tinha aberto para ele pudesse ser fechada em sua cara por uma mudança de ânimo entre os potentados da costa de Malabar, e ele ainda tinha exigências urgentes de seu regimento para satisfazer. De todos os éditos simultâneos que Manuel lhe havia imposto, ele se estabeleceu duas prioridades: riqueza e segurança – o carregamento das frotas de especiarias de Cochim e a construção da fortaleza ali e em Cananor. Francisco de Almeida trabalhava com exemplar diligência e energia. De acordo com seu secretário, quando um navio estava para ser carregado, "o vice-rei continuamente tomava muito cuidado com isso. Ele estava sempre lá em pessoa, supervisionando a pesagem, mesmo à noite". Seu objetivo era dominar a sempre presente tentação de fraude, pela pesagem a menos ou, "acidentalmente", pelo rompimento dos sacos de especiarias, quando se roubava parte do conteúdo. Na construção da fortaleza em Cochim, ele era igualmente assíduo: "Todos os dias ele se levantava, e se levanta, duas, às vezes três horas antes de amanhecer, e já estava no trabalho com os pedreiros. [...] E então ele continuava até duas horas após o pôr do sol".

Francisco de Almeida se ocupava em toda parte, com reparos dos navios, estabelecendo um hospital, construindo a infraestrutura de uma administração imperial. A seu lado, um supervisor do Tesouro, um secretário da administração, um ouvidor para administrar justiça, agentes comerciais e capitães; dentro de sua própria pequena corte, uma equipe de trabalho – capelão, carregadores de archotes, trompetistas, guarda-costas, serventes. Cada forte tinha seu próprio capitão, além de um agente experiente em transações comerciais e um corpo de funcionários de apoio: lojistas, escribas, secretário-geral, chefe de polícia e oficiais da corte, coletores de impostos, um supervisor para arranjos fúnebres e inventários. Foram construídos hospitais, casas, capelas e igrejas. A segurança marítima era mantida por uma força naval permanente sob o comando de seu filho.

Francisco de Almeida era um excelente administrador e um guardião incorruptível dos interesses reais, obsessivo com a honestidade, a disciplina e a negociação justa. Com as frotas de especiarias que voltavam, ele enviava planilhas escrupulosas detalhando o gerenciamento do sistema imperial. "Acreditai-me, Sua Alteza", escreveu ele ao rei, provavelmente não sem algum exagero, "ninguém chega à cidade [de Cochim] sem a minha permissão e o meu conhecimento, nem um *real* é roubado. [...] Aqui está tudo tão seguro e tão bem cuidado quanto em Portugal." Ele batalhava constantemente contra a corrupção. Quando Kilwa foi tomada, com um rico butim de mercadorias, ouro e prata, ele só guardou para si uma flecha como lembrança de sua vitória, escrevendo ao rei: "Minha recompensa é servir-vos de tal modo que meus feitos sejam testemunhos". Nunca exigiu mais que uma pequena fração da pimenta-do-reino que lhe era devida como vice-rei, e vigorosamente defendia a causa dos soldados rasos que sofriam e morriam para construir o império na Índia, cujo soldo estava sempre atrasado.

Os navios anuais de especiarias eram prontamente carregados em Cochim e enviados de volta em sucessivos esquadrões, durante o inverno de 1505. Nove embarcações chegaram de volta a Lisboa; apenas uma, a enorme, mas agora velha *Frol de la Mar* ("Flor do mar") sofreu um vazamento e teve de passar o inverno em Moçambique. As recompensas davam testemunho da eficiência e da boa ordem do funcionamento comercial do empreendimento nas Índias, que Francisco de Almeida sempre percebera estar no coração da iniciativa. O veneziano Ca'Masser via os navios voltarem em grupos e conseguia registrar em detalhes todos os carregamentos, "como visto nos livros do escrivão [do navio]" e nos cada vez mais sofisticados arranjos para a administração dos artigos em Lisboa: "Tudo é descarregado na Casa da Índia, que é a nova Casa da Alfândega recentemente criada para esse propósito, e cada navio tem seu próprio armazém.

Há vinte desses armazéns na Casa da Alfândega, onde toda a pimenta-do-reino é guardada de modo ordenado". Ca'Masser conseguia calcular que o valor dos carregamentos despachados por Francisco de Almeida no inverno de 1505-1506 era formado "certamente de uma soma muito grande" – o número de 35 mil quintais de especiarias (de acordo com seus cálculos) era uma quantia sem precedentes no comércio global, número que só seria ultrapassado em 1517.

Ao escrever para Manuel em dezembro de 1505, Francisco de Almeida podia olhar para trás, para uma lista de realizações sólidas. Em um período de quatro meses de intensa atividade, o vice-rei tinha construído as fundações duráveis de uma presença portuguesa permanente. Ele agora sugeria que Manuel adotasse não apenas o título de Senhor da Navegação, mas uma aclamação ainda mais grandiosa:

> Parece-me que Vossa Alteza deveríeis aspirar a ser chamado Imperador das Índias, [...] porque os reis de Kilwa e Mombaça, [...] e Melinde e Mogadíscio [...] vos estão chamando de senhor deles, e eles, de vossos vassalos. [...] E na outra costa [da Índia] tendes fortes reais e pacíficos, e nada passa pelo mar a não ser sob vossa proteção; Batecala e Honavar têm me prometido que serão vossos vassalos e vos pagarão, [...] então, nada mais justo ou mais justamente merecido que Vossa Alteza adotásseis o título.

Ao mesmo tempo, Francisco de Almeida estava cônscio de sua incapacidade de satisfazer todas as instruções do regimento. Tendo dado prioridade à construção das fortalezas e ao despacho das especiarias, ele escreveu a Manuel: "Resolvi, Meu Senhor, não ir ao mar Vermelho este ano, embora seja a coisa que eu mais quero no mundo", citando a necessidade de fazer com que os fortes estivessem seguramente no lugar, e a exigência de que o carregamento das frotas de especiarias estivesse completo no tempo certo, antes de seguir adiante. Ademais, o samorim continuava a ser um problema sem solução.

Quando a carta chegou a Lisboa, no meio do ano seguinte, o rei ordenou que missas fossem rezadas e encomendou procissões cerimoniais por todo o país, além de uma série de tapeçarias monumentais para celebrar os grandes eventos que selaram a criação do Estado da Índia – a coroação do rei de Kilwa, a tomada de Mombaça, a construção de fortes ao longo da costa de Malabar –, formas grandiosas de autopromoção. O papa pensou em conceder-lhe o título de Supremo Rei Cristão. Nesse ínterim, as ambições de Manuel tinham aumentado ainda mais: e em maio de 1506, Cristóvão Colombo, o agente da rivalidade entre Espanha e Portugal, morreu em Valladolid, ainda convencido de que tinha chegado às Índias.

12

"O TERRÍVEL"

janeiro 1506-janeiro 1508

Enquanto Francisco de Almeida trabalhava para estabilizar um império indiano lucrativo, em Lisboa o rei Manuel mudava de ideia a respeito da estrutura de comando. A administração dos negócios do rei no outro lado do mundo, que ele mal conseguia imaginar e envolvia longos atrasos nas comunicações, estava cheia de contradições. Suas ordens para Almeida tinham sido irascivelmente detalhadas, mas o rei era presa de dúvidas, pelas pressões vindas de seu invejoso séquito de cortesãos. Manuel era incapaz de discernir os homens de verdadeiro mérito dos ineptos, corruptos e dos interessados só em si mesmos. Duarte Pacheco Pereira, que salvara sozinho, em Cochim, o empreendimento português inteiro, com suas explorações durante o inverno de 1503, mergulhou na obscuridade depois que voltou. Mesmo antes de receber os primeiros relatórios de Francisco de Almeida sobre seu trabalho, Manuel resolvera quem o iria substituir. Afonso de Albuquerque partilhava e aumentava a crença de Manuel de que era destinado por Deus a varrer o islã do oceano Índico e retomar Jerusalém. Ele seria então escolhido como seu instrumento.

Em 27 de fevereiro de 1506 – exatamente um ano depois de Manuel ter publicamente expressado sua total confiança em Francisco de Almeida – o novo homem assinou um documento secreto:

Eu, Afonso de Albuquerque, declaro que fiz juramento a nosso senhor, o rei, em sua presença, que não divulgarei a ninguém as provisões feitas com respeito à capitania da Índia, atualmente mantida por d. Francisco [de Almeida], contra o retorno desse último a esses reinos ou em caso de sua morte – cujo documento eu mantenho e não posso revelar a ninguém até a hora em que ele entre em efeito, e eu permaneça em posse permanente de seu cargo.

Manuel já o nomeava para tomar o lugar de Francisco de Almeida quase três anos mais tarde, com o título de governador, um poder menor que o de vice-rei, mas a informação deveria permanecer secreta até a hora determinada. Nesse meio-tempo, ele escreveu a Francisco para notificá-lo de que Afonso Albuquerque tinha poder para agir em regiões e atividades das quais ele previamente encarregara unicamente o vice-rei, na metade ocidental do oceano Índico. Essa superposição de autoridades estava fadada a criar confusão. Enquanto isso, o tom de Manuel para com Francisco de Albuquerque, influenciado pelas maliciosas fofocas dos capitães que voltavam e a malevolência dos rivais na Corte, se tornava cada vez mais duro.

A frota de especiarias que estava sendo preparada para a primavera de 1506 deveria consistir de quinze navios, sob o comando geral de Tristão da Cunha. Nove deles estavam sob sua autoridade direta, acompanhados por Afonso de Albuquerque, com mais seis naus. A frota inteira tinha por meta entrar no oceano Índico e estabelecer presença em Socotra, pequena ilha perto da boca do mar Vermelho, que se acreditava ser controlada por cristãos e, portanto, constituir base ideal para impedir o tráfico islâmico que se dirigisse para os mercados muçulmanos do Egito e do Oriente Médio.

Lisboa era um lugar dinâmico, ruidoso e turbulento nos primeiros anos do século. Com a chuva de riquezas das Índias caindo sobre o cais do Tejo, comerciantes empreendedores, negociantes, marinheiros e oportunistas chegavam à "Nova Veneza", atraídos pelo cheiro das especiarias e a demanda por artigos de luxo. Se grande parte da zona portuária era disposta em um grandioso estilo imperial para refletir as aspirações do "Rei Merceeiro", Lisboa era também uma cidade de sordidez e paixão histérica. Em janeiro de 1506, a peste grassou pela cidade, provavelmente levada pelos navios que subiam o Tejo. Logo estava matando cem pessoas por dia, e o rei pensou em evacuar a cidade; em abril ele tinha mudado sua Corte para Abrantes, a 150 quilômetros de distância. O estado de ânimo estava carregado; missas eram rezadas pela proteção contra a peste; penitentes com capuzes andavam pelas ruas. Ficou difícil encher os navios da frota. Ninguém queria viajar com homens de Lisboa.

A zona portuária de Lisboa.

À medida que a data estabelecida para a partida, 5 de abril, se aproximava, a frota reuniu-se em Belém, como de costume, submetendo-se ao ritual de partida. Afonso de Albuquerque foi obrigado a esvaziar as prisões para completar o número de marinheiros, o que acrescentou ainda mais um elemento bombástico à expedição. As tripulações eram insubordinadas e violentas. Afonso de Albuquerque viria a declarar que havia mais arruaças e brigas de facas a bordo de seus navios do que em Salamanca inteira. Uma tripulação de rufiões que combinava o ódio profundo aos muçulmanos com a experiência de uma pirataria violenta se mostraria difícil de conter. No dia marcado para a partida, Afonso teve outro problema. Seu piloto, um navegador experiente chamado João Dias de Solis, não apareceu. Solis escolhera aquele momento para assassinar a mulher e fugir, atravessando a fronteira com a Espanha. Afonso, que jamais subestimava seus próprios talentos, resolveu dirigir ele próprio o navio. "Supus que podia levar meu navio até a Índia tão bem quanto o melhor piloto na frota." Duas semanas depois de terem partido, Lisboa chegou ao ponto crítico. Os cristãos-novos, judeus recém-convertidos que tinham obtido permissão para continuar na cidade, foram acusados de heresia e de espalhar a peste. Uma multidão histérica, liderada pelos frades franciscanos, voltou-se contra eles nas ruas. Dois mil morreram no *pogrom* antes que a ordem pudesse ser restaurada.

Tristão da Cunha e Afonso Albuquerque eram parentes, mas a expedição não era mais harmoniosa que aquela que Afonso partilhara com seu primo Francisco, em 1503. Os dois homens entraram em atrito. Afonso, que era subordinado ao comandante nomeado, mas cuja confiança em suas próprias habilidades tinha aumentado ainda mais por sua nomeação secreta, era por temperamento incapaz de se curvar diante de qualquer pessoa. Atrasados pelo desejo impetuoso de Tristão de explorar a recém-descoberta ilha de Madagascar, desviados do rumo para saquear a costa da Somália, atingidos por tempestades, a frota quase retornou da costa africana. Levaram dezesseis meses para completar uma tarefa que deveria durar seis. Socotra, supostamente cristã e primeiro objetivo declarado, era de fato um bastião muçulmano e teve de ser atacada. Acabou se revelando estrategicamente inútil para o patrulhamento da boca do mar Vermelho e destituída de suprimentos para apoiar a nova guarnição. No processo, Tristão perdeu a época de navegação de 1506 pela costa da Índia e o carregamento de especiarias.

Do outro lado, a expedição naval mameluca, que tinha saído em 1505, movia-se também a passo lento. O comandante, Hussain Musrif, evidentemente não tinha a menor pressa em confrontar os francos, e sua expedição tinha múltiplas tarefas pelo caminho. A fortificação de Jidá, da qual ele era também governador, era a primeira delas – em particular, supervisionar a construção de defesas robustas contra a possibilidade de ataque português. O perigo de um ataque contra Meca, que naquele momento se propunha em Lisboa, era suficientemente alarmante para garantir que o ano de 1506 inteiro fosse gasto no mar Vermelho. Além disso, havia revoltas entre os beduínos a serem dominadas. Só em maio do ano seguinte as defesas de Jidá ficaram prontas.

Os efeitos dessa campanha inicial provocaram atritos. As deserções e as perdas em combate tinham reduzido os originais doze navios a seis, em agosto de 1507, ao chegarem a Áden. Más notícias vindas do oceano Índico continuavam sendo enviadas ao Cairo. "Ultimamente a audácia dos francos não conhece limites", escreveu o cronista Ibn Iyas. "Mais de vinte de seus navios ousam abrir caminho pelo mar Vermelho, atacando navios mercantes vindos da Índia, esperando em tocaia para atacar comboios, sequestrando as cargas, de modo que muito da importação é barrada. Está extremamente difícil comprar turbantes e musselina no Egito." Mas havia uma plena confiança de que uma aliança pan-islâmica acesa pelo espírito de *jihad*, além da ajuda adicional vinda do samorim, seria suficiente para esmagar os intrusos.

Enquanto isso, ao mesmo tempo que a frota de Afonso continuava a atrapalhar o comércio dos muçulmanos ao longo da costa de Malabar, os mercadores da Arábia desviavam seus navios para outros mercados de especiarias. Um número cada vez maior ia para o sul, para os rasos atóis das Maldivas, onde podiam adquirir alimentos e água doce antes de partir para o Ceilão. Afonso mandou seu filho cortar a rota das Maldivas, mas os navegadores perderam o caminho; correntes levaram os navios de Lourenço para o sul, ao Ceilão, onde fizeram o primeiro desembarque português, estabeleceram um tratado e plantaram uma cruz.

Para o vice-rei, no entanto, o cenário escurecia. Todos os planos expansionistas de Manuel dependiam de manter uma base estável na costa de Malabar, e isso não significava apenas uma força naval disciplinada, com canhões de bronze imbatíveis, mas também prestígio. Era essencial que as vantagens percebidas da comercialização com os francos permanecessem em alta dentro da rede de cidades-Estado. Durante o ano de 1506, a confiança nos portugueses começava a vacilar.

Poucos meses após sua construção, descobriu-se que a fortaleza em Angediva fora um erro. Por toda parte, os recém-chegados se imiscuíam nos interesses constituídos. Aqui era a manutenção do sultão de Bijapur, cujos navios obrigavam o tráfico que passasse por seu próprio porto de Dabul a pagar impostos alfandegários. Ele não estava disposto a tolerar intermediários. No início da estação das moções, um ataque cuidadosamente determinado, liderado por um renegado português, pôs o forte sob ataque. Três navios foram queimados antes que as notícias da chegada iminente de Lourenço obrigassem a uma retirada, mas ficou claro que o forte era insustentável: perto demais da hostil Bijapur, longe demais dos recursos naturais. No fim do ano, Afonso de Almeida tomou a decisão, de forma independente de Manuel, de abandonar e desmantelar a estrutura. Aquela era uma afronta à sabedoria do grande plano, e não foi bem-vista. Ao mesmo tempo, deu esperanças aos mercadores muçulmanos de que podiam desalojar os portugueses.

Seguiram-se mais dois golpes sérios. Os portugueses haviam introduzido um nível de polarização e de militarização sem precedentes nos negócios do mar. Àqueles leais aos recém-chegados, que em tempo incluíram alguns dos mercadores mapila – os engenhosos muçulmanos da costa de Malabar, especialmente de Cochim e Cananor –, eles prometeram proteção para as remessas e emitiram passes de salvo-conduto, na suposição de que o oceano Índico deveria ser monopólio português. Foi em atendimento a esse dever que Lourenço deslocava seus navios para o norte, na direção do porto de Chaul, no fim de 1506. Ao parar no caminho para desmontar o forte de Angediva, ele tinha ancorado próximo à hostil Dabul quando alguns mercadores muçulmanos, identificando-se como nativos de portos amigos, foram a bordo pedir ajuda. Seus navios, de Cochim e Cananor, ricamente carregados, estavam no porto de Dabul, onde um contingente maior de navios de Meca tinha atracado posteriormente. Esses, agora, planejavam saquear os navios dos aliados dos portugueses. Os mercadores visitantes imploraram que Lourenço não perdesse tempo e lançasse um ataque.

Lourenço estava determinado a lutar, mas via-se preso por instruções de seu pai a convocar um comitê de capitães antes de decidir sobre a batalha. Naquela noite, à mesa, eles votaram por uma maioria de seis a quatro contra a ação: estavam preocupados que a solicitação fosse uma armadilha, já que a foz do rio no qual ficava Dabul era desconhecida para eles, que poderiam não conseguir recuar; e, de qualquer forma, as ordens eram levar os navios em comboio a Chaul. Aquilo talvez fosse prudência, ou talvez fosse despeito; eles eram capitães experientes, descontentes em obedecer ao filho de 25 anos do vice-rei. Lourenço escutou em silêncio pasmo. Ele aceitou o veredito e se retirou, não antes de ter prudentemente extraído uma declaração assinada por todos os dissidentes quanto a seus votos. Em outra parte, nos navios, havia a fúria dos cavalheiros e marinheiros, ávidos por uma luta e a chance de abocanhar o butim.

O inevitável aconteceu. Os mercadores amigos foram saqueados, e suas tripulações, mortas. Os navios de Calicute dispararam tiros zombeteiros enquanto passavam pelo forte de Cananor. Pela primeira vez os portugueses tinham se furtado a uma luta. A recusa em proteger seus navios foi malvista nos portos amigos de Malabar. Francisco de Almeida ficou consternado com as notícias. Levou todos os capitães à corte marcial, inclusive seu filho. Os que tinham votado contra foram aprisionados, destituídos e mandados de volta a Portugal. Um ponto de interrogação se impôs ao nome de Lourenço.

O incidente de Dabul fez baixar uma longa sombra. O historiador João de Barros resumiu suas consequências para os capitães e comandantes: "que em decisões a respeito de lutar ou não, [...] de modo que feitos honrados possam ser executados, mesmo quando perigosos, não devem levantar objeções baseadas na segurança pessoal de suas vidas". Daí por diante, a prudência era impossível. Ninguém se sentiu apto a recusar uma luta, não importa quão dura, sem a acusação de covardia. Apenas a bravura do tipo mais explícito seria suficiente. O código de honra dos fidalgos foi acentuado a ponto de enfatizar o combate face a face acima da destruição distante do fogo de canhão.

Uma perda ainda mais séria que o incidente de Dabul incidiu sobre os mercadores locais leais, durante o inverno de 1506. A frota de Tristão da Cunha não chegou. Pela primeira vez desde a primeira visita de Vasco da Gama, em 1598, não veio frota de Lisboa para comprar especiarias. Os portos de Cananor e Cochim ainda estavam abastecidos com mercadoria que não tinham conseguido vender. Os mercadores começaram a lamentar o pacto de monopólio com os francos e ansiavam para uma volta ao confiável comércio com Meca.

Cananor estava particularmente insatisfeita. Sua comunidade muçulmana estava consternada com o crescimento do forte português e compreendeu muito bem suas implicações. Os mercadores temiam que seu lucrativo comércio de cavalos com o golfo Pérsico estivesse prestes a desaparecer. Os portugueses tinham começado a apreender carregamentos vindos de Ormuz, e os mercadores tinham perdido uma valiosa carga de elefantes, destruída por Lourenço durante um ataque à hostil Coulão. As sondagens de Lourenço na direção das Maldivas e do Ceilão apenas aumentaram a inquietação deles. Aparentemente não havia limites para as ambições dos recém-chegados. Eles começaram a temer por seus mercados. Dentro da cidade propriamente dita, os portugueses estavam começando a romper a hierarquia tradicional e desconsiderar seus costumes. As mulheres de castas baixas estavam se relacionando com homens da guarnição; o desenvolvimento de comunidades mistas, nas quais as pessoas estavam sendo convertidas ao cristianismo, alimentou o ressentimento dos muçulmanos, e a tentação dos intrusos, na ânsia por carne vermelha, de matar algumas vacas apenas aumentou as tensões com os hindus. O governante de Cananor escreveu para Manuel mais de uma vez a respeito de sua inquietação de que "o açúcar da amizade portuguesa se transformasse em veneno".

Quando o governador de Cananor morreu, em abril de 1507, o samorim usou sua influência para colocar um candidato mais simpático no trono. Foi exatamente nesse momento que um número de corpos foram dar à praia da cidade, entre eles o do sobrinho de um importante mercador muçulmano. O dedo acusador foi apontado diretamente para o capitão português, que tinha interceptado um navio mercante local, declarado que seu passe salvo-conduto era falso, mesmo que estivesse assinado pelo comandante da guarnição de Francisco, e matado a tripulação. Antes de os jogar ao mar, ele tinha envolvido os corpos em velas para garantir que afundassem, mas a corrente os soltou e apresentou-os a seus parentes enlutados.

Foi o sinal para uma revolta de amplo alcance em Malabar. Dezoito mil guerreiros convergiram para a cidade; o samorim enviou 24 canhões. O forte, posicionado num promontório, foi isolado de qualquer auxílio por terra – e as provisões do mar estavam se tornando difíceis.

O oceano Índico ditava o ritmo de tudo: quando os navios podiam navegar, quando guerras poderiam ser travadas, quando as frotas das especiarias podiam chegar e quando deviam partir – perder um momento crítico podia custar meses. Oponentes dos portugueses rapidamente calcularam que um inimigo que dependesse do poder marítimo ficaria vulnerável quando as tempestades chegassem. Eles determinaram seus ataques de acordo com esse cálculo. Durante abril, o tempo começou a piorar.

Foi na Sexta-feira Santa que as notícias do ataque a Cananor chegaram a Cochim. Francisco de Almeida, percebendo que agora o tempo estava apertado, não perdeu um segundo. Foi de casa em casa chamando as pessoas para que trouxessem alimentos e armas. Uma peça teatral de mistério estava sendo encenada na igreja; homens vestidos como centuriões romanos que guardavam a tumba de Cristo receberam imediatamente suas armaduras para as pernas e as placas peitorais. Com o mar subindo, Lourenço pegou o que conseguiu encontrar e partiu para Cananor. Ele teve tempo para descarregar homens e material antes que os ventos piorassem e ele fosse obrigado a voltar para Cochim, deixando o capitão da fortaleza, Lourenço de

Brito, e mais uns quatrocentos homens tolhidos pelo tempo de monção para suportar um cerco furioso. Ainda estava cercado em agosto, quando Tristão da Cunha e Afonso de Albuquerque, tendo tomado e guarnecido a desolada ilha de Socotra, foram em direções separadas: Tristão para a Índia, um ano mais tarde com a frota de especiarias; Afonso, para patrulhar o mar da Arábia. Foram os navios de Tristão que aliviaram a guarnição faminta em Cananor no fim do mês, finalmente rompendo a coalizão contra os portugueses.

Tristão da Cunha e Afonso de Albuquerque mal se falavam quando partiram de Socotra. Afonso estava impaciente e furioso. Ele fora deixado com seis navios comidos por gusanos, equipamento podre, poucos suprimentos e apenas quatrocentos homens. Como uma esnobada final, Tristão tinha partido com todas as trombetas, essenciais para encenar apresentação de prestígio e poder nos portos estrangeiros, e para chamar as tropas em batalha. Afonso não tinha apenas que providenciar comida para suas tripulações, mas também levar de volta comida para a guarnição subnutrida deixada em Socotra.

Suas diretrizes, como explicado por Manuel em uma carta para Francisco, eram "guardar a boca do mar Vermelho, capturar navios de carga muçulmanos, guardar todas as cargas de valor que pudessem ser encontradas neles, estabelecer tratados em lugares onde eles parecessem úteis, como Zeila, Barbara e Áden, e também ir a Ormuz, e aprender tudo a respeito daquelas partes". Isso dava a Afonso um enorme campo de operações, do mar Vermelho, ao longo da península Arábica, e através do golfo Pérsico até as praias do noroeste da Índia. Ele escolheu interpretar essas instruções à sua própria maneira.

Apesar da falta de homens e de materiais, com navios de má qualidade e armas inadequadas – e ordens que pareciam pacíficas em relação aos lugares mencionados nas cartas de Manuel –, Afonso levou suas tripulações homicidas em uma ameaçadora guerra-relâmpago ao longo da costa da Arábia. Os pequenos portos nas margens áridas do que é a moderna Omã, tendo ao fundo os irredutíveis desertos da Arábia, eram surpreendentemente prósperos. Eles viviam de exportar tâmaras, sal, peixe e do valioso comércio de cavalos para os senhores da guerra da Índia continental.

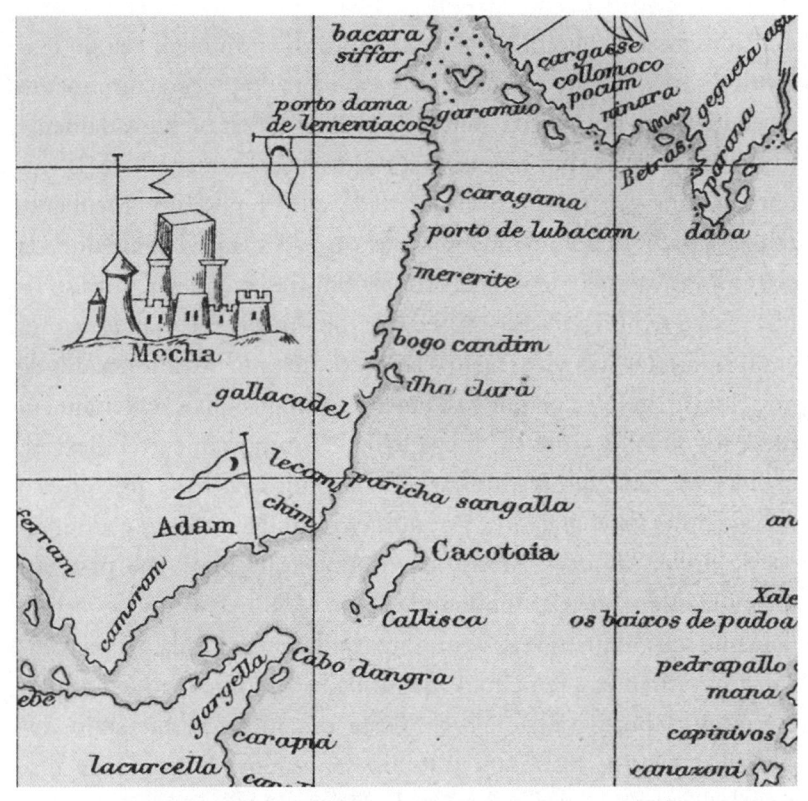

O campo de operações de Afonso de Albuquerque
num mapa da época, mostrando Socotra (Cacotoia) perto
da boca do mar Vermelho, a costa da península Arábica
a leste de Áden (Adam), e a ilha de Ormuz (sem rótulo)
à entrada do golfo Pérsico.

Foi ali, em poucas semanas, que Afonso criou uma reputação excepcional entre os conquistadores portugueses, e que seria gravada na história com o singular título de "o Terrível". Sua frota de navios capengas, adornados com todas as suas bandeiras, entrou nos portos mercantes de Omã, um atrás do outro, exigindo submissão à Coroa portuguesa. Em vez das trombetas, as tripulações receberam ordens de levantar um alarido belicoso, enquanto seus navios chegavam ousadamente à vista. Afonso exigiria uma audiência em seu tombadilho superior que era destinado a impressionar e enervar. Os infelizes emissários do xeique local subiriam a bordo num quadro cuidadosamente emoldurado: o capitão-mor vestido em veludo cinzento e boina, uma corrente de ouro em volta do pescoço, um manto escarlate sobre os ombros, sentado em uma cadeira rebuscadamente esculpida, rodeado por seus capitães adornados da maneira mais viva que podiam, em um cenário enfeitado com reposteiros finamente trabalhados. Cada comandante levava uma espada desembainhada que implicava uma mensagem clara: submissão ou guerra. Afonso tinha pouco tempo para as gentilezas da diplomacia oriental. Presentes eram recusados. Os mensageiros eram rotineiramente informados de que ele não aceitava presentes daqueles contra os quais poderiam em breve ter de lutar. Com sua longa barba e comportamento inflexível, o objetivo dele era amedrontar. Havia muito de blefe psicológico nesses shows coreografados. Em números muito menores e a milhares de milhas de casa, Afonso de Albuquerque usava sua presença intimidadora para criar um grande efeito. Algumas vezes ele insistia para que seus homens vestissem roupas diferentes a cada dia para enganar os visitantes a respeito da quantidade de homens ao seu dispor.

Alguns portos ao longo da costa omani se submeteram docilmente. Outros resistiram e foram saqueados. Enxames de marinheiros criminosos das prisões de Lisboa saquearam, mataram e incendiaram. O terror exemplar era uma arma de guerra com a intenção de amolecer a resistência mais abaixo na costa. Desse modo, pequenos portos foram incendiados. Em cada um deles a mesquita era rotineiramente destruída; a destruição de Muscat, o centro comercial da costa e "uma cidade muito elegante com casas muito boas", foi particularmente selvagem. Quando os artilheiros dos navios passaram a cortar os pilares que sustentavam a mesquita, "um edifício muito grande e bonito, a maior parte feita de madeira finamente entalhada e a parte de cima de estuco", o prédio desabou em cima deles. Afonso deu os homens por mortos, mas, "graças a Nosso Senhor", continuou o cronista, "eles saíram vivos e salvos, sem um ferimento ou machucado [...] Nosso povo estava assustado, e quando os viram deram muitas graças a Nosso Senhor por esse milagre que ele fizera para eles, e puseram fogo na mesquita, que foi queimada de tal modo que nada sobrou dela". Tais ações providenciais inflamaram o senso de missão divina de Afonso de Albuquerque. No porto de Qurayyat, tendo coletado todos os suprimentos úteis que pôde, "deu ordens para que o local fosse incendiado [...] e o fogo era tão intenso que nenhuma casa, nenhum prédio, nem a mesquita, uma das mais lindas que já tínhamos visto, foram deixados de pé". Afonso tinha a intenção de transmitir terror: "Ele ordenou que as orelhas e os narizes dos muçulmanos capturados fossem cortados, e os enviou para Ormuz como testemunho da vergonha deles".

Que Afonso possuía um traço intemperado estava cada vez mais claro, não apenas para os infelizes omanis, mas também para seus próprios capitães. Era comum o capitão-mor consultar seus comandantes dos navios e, muitas vezes, ser submetido a um voto do grupo inteiro. Afonso, inteligente, impaciente e possuído de uma inabalável crença em suas próprias habilidades, não tinha igual tato ou espírito de cooperação. Os capitães haviam sido informados nominalmente no início da Expedição Omani, mas, à medida que as semanas passaram, o relacionamento ficou tenso. Em meados de setembro, eles estavam dentro da boca do golfo Pérsico, aumentando a distância da tarefa-chave para a qual eles tinham sido designados: bloquear a saída do mar Vermelho. Na cabeça de Afonso, a subida pela costa árabe tinha um destino claro: a cidade de Ormuz, um pequeno pedaço de rocha calcinada ancorada fora do litoral e que era o eixo de todo o tráfego do golfo entre a Pérsia e o oceano Índico. Era um local de comércio imensamente rico – o grande viajante árabe Ibn Battuta a tinha achado "uma linda cidade grande com bazares magníficos" e lindas casas altas. Quando a frota das estrelas chinesa a visitou, eles declararam "o povo do país [...] muito rico [...] Não há famílias pobres". Ormuz controlava a famosa pesca de pérolas do golfo Pérsico e despachava enorme quantidade de cavalos árabes para satisfazer a demanda insaciável dos impérios guerreiros da Índia continental. "Se o mundo fosse um anel, Ormuz seria a pedra preciosa nele", dizia o provérbio persa. Afonso estava muito ciente da fama e do valor estratégico da cidade.

Ação agressiva contra Ormuz parece não ter feito parte das instruções do rei Manuel para "estabelecer tratados". O porto estava apinhado de navios mercantes quando Afonso chegou, mas ele procedeu no estilo costumeiro. Recusou qualquer presente dos mensageiros do rei; sua resposta era simples: tornar-se vassalos da Coroa portuguesa ou ver a cidade destruída. O principal vizir, Hwaga Ata, concluiu que Afonso, com apenas seis navios, estava seriamente iludido, mas na manhã de 27 de setembro de 1507, numa algazarra de ruídos, os canhões de bronze dos portugueses mais uma vez venceram a artilharia de uma frota muçulmana muito maior. O vizir rapidamente pediu paz, aceitou Manuel como seu senhor e concordou em pagar um substancial tributo anual.

Afonso via a mão do Deus cristão em sua obra. Na sequência, ele escreveu a Manuel a respeito do "grande milagre realizado por Nosso Senhor [...] que tinha sido visto por todos nós que estávamos lá três dias depois da batalha".

> Um número considerável de muçulmanos mortos, mais de novecentos, boiaram na água, e a maior parte deles tinha muitas flechas espetadas no corpo, pernas e braços, apesar do fato de que eu não tinha trazido comigo nem arqueiros, nem flechas. Uma porção de ouro, espadas gravadas em prata e pedrarias pertencentes aos nobres foram encontradas neles. A reunião desse butim por nossos homens trabalhando em barcos levou oito dias, durante os quais alguns adquiriram riqueza considerável com o que encontraram.

Esse milagre de fogo amigo parecia uma confirmação da divina missão de Manuel no oceano Índico, que levava tanto à vitória quanto ao lucro.

Afonso ainda não tinha terminado com Ormuz. Ele insistiu no direito de construir um forte. Nessa conjuntura, as relações com os capitães chegaram a uma crise. Os comandantes dos navios não conseguiam ver razão para essa atividade: não estava nas ordens deles, o bloqueio do mar Vermelho estava sendo negligenciado, Socotra precisava ser reabastecida com comida, Ormuz já tinha se submetido à Coroa, e, de qualquer maneira, não haveria homens suficientes deixados para guarnecer um novo baluarte. Esses homens e suas tripulações também tinham interesses claros na volta à saída do mar Vermelho, onde eles acreditavam haver prêmios valiosos a serem tomados, mas Afonso não deu ouvidos às queixas deles. Até insistiu para que os capitães participassem da mão de obra. Como esse trabalho era empreendido à plena vista da população, era considerado um insulto pessoal pelos capitães de alta patente e fidalgos.

Os quatro capitães passaram a ver o capitão-mor como um tirano intratável que se recusava a ouvir suas demandas legítimas. Se ele estava construindo um enorme plano estratégico em nome de Manuel para o controle do oceano Índico, isso não estava aparente nas ordens escritas, e ele fracassou em levar seus comandantes com ele. Em pessoa, ele era fisicamente intimidador; sua ira acovardava as pessoas. Parecia que unicamente pela força de sua personalidade ele tinha a intenção de subjugar o mar muçulmano. Os quatro capitães principais, incluindo o experiente João de Nova, chegaram à conclusão de que Afonso era perigoso e possivelmente maluco. Vendo-se verbalmente insultados, confiaram suas queixas ao papel:

> Senhor, fazemos isso por escrito porque não ousamos falar em viva voz, já que respondeis para nós tão apaixonadamente; e por tudo que vós tendes nos dito frequentemente, de que o rei não vos dá ordens de se aconselhar conosco, no entanto esse assunto é de tão grande importância que nos consideramos obrigados a vos oferecer conselho; caso não o fizéssemos, seríamos dignos de punição.

Um primeiro depoimento escrito em novembro de 1506 foi rasgado em pedaços. Quando apresentaram um segundo, ele o dobrou sem nem olhar e o colocou embaixo de um portal de pedra que estava sendo construído no forte.

Quando quatro homens desertaram para Ormuz, converteram-se ao islã, e o vizir, Hwaga Ata, se recusou a entregá-los de volta, a raiva de Afonso passou dos limites. "Eu fiquei fora de controle", confiou ele mais tarde a Francisco de Almeida. Enviou seus capitães à terra para "matar qualquer coisa viva. Eles obedeceram ao comandante contra a vontade, extremamente infelizes em ter de fazer isso. Foram à terra [...] e mataram apenas dois velhos, mas não conseguiram se obrigar a fazê-lo. Matando quatro ou cinco animais, eles encontraram mais gente e mandaram que eles fugissem". De acordo com o cronista, eles acreditavam que seu comandante "estava possuído e tinha o Diabo dentro dele".

Afonso de Albuquerque continuou energicamente com uma guerra em escala crescente contra Ormuz em face dessas objeções. Envenenou os poços e começou a bombardear seus muros. "Os capitães foram levados ao desespero [...] e não pararam de fazer petições [...] das quais [Afonso] não tomava conhecimento. Eles não queriam obedecer a um capitão-mor que estava louco e que não era adequado para comandar um barco a remo, quanto mais uma frota." Furioso com essa insubordinação, Afonso em uma ocasião "agarrou [João de Nova] pelo peito e se atracou com ele, e João começou a gritar que ele o estava machucando e agredindo sem qualquer motivo. Todos os capitães foram testemunha de que [Afonso] agarrou sua barba e a arrancou". De acordo com o cronista, "ao verem que suas queixas causavam tão pouca impressão no capitão-mor [...] eles combinaram de partir para a Índia". Em meados de janeiro de 1508, eles desertaram, partindo para Cochim para contar o lado deles da história ao vice-rei. Francisco de Albuquerque ficou furioso. Ele agora só tinha dois navios e o cerco de Ormuz tinha de acabar. Ele navegou de volta a Socotra para socorrer a guarnição esfomeada.

O fracasso em patrulhar o mar Vermelho se mostraria custoso. A frota mameluca, que avançava lentamente, alcançou Áden em agosto de 1507. Enquanto Afonso atacava o litoral omani, em setembro, os mamelucos escaparam pelo mar da Arábia pelas costas dele e foram para o porto de Diu, em Gujarati. Os portugueses não tinham ideia de que essa frota estava ali.

13

TRÊS DIAS EM CHAUL

março 1508

Ao longo da costa ocidental da Índia, Lourenço de Almeida permaneceu incessantemente ocupado em operações navais. Depois de despachar a frota anual de especiarias no fim de dezembro de 1507, ele foi outra vez encarregado de cuidar dos comboios. Em janeiro, ele escoltou uma frota mercante de Cochim ao longo da costa de Malabar. No caminho, aproveitou as oportunidades para queimar os navios de comerciantes árabes e danificar portos amigos do samorim. A abordagem violenta em Dabul, ainda um lugar assombrado para o jovem comandante, levou a uma rápida capitulação e ao pagamento imediato de tributo. Em fevereiro, a frota de navios mercantes e seus acompanhantes portugueses, galeões, galeras e caravelas, tinha atingido seu destino final, o terminal mercantil em Chaul, aninhada na foz curva de um rio.

Estavam quase no fim da temporada de navegação. Logo o tempo das monções fecharia o mar para as remessas, e os portugueses iriam se entocar em Cochim, restaurando seus navios durante meses. Os homens estavam cansados; Lourenço ainda se recuperava dos ferimentos recebidos anteriormente; os porões estavam cheios com os butins coletados ao longo da costa; o calor aumentava. Enquanto isso, os mercadores de Cochim que eles estavam escoltando faziam suas negociações numa indolência interminável. Passou-se um mês.

Chegou março. Chaul, cidade muito baixa, estava insuportavelmente úmida. Os homens não tinham nada para fazer além de gastar seu dinheiro em vinho e dançarinas e mergulhar na preguiça. Lourenço estava indócil e frustrado. Havia uma expectativa de que o esquadrão de Afonso de Albuquerque logo viesse se juntar a eles.

Enquanto esperavam que os mercadores de Cochim finalizassem os carregamentos, outros rumores chegaram aos ouvidos de Lourenço: que uma frota do Egito estava a caminho; que tinha atracado em um dos principais portos de comércio de Gujarati, Diu, 320 quilômetros distante pelo golfo de Cambaia; que estava vindo para travar guerra santa aos francos; que seus soldados eram homens "brancos" (provavelmente turcos) e altamente comprometidos, bem armados e com artilharia. Esses boatos chegavam de diversas fontes: do pessoal local em Chaul, de um venerado brâmane que viera de Diu para ver Lourenço e, finalmente, do próprio vice-rei. Mas Francisco de Almeida evidentemente acreditava não haver ameaça digna de consideração. Ele enviou apenas um navio. Não havia evidência de que qualquer frota tivesse capacidade de se igualar à artilharia portuguesa.

Na verdade, a atrasada frota egípcia tinha finalmente alcançado Diu seis meses antes, depois de uma longa viagem durante a qual havia sofrido consideráveis problemas. Os homens desertaram por falta de pagamento; dois navios tinham se amotinado; um quarto dos homens tinha morrido numa campanha árabe pelo caminho; e, em Diu, Hussain Musrif, o comandante da frota, estava tendo uma recepção um tanto cautelosa por parte do governador. Malik Ayaz era um homem que se fizera sozinho, um escravo militar do Cáucaso que subira à posição de poder sob o governo do sultão muçulmano de Gujarati e mantinha Diu como uma espécie de feudo pessoal, com sua própria frota de fustas – equivalentes a galeotas. Arguto, pragmático e extremamente perspicaz, Ayaz tinha uma ideia realista a respeito do equilíbrio de forças no mar. Seu comércio com o mundo exterior, que incluía a exportação de algodão e turbantes para o Egito, estava paralisado pelos bloqueios portugueses. Sua independência em Diu exigia espaço para manobra entre duas forças implacáveis: a crescente supremacia portuguesa no oceano Índico e a determinação muçulmana em destruí-la. Ele agora se via numa situação difícil, sabendo que mais cedo ou mais tarde receberia uma "visita" dos francos, contudo ciente de que, se não abraçasse a guerra santa, poderia ser destruído pelo sultão de Gujarati. Ele já tinha tentado negociações secretas com o vice-rei, porém, sabia que era uma jogada arriscada.

Hussain tinha entrado na arena com um plano estratégico claro e uma convocação para a *jihad*. Entre os que responderam estava Mayimama Marakkar, o mercador árabe que tinha sido insultado por Vicente Sodré em 1503. Marakkar fora eloquente no Cairo, em nome do samorim, ao tentar incentivar o sultão a formar uma frente pan-islâmica contra os detestados intermediários cristãos. Ele chegou a Diu com um navio de bom tamanho adquirido à sua própria custa e com trezentos homens armados, muitos dos quais eram arqueiros hábeis vindos de sua própria tribo. Todos tinham jurado morrer por vingança e pela fé, e seu navio estava bem equipado com artilharia e munições.

Os egípcios tinham seus espiões em Chaul e estavam muito mais bem informados do que os portugueses que por lá vegetavam no calor. Eles sabiam como a força de Lourenço era pequena. Ele tinha três galeões pequenos, três caravelas e duas galeotas – cerca de quinhentos homens no total. O objetivo de Hussain era cair sobre eles subitamente e varrê-los de cena, para depois atacar as caravelas portuguesas que estavam bloqueando Calicute e eliminar os fortes de Cochim e Cananor antes das monções. Ele pediu o apoio de Ayaz. Não havia alternativa além de uma exibição de entusiasmo por parte do governador de Diu. Com o acréscimo de sua pequena frota, Hussain liderou uma frota de 45 embarcações: quarenta fustas e galeotas, um galeão e quatro carracas que tinham sido feitas por construtores navais europeus em Suez. Aquele deveria ser um confronto definitivo pelo comércio no oceano Índico.

Numa sexta-feira de março – o dia da semana escolhido para o início das campanhas islâmicas, em Chaul –, os portugueses estavam passando o tempo nas margens do rio Kundalika. Os mercadores de

Cochim ainda concluíam suas operações de carga ao lado da cidade de Chaul, na margem norte. Os navios portugueses estavam por ali, sem qualquer ordem. O navio de Lourenço, o *São Miguel*, e o do seu experiente vice-capitão, Pero Barreto, o *Santo Antônio*, estavam ancorados no meio da corrente. Os outros estavam mais próximos da margem norte, com suas proas voltadas para a terra. Muitos dos homens estavam em terra, e Lourenço se divertia jogando lanças com outros nobres.

Lá pela metade do dia, com a entrada da brisa, os vigias avistaram cinco carracas europeias no mar. A chegada, havia muito esperada, do esquadrão de Afonso foi recebida com alegria. Os homens pararam para espiar sua aproximação com um interesse calmo, mas um dos soldados examinava o cordame com maior atenção. De repente, ele gritou para seu escudeiro: "Quero me armar agora, todos nós precisamos disso!". Ele pediu sua placa peitoral e começou rapidamente a afivelá-la – para divertimento zombeteiro dos demais. "Esses Albuquerque que estão chegando", retrucou ele, "não têm cruzes nas velas. Eles estão usando as flâmulas de Maomé. [...] Senhores, peço a Deus que só eu seja o bobo hoje, e que os senhores ainda estejam rindo ao cair da noite."

Para as operações navais ao longo da costa indiana, os portugueses empregavam galeotes a remo, além de navios a vela.

Os navios entraram na foz do rio; atrás das carracas, seis galeotas remavam ordenadamente. Todos agora podiam ver que as embarcações estavam adornadas com bandeiras vermelhas e brancas, e estandartes com luas crescentes pretas. A visão era impressionante, os guerreiros usavam magníficos turbantes e sedas de cores brilhantes sobre as armaduras que faiscavam ao sol, "e, ao entrar pelo rio enfeitados assim, soando muitas trombetas de guerra, que junto com o reluzir das armas tornavam a frota ainda mais temível. Avançando dessa maneira, nossos homens finalmente se deram conta de que eles eram os rumes".

Houve pânico na frota portuguesa: homens correram para os barcos a remo, a fim de serem levados para os navios; afivelaram as armaduras; agarraram as espadas, os elmos e mosquetes; canhões desaparelhados foram rolados para fora; remadores tentaram freneticamente rodar as galeotas para que pudessem posicionar seus canhões de proa; gritos e tumulto, ordens e contraordens. Houve tempo suficiente para algum simulacro de disciplina porque Hussain tinha feito uma pausa na foz do rio, à espera das fustas de Ayaz, que pareciam estar demorando. O governador de Diu, de fato, fingira alguma dificuldade e ancorara fora, com o objetivo de observar quem venceria a competição – e assim agir de acordo com o resultado. Sem se intimidar, Hussain prosseguiu, passando pelas vulneráveis galeotas dos mercadores de Cochim sem disparar um tiro, em direção ao *São Miguel* e ao *Santo Antônio*, perigosamente isolados do resto da frota. Sua intenção era despedaçar o navio capitânia de Lourenço no primeiro ataque.

À medida que se aproximavam, dois dos canhões muçulmanos abriram fogo no costado. Uma bola de ferro passou direto através do *São Miguel*, mas não matou ninguém; o navio tremeu violentamente. Pela primeira vez os portugueses estavam do lado que recebia o bombardeio da artilharia no oceano Índico. Os arqueiros muçulmanos, com seus arcos turcos, curtos e flexíveis, dispararam uma quantidade de flechas "que pareciam chuva", atiradas num compasso de vinte por minuto. O mastro do *São Miguel* ficou todo espetado pelas flechas; de cem homens, trinta foram feridos. Mas os homens de armas lutaram com sua própria torrente de dardos de bestas e tiros de mosquetes, e os artilheiros do navio tiveram tempo suficiente para aparelhar seus canhões e soltar seu próprio contra-ataque. No barulho ensurdecedor dos canhões, os dois navios desapareceram na fumaça, para reaparecerem em seguida. Oito tiros do *São Miguel* atingiram o navio muçulmano, apinhado de quatrocentos homens. As redes de proteção eram inócuas contra essa salva de tiros; as balas dos canhões rasgaram as fileiras compactas, despedaçando armaduras, desmembrando corpos; lascas de estilhaços de madeira aumentaram a carnificina. O convés era uma cena de caos. Hussain mudou de ideia a respeito da abordagem. Com brisa costeira e a maré, ele passou pelas carracas portuguesas, agora apoiadas por duas galeotas, e ancorou a montante, na margem oposta, seguido por seus outros navios.

Lourenço, percebendo o dano infligido ao navio capitânia de Hussain, estava determinado a ir adiante para confirmar a vantagem. Para isso, era preciso que as carracas principais fossem rebocadas na direção do inimigo por seus barcos a remo, mas a execução foi inábil, uma vez que ele não providenciou qualquer apoio de suas galeotas. Hussain simplesmente enviou suas próprias galeotas, que puseram os frágeis rebocadores sob tal chuva de fogo que foram obrigados a se retirar. O ataque fora abandonado.

Era o final de um dia tenso. As duas frotas estavam fechadas numa arena pequena, ancoradas em margens opostas e separadas por meros quinhentos metros. Os navios dos mercadores de Cochim estavam ancorados na frente da cidade sem ser molestados. Cada lado cuidou de seus feridos e contou os custos. Os navios de Hussain foram severamente atingidos; as baixas eram assustadoramente altas, e seus suprimentos de pólvora estavam acabando. Ao cair da noite, os capitães portugueses foram levados até o *São Miguel* para um conselho de guerra. Sem informações, eles estavam incertos sobre como proceder. Decidiram mandar a terra Balthazar, o filho do intérprete Gaspar de Almeida, também fluente em línguas, para buscar informações em Chaud. Balthazar soube que Hussain estava esperando a chegada de Malik Ayaz antes de lançar mais um ataque; enquanto isso, tentava conquistar as pessoas da cidade para o seu lado. Por enquanto elas mantinham uma cautelosa neutralidade, observando como os eventos se desdobrariam.

Com a chegada do dia, Lourenço pôde ver que Hussain tinha arrumado seus navios numa formação defensiva cerrada. Eles haviam se aproximado ao longo da margem, acorrentando-se uns aos outros, com as proas voltadas para o rio, e interligados por pranchas, de modo que os homens pudessem ir de um navio ao outro no caso de ataque. Isso era um suicídio tático. Suas carracas já não poderiam usar as bombardas de costado, nem poderiam fugir. Hussain tinha transformado sua frota de uma força de ataque em um acampamento à espera da chegada de Ayaz. E Ayaz ainda matava o tempo. Enquanto isso, a frota era um alvo fácil.

O que Hussain não sabia era que a ideia de seu oponente também estava do mesmo modo distorcida. Quando o conselho de guerra se reuniu no *São Miguel*, na manhã seguinte, com a posição da frota inimiga agora clara, tomou-se a decisão de atacar. Para isso, era necessário um vento que soprasse para a terra, que não viria até a metade do dia. Havia duas opções estratégicas: ou bombardear os navios egípcios ou tomá-los de assalto.

Num discurso, provavelmente fabricado por algum cronista, o mestre artilheiro de Lourenço, o alemão Michel Arnau, propôs uma solução simples: "Não arrisque a si mesmo ou a seus homens, porque o que você quer pode ser feito sem qualquer perigo, a não ser para mim e meus companheiros". Se Lourenço permitisse que as carracas ficassem posicionadas segundo sua indicação, todos os seus homens poderiam desembarcar e sua equipe de artilheiros afundaria a frota inteira ao cair da noite, "e, se não, [...] você pode mandar que cortem minhas mãos".

A sombra do compromisso fracassado em Dabul pairava sobre o grupo de homens reunidos na cabine. Lourenço precisava restabelecer a honra e a credibilidade dos prêmios. O fogo de canhões, a solução simples e mortal, representava quase uma covardia no código de honra dos fidalgos. A glória vinha da coragem individual, da luta corpo a corpo e do ganho do butim. Desse modo, como Correia apresentou, com o benefício da visão retroativa, "ávidos por conquistar honra e riqueza, [...] não deram atenção ao conselho do alemão. Decidiram pela abordagem, de modo que pudessem ganhar a glória com a ponta da espada". É possível que Pero Barreto, o segundo na linha de comando e dotado de cabeça mais fria, tivesse apoiado Arnau. Foram voto vencido. O conselho escolheu lutar nos termos de Hussain.

Apesar dos danos infligidos à frota dos rumes, a tarefa não era fácil. As carracas deles eram consideravelmente maiores e mais altas que as de Lourenço. Eles podiam disparar chuvas de mísseis para baixo, para o convés do português. Manobrar navios a vela em posição de abordagem prometia ser complicado, por causa dos ventos inconstantes, do empuxo da maré e das correntes contrárias. Foi delineado um plano de ataque. O *São Miguel* e o *Santo Antônio* atacariam o navio capitânia de Hussain pela proa e pela popa. Os outros navios travariam combate com o resto da fila para evitar que homens fossem transferidos para ajudar, com as caravelas leves e as galeotas caindo sobre as galeotas opostas.

No início da tarde de sábado, na montante da maré e com a brisa vinda do mar, os navios levantaram âncora e começaram a se mover rio acima. À medida que o *São Miguel*, que liderava a fila, se aproximava do alvo, ele foi mais uma vez recebido com uma torrente de flechas. Os portugueses limitaram seus tiros de canhão com a intenção de não danificar potenciais presas valiosas. Apesar do ruído e zumbido dos mísseis do navio de Hussain, mais alto, o *São Miguel* se aproximava, a apenas dez ou quinze metros de distância, quando o plano de ataque começou a se desenvolver. O vento mudou, depois parou. O navio estava à deriva na corrente; o impulso para a frente era o bastante para levar o *São Miguel* perto o suficiente para agarrar a nau capitânia do inimigo, com o *Santo Antônio* logo atrás, mas Hussain, percebendo a oportunidade, conseguiu efetuar uma manobra extraordinária. Afrouxando os cabos da âncora na frente e puxando os cabos de popa amarrados à margem, seus marinheiros conseguiram puxar os navios de volta para a margem – fora do caminho do ataque iminente. O leme do *São Miguel* não conseguiu corrigir seu curso. O navio começou a passar do alvo.

O parceiro do contramestre resolveu jogar a âncora para evitar que o navio ultrapassasse o alvo, e os navios atrás dele foram do mesmo modo obrigados a compensar e ancorar para evitar colisão. O ataque foi interrompido. O esquadrão ficou imóvel no rio, em desordem. Lourenço, furioso com esse contratempo súbito, avançou pelo convés com a espada na mão, para matar o homem responsável por estragar o ataque. O parceiro do contramestre, pesando suas opções, pulou pela amurada e nadou até a margem – onde finalmente foi morto.

Para a tripulação de Lourenço, a situação agora era perigosa. O *São Miguel* balançava à toa com sua âncora na corrente, perto do navio inimigo, que podia jogar uma torrente de mísseis no convés a partir de seu ponto de observação mais alto. Tornou-se imprudente expor-se sem uma boa armadura. Passando por baixo da linha de fogo, Michel Arnau, o chefe artilheiro, mais uma vez propôs que, se o navio girasse de costado com seus cabos, ele poderia explodir os egípcios para fora d'água à queima-roupa. Lourenço não encarava a ideia de deixar o campo de batalha sem troféus e sem honra. Os mísseis continuavam a varrer o convés. As condições no *São Miguel* estavam ficando desconfortáveis. Os homens estavam completamente expostos, e Lourenço, imprudentemente corajoso, insistia em berrar ordens do convés aberto. Ele se tornou um alvo fácil. Uma primeira flecha apenas o arranhou; uma segunda o atingiu em cheio no rosto. Esvaindo-se em sangue, ele finalmente deu ordem para levantar âncora e fugir dos projéteis. O *São Miguel* e o *Santo Antônio* passaram a jusante e ancoraram fora do alcance dos arcos.

Enquanto isso, duas galeotas portuguesas e a caravela leve, capazes de manobrar no vento fraco, tinham tido melhor resultado. Eles contornaram suas carracas imobilizadas e caíram sobre as galeotas egípcias ancoradas um pouco mais abaixo. Outra vez, quando se aproximaram para a abordagem, remaram sob zumbido e ferroada das flechas; os escravos das galés, sem proteção, foram atingidos repetidamente até caírem sobre os remos, mas era impossível deter o assalto. Eles bateram nos navios atracados. Os homens de armas, protegidos por cotas de malha, placa peitoral e elmos de aço, esmagaram tudo ao entrar a bordo e varreram os conveses, pisoteando os remadores presos por correntes embaixo, ceifando e cortando homens armados, jogando-os ao mar a golpes de lanças, alabardas e imensas espadas de duas mãos. A investida dessa falange altamente treinada e armada era irresistível; cada navio foi reduzido a ruínas, os conveses ficaram ensopados de sangue. Homens morreram onde estavam ou se jogaram ao mar, ou fugiram para as galeotas ao lado, pelas pranchas de conexão. À medida que cada navio era varrido, os portugueses perseguiam os inimigos em fuga, martelando as pranchas depois de passar. Os que pulavam ao mar eram caçados por portugueses em barcos a remo; depois, o caminho deles para a margem era cortado por uma das caravelas. Cercados como atum em rede de pesca, eles eram sem piedade arpoados de dentro dos barcos. Foi um massacre.

Quatro das galeotas abandonadas foram rebocadas como prêmios, enquanto o *São Miguel* e o *Santo Antônio* passaram a atirar nas carracas egípcias de longe, mirando no cordame. Um tiro de sorte derrubou a cesta da gávea de um dos navios, matando a todos. As demais estações de batalha nos mastros foram abandonadas. Entre os mortos na causa da guerra santa estava Mayimama Marakkar, abatido em seu convés de popa, incentivando seus homens com versos do Corão.

Com o massacre nas galeotas e as tripulações das carracas se escondendo do bombardeio dos portugueses, chocados com a catástrofe que tinha se abatido sobre seus colegas, a vantagem parecia virar outra vez para Lourenço. Isso o encorajou a pensar novamente em atacar a nau capitânia de Hussain e fazer do dia uma vitória completa. A bordo do *São Miguel*, deu-se mais um debate acalorado sobre como proceder. Não havia vento; Lourenço queria que os escaleres do navio rebocassem os navios a vela em uma segunda tentativa. Lourenço enfrentou considerável relutância por parte dos capitães: os homens estavam fisicamente exaustos; muitos estavam feridos, incluindo o próprio Lourenço; já era tarde; qualquer resistência inflamada podia levar ao desastre. Mais uma vez Arnau ofereceu-se para afundar os navios de uma distância segura. Lourenço permaneceu obstinado – ele queria, precisava dos troféus para dispor à frente de seu pai, em vez de ver seus navios afundarem. Embora o comandante pudesse perder nos votos, os capitães provavelmente não tinham disposição de fazer isso, depois de Dabul. A questão ainda não tinha sido resolvida quando os eventos tomaram novo rumo.

Era quase o crepúsculo. Olhando para trás, na direção do mar aberto, eles podiam distinguir uma linha de galeotas leves entrando na foz do rio. Era Malik Ayaz com suas 34 fustas. Depois de um dia de espera agonizante para ver o resultado da batalha, o governador de Diu tinha chegado à conclusão de que não podia adiar mais: ser acusado de protelar ou de covardia na causa islâmica era perigoso para sua própria posição. Houve gritos de alegria na frota dos rumes. Eles fizeram gestos indicando que deveriam enforcar os portugueses, e a ampla comunidade muçulmana de Chaul, que também adotara a atitude de esperar para ver como se dariam os eventos, começou a demonstrar abertamente seu ardente desejo de vitória islâmica. Todos desceram para a praia e dispararam os arcos sobre os exaustos inimigos. O conselho no *São Miguel* foi obrigado a repensar suas opções mais uma vez. Eles agora enfrentavam três oponentes dentro da foz do rio – e as galeotas de Cochim perto da cidade, esquecidas durante os eventos do dia e pelas quais eles eram responsáveis, estavam em perigo cada vez maior.

A aproximação de Ayaz era hesitante. Em vez de ir em frente em linha de batalha para apoiar Hussain, ele levou seus navios rio acima, perto da margem sul, na posição ocupada pelos portugueses naquela manhã. Ele ainda mantinha uma atitude cautelosa em relação aos eventos que se desenrolavam. Tentou enviar três navios para estabelecer contato, mas Lourenço os mandou de volta. Só depois que escureceu Ayaz conseguiu atravessar para se encontrar com Hussain. O almirante queria pólvora e balas de canhão, que já estavam acabando. Além disso, queria repreender Ayaz por só aparecer depois da luta e pela perda de duzentos homens.

Na frota portuguesa, o clima era de sobriedade. Depois das peripécias do dia, dos ataques e retiradas, os homens estavam esgotados, e os estoques de pólvora também estavam baixos. Os gritos triunfantes dos muçulmanos ressoavam na escuridão. Lourenço, ferido, tinha sido confinado à cama, com febre; o médico de plantão o sangrava.

No *São Miguel*, o debate entre capitães seguia acalorado. Era certo que, com a volta do dia, as galeotas de Cochim, por fim completamente carregadas, estariam em grave perigo. Sua destruição significaria uma inaceitável perda de prestígio para a credibilidade portuguesa. A solução prática era fugir, encobertos pela escuridão, apanhando o vento da noite. Havia uma oposição furiosa a isso por parte do comandante interino, Pero Barreto, apoiado por outro capitão, Pero Cão, que disse: "Já que seus pecados exigiram que fugissem, pelo menos não mostrem que estão fazendo isso, porque os portugueses não podem perder sua reputação na Índia. Se os navios de Malabar saíssem primeiro e só então eles partissem com a luz da manhã, o inimigo nesse caso não iria alegar que eles estavam deixando o campo de batalha por medo". Era outra vez uma questão de honra. Induziram os outros a concordar em navegar assim que o dia nascesse, rebocando as galeotas capturadas atrás deles, com um menosprezo calculado.

À meia-noite, sob a luz da lua, os navios dos mercadores de Cochim começaram silenciosamente a largar seus atracadouros e ir para o mar ao vento. De madrugada, os portugueses os seguiram furtivamente. Sem assobios. Sem gritos. Começaram a içar as âncoras ou a cortar os cabos, deixando as âncoras para trás. Essa estratégia foi desfeita pelo obstinado Barreto, que se recusava a cooperar com uma retirada tão aviltante. Ele subiu no escaler do navio com grande ostentação e puxou sua âncora. Foi imediatamente visto pelo inimigo, que atirou nele. Com a âncora recuperada, ele voltou a bordo do navio. Lourenço, a essa altura, já estava um tanto recuperado. Tinha pedido para que o *São Miguel* fosse o último a partir, e resolveu seguir a atitude temerária de Pero Barreto e supervisionar pessoalmente o içamento de sua âncora.

A essa altura, Hussain também discretamente erguia as âncoras de suas duas carracas não danificadas, e Ayaz, concluindo que os portugueses fugiam da cena de batalha, finalmente decidiu por uma "brava" demonstração de força, e também preparou suas fustas para a ação. Lourenço estava no escaler do navio, no processo de içar a âncora, quando, atrás dele, o mestre do navio, vendo a crescente luz do dia e as preparações do inimigo, perdeu a coragem. Ele cortou o cabo da âncora, deixando Lourenço durante algum tempo abandonado ao lado de seu próprio navio.

Os muçulmanos agora perseguiam seu inimigo rio abaixo na maré vazante. A maior parte dos navios portugueses era capaz de brigar e chegar à foz do rio; o *São Miguel*, no entanto, era o retardatário, e agora encontrava-se atrasado por rebocar uma das galeotas capturadas. Era o alvo mais fácil e o mais atraente. O incentivo de afundar a nau capitânia imediatamente passou a ser o foco de todos os esforços de Hussain, e o capitão do *São Miguel*, em vez de seguir a fila dos navios que partiam, virou sua embarcação na direção da margem mais distante a fim de distanciá-lo da frota inimiga.

As bombardas leves das fustas de Ayaz tentaram inutilizar o navio danificando seu leme. Uma bola de pedra atingiu a popa perto da linha d'água e furou uma prancha. Ninguém no navio português percebeu. A atenção deles estava fixada em lutar para se livrar das fustas em seus calcanhares e das duas carracas de Hussain. O navio continuou a navegar, e a água começou a se infiltrar lentamente no carregamento de arroz no porão. Ainda não notado, o navio aos poucos ficava mais pesado, mais lento nas respostas. Foi quando o vento parou. Imediatamente o *São Miguel* estava à mercê da corrente, que puxava para a margem sul, onde os pescadores tinham plantado fileiras de estacas na água para atracar seus barcos. À deriva na corrente, o navio ficou emaranhado em meio a esses obstáculos, paralisado pelo peso cada vez maior da água no porão. As tentativas de virá-lo eram inúteis. Uma das galeotas portuguesas, capitaneada por Paio de Souza, tentou rebocá-lo, sem sucesso. Mandaram homens a bordo para derrubar as estacas com machados. A cada vez, o peso da água no porão assentava o *São Miguel* mais e mais nas estacas; agora havia uma inclinação visível, o convés baixava e a proa se inclinava para cima.

Durante algum tempo foi impossível entender o problema. Apenas quando o adernamento do navio estava pronunciado, ficou claro que sua popa se arrastava. Lourenço mandou um piloto descer ao porão para investigar. Ele voltou para relatar o que vira, pálido. Era impossível sair do impasse; a água era funda demais, e o arroz iria impedir a operação das bombas – e ainda havia sobrado poucos homens em condições para operá-las. O navio estava perdido. Tendo apresentado esse relato, o piloto "voltou ao porão, e dizem que morreu de medo". Foi dada ordem para liberar a galeota prêmio que estava sendo rebocada. Ayaz, dando-se conta de que o *São Miguel* era uma presa ferida, circundou-o com suas fustas, enquanto as duas carracas de Hussain chegavam mais perto.

Paio de Souza ainda tinha a intenção de usar sua galeota para liberar o navio de seu comandante. Foi aí que o medo começou a tomar conta da frota, dividindo seus marinheiros entre aqueles que lutariam e os que fugiriam. Muitos na galeota estavam feridos, o *São Miguel* não se mexia, e o inimigo se aproximava. Alguns afirmaram depois que a corda de reboque havia arrebentado quando os remadores tentaram suspender o *São Miguel*; o mais provável é que a tenham cortado. A galeota foi varrida rio abaixo pela corrente; Paio tentou girá-la de volta, em nova tentativa, mas os homens não conseguiram ou não quiseram fazer isso. Esforços frenéticos foram feitos por outros navios para voltar e ajudar o navio capitânia atingido, mas já estavam muito longe a jusante para prestar socorro.

Ayaz e Hussain perceberam que havia chegado a hora do ataque final. O crescente peso da água assentou o *São Miguel*, adernado cada vez mais fundo. As inquietas fustas e as carracas lançavam chuvas de flechas. Para os fidalgos, era imperativo que retirassem dom Lourenço dali vivo, porque, "sobrevivesse ele ou não, era pela honra de Portugal". Mandaram o contramestre preparar o escaler com um complemento de homens ainda capazes de remar. Mas Lourenço não queria sair, ele lutaria ou morreria. Quando seus homens se tornaram insistentes, ele os ameaçou com sua alabarda.

A água continuava a invadir o navio; só havia cerca de trinta homens fisicamente aptos, deixados a bordo. Lourenço dividiu aqueles que ainda ficavam de pé em três grupos, cada um sob um capitão, para tentar defender o *São Miguel*: na popa, no mastro principal e no castelo de proa, respectivamente. A coragem do contramestre falhou. Ele desamarrou o escaler e partiu na corrente para o *Santo Antônio*, onde mentiu para o fiel Pero Barreto, dizendo que viera pedir ajuda. O navio a vela de Pero era impotente contra a corrente e a maré; subindo no escaler, ele mandou o contramestre até a galeota mais próxima, a *São Cristóvão*, que poderia ao menos ter alguma chance de remar de volta na direção do capitânia abatido. Ele implorou ao capitão, Diogo Pires, que fizesse todo o possível, dizendo-lhe: "A sobrevivência de dom Lourenço está em suas mãos". Pires partiu para tentar despertar seus escravos das galeotas para a ação. Eles estavam exaustos e recusaram-se a sair do lugar. Desesperado e furioso, Pero Barreto começou a espancá-los com a espada. Matou sete antes de aceitar a inutilidade do ato; voltando-se para os portugueses livres, que do mesmo modo "queriam remar o menos possível", ele tentou obrigá-los a ocupar os bancos de remadores. Sem êxito. Não havia mais nada que ele pudesse fazer além de se retirar para o seu navio e esperar que uma mudança no vento pudesse ainda empurrar o *São Miguel*. Seria necessário um milagre.

A bordo do *São Miguel* reinava o caos. Tiros vindos das fustas batiam no navio imobilizado; nuvens de flechas zumbiam pelo ar. A espessa fumaça de canhão obscurecia o navio cada vez mais indefeso. O convés se inclinara até um ângulo agudo; alguns canhões estavam submersos; os suprimentos de pólvora jaziam estragados com a constante entrada de água. Os defensores repeliram uma, duas tentativas de abordagem. Eles "lutaram como homens que queriam vingança antes de morrer", mas o navio era destruído à volta deles. O convés era um pandemônio, coberto de homens mortos e moribundos, cabeças e pernas desmembradas, sangue escorrendo pelas pranchas, farpas de madeira afiadas, cordas, armas descartadas, berros e gritos.

Lourenço, alto e visível numa armadura brilhante, era um alvo impossível de se perder. A bala de um canhão cortou sua perna na coxa. Começou uma hemorragia incontrolável. Ainda consciente, mas com a vida se esvaindo, ele pediu para que o sentassem numa cadeira ao pé do mastro. Logo depois, outro tiro esmagou-lhe o peito e o matou. Seu criado, Lourenço Freire, inclinando-se sobre seu capitão caído e chorando, foi morto ao seu lado. Ficou aparente para os que ainda estavam vivos que o navio tinha de se render. Desesperados para evitar que o corpo de Lourenço fosse levado como um troféu de guerra, esfolado, recheado de palha e exibido pelo mundo islâmico – um golpe insuportável –, eles o arrastaram para o porão inundado, junto com o corpo de seu fiel criado.

Os portugueses continuaram a lutar. Homens que já não conseguiam mais andar se escoravam e resolutamente agarravam suas espadas. Os muçulmanos tinham golpeado o *São Miguel* de longe; agora se aproximavam. Uma terceira, quarta e quinta tentativas de abordagem foram repelidas. Muitos dos homens de Ayaz foram mortos. Na sexta tentativa, o navio tinha se reduzido a um quadro de destruição. Não havia resposta ao fogo. Com gritos de triunfo, os muçulmanos pularam a bordo e cercaram os sobreviventes. Teve início o saque. Os vitoriosos ansiavam para ver o que conseguiam salvar do navio que afundava. Obrigando alguns de seus cativos a marchar à ponta de espada, uma centena de homens desceu ao porão em busca do butim. A multidão fez com que os conveses inferiores desabassem; lançados ao mar no escuro, todos se afogaram.

Dezoito homens que sobraram, quase todos feridos, foram feitos prisioneiros. Houve um ato final de resistência. André Fernandes, marinheiro do Porto, subiu até a gávea e desafiou todas as tentativas de desalojá-lo do topo da embarcação afundada. Ficou lá durante dois dias, atirando pedras e insultando os que estavam embaixo. Finalmente Ayaz teve de conceder ao galante marinheiro um salvo-conduto antes de ele ser persuadido a descer.

As duas carracas de Hussain se destacaram do naufrágio do *São Miguel* para perseguir os outros navios ancorados, observados de dentro e de fora da foz do rio. Alguns deles cortaram os cabos e fugiram ignominiosamente para o sul, na direção de Cochim. Pero Barreto, no entanto, ficou firme, desenrolou suas velas e se preparou para lutar. Os navios egípcios recuaram.

Ayaz ficou decepcionado por lhe ter sido negado o prestígio de pegar Lourenço vivo; ele ainda esperava que o corpo pudesse ser resgatado. Mas o ilustre corpo, pesado com sua armadura, tinha desaparecido, provavelmente arrastado para fora por um dos buracos no fundo do navio, para o rio Chaul, e nunca foi resgatado. "E assim terminou dom Lourenço", escreveu o cronista Castanheda, "e os oitenta portugueses que morreram com ele, entre os quais João Rodrigues Pacanha, Jorge Pacanha, Antônio de São Paio, Diogo Velho e um irmão de Pero Barreto – e outros cujos nomes não são conhecidos".

Honra, glória, medo, ganância pelo butim e má sorte tinham infligido essa ferida. Os portugueses teriam destruído a frota egípcia inteira de longe, se tivessem seguido o conselho de seu artilheiro-mor. Mas esse não era o jeito português. E navegaram, embora severamente esfolados. Tinham perdido provavelmente duzentos homens em Chaul. A morte do filho do vice-rei conferiu imenso prestígio ao sultão no Cairo, e grande valor no mundo muçulmano. Quando notícias da vitória sobre "os europeus que infestam o oceano Índico" chegaram ao Cairo, vários meses depois, elas foram recebidas com êxtase. "O sultão, encantado com as novas, mandou que rufassem os tambores durante três dias inteiros", relatou Ibn Iyas. "Hussain pediu reforços para acabar com o remanescente das forças europeias."

Hussain certamente precisava de mão de obra nova. A vitória em Chaul tinha sido amplamente pírrica. Ele perdera alguma coisa entre seiscentos e setecentos homens, num total que mal passava de oitocentos, e seus guerreiros tinham começado a temer o poder da artilharia europeia. Quanto a Ayaz, ele se recusou a entregar os dezenove portugueses prisioneiros ao comandante egípcio; ele os tratou bem, garantiu que seus ferimentos fossem cuidados e os exibiu como visitas importantes. Ele foi sensato e cauteloso o suficiente para saber que ainda haveria consequências dessa batalha. Os prisioneiros eram moeda de troca.

Os navios portugueses fugiram na direção de Cochim para enfrentar a ira e a dor do vice-rei. Foram lançados numa enorme confusão por causa da aparição de três grandes embarcações em seu rastro. Só quando esses navios se aproximavam os marinheiros viram bandeiras portuguesas tremulando no topo de seus mastros. Eram os navios dos capitães que tinham se amotinado contra o comando de Afonso de Albuquerque e estavam a caminho de Cochim, carregados com seu histórico de queixas.

14

"A IRA DOS FRANCOS"

março-dezembro 1508

Os amotinados que acompanharam os sobreviventes de Chaul de volta a Cochim tinham deixado um Afonso de Albuquerque furioso em Ormuz. Ele só tinha dois navios; foi obrigado a abandonar vergonhosamente o local e voltar a Socotra para aliviar a guarnição faminta. Retornou a Ormuz em agosto, na esperança de finalmente tomar a cidade, mas encontrou seu forte inacabado armado contra ele, e as ruas, bloqueadas. Foi obrigado a se retirar pela segunda vez.

Durante meados de 1508, cartas iam e voltavam pelo oceano Índico, além dos relatórios para Lisboa. Afonso escreveu raivoso para Francisco de Almeida, ainda seu superior até o fim de 1508:

> Se esses homens não me tivessem desertado, em quinze dias Ormuz teria se rendido [...] Não posso imaginar que reclamações os fez ir embora! Se eu os tivesse tratado mal, imploro a vossa senhoria que ponha por escrito o que eles dizem que fiz [...] Mesmo assim, senhor, [nada] os poderia absolver do crime e do mal que cometeram, desertando-me em tempo de guerra [...] seja qual for a punição que deis a eles – eles merecem!

A repreensão de Francisco, numa carta que nunca foi enviada, provavelmente expressava a amargura pela morte de Lourenço e a culpabilidade de Afonso por não interceptar os muçulmanos: "Senhor, lembro que o principal objetivo para o qual Sua Alteza nos enviou era guardar a boca do estreito [do mar Vermelho], para que as especiarias da Índia não pudessem entrar lá, e que isso foi inteiramente mudado por vossa estada em Ormuz, e os estreitos foram abandonados".

Afonso de Albuquerque era inteligente, destemido, incorruptível e estrategicamente brilhante – em todos os sentidos, o servidor mais leal do rei –, mas Manuel se mostraria tolo demais para dar a ele o valor que merecia. Seu caráter reservado, arrogante, obsessivo e um tanto egocêntrico alienava muita gente. Na segunda metade de 1508, a deserção de Ormuz dividiu opiniões através do oceano português, como dividiu julgamentos subsequentes da história, e levou a uma luta interna entre facções. O episódio revelou que Afonso era muitas vezes inábil e isolado como líder de homens. Como conquistador, ele já tinha se provado formidável, mas os eventos em Ormuz o feriram. Ele jurou nunca aparar a barba até que a cidade fosse reconquistada. Permaneceu em seu cômputo de contas a serem ajustadas.

As barbas eram uma questão em Cochim também. Entre os fidalgos, a barba de um homem era um símbolo sacrossanto de sua masculinidade, status e proezas marciais. Pinturas dos grandes conquistadores portugueses retratam esses homens altivamente de pé, em posturas quase idênticas: mãos nos quadris, vestidos em veludo preto e mangas talhadas, com seda colorida, armas e títulos atribuídos pintados ao fundo, parecendo severos com suas longas barbas pretas, como Marte, o rei romano da guerra. João de Nova, ultrajado com o ataque de Afonso de Albuquerque à sua barba, solenemente preservou os pelos arrancados em um pedaço de papel e os levou para o vice-rei como prova do insulto. Essas relíquias causaram forte impressão numa solidária plateia nobre.

Francisco não puniu os capitães desertores. Em vez disso, cooptou-os para sua frota. Pior ainda, escreveu uma carta a Hwaga Ata, em Ormuz, pedindo desculpas pelo comportamento de Afonso, que o vizir jubilosamente mostrou ao atônito Afonso. Mas, durante 1508, Francisco tinha outras coisas em mente. A catástrofe em

Chaul e a morte de seu filho marcaram profundamente o vice-rei. Estrategicamente, ele percebeu que a continuada presença dos rumes no mar ameaçava a própria existência do projeto português; pessoalmente, ele tinha Lourenço a vingar. Em suas palavras anotadas: "Quem come a galinha também tem de comer o galo, ou pagar o preço".

Francisco levou quase nove meses para preparar uma nova campanha. Primeiro as monções, depois a exigência prioritária de carregar e despachar a frota anual de especiarias atrasaram seus planos. Se Francisco estava ferido com as notícias de Chaul, estava duplamente ferido pela crescente frieza no tom de Manuel. O vice-rei tinha perdido a confiança de seu mestre. A carta do rei, de 1507, continha uma longa lista de reclamações e ordens peremptórias, com base nas queixas que se infiltravam por parte de capitães dissidentes e de cortesãos invejosos. Francisco foi acusado de atos além de sua autoridade, de má administração, de fracasso em proteger Malaca, de não manter o rei informado. A missão de Afonso em paralelo em sua área de jurisdição tinha sido um forte golpe para o vice-rei. Em 1508, ele soube, além disso, que esse era o homem que o substituiria no fim do ano. A expansão dos sonhos estratégicos de Manuel e a defasagem em distância e tempo criaram um intervalo cada vez maior entre as prioridades do rei em Lisboa e a interpretação delas por Francisco na Índia.

No final de 1508, ficou claro para o vice-rei que a destruição da frota rume era sua prioridade máxima, e a última antes que seu mandato expirasse. Em dezembro, ele tinha reunido uma frota de guerra formidável em Cochim, dezoito navios e 1.200 homens. Entre eles estavam os capitães dissidentes para os quais Afonso de Albuquerque solicitara punição.

Na véspera da partida, Francisco escreveu uma longa carta ao rei. O vice-rei acreditava que possivelmente compunha seus últimos desejos e seu testamento, ao mesmo tempo uma expressão de sofrimento pessoal, uma justificativa de seus atos, uma refutação ponto por ponto das acusações lançadas contra ele, um pedido de desculpas e uma preparação para a morte. É o testamento de um homem gasto pelo trabalho e o dever. A Índia desgastava os homens: o clima, a corrupção, a distância de casa, as hostilidades dos inimigos – tudo isso era motivo de atrito na experiência colonial portuguesa:

> Ao muito supremo e poderoso rei, Meu Senhor,
>
> Tenho grande desejo de escrever a Vossa Alteza porque não consigo suportar tocar em questões que ferem minha alma e das quais determinei deixar uma lembrança, não importa o que aconteça comigo [...] Meu filho está morto, como Deus quis e meus pecados merecem. Os venezianos e os muçulmanos do sultão o mataram. [...] Como resultado disso, os muçulmanos nessas partes estão esperançosos de grande ajuda. Parece-me que este ano não podemos evitar uma prova de força com eles, que é o que mais quero, porque me parece que, com a ajuda de Deus, temos de retirá-los totalmente do mar, para que não voltem a esta terra. E se Nosso Senhor for servido que eu termine meus dias dessa maneira, eu terei obtido o descanso que busco – ver meu filho na glória, onde Nosso Senhor o tomou em sua misericórdia, e então morrerei por ele e por Vossa Alteza.

Assinatura de Francisco de Almeida.

Havia uma advertência terrível na argumentação para esse empreendimento: "Há mais muçulmanos de Malaca até Ormuz do que no reino de Fez e Túnis – todos eles muito perniciosos para nós". Completou a carta em sua cabine, no dia 5 de dezembro de 1508. Francisco tinha a mente clara. Ele estava pronto para a batalha final, que decidiria o destino dos portugueses na Índia, e estava preparado para morrer.

A carta já estava pronta para ser selada quando navios foram avistados se aproximando da costa. A frota de Francisco partiu para lutar. Só quando chegaram perto conseguiram perceber as bandeiras portuguesas. Era Afonso, que finalmente havia chegado de Cochim para exigir o posto de governador. Ele estivera no mar continuamente durante quase dois anos e meio. Seu navio, o *Cirne*, estava tão podre com os gusanos que havia peixes nadando no porão. Eram necessários trinta homens trabalhando com as bombas, dia e noite, para mantê-lo na superfície.

Seguiu-se uma reunião desconfortável entre os dois comandantes. Inicialmente ela parecia amistosa. Afonso viera para educadamente reivindicar o governo das Índias. Francisco apontou para o fato de que seu mandato não terminava até janeiro, e que ele estava se preparando para partir para a guerra. Segundo alguns relatos, Afonso se ofereceu para levar a frota e terminar a tarefa para ele; em outros, ele se escusou da oferta de Francisco para que se juntasse à expedição: estava exausto e preferia permanecer em Cochim. Provavelmente não estava disposto a acompanhar os capitães que haviam desertado em Ormuz. Na manhã seguinte, os navios de Francisco saíram à caça da frota egípcia.

Terror e vingança, um teste de força. Francisco subiu a costa ocidental da Índia impelido por forças poderosas, tanto pessoais quanto estratégicas, e consciente de que um confronto final contra as forças do islã era inevitável e urgente. O vice-rei fora acusado de ser excessivamente cauteloso em sua interpretação das ordens de Manuel. Ao se recusar a ceder o governo da Índia a Afonso, ele agora as desobedecia abertamente. Estava convencido de que era necessário um confronto com a frota egípcia para a segurança do empreendimento português. Ao mesmo tempo, buscava vingança. Tinha resolvido tomar a lei em suas mãos, não importando as consequências caso ele voltasse a Lisboa.

A "vitória" muçulmana em Chaul inspirara um novo ânimo e a esperança de que os portugueses pudessem ser expulsos do oceano Índico. O samorim se preparava para enviar navios à frota em Diu e finalmente expulsar os malditos intrusos. Mas de perto a coalizão liderada pelos egípcios estava dividida e inquieta. Hussain sabia que era apenas uma questão de tempo até que os portugueses voltassem, e não estava otimista. Já experimentara o fogo dos canhões europeus à queima-roupa. Sua frota tinha sido seriamente danificada em Chaul; ele não dispunha de homens suficientes nem de dinheiro para pagá-los, e sua aliança com Malik Ayaz era turbulenta. A retirada e o enfrentamento da ira do sultão não eram uma opção. Tudo que Hussain podia fazer era esperar reforços. Ele desejava ardentemente matar os cativos portugueses que eram mantidos por Ayaz e enviar seus corpos esfolados, recheados de palha, para o Cairo, como prova de seu sucesso. Mas Ayaz não cooperava. Ele mantinha os prisioneiros cuidadosamente guardados e ponderava como administrar a situação, se mantendo entre o fervor do mundo islâmico e a ferocidade de seus inimigos.

Uma demonstração de seu poder não demorou a chegar. Com os reforços recém-enviados de Lisboa, Francisco de Almeida tinha a melhor frota já vista no oceano Índico desde a partida dos chineses. E o vice-rei estava de humor sombrio, atacando a costa enquanto navegava para o norte, exigindo submissão dos minúsculos estados mercantis e alimento para sua tripulação. Em fins de dezembro de 1508, ele tinha chegado a Dabul, que Lourenço desastrosamente não atacara dois anos antes, e que ele suspeitava estar aliada à frota egípcia. No último dia do ano, ele levou seus navios para a foz do rio, sondando cuidadosamente o caminho, ansiando por vingança.

Dabul era um rico porto mercantil muçulmano – bem protegido por um muro duplo de madeira, fronteado por um fosso e equipado com razoável artilharia. Naquela época havia quatro navios mercantes de Gujarati no porto, aumentando a ira de Francisco. Na véspera do ataque, o vice-rei reuniu seus capitães e passou uma mensagem incendiária. A assimetria dos números entre os portugueses e seus inimigos identificados justificava métodos extremos. Francisco lembrou seus capitães de que eles precisavam não apenas tomar a cidade, mas "incutir terror no inimigo que vocês estão perseguindo para que eles permaneçam completamente traumatizados – vocês sabem que eles estão atualmente cheios de si e arrogantes com a morte de meu filho e dos outros".

Foi obedecido à risca. No dia 31 de dezembro, de madrugada, os navios lançaram um bombardeio pesado e, simultaneamente, desembarques anfíbios dos dois lados da paliçada. A resistência em frente ao fosso foi esmagada por esse movimento em pinça. O muro de madeira caiu. Quando os soldados fugiram em desordem, os portugueses os perseguiram. Pesadamente armados e protegidos das flechas pelas armaduras, eles se abateram sobre a cidade. O que se seguiu foi um dia negro na história da conquista europeia, que deixaria os portugueses amaldiçoados para sempre em solo indiano.

Tomadas de surpresa, as pessoas fugiram em todas as direções. A carnificina foi indiscriminada, com o objetivo de não deixar nada vivo. Uma mulher da nobreza que estava sendo conduzida numa liteira foi atirada ao chão e massacrada, com seus carregadores; criancinhas eram arrancadas dos braços de suas mães aterrorizadas, penduradas pelos pés e jogadas contra as paredes. Mulheres e homens, jovens e velhos, vacas sagradas errantes e cachorros perdidos – tudo caiu sob a espada: "Finalmente nada que vivia ficou vivo". Os navios de Gujarati foram queimados. Em alguns lugares, a resistência foi valente, mas inútil. No fim do dia, Francisco reagrupou seus homens numa mesquita e tomou as ruas. No dia seguinte, permitiu o saque livre da cidade. Os homens saíram em grupos de vinte, depois voltaram à praia com seu butim. À medida que o dia passava, no entanto, Francisco começou a se preocupar que o saque desordenado e a bebedeira dos homens pudessem constituir um perigo, caso os habitantes resolvessem se reagrupar. Secretamente mandou incendiar a cidade. As pessoas escondidas nas adegas foram queimadas vivas, com os animais amarrados a suas baias; mulheres e crianças saíam gritando dos prédios incendiados, mas o vice-rei tinha montado destacamentos para abatê-las. Por toda a cidade havia pandemônio: os mugidos das vacas, o relinchar dos cavalos que queimavam nas cocheiras reais, os gritos de seres humanos, o cheiro de carne queimando, a destruição da maior parte da riqueza da cidade. Quando o fogo cedeu, os saqueadores examinaram as cinzas, reviraram os porões, ainda com corpos humanos, e investigaram os poços na esperança de resgatar alguma coisa de valor.

Parando apenas para destruir as instalações ao longo da margem, Francisco de Almeida reembarcou seu Exército e partiu no dia 5 de janeiro de 1509. O número de muçulmanos mortos não tinha sido contado, mas era enorme, o de portugueses, desprezível. Ao chegarem a Chaul, Francisco mandou uma mensagem peremptória exigindo tributo, que ele esperava coletar quando voltasse de sua vitória contra a frota muçulmana. Encontraram a ilha de Mahin (perto de Mumbai) deserta. As pessoas tinham fugido; as notícias de Dabul tinham viajado rapidamente pela costa. Esse massacre se comparou à destruição do *Miri* por Vasco da Gama, como ato imperdoável que iria demorar muito tempo para ser esquecido. Ao longo da costa escoriada, um homem amaldiçoaria com uma praga inédita: "Possa a ira dos francos cair sobre você".

Francisco continuou navegando em direção a Diu, ansioso por encontrar e destruir a frota egípcia, tendo em sua posse uma carta de Malik Ayaz, que se preparava desanimadamente com Hussain para a batalha esperada. A carta buscava a amizade do vice-rei e garantia a ele que os prisioneiros tomados em Chaul estavam sob seus cuidados e eram bem tratados. E dava informações úteis sobre a disposição da frota mameluca. Ayaz outra vez protegia seus interesses.

Se Ayaz tivesse qualquer dúvida a respeito do que lhe estava reservado, juntamente com as céleres notícias a respeito do destino de Dabul ele recebeu a resposta de Francisco. Era polidamente formal e profundamente ameaçadora:

> Eu, o vice-rei, me dirijo a vós, muito honrado Malik Ayaz, para informar-vos de que estou a caminho de vossa cidade com meus cavaleiros, para procurar os homens abrigados aí depois de lutarem com os meus em Chaul e matarem um homem conhecido como meu filho. E estou indo com a esperança de Deus no Céu para descarregar vingança sobre eles e sobre os que os ajudaram. E se não os encontrar, vossa cidade não me escapará. Irá me pagar

de volta por tudo, e do mesmo modo ireis vós, que deu tamanha ajuda em Chaul. Estou informando-vos disso para que estejais plenamente consciente quando eu chegar. Estou a caminho. Estou neste momento na ilha de Bombaim [Mumbai], como o homem que está levando esta carta poderá atestar.

15

DIU

fevereiro de 1509

Quando a frota portuguesa surgiu à vista, em 2 de fevereiro de 1509, a discussão tática dos muçulmanos estava crivada de hesitação e desconfiança. A frota muçulmana era constituída de seis carracas mamelucas e seis galeotas, quatro carracas de Gujarati, fustas de Ayaz, agora reduzidas a trinta, e possivelmente setenta embarcações leves de Calicute. Tinham uns 4 ou 5 mil homens. Os navios estavam aninhados dentro da foz do rio no qual ficava Diu, em uma situação análoga à de Chaul. Havia discordâncias fortes sobre como proceder.

Hussain queria lutar com o inimigo cedo, enquanto os portugueses ainda não estivessem preparados, depois de uma longa viagem, e travar combate no mar. Ayaz via isso como desculpa para os egípcios se separarem e fugirem, se a luta tivesse um resultado ruim, deixando-o para encarar as consequências sozinho. Ele insistiu para que lutassem dentro do rio, protegidos por canhões nas margens e potencialmente com a ajuda do povo da cidade – o que lhe daria uma chance de escapar por terra. Ele se recusou a permitir que seus navios ou os de Calicute saíssem. Com a ameaçadora mensagem de Francisco de Almeida soando em seus ouvidos, ele achou melhor não comparecer à batalha, citando questões urgentes em outro lugar. Hussain prontamente desmascarou seu blefe, navegando para fora e mandando que as carracas de Ayaz fizessem o mesmo.

Ayaz, chamado à cidade por um mensageiro, deu uma contraordem. Criou-se um impasse. Os dois comandantes deviam ser algemados juntos e destituídos por desconfiança mútua. Hussain, depois de um infrutífero duelo de artilharia de longo alcance no mar, foi obrigado a aceitar o inevitável e lutar dentro do rio. Ayaz foi obrigado a participar, mais uma vez com a esperança de que pudesse apenas simular uma batalha enquanto minimizava tanto seu envolvimento quanto as suas perdas. Ele poderia bloquear inteiramente os portugueses levantando uma corrente que fechasse o porto; eles seriam obrigados a dar a volta. O fato de não tê-lo feito provavelmente fazia parte de um cálculo preciso: ele avaliou que, se procedesse assim, seu ato seria percebido como ação hostil por Francisco, pelo que ele teria de pagar mais cedo ou mais tarde; pode também ter calculado que a destruição da embaraçosa frota mameluca seria uma vantagem para ele, e que, de um modo ou de outro, poderia selar a paz com o vice-rei.

Essas contradições deixavam mais uma vez a frota muçulmana em posição defensiva, semelhante à de Chaul. As carracas foram ancoradas aos pares, próximas à margem, em fila, com a proa voltada para a frente do porto; primeiro as seis carracas de Hussain, depois as galeotas, depois as carracas de Gujarati. As fustas e embarcações leves a remo de Calicute ficaram mais a montante, com o objetivo de cair sobre os portugueses por trás, uma vez que eles tivessem travado batalha com os navios grandes. Os canhões de terra forneceriam fogo de cobertura adicional. Presumia-se que o inimigo iria repetir as táticas de Chaul; com fome de honra, eles se agarrariam a seus oponentes, em vez de explodi-los de longe.

Discussões táticas semelhantes tinham lugar no navio de Francisco. O vice-rei era enfático ao dizer que essa batalha era o momento crítico para as fortunas portuguesas – "Fiquem certos de que, conquistando essa frota, vamos conquistar a Índia" – e que a presença deles, como um todo, estava à prova. Ele queria ter a honra de liderar pessoalmente o ataque sobre a nau capitânia de Hussain. Entretanto, os capitães objetaram quanto a isso. Dada a morte de Lourenço, eles resistiram firmemente ao desejo de Francisco de pôr em perigo a própria vida. Seria melhor para ele controlar a batalha de seu navio capitânia, o *Frol de la Mar*, e deixar que outros levassem os golpes iniciais. Esse foi o primeiro sinal de que tinham aprendido algo com o desastre em Chaul. Eles aprimoraram seu senso tático de outras formas. O fogo de canhões teria papel fundamental na batalha. Eles poderiam posicionar seus melhores arqueiros e atiradores de elite no cesto da gávea, garantir-se contra contingências – materiais para fechar buracos e água para apagar incêndios estariam à mão, e homens prontos para essas tarefas – e depois, atacar como antes: as carracas atacariam as carracas muçulmanas, as galeotas, suas galeotas. O poderoso *Frol de la Mar* deveria ser uma plataforma de artilharia flutuante, despida de soldados. Sua tripulação básica de marinheiros e artilheiros pulverizaria os navios e bloquearia um contra-ataque

Carracas portuguesas: fortemente armadas com canhões e grandes topos de combate.

por trás das embarcações muçulmanas a remo. Algumas das lições do mestre artilheiro alemão em Chaul tinham sido absorvidas.

Madrugada. Três de fevereiro de 1509. Os navios esperavam a brisa e a maré entrarem no estreito canal do rio. O vice-rei enviou para cada capitão uma mensagem:

> Senhores, os rumes não vão sair, já que até agora não saíram. Portanto, lembrando-se da Paixão de Cristo, mantenham um olhar aguçado para o sinal que farei quando a brisa do mar começar a soprar, e iremos e serviremos almoço para eles; acima de tudo, recomendo que tenham muito cuidado, [...] que fujam do fogo, caso os muçulmanos ateiem a seus próprios navios para queimá-los com os seus ou para arrastá-los para a margem, cortando os cabos das âncoras.

Duas horas mais tarde a brisa começou a soprar. Uma fragata leve passou pela fila de navios. Em cada uma das embarcações, um homem subiu a bordo e leu a proclamação do vice-rei para a companhia reunida. Francisco havia composto, para uma plateia arrebatada, uma mensagem comovente e retórica, cheia de um sentimento de responsabilidade histórica e guerra santa:

> Dom Francisco de Almeida, vice-rei da Índia pelo mais alto e excelente rei dom Manuel, meu senhor. Anuncio para todos os que virem minha carta, que [...] neste dia e nesta hora estou na barra de Diu, com todas as forças que tenho para travar batalha com uma frota do Grande Turco, que ele ordenou, que veio de Meca para lutar e causar dano à fé de Cristo e contra o reino do rei meu senhor.

Ele prosseguia, delineando em termos ressonantes a morte de seu filho em Chaul, os ataques a Cananor e Cochim, a inimizade do rei de Calicute "com a grande armada que ele ordenou que fosse enviada". Enfatizou a necessidade "de prevenir o perigo maciço que se seguirá se esses inimigos não forem punidos e eliminados". Não era apenas vitória, era a aniquilação que Francisco buscava infligir, enquanto aqueles que morressem no lado português seriam mártires. Embora não haja registros das preparações nos navios muçulmanos, é altamente provável que semelhantes chamados ao martírio em nome de Deus tenham sido feitos.

À medida que o arauto ia seguindo a fila, ele era também instruído a ler para os homens em cada navio uma lista de promessas e recompensas que se seguiriam à vitória – desde os cavalheiros, que seriam elevados à nobreza mais alta, aos condenados, cujas sentenças seriam comutadas. Em nome dos escravos que morreram em batalha, pagamentos seriam feitos a seus donos; se eles vivessem, a recompensa seria a liberdade. Todos tiveram permissão para saquear quando a batalha estivesse ganha.

Com a brisa aumentando, os homens foram inflamados para a batalha. O *Frol de la Mar* disparou um tiro para assinalar o avanço. No campo muçulmano, eles também tinham feito seus preparativos. Os navios foram envolvidos em redes para dificultar a abordagem e permitir que os homens atirassem mísseis sobre seus atacantes; as laterais foram reforçadas com grossas tábuas para maior proteção, e os cascos acima da linha-d'água estavam revestidos de sacos molhados de algodão grosso, para impedir a operação de fogo.

Com seu tradicional grito de "Santiago!", os portugueses desfraldaram as velas. Os navios entraram no canal sob o clamor de trombetas e o retumbar de tambores. Os canhões dos muçulmanos já estavam prontos na margem e em uma ilha do outro lado do canal à medida que a frota atravessava. Francisco tinha escolhido seu navio mais velho, o *Santo Espírito*, para abrir caminho, para sondar e levar o primeiro tiro. Apanhado no meio do fogo cruzado vindo dos dois lados, "por cima de tudo uma chuva de tiros, caindo como uma chuva de pedras", o convés do *Santo Espírito* foi varrido. Dez homens morreram, mas a frota passou pelo gargalo do canal, e eles se viraram, um a um, para mirar os alvos escolhidos.

O objetivo principal para as carracas em liderança era a nau capitânia inimiga, sempre a chave para uma batalha. Dessa vez, os portugueses tencionavam fazer um uso mais prudente de sua artilharia. O *Santo Espírito* se estabilizou enquanto se aproximava e atirou nas carracas ancoradas à queima-roupa. Um tiro direto no navio ao lado do de Hussain abriu-lhe um buraco no flanco; o navio, adernando, emborcou e afundou, afogando a maior parte da tripulação, sob os vivas dos atacantes. Rapidamente os portugueses se aproximaram do capitânia em grupos de dois. Mais abaixo na fila, a batalha também era travada – carracas contra carracas, galeotas contra galeotas. A montante, as fustas leves de Ayaz esperavam para avançar sobre os inimigos por trás.

Houve um rugido confuso à medida que os navios convergiam: os navios muçulmanos, ancorados, esperando pelo golpe; os portugueses, virando de costado para atirar à queima-roupa antes de atacar seus inimigos; os egípcios respondendo da melhor maneira possível. O sol foi obscurecido, "a fumaça e o fogo eram tão espessos que ninguém conseguia ver nada". No relato dos cronistas, era uma cena de fim de mundo: o rugido dos canhões era "tão amedrontador que parecia ser trabalho do diabo, e não dos homens"; "uma infinidade de flechas" zunindo através da fumaça espessa; os gritos de batalha de encorajamento, chamando os nomes de seus deuses, cristãos e muçulmanos, os nomes de santos; os gritos dos feridos e dos moribundos, "tão altos que parecia o dia do julgamento". A chegada acurada até os alvos se tornava difícil pela velocidade da correnteza e a brisa forte; alguns navios se chocaram diretamente com seus oponentes; alguns apenas acertaram seus golpes de passagem e prosseguiram; outros passaram do alvo e foram carregados correnteza acima,

Diu.

temporariamente fora de combate. Ficou claro que Hussain tinha bons canhões e artilheiros hábeis em suas carracas – muitos dos quais eram renegados europeus –, mas o campo de fogo deles era atrapalhado por sua posição estática, voltada para a frente, e tinham muito menos experiência de luta.

Os grupos que chegavam a bordo nos castelos de proa dos navios de Francisco de Almeida ficaram prontos para pular ao primeiro impacto, quando os ganchos dos arpéus fossem jogados para amarrar os navios e depois bobinados pelos escravos. O choque da colisão foi explosivo, mas o *Santo Espírito*, embora atingido no canal, avançou sobre o navio capitânia de Hussain, a presa principal e o núcleo da batalha. Homens pularam quase antes de o navio estar amarrado e abriram caminho até o convés em luta. Acima deles, agarrados à rede, arqueiros mamelucos lançavam uma chuva de mísseis; depois o capitão do *Santo Espírito*, Nuno Vaz Pereira, liderou uma segunda força. Parecia que o navio de Hussain ia ser tomado, mas, na fumaça e na confusão, as mudanças na sorte são súbitas. Uma das outras carracas egípcias, manobrando com seus cabos da âncora, atacou o *Santo Espírito* pelo outro lado, deixando-o preso entre dois navios egípcios. Imediatamente o ataque se transformou em defesa; os portugueses foram obrigados a abandonar sua presa e proteger seu próprio vaso. No coração da batalha, Nuno Vaz, sentindo um calor insuportável dentro da armadura, ergueu a proteção da garganta para respirar e foi atingido por uma flecha. Carregaram-no para baixo, mortalmente ferido. Esse foi um momento crítico para a luta no navio capitânia; os portugueses hesitaram. Então um segundo navio, o *Rei Grande*, bateu no navio capitânia pelo outro lado, e uma nova onda de homens irrompeu a bordo. Eles conseguiram puxar para baixo a rede, prendendo os que se penduravam nela. A iniciativa mudou mais uma vez.

Lutas semelhantes estavam em andamento em toda a fila de carracas; depois de disparar seus canhões, os portugueses caíram sobre seus inimigos com bravura temerária. O pequeno *Conceição* tentou abordar outra carraca de amuradas altas, 22 homens pularam a bordo, inclusive Pero Cão, o capitão, mas o *Conceição* passou direto, deixando os homens isolados no navio inimigo, onde estavam em número muito menor. Pero tentou contornar os agressores arrastando-se por uma portinhola, e foi prontamente decapitado, assim que sua cabeça emergiu. Os demais homens entocaram-se no castelo de proa e resistiram até serem resgatados em outro assalto feito por outros navios. No *São João*, dirigindo-se para outro navio mameluco, uma dúzia de homens que esperavam o ataque tinha feito um juramento de pular juntos ou morrer. O *São João* estatelou-se sobre o alvo com tal força que quicou e se desviou. No momento do salto, apenas cinco homens conseguiram passar, mas em inferioridade numérica; três foram mortos por arqueiros, mas os dois outros se refugiaram no porão atrás de anteparos e não puderam ser arrancados de lá. Apesar de perderem sangue por causa dos ferimentos por flechas e estilhaços de madeira, continuaram a lutar, matando oito homens que tentavam fazê-los sair, e finalmente foram resgatados, mais mortos que vivos, quando o navio foi tomado.

Junto com muitos dos portugueses que tomaram parte na batalha, os nomes desses dois homens valentes foram anotados – Antônio Carvalho e Gomes "Cheira Dinheiro" –, no entanto, seus oponentes permaneceram quase completamente anônimos. Os treinados guerreiros, a infantaria mameluca, vestidos com cotas de malha flexíveis e elmos abertos com plumas vermelhas e protetores de pescoço e de nariz, eram mais ágeis que os europeus, com armaduras pesadas. Eles lutaram bravamente, mas estavam em inferioridade numérica, estorvados pela intenção malévola de Ayaz, que devotamente os queria fora de seu território, mortos ou vivos, e seus navios ficaram imobilizados pelas táticas de Hussain e em inferioridade de fogo, pela força superior da artilharia portuguesa. Ao lado deles lutavam núbios e abissínios negros, além de arqueiros turcomanos, "altamente hábeis e extremamente acurados". Na batalha aérea da luta, no topo, a capacidade desses arqueiros pasmou seus oponentes. Os portugueses foram obrigados a se abrigar atrás de anteparos de madeira do voo sibilante das lanças, chicoteando pelo ar, espetando os mastros até que rachassem, atingindo seus alvos humanos sem parar. No fim do dia, um terço dos homens de Francisco tinha sofrido ferimentos por flechas. Em seus cestos da gávea, o melhor que os portugueses conseguiam fazer era correr de trás dos anteparos, jogar pedras nos conveses dos navios rivais e rapidamente se abrigar outra vez.

Mas o espírito dos mamelucos e a habilidade de seus arqueiros não eram suficientes. Muitos dos homens de Ayaz não eram profissionais, a tentadora segurança dos portões de sua cidade estava à mão. Enquanto Hussain tentava valentemente salvar seu navio capitânia, Ayaz permaneceu em terra, observando de uma prudente distância. Até a fumaça, que obscurecia e revelava a batalha em relances alternados, estava a favor do inimigo: o vento soprava no rosto dos muçulmanos, dando momentos de vantagem aos seus assaltantes.

A montante, travava-se uma luta feroz entre galeotas rivais. O peso da artilharia eliminou duas galeotas muçulmanas; uma vez que foram abordadas, os portugueses conseguiram dar um jeito de virar os canhões delas para cima das demais. Eventualmente, os tiros derramados sobre os flancos das embarcações baixas egípcias, imobilizadas na margem apenas com canhões voltados para a frente, se mostraram avassaladores, matando os escravos acorrentados e quebrando os remos. As tripulações abandonaram o navio e fugiram para a terra.

No meio do canal, grandiosamente vestido em uma cota de malha, um elmo e placa peitoral magnificamente trabalhados, o vice-rei observava a batalha do *Frol de la Mar*. O *Frol* era o navio maior e mais grandioso da frota portuguesa, com convés triplo e pesadamente armado de canhões, embora já tivesse então oito anos de idade e sentisse seu peso. Vazava e exigia bombeamento contínuo. No início da batalha, dezoito de seus canhões abriram um poderoso fogo de costado sobre as carracas de Gujarati. A vibração dos canhões, sacudindo o vaso de quatrocentas toneladas, foi tão violenta que este começou a se desfazer. O perigo de afundar se tornou uma súbita causa de preocupação – o afundamento do navio capitânia poderia virar a maré da batalha. Sua sobrevivência foi atribuída a um milagre divino; as cordas nas costuras incharam com a água, estancando os vazamentos, de modo que o navio continuou selado e não precisou de mais bombeamento.

Com a batalha a pleno vapor, Ayaz finalmente sentiu-se obrigado a ordenar que o comandante das fustas e dos pequenos *dhows*, o caolho Sidi Ali, "o Torto", acabasse com os portugueses pela retaguarda. O *Frol*, no entanto, estava especificamente posicionado para impedir essa ameaça. A armada, remando furiosamente em velocidade de combate, tentou se arremessar violentamente, ultrapassando o navio capitânia, mas o vento e a corrente atrasaram o progresso, e, quando eles ficaram lado a lado com o *Frol*, tornaram-se um alvo fácil. Três tiros pesados os atingiram enquanto eles remavam, despedaçando a linha de frente, estilhaçando as embarcações e atirando homens à água; o caos se instalou na formação compacta. Aqueles que vinham atrás não conseguiram contornar os detritos e se chocaram contra os navios quebrados; três outros tiros pegaram o grupo inteiro. O ataque desintegrou-se. Os que estavam atrás deram a ré e giraram meia-volta para evitar uma catástrofe ainda maior; poucos navios mais valentes, achando que poderiam passar antes que os portugueses atirassem outra vez, continuaram avançando, mas a velocidade com que os artilheiros recarregavam os pegou de surpresa. Essa parte essencial do plano de Hussain desabou.

Os muçulmanos lutaram bravamente, mas sua falta de lutadores treinados e a habilidade profissional dos portugueses, além do peso de sua artilharia, tornaram o resultado inevitável. Um a um, os navios deles foram capturados ou abandonados. O navio capitânia de Hussain acabou se rendendo, na hora em que o próprio Hussain já tinha escapulido num barco pequeno. Outros vasos, cujos soldados não sabiam nadar, cortaram a âncora de proa e tentaram arrastar os barcos de volta à terra. Mais uma vez os portugueses lançaram seus barcos pequenos para apunhalar e massacrar os homens que estavam na água, para que "o mar ficasse vermelho com o sangue dos mortos". Alguns dos pequenos *dhows* de Calicute conseguiram sair para mar aberto e seguir pela costa de Malabar abaixo, com as tristes notícias, e a maior das carracas de Gujarati, um navio com conveses gêmeos de umas seiscentas toneladas, manejada por quatrocentos homens, resistiu o dia inteiro. Foi levada até muito próximo da terra para que os navios portugueses pudessem fazer a abordagem, e seu casco era extremamente resistente. Foi necessário um bombardeio geral sustentado por parte da frota inteira para afundá-lo, fazendo-o se assentar no fundo com sua superestrutura ainda acima da água. A tripulação fugiu para a terra.

No fim do dia, Francisco foi de navio a navio, abraçando seus capitães, perguntando sobre os feridos. Pela manhã, houve uma reunião cerimonial no navio capitânia, ao som das trombetas, e depois uma contagem das perdas. Os números variavam entre trinta e cem mortos, e talvez trezentos feridos – principalmente por estilhaços de madeira e por flechas –, mas a vitória foi completa. A frota egípcia foi aniquilada. Todos os seus navios afundaram, foram capturados ou queimados. Fora Hussain, e 22 que fugiram com ele, poucos rumes sobreviveram para contar a história. De acordo com fontes portuguesas, 1.300 homens de Gujarati morreram, e um número desconhecido de Calicute. Três de suas carracas, inclusive o navio capitânia, foram incorporadas à frota portuguesa, com duas galeotas e seiscentas peças de artilharia. A batalha tinha sido devastadora.

A manhã trouxe também uma pequena fusta com uma bandeira branca. Ayaz jogou suas cartas cautelosamente até o fim. Ele prontamente devolveu os cativos portugueses que vinha tratando com tanto cuidado desde Chaul, todos magnificamente vestidos em seda e providos de bolsas recheadas de ouro. Ele ofereceu a rendição incondicional de Diu e vassalagem ao rei de Portugal, e mandou à frota copiosos presentes de comida.

Francisco de Almeida não queria Diu; ele a considerava impossível de defender com as forças de que dispunha. Exigiu uma substancial indenização dos mercadores muçulmanos que tinham subsidiado a frota em Diu, o que recebeu, e uma terrível vingança. Depois da morte de Lourenço, o vice-rei perdeu qualquer senso do razoável; sua reputação foi manchada pela impiedade e pelas sádicas vinganças. Ayaz teve de entregar todos os rumes que ele abrigava na cidade a uma variedade de destinos horríveis. O governador suavemente aquiesceu. Alguns tiveram as mãos e os pés cortados, e foram queimados vivos em uma grande pira; outros foram amarrados à boca de canhões e despedaçados, ou postos algemados nos navios capturados que foram afundados a tiros. Alguns foram obrigados a matar uns aos outros. As portas da cidade foram decoradas com rosários sangrentos de partes de corpos desmembradas, "porque, através desses portões, os muçulmanos que mataram meu filho tinham entrado e saído". Alguns, ele manteve vivos nos navios. A ira dos francos seria lembrada durante muito tempo. Foi enfrentada no mundo islâmico com sofrimento estoico: "Esses intrusos foram embora vitoriosos, tal sendo o decreto de Deus altíssimo, e esse desejo dele, que é indiscutível, e contra o que nada pode prevalecer".

Francisco de Almeida foi de volta para Cochim como viera, traumatizando o costão litoral à sua passagem. Os portos marítimos por onde ele passava eram tratados com revoadas de cabeças e mãos; em Cananor, cativos foram linchados pelos marinheiros e enforcados nos mastros; mais cadáveres adornavam os cordames quando ele fez sua volta triunfante a Cochim, ao clamor das trombetas. Os estandartes reais do sultão mameluco foram despachados para Portugal e dependurados no convento da Ordem de Cristo, em Tomar. Se o resultado em Diu talvez fosse inevitável, suas consequências foram profundas. Ele destruiu de uma vez por todas a credibilidade dos sultões mamelucos e as esperanças muçulmanas de que os portugueses pudessem ser varridos do mar. Os francos estavam no oceano Índico para ficar.

Quando Francisco desceu a terra em Cochim para a celebração de sua vitória, Afonso de Albuquerque o esperava na praia. Viera aplaudir e aclamar seu comando. Francisco passou por ele sem falar. Recusou-se a abrir mão do posto, citando que era tarde demais para ele navegar até sua casa, e que o rei tinha dito a ele para governar até ir embora. Atrás disso estava o feroz partidarismo que rodeava os amotinados de Ormuz e a feroz reputação de Afonso. Acusações foram feitas contra Francisco, de que estava mental e moralmente prejudicado para governar. "Em minha opinião", atestou um de seus inimigos, "a Índia está agora em maior perigo por parte de Afonso do que jamais esteve com os turcos!" Homens ameaçavam ir embora da Índia antes de servir sob seu comando; foi feita uma denúncia contra ele por mau governo. Em setembro, Francisco de Almeida mandou que ele saísse de Cochim; o elefante da fortaleza destruiu a casa dele, e o navio que o levou até Cananor estava tão comido por gusanos que Afonso achou que estavam tentando matá-lo. Em Cananor, ele foi efetivamente aprisionado, embora a administração portuguesa fosse amplamente solidária à sua causa. Afonso de Albuquerque parece ter suportado essa situação com considerável paciência; de pavio curto, ele também era rápido em perdoar. Quando João da Nova, o homem cuja barba ele arrancara e que desertara, morreu na pobreza, naquele ano, ele pagou as despesas do funeral.

A situação só foi resolvida quando a frota de especiarias do ano chegou a Cananor, em novembro, comandada pelo jovem mas convencido dom Fernando Coutinho, marechal de Portugal, um homem que chegou com plena autoridade real. Ele levou Afonso de Albuquerque de volta a Cochim e exigiu a entrega do poder. Afonso finalmente assumiu a governança da Índia, para alarme de diversos de seus subordinados. No dia seguinte, Francisco de Almeida partiu da Índia para sempre, para enfrentar a insatisfação do rei em Lisboa.

Uma vidente previra que Francisco não ultrapassaria o cabo da Boa Esperança vivo; no mar, ele passou os dias compondo seu testamento. Deixou esmolas para os prisioneiros, um grande diamante para o rei, dinheiro para seus criados e liberdade para seus escravos. Em março de 1510, seu navio contornou o cabo da Boa Esperança sem incidentes, depois parou na baía da Mesa para pegar madeira, água e provisões, e ali ele foi morto numa batalha obscura e sem sentido com os Khoikhoi, que provavelmente reagiram à tentativa de seus homens de roubar algum gado e possivelmente sequestrar algumas crianças. Provavelmente os portugueses foram surpreendidos. Em todos os sentidos, aquilo foi um grande desastre. Cinquenta homens morreram naquele dia, inclusive uma dúzia de capitães e membros da alta nobreza, quase tantos quanto os que perderam a vida na batalha em Diu.

Dizem que o epitáfio de Francisco foi posto em uma igreja em Portugal:

AQUI JAZ
DOM FRANCISCO DE ALMEIDA
VICE-REI DA ÍNDIA
QUE NUNCA MENTIU NEM FUGIU

Mas seus restos mortais jazem enterrados numa sepultura improvisada no litoral africano.

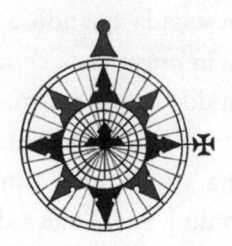

Parte III
CONQUISTA

O Leão do Mar

1510-1520

16

AS PORTAS DO SAMORIM

janeiro 1510

Se Afonso de Albuquerque achou que a partida de Francisco de Almeida poderia, por fim, liberá-lo para cumprir seus deveres como governador da Índia, ele estava enganado. Dom Fernando Coutinho podia ser seu parente, mas também era um marechal português, o oficial de mais alta patente a visitar as Índias, um personagem importante na Corte Real. Ele apresentou a Afonso ordens peremptórias do rei para destruir Calicute, que ainda era uma pedra no sapato do orgulho português. Fernando Coutinho viera com uma grande frota e a autorização para agir independentemente do governador, que era solicitado a ajudar.

Essa seria a vez de Coutinho. O marechal era jovem, teimoso, não aceitava conselhos, ávido por glória e um tanto corpulento. Prometera voltar ao rei com um souvenir da missão para a qual tinha sido enviado. Com vista para a praia em Calicute, o samorim tinha um pavilhão decorado com requinte chamado Cerame, "feito de madeira ricamente entalhada", onde ele desfrutava a brisa do mar, e que era adornado com lindas portas, decoradas com imagens de "animais e pássaros em placas de prata e ouro". Esse exótico objeto de desejo, muito falado na Corte portuguesa, seria o troféu do feito heroico que Fernando Coutinho iria empreender. Ele viera efetivamente com objetivos militares, para mostrar aos velhos experientes na Índia como resolver o problema de Calicute com um só golpe.

Havia também alguma justificativa para acreditar que esse era um momento propício. Espiões de Cochim informaram ao marechal que o samorim estava doente e fora da cidade; os navios mercantes visitantes, atraídos à praia antes de partir para a Arábia, estavam vulneráveis. A destruição deles danificaria severamente as rendas do samorim com impostos – sua única fonte de riqueza. No conselho de guerra para discutir o plano, Afonso não convencia. Ele achava que, enquanto Calicute estivesse em paz com Cochim, como naquele momento, isso era amplamente vantajoso para o comércio de pimenta-do-reino dos portugueses, e ele sabia mais a respeito das dificuldades táticas do assalto do que o marechal. Calicute não tinha porto, e a praia era um lugar de difícil desembarque. As correntes abundavam ao longo das margens, e o mar podia ser tumultuoso. Fernando rispidamente lembrou-o de que "o conselho de guerra não podia agir em sentido contrário às ordens do rei. Ele apenas decidia como o ataque deveria ser organizado. Não tinha outro objetivo". E soltou o brado de chamada para todos os capitães presentes que poderiam servir tanto para os mais magnificentes momentos da coragem portuguesa quanto para seus mais desastrosos juízos errôneos, ou seja, que "a melhor coisa no mundo, depois do amor a Deus, era a honra". "Honra": uma palavra usada durante todas as décadas de conquistas, resistências e derrotas portuguesas. Afonso foi voto vencido.

Raramente havia qualquer elemento de surpresa possível nas operações militares ao longo da costa malabarense. O samorim logo soube da grande frota em Cochim e adivinhou suas intenções. Mandou um embaixador para pedir paz. Seja lá que simpatia Afonso tivesse pela proposta – e ele tinha bons motivos para confiar nesse visitante particular –, ele tinha de admitir que o homem havia chegado tarde. O embaixador ficou assustado demais para voltar a Calicute com más notícias. Escolheu permanecer com os portugueses. No último dia de dezembro de 1509, a frota se pôs ao mar – cerca de vinte navios e 1.600 homens, além de vinte barcos pequenos de

Cochim, levando marinheiros conhecedores das condições do mar em Calicute para ajudar no desembarque.

Na noite de 2 de janeiro de 1510, a frota se agitava na praia da cidade. A cidade jazia à frente deles: uma longa fita de areia orlada com as palhoças dos pescadores, com tetos de palha; atrás, lojas e armazéns; depois as casas caiadas dos mercadores eram vislumbradas entre as palmeiras; as casas dos nobres, de madeira e pedra; minaretes e os tetos dos templos hindus. Calicute se espraiava por uma grande área e não tinha defesa visível; era um labirinto de aleias estreitas entre altos muros, serpenteando para trás em ladeira até os contrafortes dos *ghats*, onde se situava o palácio do samorim, a uns cinco quilômetros do mar.

Calicute vista do mar, com os *ghats* ocidentais ao fundo.

Os invasores não eram esperados. Em sua ausência, o rei tinha nomeado um regente, que reunira todos os naires ao seu dispor, além de arqueiros e toda a artilharia que ele tivesse; o Cerame, o objetivo ardente do marechal, situado de forma destacada, a um tiro de besta da água, tinha sido fortificado com barricadas e bombardas, e homens armados foram posicionados entre as casas de trás, prontos a defendê-lo.

Na cabine do marechal, os capitães se encontraram para planejar o ataque. Eles desembarcariam em dois grupos – os homens da "Índia", de Afonso, ao sul do Cerame; a força de "Portugal", de Fernando, ao norte – e cairiam sobre a construção num movimento tenaz, cada contingente liderado por seu comandante, que teria a honra de chegar com suas flâmulas, antes dos demais. Não era para ninguém tocar nas portas do Cerame, porque elas eram para Manuel. Aí então eles iriam tomar os portões da cidade e cair sobre Calicute.

Durante toda a noite os soldados esperaram, afiando suas armas, recebendo absolvição geral dos padres e encomendando suas almas a Deus. Ao lado desses rituais preparatórios para a batalha corria um clima amplamente difundido de expectativa cobiçosa. A cidade era considerada fabulosamente rica, e a perspectiva de saque fácil atiçava os apetites. Já era quase madrugada quando Fernando acendeu o sinal de fogo em seu navio; os homens subiram em escaleres que foram remados na direção da praia. Uma lua brilhante delineava a terra à frente deles, as casas entre as palmeiras, os telhados de cobre dos templos e os picos das mesquitas. A força de Afonso de Albuquerque, com cerca de seiscentos homens, desembarcou perto do Cerame em formação ordenada. Eles prosseguiram em marcha em sua direção. Os homens do marechal, no entanto, foram levados ao longo da praia pela corrente e viram-se a alguma distância de seu objetivo.

Era para Afonso esperar por Fernando, mas seus homens, incentivados pela atração do saque, não puderam ser contidos. A disciplina se rompeu. Em vez de arriscar um pandemônio, Afonso mandou que as trombetas soassem e soltou o grito de batalha, "São Tiago!", para assinalar um ataque completo. Os naires correram gritando de dentro das casas próximas ao Cerame, e teve início uma luta feroz. Do ponto de observação acima da praia, os canhões soltaram um rugido ensurdecedor, mas os artilheiros inexperientes miraram muito alto. Incansavelmente, os portugueses pressionaram com suas lanças; atacaram as barricadas e mataram alguns homens. O restante fugiu por entre as casas. Enquanto isso, homens com machados soltavam as famosas portas dos batentes. Carregaram-nas até a praia e as puseram num navio. Para impedir que os homens prosseguissem para a cidade antes do marechal, e para evitar qualquer contra-ataque súbito, Afonso instalou uma guarda à entrada das ruas.

O marechal vinha lentamente pela praia. Ele conseguia escutar os gritos e o troar dos canhões, ver o fogo subindo das casas incendiadas. Quando chegou, as portas tinham sumido. Fernando estava furioso. Tudo em que ele conseguia acreditar era que Afonso o tinha privado do triunfo, que era dele por direito, e tomado a glória para si. Com petulância, ele cercou o governador. Afonso tentou acalmá-lo com palavras pacíficas, ornamentadas com fala sobre glória e honra: "Sois o primeiro capitão a ter desembarcado homens e entrado na cidade de Calicute, e ganhastes o que buscavas – as portas de Cerame estão agora a bordo". Isso não teve outro efeito visível além de reduzir Fernando a uma apoplexia de raiva. "O que é esse Afonso de Albuquerque?", cuspiu ele de volta. "Vossas palavras não passam de uma baforada de ar." Ele se recusava a ser apaziguado: "Essa honra é vossa. [...] Não quero nada dela. Eu teria vergonha de ir lutar contra selvagens nus que fogem como cabras". Num ataque de petulância, Fernando mandou que as famosas portas fossem jogadas ao mar, tirou seu elmo, entregou-o a seu pajem, com seu escudo e a lança, e exigiu dele de volta uma boina vermelha e um bastão. Chamando Gaspar de Almeida, mandou que lhe mostrasse o caminho para o palácio do rei, do qual ele tomaria outras portas com maior honra que aquelas que tinham sido roubadas dele na praia. "E o rei meu senhor saberá que com um bastão na mão e uma boina na cabeça fui até as casas do rei [...] nessa tão altamente famosa Calicute, que não contém nada além de homenzinhos pretos."

Nessa cena, o cronista Gaspar Correia retratou Afonso apoiado em sua lança, com o escudo jogado de lado, rodeado por guerreiros e tentando argumentar com o marechal. Ele agora estava alarmado. Os soldados estavam cansados, e o enraivecido Fernando Coutinho não tinha ideia do que propunha. Afonso apelou para ele:

> Possa o Senhor ajudar-vos. Devo dizer-vos que, se tomardes aquela estrada, esses pequenos pretos nus, que fogem como cabras, encontrareis mercadores muito formidáveis cujos bens vos custarão caro. Imploro-vos, por piedade, que não tomeis aquela estrada [...] Daqui até a casa do rei é um longo caminho, as ruas

são ruins, os homens só podem avançar numa única fila, poreis vós mesmo em profundo perigo para chegar até lá. Chegareis ali exausto e encontrareis muitos daqueles homenzinhos pretos, altamente impetuosos e bem armados. Estou vos dizendo a verdade. Imploro-vos, com todo meu coração, por piedade, não ides.

"Só por isso, eu vou", escarneceu o marechal, "estou indo. Voltem aos seus navios. Podem embarcar e ficar bem felizes com seus grandes feitos."

Ele se preparou para avançar, com um cavaleiro liderando com uma bandeira e Gaspar de Almeida indicando o caminho. Um *berço*, canhão giratório leve, foi puxado atrás dele, em sua carreta com suprimentos de pólvora e balas. "E os homens, ávidos pelo que poderiam saquear das casas do rei, seguiram atrás do marechal." Afonso voltou à praia com seus próprios homens, dizendo: "Temos de estar prontos. Hoje veremos qual vai ser o desejo de Deus. Muitos daqueles que vocês veem ir não voltarão." Deixou uma guarda para os escaleres na praia, certificando-se de que eles estavam prontos para embarcar os feridos. Pegou os soldados que haviam restado – muitos tinham seguido o marechal – e queimou os *dhows* encalhados e os veleiros leves. Ele estava se preparando para o pior.

O marechal e seus homens continuaram a avançar. Quando alcançaram uma praça com casas mais grandiosas, pertencentes à nobreza, encontraram um grande bando de naires, inteiramente armados e prontos para resistir. A luta se tornou feroz. A praça ficou vazia, mas a algum custo para os fidalgos: "Lisuarte Pacheco caiu com uma flecha na garganta, e Antônio da Costa caiu ao chão decapitado"; muitos sofreram flechadas nas pernas, não protegidas por armadura. Alguns voltaram para os navios, encontrando o caminho agora cada vez mais obstruído com os mortos dos dois lados. Entre os corpos hindus estava o do regente, que tinha liderado a resistência.

O marechal continuou lutando, alcançando as portas exteriores do palácio real, onde sua força foi mais uma vez confrontada por um corpo numeroso de homens disparando uma nuvem de flechas. Depois de uma luta acirrada, eles foram postos em fuga, e os portugueses precipitaram-se para dentro do recinto real. No interior, "havia um grande pátio rodeado de muitos pavilhões com portas altamente decoradas, revestidas com placas de cobre e ouro trabalhados, e acima, grande balcões com artesanato maravilhoso".

O palácio de madeira do samorim.

O saque começou. Fechaduras eram despedaçadas a machado. Dentro havia uma gruta de Aladim: arcas recheadas de ricos tecidos trabalhados com seda e fio de ouro, veludos e brocados da Arábia, relicários de madeira ornamentados com ouro e prata. Os fidalgos mandaram seus criados empilharem o que fora acumulado, guardando o tesouro com ciúme, agarrando furiosamente as coisas numa enorme disputa. A chance de se tornar fabulosamente rico desfez qualquer cautela. Eles deixaram as lanças do lado de fora, para melhor pegar as braçadas de bens. Uma centena de homens foi destacada para guardar o portão da frente sob as ordens de um certo Rui Freire, "vesgo de um olho". Esses homens, invejosos por terem sido excluídos da pilhagem, fizeram suas próprias coleções secundárias. Quando as pilhas reunidas pelos saqueadores foram deixadas desacompanhadas na praça do palácio, Rui e vinte de seus compatriotas agarraram o que puderam e voltaram aos navios. Durante duas horas a pilhagem continuou. A manhã se passou. O dia estava ficando quente.

Os saqueadores não viram o que estava por vir. A notícia da morte do regente, junto com as cabeças de três portugueses, foi levada ao samorim, retirado acima da cidade. Furioso, ele clamou por vingança. Os naires se reagruparam e começaram a forçar o caminho para o pátio, atrás do que restara do destacamento da guarda. A essa altura, a febre do tesouro tinha deixado os saqueadores indiferentes ao perigo. Quebrando uma porta, eles encontraram arcas recheadas de moedas de ouro, "que puxaram para fora, e cada um guardou o que pôde". Dentro desse aposento, uma segunda porta convidativa, trancada por dentro, reluzia com painéis forjados de ouro. Era, de acordo com Gaspar, o intérprete, a sala do tesouro do rei. Embevecidos com a perspectiva do que pudesse estar lá dentro, os soldados se atiraram contra a porta, amassando-a com o cabo de suas lanças. A porta não cedeu.

Lá fora, mais quatrocentos naires se reuniram, mandados pelo rei, todos determinados a vingar a morte do regente ou morrer lutando. As flechas começavam a chover quando Afonso também chegou com um destacamento próprio. Ele desimpediu um espaço em torno do portão externo e mandou que seu secretário, Gaspar Pereira, entrasse para alertar Fernando do perigo da situação. Afonso tentou fazer com que o marechal entendesse: havia muitos inimigos ali, e o número estava aumentando a cada minuto. Era hora de ir embora: "Ele devia ficar contente com o feito, que tinha sido considerável [...] faltavam-lhe homens, todos tinham ido embora com suas pilhagens; eles tinham um trajeto longo e perigoso; já estava quente e estavam no meio do dia".

Fernando Coutinho estava distraído, obcecado com a porta que não cedia. Sua única mensagem a Afonso de Albuquerque foi de que "veio sem ele e voltará sem ele". Afonso instalou guarda no portão externo para evitar que outros homens fossem atraídos para uma armadilha mortal. Foi em pessoa tentar demover o marechal: "Em nome do rei, te peço que vá embora, não devemos ficar aqui nem mais um momento. Senão, seremos todos mortos. O caminho por onde você veio está todo em fogo, e teremos uma grande dificuldade em sair". O marechal foi arrogante até o fim: iria com relutância, mas, como

Lourenço em Chaul, marcaria sua coragem pessoal sendo o último a sair, e poria fogo no palácio quando fosse embora. Partiram, Afonso e seus homens na frente, desimpedindo o caminho, depois os homens de Fernando, e por último o próprio marechal, seguido pela artilharia disparando o berço, que durante algum tempo forçou os naires para trás, impedindo que os perseguissem pela rua.

Estavam outra vez nas alamedas estreitas. Os naires mudaram seu ângulo de ataque. Subindo pelos muros e para o terreno mais alto, atacaram os acossados portugueses com flechas, pedras e golpes de adaga, e rolaram pedras e galhos para a rua, a fim de bloquear-lhes o caminho. Logo se tornou impossível puxar o berço sobre esses obstáculos. Ele foi abandonado. Não mais intimidados, os hindus chegaram em ondas, de volta à alameda, e varreram os retardatários, caindo sobre eles com as lanças que os portugueses haviam deixado do lado de fora das portas do palácio durante o saque.

Coutinho, gordo e cansado, defendendo-se com um escudo, era defendido por um grupo de fidalgos. As alamedas estavam na sombra, mas o dia estava quente, e, no espaço confinado, suas armaduras os punham em desvantagem. Os adversários pulavam para trás a fim de evitar um laborioso golpe de espada, depois voltavam para acossar a fila de homens em retirada, agora obrigados a deixar suas incômodas armaduras à medida que avançavam. Quando a aleia se ampliou numa rua larga, a situação se deteriorou ainda mais. Outro destacamento de guerreiros estava à espera, dessa vez com espaço bastante para cercar o séquito do marechal. O próprio Fernando se virou para enfrentar a morte com bravura, mas foi atingido por trás. Seu calcanhar foi cortado fora. Ele caiu no chão. Um grito triunfante elevou-se dos hindus. Os que estavam ao redor dele tentaram levantar o homem pesado, mas, isolados, descobriram que era impossível. Empurrados para trás, tentaram uma nobre ação de retaguarda: Vasco da Silva, com sua espada de duas mãos, e uma multidão de outros homens desceram com um grito de honra, como homens "que executaram feitos valentes, e que lutaram até que não conseguiam mais erguer os braços, e todos morreram, e suas cabeças foram içadas para o topo dos mastros com a bandeira real".

Afonso de Albuquerque, a um tiro de mosquete de distância da retaguarda e mais próximo da praia, estava também em perigo crescente, mas tinha reunido um número razoável de homens sob o fogo intenso de arqueiros inimigos. Ele quis esperar pelo marechal, mas recebeu notícias de que Fernando tinha caído em luta. Deu a volta para prestar socorro, mas havia poucos voluntários: "Ninguém queria voltar". Quase imediatamente ele deparou com dezenas de homens que fugiam; atrás deles vinham os guerreiros hindus gritando triunfantes. Os homens simplesmente largavam suas armas e corriam para a praia, deixando Afonso e outros 45 para enfrentar o inimigo e tentar evitar uma derrota total. Tendo de recuar sob pressão contínua, Afonso foi atingido no braço esquerdo por uma flecha que se alojou no osso; alguns minutos mais tarde foi atingido de novo, no pescoço, por um dardo que penetrou sua proteção de pescoço. Depois uma bala o acertou no peito. Ele pediu a proteção de Nossa Senhora de Guadalupe, ao mesmo tempo que desabava no chão. Ouviu-se o grito de que ele estava morto; os homens em torno começaram a entrar em pânico. Os naires os cercaram para o ataque final.

Mas, pelo que Afonso passou a considerar um milagre, o tiro no peito não o matou. Enquanto todos fugiam, quatro homens o ergueram num escudo e correram para a praia, enquanto um segundo grupo cerrava fileiras atrás dele, evitando um desastre total. Os comandantes na praia começaram a transportar os feridos para os navios à espera; dos escaleres, eles disparavam seus berços para deter os perseguidores e dar esperança àqueles que corriam pelas ruas próximas à praia. Depois, grandes canhões dos navios também abriram fogo. Dispostos a provar suas qualidades como lutadores até o fim, dois dos fidalgos, Antônio de Noronha e Diogo Fernandes de Beja, lideraram um bando de trezentos homens de volta à cidade. Depararam com um grande número de homens e mulheres correndo na direção deles, pensando que os portugueses estivessem todos mortos – e os assassinaram sem piedade. Alguns dos nativos correram para a praia a fim de escapar, o que lançou os portugueses que esperavam para embarcar em novo pânico. Supondo que essas pessoas em fuga os perseguiam, muitos se atiraram ao mar, apesar dos gritos dos camaradas, e se afogaram tentando chegar aos navios.

A noite caiu. Não ficou mais ninguém na praia, com exceção dos dois capitães, até o fim competindo sobre quem seria o último a partir. Finalmente Diogo e dom Antônio embarcaram simultaneamente, para preservar sua preciosa honra. A frota demorou-se em Calicute por dois dias, durante os quais os feridos foram tratados, os mortos jogados ao mar e o próprio Afonso se recuperou e elaborou seus despachos.

As perdas foram pesadas para os dois lados. A leviandade do marechal tinha sido custosa para os portugueses. De 1.800 homens, trezentos estavam mortos, "dos quais setenta eram nobres" – os cronistas eram sempre escrupulosos em anotar seus nomes –, e quatrocentos feridos, "sendo que muitos morreram ou ficaram permanentemente inválidos". Um retrato das perdas daqueles que saquearam o palácio pode ser encontrado no destino dos cerca de vinte homens com Rui Freire, o vigia vesgo que fugira com parte do butim: "Que todos morreram, com exceção de um único escravo, gravemente ferido, alcançou os barcos para dar ao marechal notícias do que acontecera". Entre as incertezas está o que aconteceu a Gaspar de Almeida. O intérprete judeu convertido que antes conhecera Vasco da Gama e que dera a Manuel tanta informação a respeito do oceano Índico pode ter morrido naquele dia; daí adiante ele desaparece dos registros.

As perdas para Calicute foram maiores. O samorim tinha a cabeça e o estandarte do marechal, mas esses eram um parco consolo diante do número de mortos, a destruição da cidade e do palácio real pelo fogo, e a perda da frota mercante da qual dependiam suas rendas com impostos. Ele temia as repercussões. O samorim providenciou um enterro digno para o marechal, com uma lápide gravada e seu pendão sobre ela. Essa era uma apólice de seguro contra a inevitável vingança portuguesa. Quanto a Afonso de Albuquerque, ele nunca recuperou plenamente o uso do braço esquerdo, mas pagou tributo ao milagre de sua sobrevivência. A bala que o atingiu foi recuperada por um criado e enviada com uma soma em dinheiro para o santuário de Nossa Senhora de Guadalupe, no Algarve; a bala foi depositada aos pés de sua imagem, e o dinheiro pagou por uma lâmpada que "queimaria para sempre" ali.

Houve um lado positivo para o governador nisso tudo. Ele herdou quase todos os navios do marechal, com exceção de três, que voltaram para Portugal. Isso lhe dava agora uma frota substancial para dispor como quisesse – e ele já tinha planos. Gastou o dia seguinte escrevendo para o rei a respeito de tudo o que acontecera recentemente, sem uma palavra sobre o fiasco em Calicute. Os homens que voltavam a Portugal podiam explicar. Seu silêncio foi eloquente. A própria Calicute permanecia um problema a ser solucionado. Três anos mais tarde, ele encontraria uma solução para o samorim: seria muito mais simples e quase sem derramamento de sangue, mas sem honra nem glória. Enquanto isso, ele ponderou as lições do desastroso colapso da disciplina, em que a ênfase na bravura pessoal tinha mais peso que a organização tática, e como a sede pelo butim, que era a compensação pelo pagamento continuamente atrasado, podia reduzir o exército a uma ralé disposta a se dispersar e fugir.

17

"OS PORTUGUESES NUNCA ABREM MÃO DAQUILO QUE GANHAM"

janeiro-junho 1510

Ninguém sabe exatamente quando ou por que Afonso de Albuquerque resolveu atacar Goa, mas poucas semanas depois do massacre em Calicute ele concebeu um plano que lançaria os portugueses numa campanha imensa, em quase três anos de disputa contínua que alteraria radicalmente o eixo do poder no oceano Índico.

Afonso voltara a Cochim muito ferido. Um cronista alegou que em janeiro de 1510 os médicos temiam por sua vida. Se isso é verdade, sua recuperação foi extraordinária. Afonso era um homem compulsivo, impelido pelo sonho manuelino de destruir o islã, como se ele soubesse que tinha pouco tempo. Viu a velocidade com que a Índia desgastava os homens – o clima exaustivo, a mudança de dieta, os golpes de disenteria e malária, tudo cobrava seu preço na energia e na expectativa de vida. "Os calafates e carpinteiros", escreveu ele ao rei, "com seus relacionamentos com as mulheres locais e o trabalho neste clima quente, no espaço de um ano já não são mais homens." Entregou-se aos seus deveres como governador em Cochim com zelo feroz, fazendo uma revisão geral na frota para uma nova campanha, organizando suprimentos, aumentando o rigor em falhas percebidas no cumprimento de tarefas – e escrevendo. Onde Francisco de Almeida tinha sido esparso em suas prestações de contas ao rei, Afonso foi pródigo. Ele concluíra que o cronicamente inseguro Manuel queria saber de tudo – e o egocêntrico Afonso queria justificar tudo.

"Não há nada", ele escreveu ao monarca, "na Índia ou dentro de mim mesmo que eu não vos relate, com exceção de meus próprios pecados." Ao longo dos cinco anos seguintes ele supriria Manuel com uma torrente de detalhes, explicações, justificativas e recomendações sobre todos os feitos na Índia, centenas de milhares de palavras ditadas dia e noite a uma equipe de secretários. Eles anotavam suas palavras quando estava a cavalo, à mesa, no convés de um navio, durante a madrugada. Cartas, ordens, petições eram assinadas sobre seus joelhos e despachadas em múltiplas cópias, compostas com muita pressa e num estilo impulsivo, incansável e urgente, com súbitas mudanças de assunto e permeadas de violento amor-próprio.

Um desses desafortunados escribas, Gaspar Correia, não apenas gastou os dedos escrevendo e copiando essas cartas, mas de algum modo encontrou tempo para compor sua própria crônica concisa e brilhantemente vívida desse furacão em ação. Afonso de Albuquerque parecia tomar conta de tudo. Sua capacidade para estruturar imensas iniciativas geoestratégicas era igualada por uma infindável atenção ao detalhe. Ao mesmo tempo que mandava emissários ao rajá de Vijayanagar, ele pedia notícias sobre a pata de um elefante ferido, considerava o uso de cascas de coco como material de embalagem, tomava providências para arrumar presentes para os potentados leais, supervisionava o carregamento de navios e as instalações hospitalares para os feridos. Ele tinha consciência de que, embora os portugueses fossem os senhores do oceano, eles não possuíam mais que arrendamentos frágeis na costa indiana, em Cananor e Cochim. Tinha contas pessoais a ajustar – em Calicute e Ormuz – e éditos imperiais a satisfazer. A lista de objetivos que tinha escapado a Francisco de Almeida era longa: a destruição de Calicute, a captura de Ormuz, o bloqueio do mar Vermelho, o controle de Malaca e a exploração de outros mares. Por trás disso, escondido de todos, à exceção de um círculo restrito da Corte Real, a luta final de Manuel: a destruição dos mamelucos no Egito e a retomada de Jerusalém.

Manuel, cronicamente temeroso de confiar poder a qualquer homem, tinha resolvido criar três governos autônomos no oceano Índico. Teoricamente, Afonso só tinha autoridade para agir no segmento central – a costa ocidental da Índia, de Gujarati até o Ceilão. As costas da África, o mar Vermelho e o golfo Pérsico eram domínio de Duarte de Lemos. Para além do Ceilão, Diogo Lopes de Sequeira era responsável por Malaca e o Extremo Oriente. Essa dispersão de forças era estrategicamente falha, já que nenhum dos comandantes tinha navios suficientes para a ação efetiva. Afonso não apenas via a falta de sentido nessa divisão como também acreditava que ninguém era tão capaz quanto ele. Durante algum tempo, encontrou meios para conquistar os navios dos outros comandantes e integrá-los num comando unificado, mas sem ordem real. Isso resultou numa disposição efetiva dos recursos militares; resultou também em inimigos, tanto na Índia quanto na Corte, onde criticavam seus métodos e maldavam suas intenções para o rei.

Igualmente impopular era a questão da organização militar. O massacre de Calicute tinha enfatizado as falhas no modo de lutar dos portugueses. O código militar dos fidalgos valorizava os feitos heroicos pessoais acima das táticas e punha mais valor na conquista do butim e nas recompensas do que nos objetivos estratégicos. Os soldados eram atados por fidelidades pessoais e econômicas aos seus líderes aristocráticos, em vez de obedecer a um comando geral. As vitórias eram obtidas por atos de valor individual, e não por planejamento racional. Os portugueses lutavam com uma ferocidade que assombrava os povos do oceano Índico, mas seus métodos eram medievais, caóticos e, com muita frequência, suicidas. Foi dentro desse espírito que Lourenço de Almeida se recusara a explodir a frota egípcia em Chaul, e Fernando Coutinho tentara marchar sobre Calicute com uma bengala e uma boina. As listas de chamada laudatória dos fidalgos caídos até o último homem salpicam as páginas das crônicas. No entanto, ficou claro, também, que a covardia era a suprema nódoa no nome de um fidalgo, e que o mínimo sopro de uma recusa para lutar tinha custado a vida de Lourenço.

Afonso de Albuquerque decerto estava sob o domínio das mesmas ideias messiânicas de cruzada medieval que orientavam Manuel, mas, como o próprio rei, ele também estava plenamente consciente da revolução militar que varria a Europa. Nas guerras italianas do final do século XV, bandos de mercenários profissionais suíços treinados para marchar e lutar como grupos organizados tinham revolucionado as táticas dos campos de batalha. Colunas altamente manobráveis de homens treinados, armados com lanças e alabardas, tinham esmagado seus oponentes. Afonso, com a energia de um fanático, dedicou-se a reorganizar e instruir os homens nas táticas e disciplinas dos novos métodos de guerra. Em Cochim, ele formara os primeiros grupos treinados. Imediatamente depois de sua volta de Calicute, escreveu a Manuel pedindo um corpo de soldados com prática nas técnicas suíças e oficiais que instruíssem os homens na Índia. Enquanto isso, ele foi em frente. Os homens foram formalmente arrolados em corpos, ensinados a marchar em formação e a usar a lança. Cada corpo "suíço" tinha seus próprios cabos, porta-estandartes, flautistas e copistas – além de um pagamento mensal. Para encorajar o status dessa nova estrutura regimental, o próprio Afonso algumas vezes punha uma lança ao ombro e marchava com os homens.

Um mês depois de sua volta de Calicute, ele estava outra vez navegando para o norte pela costa da Índia, agora com uma frota revitalizada: 23 navios, 1.600 soldados portugueses e marinheiros, e mais 220 soldados locais da costa de Malabar e 3 mil "escravos guerreiros", que carregavam bagagem e suprimentos e que, em casos extremos, poderiam ser convocados à luta. Havia rumores de que o sultão mameluco preparava uma nova frota em Suez para vingar a esmagadora derrota em Diu. Mas Afonso de Albuquerque mantinha suas cartas na manga. Ancorado no monte Deli em 13 de fevereiro, ele explicou a seu comandante que tinha cartas do rei mandando-o seguir para Ormuz; além disso, deixou escapar notícias a respeito da ameaça do mar Vermelho – e displicentemente mencionou a questão de Goa, uma cidade que nunca aparecera nos planos portugueses. Quatro dias mais tarde, para surpresa de todos, eles embarcaram em sua captura.

O que aconteceu nesse ínterim foi uma visita de Timoji, o pirata hindu que dera tanto trabalho a Vasco da Gama. Timoji, uma figura um tanto ambivalente, tinha apostado nos europeus durante a época de Francisco de Almeida e fora ver Afonso com uma proposta. Apesar da aparente coincidência dessa visita, é provável que ela tenha sido planejada: os emissários de Timoji tinham visitado Afonso em janeiro. Muito provavelmente os dois homens haviam preparado secretamente esse encontro com bastante antecedência. Timoji chegou com uma história muito bem ensaiada para contar.

A cidade de Goa, situada em uma ilha fértil entre dois rios, era o entreposto mais estrategicamente posicionado na costa oeste da Índia. Ela fica na divisa entre dois impérios rivais, competindo pelo coração do subcontinente meridional: ao norte, o reino muçulmano de Bijapur; ao sul, seus rivais, os rajás hindus de Vijayanagar. Goa era ferozmente disputada por essas duas dinastias. Tinha trocado de mãos três vezes nos últimos trinta anos. Seu valor especial e sua riqueza derivavam de seu papel no comércio de cavalos. De Ormuz, importava animais da Pérsia e da Arábia, indispensáveis para ambos os lados em suas fronteiras em conflito. No clima tropical, os cavalos sucumbiam rapidamente e não se reproduziam com grande sucesso, de modo que as manadas exigiam reposição contínua. Goa tinha outras vantagens. Possuía um excelente porto com águas profundas, abrigado dos ventos das monções. A região era extremamente fértil, e a ilha onde a cidade propriamente dita se localizava, Tiswadi, ou ilha de Goa, permitia que todos os artigos que ali entrassem e saíssem fossem eficientemente taxados em postos da alfândega. Como ilha, também sugeria as possibilidades de defesa eficiente.

Timoji tinha motivos urgentes para os portugueses atacarem Goa naquele momento. Enquanto as cidades de Malabar tinham

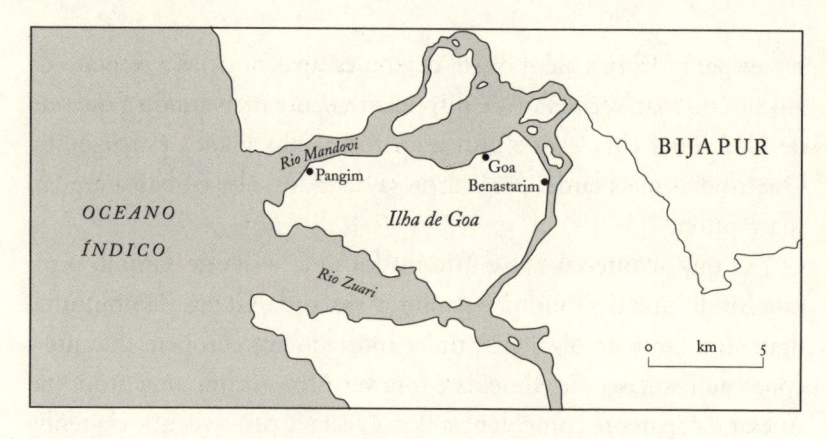

Goa na época de Afonso de Albuquerque.

comunidades muçulmanas, mas eram governadas por hindus, aqui a maioria hindu era, no momento, governada por muçulmanos, que não eram populares. Os hindus tinham de pagar pesados impostos. O desassossego ainda aumentava pela presença de um bando de guerreiros rumes fugitivos da batalha de Diu, que oprimiam a população local. A maior preocupação de Afonso era que esses homens tinham planos de vingança. Eles estavam construindo um bom número de carracas ao longo das linhas portuguesas, provavelmente com a ajuda de renegados portugueses. Tinham pedido mais ajuda ao sultão mameluco. De fato, Goa estava se preparando como base para o contra-ataque muçulmano na guerra contra os francos.

Timoji enfatizou que era o momento para o ataque. O sultão de Bijapur acabara de morrer; seu filho jovem, Adil Shah, estava longe da cidade, contendo uma insurreição. A guarnição deixada na ilha não era grande. Além de tudo, Bijapur tinha a atenção desviada por um estado de quase constante hostilidade com Vijayanagar. Haveria apoio dentro da cidade para uma tomada de poder pelos portugueses. Timoji disse que ele, pessoalmente, poderia arranjar esse apoio. Conhecia bem a cidade, sua topografia e os meios de acesso; tinha relações com os líderes da comunidade hindu, que acolheriam bem quem os libertasse dos muçulmanos. Os motivos verdadeiros do pirata podem ser difíceis de calcular, mas ele se mostrara um aliado leal havia pouco, e sua rede de espionagem era evidentemente extensiva. Afonso de Albuquerque estava inclinado a acreditar nele. Só a posse de território faria com que o empreendimento na Índia ficasse seguro. A posição estratégica de Goa era ideal para o controle do comércio de especiarias, enquanto o monopólio do comércio de cavalos permitiria aos portugueses intervir no complexo jogo político e militar do Sul da Índia. A cidade podia ser facilmente defendida – e não havia controvérsias religiosas com os hindus.

A captura de Goa foi tão fácil quanto Timoji previra – mantê-la se mostraria difícil. O pirata hindu arrebanhou sua própria força de 2 mil homens para ajudar na operação. Em 15 ou 16 de fevereiro, Afonso enviou navios exploratórios para a foz do rio Mandovi, para fazer sondagens. A profundidade era adequada até para sua maior carraca. Preparou-se um movimento em pinça por terra e por mar. Os homens de Timoji capturaram e desmantelaram uma posição da artilharia na terra. O sobrinho de Afonso atacou a bateria que ficava na ilha da foz do rio. Depois de uma curta e violenta luta, a defesa desabou, e seu capitão se retirou para o interior da cidade. Enquanto isso, Timoji tinha se infiltrado na cidade. Dois representantes vieram se encontrar com a armada e ofereceram uma rendição pacífica. Afonso enviou uma mensagem para a população, garantindo completa tolerância religiosa, tanto para os residentes muçulmanos quanto para os hindus, e uma diminuição dos impostos. Sua única condição era que os rumes e a guarnição mercenária de Adil Shah fossem expulsos. Eles fugiram da cidade em desordem.

Em 1º de março, o governador tomou posse de Goa com grande cerimônia. Os homens dos grupos treinados foram reunidos no cais com suas lanças brilhando. Afonso desceu a terra em uma armadura ricamente trabalhada, para ser reverenciado por oito dos principais cidadãos de Goa. Eles lhe ofereceram as chaves da cidade. Afonso cavalgou pelos portões em um cavalo com sela trabalhada em prata, ao som de gritos, tambores e flautas; um frade segurava uma cruz cravejada de pedras preciosas e um estandarte da Ordem de Cristo, com uma cruz vermelha em fundo branco, proclamando a conquista cristã.

No momento em que botou os pés na ilha, Afonso de Albuquerque a considerou uma possessão permanente de Portugal. E agiu de acordo com isso. Foi imposta severa disciplina sobre os homens. Não haveria saques, e ele proibiu atos de violência, roubos ou assaltos sexuais ao povo que era agora súdito do rei Manuel. O governador manteria sua posição com uma determinação inabalável diante de extraordinários contratempos e críticas ferozes durante os anos vindouros.

Eles exploraram minuciosamente a cidade. O palácio do xá, com sua grande praça, jardins perfumados e pavilhões de madeira finamente trabalhada, era tão esplêndido quanto o de Calicute. Eles encontraram 150 cavalos árabes nas estrebarias reais e uma centena de elefantes. Descobriu-se que o relato de Timoji sobre a preparação dos rumes para guerra também era correto. Grandes carracas estavam sendo construídas nos estaleiros; o arsenal continha pilhas de material de guerra armazenado – canhões, pólvora, espadas –, forjas e instrumentos para a manufatura de todo o equipamento de uma expedição marítima expressiva. O governador ordenou que os navios fossem concluídos como um bem-vindo acréscimo à frota.

Afonso se dedicou com zelo à criação da Goa portuguesa. Essa era a primeira aquisição territorial na Ásia. Para marcar sua permanência, dentro de duas semanas ele tinha ordenado o estabelecimento de uma Casa da Moeda, "para cunhar nova moeda no serviço de Sua Alteza, nesse seu novo reino". As circunstâncias que cercavam essa iniciativa refletiam sua sensibilidade à situação local. Figuras de liderança na comunidade o haviam alertado sobre a falta de cunhagem em Goa, necessária para o revigoramento do comércio. A nova moeda seria o cruzado – ou o Manuel –, um reluzente disco de ouro trazendo a cruz de um lado e, no outro, uma esfera armilar, o símbolo do rei português, estampada com um peso de 4,56 gramas, o padrão local de Goa, mais pesada que sua equivalente portuguesa. Para anunciar publicamente o início, a nova cunhagem foi carregada pelas ruas em bacias de prata ao som de tambores e flautas, acompanhada por palhaços, dançarinos e arautos proclamando em português e na língua local que "essa era a nova moeda do rei, nosso senhor, que ordenou que ela deveria circular em Goa e seus territórios".

A atenção ao detalhe na nova cunhagem revela Afonso em toda a sua complexidade: um administrador prático e flexível, sensível às condições locais, capaz de repensar soluções sob novas perspectivas – e mesmo assim tocado por uma cega e muitas vezes insuportável vaidade, que viria a causar inúmeros problemas. As moedas de menor valor apresentavam no verso a controversa letra A, "para mostrar quem a cunhara". Esse era o tipo de ação que forneceria munição para os inimigos de Afonso e atiçaria rumores em Portugal de que o governador tinha a intenção de tomar Goa como seu próprio feudo.

Os primeiros passos hesitantes na administração colonial não estiveram livres de erros. Timoji foi inicialmente encarregado de coletar os impostos, mas isso prometia agitar a dissidência por parte das duas comunidades, e sua permissão teve de ser alterada. Embora Afonso tivesse prometido liberdade religiosa, ele se horrorizou com a prática do *suttee* – a imolação das viúvas hindus nas piras do funeral de seus maridos –, e a proibiu. O sentido de missão cristã subjacente e sua própria teimosia também o levaram a ordenar execuções sumárias que viriam a causar inquietação.

Em meio a isso, dois embaixadores apareceram, um do xá Ismail, o governador xiita da Pérsia, o outro do antigo adversário de Afonso, Hwaga Ata, em Ormuz, pedindo a Adil Shah ajuda contra os portugueses. Eles ficaram desconcertados em saber que Adil tinha ido embora e que Afonso tinha ocupado a área. Entretanto, Afonso identificou uma oportunidade estratégica nas relações com Ismail, o inimigo jurado dos mamelucos sunitas. Ele propôs uma operação conjunta. Os portugueses atacariam do Mediterrâneo e do mar Vermelho, e o xá, do leste. "Então, se Deus quiser que essa aliança seja concluída, vocês poderiam descer com toda a sua força sobre a cidade do Cairo e as terras do sultão, e meu senhor, o rei, passaria para Jerusalém e conquistaria todo o país daquele lado" – dando a Afonso a oportunidade de realizar os sonhos de cruzadas de Manuel. Ele enviou um embaixador de volta ao xá com essa mensagem, com uma carta conciliatória a ser entregue no caminho ao rei fantoche de Ormuz, desconsiderando o passado. O infeliz escolhido para esse papel, Rui Gomes, nunca chegou à Pérsia. Hwaga Ata o envenenou em Ormuz.

A urgência apressou as ações do governador em Goa. Ele estava consciente de que as defesas da cidade eram insuficientes, e ficou claro que em algum ponto o jovem Adil Shah iria reaparecer e exigir de volta seu valioso entreposto. Os reparos estavam impedidos pela falta de cal para preparar a argamassa; as paredes tiveram de ser reconstruídas com pedras unidas com lama. Sabendo que o tempo urgia, Afonso destacou equipes para trabalhar dia e noite, em turnos, para reforçar as defesas contra um possível ataque; o governador ia ao local a todo instante, apressando o trabalho. Ele estava determinado a manter Goa a qualquer custo. Em abril, no entanto, o humor entre os portugueses estava inquieto. Muitos dos fidalgos não compartilhavam do modo de ver do governador. A temporada das monções estava a caminho, e rumores distantes chegaram a Goa, de que Adil Shah preparava um exército considerável. As relações com os cidadãos tinham azedado por causa da severidade da justiça de Afonso, e alguns de seus capitães começaram a instá-lo particularmente a voltar a Cochim. Se não saíssem logo, ficariam presos pelas chuvas e seriam obrigados a aguentar uma longa temporada, possivelmente sitiados. Já estava evidente que a tática preferida pelos inimigos de Portugal era esperar até que a chuva forte e os mares revoltos impedissem ajuda externa. Albuquerque não se deixou afligir. Goa era portuguesa e permaneceria assim.

Na verdade, Adil Shah tinha abafado a rebelião em seu reino. Sem Afonso saber, ele também intermediara uma trégua com o reino rival de Vijayanagar. E estava pronto para lançar a armadilha da monção. Naquele mês, ele despachou seu general Palud Khan com uma grande força, calculada em 40 mil homens – guerreiros treinados do Irã e da Ásia Central –, para expulsar os intrusos. Quando essa força chegou às margens do rio Mandovi, prontamente desbaratou o bando guerreiro improvisado de Timoji. Do outro lado dos riachos estreitos e dos rios infestados de crocodilos que separavam a ilha de Goa do continente, os defensores podiam agora ver as tendas e os estandartes de um grande exército. Estava claro que o perímetro da ilha, cerca de trinta quilômetros, iria espalhar as forças de Afonso de Albuquerque até o limite, na tentativa de guardar os vaus pantanosos, que na maré baixa permitiam a passagem do inimigo. Palud Khan mantinha os capitães portugueses atentos e diligentes, com uma série de sondagens fingidas e hesitantes através das lagoas. Ele passava cartas para os muçulmanos de Goa. Homens da cidade começaram a desertar e a unir-se ao Exército islâmico. Palud esperou o tempo piorar.

Um dia, enquanto os defensores olhavam inquietos para o outro lado do riacho estreito que separava os dois lados, eles viram um homem se aproximar até a beira d'água, agitando uma bandeira branca. Uma voz gritou em sua língua "Meus senhores portugueses, deixem que alguém venha e fale comigo para transmitir [a informação] de que eu venho com uma mensagem para o governador". Um bote foi enviado. O homem se identificou como um português chamado João Machado e implorou por um salvo-conduto para falar com Afonso.

Machado era um condenado abandonado na costa suaíli uma década antes e estava a serviço de Adil Shah, mas parecia vir com uma persistente nostalgia de seu próprio povo. Ele trouxe conselhos úteis. Sua mensagem era simples. As forças de Palud Khan seriam em breve aumentadas pelo próprio Adil. As monções estavam se aproximando. Deixem a ilha agora, antes que seja tarde demais. Devolvam as mulheres e as crianças do harém do sultão, que tinham sido deixadas para trás com a fuga da guarnição do xá. O xá queria ficar em bons termos com o governador. Em troca, ele concederia ao governador outro lugar na costa para construir um forte.

A mensagem continha uma ameaça, um adoçante e um apelo ao bom-senso. Albuquerque a desconsiderou. Não haveria acordo. "Os portugueses nunca abrem mão do que ganham", foi sua resposta altiva. Ele não devolveria "as crianças nem as mulheres, que ele mantinha como noivas [portuguesas] e que esperava tornar cristãs". Como de costume, o estilo intransigente de negociação de Afonso chocou as pessoas. Quando sua decisão foi transmitida para Palud Khan, o general "ficou completamente pasmo, porque ele bem sabia como o governador tinha poucos homens". Ele voltou à sua tenda e começou a ordenar a construção de grandes jangadas, plataformas montadas em canoas amarradas, para transporte de uma força de invasão do outro lado do rio.

Teimosamente agarrado à sua visão imperial, Afonso de Albuquerque não aceitou conselhos. Ele acreditava que conseguiria se manter durante a monção até que a frota seguinte chegasse de Lisboa, em agosto. Não sabia o quanto a trégua de Adil Shah com Vijayanagar tinha liberado a mão do jovem governante, e preferiu desconsiderar o crescente descontentamento entre seus próprios homens. Incessantes investidas pelos riachos rasos os mantiveram em pleno alerta, quando não eram exortados a trabalhar arduamente nos muros. Por cima dos estreitos, eles podiam ver o tamanho da força inimiga. Minados pelo calor e por rações diminuídas, havia um espírito de desânimo e de falta de compreensão entre muitos dos fidalgos, e também entre seus homens. Até Timoji tinha se desentendido com o inflexível Afonso. Assim que a chuva começou a fustigar, e o mar a se agitar, os portugueses puderam sentir as mandíbulas da armadilha se fechando. O governador se tornava cada vez mais isolado, como estivera em Ormuz. Ele se fiava num pequeno grupo de nobres pessoalmente leais a ele, sendo que o mais preeminente era seu sobrinho, o jovem Antônio de Noronha, empreendedor e corajoso. Em outras partes, os habitantes de Goa, tanto hindus quanto muçulmanos, pesavam suas chances e concluíam que poderia ser melhor se alinhar ao exército fora dos portões.

Palud Khan, informado da crescente dissenção entre os capitães portugueses, escolhera a hora certa do ataque geral. Na noite de 10 ou 11 de maio, com as chuvas da monção fustigando, o vento chicoteando as palmeiras e a maré vazante, de modo que os vaus eram mais facilmente transponíveis, enxames de jangadas atravessaram o rio raso. Na confusão da noite, as forças misturadas dos portugueses e dos soldados malabares locais foram tomadas de surpresa. Havia uma falta de coesão entre as duas unidades. Eles foram dominados tão rapidamente e fugiram em meio a tamanho pânico que deixaram seus canhões para trás. Em pouco tempo, os portugueses foram obrigados a voltar para a cidade. Alguns dos soldados locais desertaram. Na cidade, os muçulmanos se levantaram contra seus novos senhores. Houve luta rua a rua, enquanto Afonso de Albuquerque tentava controlar a situação.

Logo os portugueses ficaram presos dentro da cidadela. Durante vinte dias o governador insistiu para que os homens resistissem, fazendo sem cessar a ronda dos postos de comando, comendo enquanto cavalgava, mas os muros erguidos às pressas com lama ruíam inexoravelmente. Espalhava-se a revolta em meio à população. Estava claro que ele já não tinha homens em número suficiente para resistir indefinidamente. Adil Shah chegou em pessoa. Dos muros, eles conseguiam ver o mar de tendas e as bandeiras azuis e brancas – "e todas as tendas deles agitavam-se com estandartes, e seus gritos terríveis acabavam com o ânimo dos nossos homens". Um número crescente de capitães fez uma petição para a retirada antes que fosse tarde demais. As chances de conseguir sair do porto e chegar a Cochim em segurança diminuíam a cada dia. O governador, apoiado por seu círculo, teimosamente insistia que a cidade podia ser mantida e que Adil precisaria voltar à luta contra Vijayanagar. Só quando chegou a ele a notícia da trégua entre os dois potentados – João Machado veio outra vez avisá-lo de um plano para queimar seus barcos e que um navio havia sido afundado no canal para bloquear a fuga –, é que ele se deu conta de que a situação era insustentável.

A escapada da cidadela sitiada foi planejada para a noite de 31 de maio. As preparações foram feitas em segredo. Um único sino deveria ser tocado à meia-noite. Os navios foram aprontados para partir. A retirada para o cais deveria ser coberta por um grupo de capitães de elite. A sugestão de incendiar a cidade foi afastada por Afonso. Ele jurou voltar e retomar Goa. Fora isso, foi impiedoso. Mandou Timoji matar todos os muçulmanos, homens, mulheres e crianças, que eles tinham sob custódia. Não era para deixar ninguém vivo. Os canhões deveriam ser bloqueados, e os cavalos aniquilados para evitar o uso deles na retirada. O arsenal e os suprimentos militares deveriam ser queimados.

Timoji começou a executar sua tarefa sombria. Em pequenos grupos, os muçulmanos foram requisitados para serem vistos pelo governador e então mortos na rua. Entretanto, Timoji era seletivo. Deixou muitas das mulheres e crianças trancadas em sua casa. As mulheres mais bonitas, ele despojou de suas joias, vestiu de homem e escondeu em seus navios. Apesar da ação secreta da retirada, logo ficou claro que os portugueses estavam partindo. Os homens de Adil se lançaram através dos portões. Afonso tinha arquitetado um estratagema final para retardar o avanço deles. Fez com que se espalhassem pimenta-do-reino e barras de cobre no caminho deles, de modo que a perseguição fosse atrasada por homens que parariam para furtar as coisas. Outros congelaram de horror ao ver seus parentes assassinados na rua. Apesar dessas tentativas, houve luta feroz durante todo o trajeto até o cais. Apenas uma desesperada ação na retaguarda garantiu que os navios partissem. A armada passou para o canal, que o navio afundado não conseguira bloquear. Provavelmente todos, com exceção do governador, ficaram aliviados em escapar. Seus problemas, no entanto, estavam apenas começando.

18

PRISIONEIROS DA CHUVA

junho-agosto 1510

Eles desceram o rio sob a despedida de um bombardeio de mísseis. Atrás deles ecoava o som das trombetas de Adil Shah celebrando a captura da cidade, misturado aos gritos de dor dos muçulmanos quando descobriam seus parentes assassinados na rua, suas mulheres e filhas raptadas. A frota ancorou próximo à foz do rio Mandovi, onde este se alarga, protegido dos ventos pelo forte de Pangim.

Eles saíram tarde. Junho havia começado. A monção se anunciava. Chuva torrencial castigava os navios; ventos chicoteavam, envergando as palmeiras. Com a cheia do rio, os navios tinham de ser amarrados pela proa e pela popa para evitar que rodopiassem na correnteza. A bordo havia acalorados debates entre os comandantes mais graduados sobre a possibilidade de sair da foz do rio e abrir caminho pelo mar até a ilha de Angediva. O ânimo entre os capitães estava sombrio. Eles punham a culpa em Afonso de Albuquerque por esse aperto: deviam ter partido mais cedo. Exigiam uma saída da armadilha. Os pilotos igualmente insistiam que agora isso não podia ser feito. Afonso finalmente concordou em arriscar um navio, sob o comando de Fernão Peres, numa tentativa de passar pelos bancos de areia na foz do rio. As fortes correntes varreram sua embarcação para cima dos baixios. As ondas o venceram, embora os homens tenham escapado e os canhões tenham sido salvos do naufrágio. Outro capitão tentou uma fuga não autorizada, mas foi interceptado e destituído de seu comando. Os portugueses estavam presos e sitiados até agosto. Uma situação gravíssima.

Enquanto eles estavam atados no meio do rio, surgiu um barco exibindo uma bandeira branca. Adil Shah outra vez enviava João Machado para tentar uma negociação de paz. Na verdade, o xá ganhava tempo. Temeroso de que os intrusos atacassem e ocupassem o forte de Pangim, ele queria prendê-los até reocupar ele mesmo o forte. Afonso deu uma resposta curta e grossa, dizendo que "Goa pertencia a seu senhor, o rei de Portugal, e nunca haveria paz com o xá, a não ser que ele mudasse de ideia e a devolvesse, junto com todos os seus territórios".

A afronta ao estilo de Afonso chocou o xá. Esse homem – cercado, derrotado, enfrentando fome – ditava termos com brusquidão. O xingamento mais educado que passou por seus lábios foi "filhos do diabo". Ele tentou outra vez, mandando Machado de volta com dois homens importantes da cidade e uma nova oferta: ele não podia abrir mão de Goa. Em vez disso, presentearia Afonso com Dabul e todas as rendas com cavalos de Ormuz. Afonso mandou os mensageiros voltarem, sem meias-palavras: ele não escutaria mais nada até que Goa fosse devolvida. Esse era o começo de uma nova disputa psicológica e física. Durante essa negociação fingida, Adil tinha reocupado o forte em Pangim com forças militares e instalado canhões em bastiões de madeira. Outra bateria fora posicionada no continente, em frente à ilha. De sua posição incômoda, os portugueses podiam ver os estandartes tremulando nas duas baterias, escutar os gritos de seus inimigos e o clamor de seus tambores e trombetas. Eles estavam diretamente na boca da armadilha.

Diversos tormentos se abatiam sobre os portugueses. Primeiro, o bombardeio da artilharia; os navios eram apanhados no fogo cruzado entre as duas margens. Seus cascos eram resistentes demais para sofrer sérios danos com o calibre dos canhões do xá, mas o fogo incessante, dia e noite, levava a um terrível sentimento de insegurança. O navio de Afonso, o *Frol de la Mar*, identificável pelos estandartes de seu capitão, era o alvo mais evidente, algumas vezes recebendo cinquenta tiros num dia. Era arriscado aparecer na ponte ou subir à cesta da gávea. Eles tiveram de mudar constantemente a posição das embarcações para limitar a ameaça, o que era trabalhoso e perigoso. Não houve tentativas de responder ao fogo. Era melhor preservar os estoques de pólvora para ocasião posterior. Engaiolados abaixo do convés, com a chuva martelando furiosamente em cima, os homens começaram a adoecer.

E então, em alguma hora de junho, a chuva parou. Durante quinze dias o céu clareou – e surgiu outro problema: falta de água para beber. A água da chuva já não podia mais ser coletada, e o Mandovi era salgado demais. Os homens começaram a ofegar no calor debilitante. Adil guardava todas as fontes de água em torno do rio e esperava. Ele tinha certeza de que podia esmagar os intrusos apenas mantendo-os ali por tempo suficiente. O único consolo para a frota era a ajuda contínua de Timoji, que conhecia o terreno e suas fontes de informação. Com sua ajuda, foi enviada uma unidade de assalto para apanhar água numa fonte na mata. Houve combate acalorado por recompensas pequenas: "Com grande dificuldade conseguimos encher sessenta ou setenta barriletes de água, mas nenhum de nossos grandes barris, porque muitos homens estavam feridos". Nas palavras de outro relator, "uma gota de água custa três de sangue".

A inesperada reaparição de bom tempo reanimou a facção que clamava por uma tentativa de escapar do inferno daquele rio. Os capitães importunaram Afonso, e os pilotos se mantiveram firmes, citando o destino do navio de Fernão Pires. Do mesmo modo que em Ormuz, a teimosia do comandante alimentava o ressentimento. Entre os homens havia uma crença amplamente disseminada de que estavam sendo liderados por um louco obsessivo "que por teimosia queria morrer e matá-los todos".

Quando a chuva e os mares turbulentos voltaram, confirmando que uma tentativa de sair provavelmente teria terminado em desastre, a sede melhorou. Podia-se coletar água nos navios, em barris, e a água que descia pelo rio era agora doce o suficiente para beber, desde que se deixasse a lama decantar durante um ou dois dias; mas a fome também começava a debilitar os homens. Os suprimentos estavam acabando. Afonso impôs um severo racionamento. Ele mantinha a despensa firmemente trancada, só podendo ser aberta com sua assinatura. Os homens recebiam apenas 120 gramas de biscoitos por dia. A pequena quantidade de peixe que se conseguia no rio era reservada aos doentes. Enquanto isso, Timoji procurava o que pudesse encontrar, levando seus homens secretamente à margem em pequenos barcos. A bordo, os homens caçavam ratos; aqueles que tinham arcas de marinheiro retiravam suas capas de couro, ferviam-nas e as comiam. "As pessoas comuns que faziam isso não conseguiam suportar a fome, com a qual estavam totalmente desesperadas", observou Correia, insinuando que a nobreza estava acima dessas coisas. Homens vinham até o governador implorando por alguma coisa para comer e o despenseiro recebia xingamentos. Os capitães acusavam Afonso de Albuquerque de submetê-los a esse tormento: "Se não tivessem hibernado aqui – e eles o tinham aconselhado a não ficar –, teriam evitado esse sofrimento. [...] Era um maníaco por mantê-los ali". A fisionomia das pessoas se obscurecia de medo. Na chuva, com a artilharia contínua, num inferno tropical, encharcados e suando em suas roupas que apodreciam, eles eram cada vez mais dominados pelo terror mórbido de que todos iam morrer.

E aí começaram as deserções. Três homens mergulharam e nadaram para a margem. Foram recebidos de braços abertos por Adil, bem alimentados e indagados sobre a dissidência nas fileiras e a desesperada falta de comida. Os capitães foram obrigados a gastar tanto tempo observando seus próprios homens quanto as margens ocupadas por um implacável inimigo.

Para Afonso de Albuquerque, estava tudo em jogo. Todos os principais personagens da administração indiana estavam presos no Mandovi, na chuva, atingidos pelos tiros do inimigo; os homens e seus capitães o amaldiçoavam pela falta de comida, por sua obstinação, obsessão e vaidade. Tudo o que ele tinha era sua crença numa determinada visão estratégica, palavras encorajadoras e disciplina severa. Talvez fosse seu supremo momento de crise. Ele tinha fracassado em conduzir os homens em Ormuz; experimentara um voto de falta de confiança em Cochim; enfrentava o desastre de seu projeto em Goa, inventado por ele mesmo. Em sua hora mais escura, ele "fechou-se em sua cabine, olhou para os céus e rezou". Apenas um pequeno grupo apoiava inteiramente o governador; o sobrinho de Afonso, Antônio de Noronha, desempenhou um papel crítico como intermediário mitigante entre o comandante destemperado e seus cada vez mais inquietos capitães.

Em seu palácio em Goa, o xá tinha escutado atentamente os relatos dos renegados a respeito dos percalços dos inimigos. Ele quis testar a palavra desses homens, talvez não muito dispostos a contar a seu novo senhor o que ele queria ouvir. Adil arquitetou uma nova tática para quebrar seu intransigente rival. Em algum momento em junho (as datas não estão claras), uma embarcação carregada de alimentos – sacos de arroz, galinhas, figos e legumes – aproximou-se do *Frol de la Mar* exibindo uma bandeira branca. Um bote do navio foi enviado para verificar e lhe disseram que o xá desejava ganhar uma guerra honrosa, não a derrota do inimigo pela fome. Mantendo o mensageiro à espera no rio, Afonso elaborou sua própria resposta a tais manipulações psicológicas. Mandou que um barril fosse cortado ao meio e enchido de vinho; o minguante estoque de biscoitos foi também trazido da despensa e exibido em baldes. Mandaram que um grupo de marinheiros fosse brincar no convés em posturas de alegria, cantando e se divertindo. Quando o mensageiro foi finalmente admitido a bordo para supervisionar esse quadro de abundância e bom humor, Afonso estava pronto, com palavras duras: levem sua comida de volta, temos o suficiente; não haverá paz até que Goa seja devolvida. O xá talvez tenha concluído que os desertores haviam mentido, ou talvez percebesse o truque como mais um ataque da guerra de nervos. Os homens de Afonso provavelmente sussurraram palavras impronunciáveis enquanto observavam as provisões levadas embora. O fogo dos canhões continuou a provocar e inquietar.

Afonso de Albuquerque sabia que Adil não queria ser detido em Goa indefinidamente. Ele tinha outras questões em seu reino. O líder português contava que o xá cedesse primeiro. Enquanto isso, para elevar o moral, ele propôs atacar e destruir os canhões das margens. A disposição entre os fidalgos era sombria. Foi impossível obter o consentimento deles. Exasperado, Afonso resolveu ir adiante: "Sou seu governador. Com a vontade de Deus, estarei desembarcando em Pangim com a bandeira real, [...] ao embarcar ordenarei o toque das trombetas de Timoji. Venham se quiserem ou fiquem para trás". Todos se candidataram.

A frota de embarcações de rio, de baixo calado, de Timoji era essencial para o desembarque anfíbio. Antes do alvorecer, os portugueses caíram sobre as plataformas de artilharia do lado de fora do castelo, expulsaram os surpresos defensores e levaram os canhões e um suprimento de comida. Os canhões da margem em frente também foram silenciados. Já era noite quando Adil despachou reforços para o contra-ataque, e aí seus inimigos já estavam em segurança a bordo.

Adil imaginara vencer os portugueses pela fome, mas o ataque a Pangim feriu seu orgulho. Era hora de atacar. No porto de Goa ele ordenou a preparação secreta de um grande número de jangadas incendiárias para destruir a frota. Mesmo assim, mostrou-se impossível esconder essas atividades. O indispensável Timoji era sempre capaz de pôr espiões em terra para buscar informações. Afonso resolveu lançar seu próprio contra-ataque preventivo, usando canhões leves nos barcos. O ataque surpresa teve enorme sucesso, apesar da resistência. As jangadas foram destruídas pelo poder de fogo dos portugueses. Antônio de Noronha, levado pela excitação e vendo uma galeota leve tentadoramente encalhada, quis rebocá-la como prêmio. Foi atingido no joelho por uma flecha e tentou retirar-se. Ferimentos nas pernas eram a praga das batalhas portuguesas no mar; muita vezes eles se revelavam mortais, fosse porque a flecha atingira uma artéria ou veia, fosse pela infecção e a completa falta de suprimentos médicos. Noronha recolheu-se em sua cabina e morreu três dias depois. Parece que Afonso ficou profundamente abalado com a morte do sobrinho. Antônio de Noronha tinha agido como mediador entre o governador e os capitães insatisfeitos; fora o sucessor designado pelo governador no caso de morte deste. Foi um golpe que Afonso tentou sem sucesso esconder de Adil Shah.

Na prisão flutuante no rio Mandovi, os dias cansativos se arrastavam: a chuva, a falta de comida, os homens enfraquecidos. A única notícia boa para Afonso foi o fim da trégua entre Adil e Vijayanagar: o xá era necessário em outro local. Para Afonso, esse era mais um incentivo para aguentar firme. Mas os homens continuavam a desertar. Oito dias depois da luta em Goa, um homem chamado João Romão nadou para a margem com notícias frescas a respeito das dificuldades nos navios: dom Antônio morto, pessoas doentes e morrendo de fome, feridas nas batalhas, para as quais não havia cura. Outras deserções se seguiram: cinco, dez, depois quinze, todos pulando pela amurada à noite e nadando até a margem. O moral nos navios definhava, mas Adil precisava urgentemente de paz.

O xá tentou retomar a iniciativa: outros mensageiros de paz foram enviados. Afonso já estava cansado das idas e vindas desses visitantes. Ele não confiava em seus motivos, solapando o moral e desgastando sua resistência. Além disso, o xá deu um cavalo ao renegado João Romão, e ele apareceu na praia vestido de árabe, bem alimentado, zombando dos homens com a sorte que tivera como muçulmano convertido. Afonso mais uma vez recusou os emissários do xá, mas dessa vez os fidalgos exigiram que ele pelo menos escutasse as propostas. Afonso concordou, mas decidiu resolver o problema da deserção de uma vez por todas.

Combinou-se uma troca de reféns para o dia seguinte. Adil enviou seu regente, o nobre mais distinto na cidade, a fim de negociar, acompanhado por uma grande cavalgada e uma cerimônia exibindo ostentação. Foi montada uma tenda de seda preta na praia, onde o regente esperou pelo negociador com os necessários intérpretes, cavalaria e soldados da infantaria. Afonso enviou seu auditor, Pero d'Alpoym, importante personagem na administração indiana, para buscar o embaixador e trazê-lo ao navio, e com ele, em uma das embarcações de Timoji, um excelente atirador chamado João d'Oeiras, armado com uma besta. Ao se aproximarem ao som das batidas de tambor cerimoniais, eles conseguiam ver os desertores em meio à multidão, bem-vestidos, a cavalo; entre eles estava Romão, em um cafetã de seda, armado de lança e escudo, zombando dos portugueses.

Oeiras se agachou na proa, à frente do remador, enquanto se aproximavam da praia. Agora eles conseguiam perceber as palavras de Romão. Ele estava dizendo ao governador e a todo mundo que fossem comer merda. Uma palavra de Alpoym, e o arqueiro se levantou, mirou e atirou. A flecha pegou Romão em cheio, matando-o na hora. Fez-se um silêncio atônito, depois houve tumulto na praia, por essa quebra de trégua. Explicou-se que os renegados estavam falando mal do governador e que este não toleraria isso, eles não deveriam aparecer outra vez.

Quando o regente finalmente chegou a bordo, ele ficou surpreso com a brevidade das negociações. Ele ofereceu saudações floreadas no estilo da diplomacia oriental, um local para uma fortaleza do lado de fora de Goa, com um bom porto, 50 mil cruzados de ouro em dinheiro, e fez apenas uma concessão. Ele pediu que Timoji lhe fosse entregue. Afonso suspirou e deu uma resposta curta, afiada. Era Goa ou nada; Timoji jamais seria entregue. Ele apressou o homem atônito para fora do navio num estilo distintamente fora do protocolo diplomático, com a solicitação final de não enviar mais mensageiros, a não ser que estivessem trazendo as chaves da cidade.

O xá desistiu de negociar com um homem que desdenhava todas as regras. João d'Oeiras recebeu dez cruzados por seu tiro, mas isso não evitou a deserção. Os homens continuaram fugindo à noite. A situação chegou a um impasse. A frota permanecia no rio. E, repentinamente, os fidalgos dissidentes romperam numa rebelião aberta, nas mais estranhas circunstâncias.

O fato envolvia as mulheres e meninas muçulmanas, algumas do harém, que tinham sido levadas secretamente por Timoji quando a cidade caiu. Foi sugerido que elas agora poderiam ser usadas como moeda de barganha. Afonso de Albuquerque ficou assustado. Ele tinha esquecido inteiramente da existência delas. Interrogou Timoji quanto ao seu paradeiro e por que ele não tinha sido informado. Timoji foi evasivo: elas tinham sido entregues aos capitães e divididas entre os navios, "e muitas delas se tornaram cristãs". O governador ficou furioso com essa conspiração de silêncio e as implicações para a disciplina de ter mulheres a bordo dos navios, sem falar das óbvias oportunidades para o pecado. Ele exigiu que se apresentassem as mulheres. Para piorar ainda mais a situação, disseram-lhe que algumas delas tinham se "casado" com homens da frota, que não admitiam ser separados de suas mulheres. De forma pragmática, e temendo problemas nas fileiras, ele resolveu simplesmente legalizar essas uniões sem cerimônia formal, para escândalo do capelão, que declarou que isso não estava de acordo com a lei da Igreja. "Estão de acordo com a lei de Afonso de Albuquerque", respondeu o autocrata.

Restava outro grupo de mulheres e meninas do harém que não tinham se convertido. Entre elas estavam as mais lindas, que não queriam se consorciar com os marinheiros comuns, mas eram objeto de atenção de alguns dos jovens nobres. Afonso fez esse grupo ser transferido para o *Frol de la Mar* e o prendeu numa cabina na popa do navio, as mulheres trancadas e guardadas por um eunuco. Essa jogada foi assunto de amargura velada entre os jovens fidalgos cujos namoros tinham sido cortados pela raiz. Logo o eunuco relatou acontecimentos suspeitos para o governador; ele tinha certeza de que havia homens que sabiam como entrar na cabine trancada durante a noite, embora não tivesse ideia de quem fossem. Afonso botou um barco para vigiar. Durante as noites subsequentes, os observadores viram homens, algumas vezes um, algumas vezes três, nadando do *Frol da Rosa*, nas imediações. Sem ser visto, um deles subia no leme, uma vigia era aberta e ele deslizava para dentro do harém. Foi identificado como um jovem nobre chamado Rui Dias.

Afonso de Albuquerque chamou seus dois conselheiros mais próximos. Ele estava furioso com o sigilo, a desobediência e a ameaça à decência – em seu próprio navio capitânia –, estando a frota inteira sitiada. Eles concordaram que, "por causa do crime de deitar-se com uma muçulmana, em tal lugar e em tal momento, com uma insolência tão flagrante", só havia uma punição: Rui Dias seria sentenciado à morte por enforcamento.

Rui Dias estava jogando xadrez com o capitão do *Frol da Rosa*, Jorge Fogaça, quando sentiu uma mão firme em seu ombro: "Você está preso em nome do rei!". Um grupo de marinheiros arrastou Rui até o convés da popa, e amarraram um nó corrediço em torno de seu pescoço; preparavam-se para puxá-lo quando começou uma enorme confusão. Fogaça deu um passo à frente, cortou a corda e gritou que estavam enforcando Rui Dias. Todo o ressentimento dos nobres capitães transbordou. A notícia passou de navio em navio, dizendo que executavam o honrado Rui Dias sem qualquer explicação. Uma confusão se instaurou na frota. Um grupo de fidalgos subiu em um bote, içou uma bandeira e passou pela frota espalhando rebelião, que ficou à beira do motim. Da margem, os muçulmanos que observavam deram vivas e gritaram diante da crescente discórdia.

Enquanto isso, o líder da guarda marinha gritou pelo *Frol de la Mar* que o prisioneiro tinha sido sequestrado. Afonso, num humor ameaçador, subiu a bordo e foi se encontrar com os amotinados. A revolta era um desafio à autoridade de seu capitão: eles se queixaram de que o capitão enforcava Rui por "poder absoluto arbitrário, sem discutir o assunto com seus capitães", e, quase ainda pior, mostrando seu completo desdém pela etiqueta nobre, enforcando um fidalgo como se fosse um criminoso comum, em vez de decapitá-lo, como convinha a um cavalheiro de posição. Afonso de Albuquerque desconsiderou tudo o que eles disseram, os prendeu e enforcou Rui Dias no *Frol de la Mar*, deixando-o pendurado no mastro como um aviso.

A revolta tinha sido o fruto de meses de tensão e dificuldades, e a execução de Rui Dias permaneceu um incidente controverso, uma mancha no nome de Afonso. Em momentos extremos, ele era inflexível, autoritário, incapaz de aceitar conselhos. Antônio de Noronha tinha funcionado como um amortecedor para o seu estilo de liderança, mas agora estava morto. O incidente era uma repetição dos eventos de Ormuz. Sua incapacidade de liderar os homens de maneira sensata o tornava famoso. Mas se ele era rápido para se zangar, também era rápido para se arrepender. Tentou consertar as relações com os quatro líderes aprisionados, que eram cruciais na luta pela sobrevivência. Do mesmo modo que os capitães em Ormuz, eles se recusaram a cooperar; Rui Dias assombraria Afonso até o fim de sua vida.

Afonso de Albuquerque sabia que o xá precisava partir. Ele tinha outras guerras a lutar. A queda de braço persistia. Mas, à medida que julho se transformava em agosto, o tempo começou a melhorar; a chuva deu uma trégua. Havia uma possibilidade de escapar da pestilenta prisão no Mandovi. Afonso queria que Timoji fosse buscar suprimentos e voltasse, mantendo a situação até que a paciência do xá se esgotasse, mas os homens já não aguentavam mais. Imploraram para ir embora. Contra seu desejo, ele cedeu. "E em 15 de agosto, o dia de Nossa Senhora, um bom vento, com o qual o governador partiu do rio com toda a frota e tomou o rumo de Angediva." Eles ficaram presos no rio Mandovi durante 77 dias de chuva, fome e bombardeios. A sobrevivência era quase uma vitória. Para Afonso de Albuquerque, no entanto, aquela era uma questão não concluída. Do mesmo jeito que em Ormuz, ele jurou voltar a Goa e vencer. A velocidade com que fez isso foi assombrosa.

19

OS USOS DO TERROR

agosto-dezembro 1510

Na ilha de Angediva, Afonso de Albuquerque ficou surpreso ao encontrar um pequeno esquadrão de quatro navios indo para a longínqua Malaca, na península Malaia, sob o comando de Diogo Mendes de Vasconcelos. Manuel tinha ordenado despretensiosamente que essa força insignificante conquistasse o lugar. Parte do financiamento fora concedido por investidores florentinos; seus representantes incluíam Giovanni da Empoli, que já acompanhara Afonso em outra viagem. Empoli achou o governador "muito descontente com a derrota sofrida em Goa e também com muitas outras coisas".

O relato de sobrevivência de Empoli, provavelmente escrito dois anos mais tarde, durante um surto de escorbuto enquanto ele estava paralisado na calmaria da costa do Brasil, é azedo e irritado. Ele conta como Afonso de Albuquerque estava obcecado com Goa, determinado a voltar e tomar a ilha assim que fosse possível; ele precisava de todas as forças que conseguisse reunir, incluindo o esquadrão com destino a Malaca, e, dado o exaustivo suplício no rio Mandovi, ele precisava ser astuto a respeito de suas táticas para conseguir o consentimento dos comandantes. Afonso vira o potencial da ilha, e temia que o retorno de uma frota rume pudesse torná-la base inexpugnável contra os interesses portugueses. Ele enfatizou a ameaça da aproximação de uma nova armada. Para Empoli, a ameaça dos egípcios se tornara falsa: "As notícias a respeito dos rumes era o que se esperava há muitos anos, mas a verdade nunca foi conhecida. [...] No momento, essas notícias não podem ser consideradas certas pela falta de credibilidade da parte dos muçulmanos". Privadamente, ele acusava Afonso de inventar cartas, com a ajuda de Malik Ayaz e Diu, para reforçar sua causa.

Seja lá qual for a verdade, Afonso logo deu um jeito de ponderar, intimidar ou persuadir a frota, inclusive o esquadrão de Malaca, para um novo ataque. Dada a sensibilidade das facções portuguesas em Cochim e Cananor, isso foi um feito considerável. O sempre alerta Timoji o informou de que Adil Shah tinha saído de Goa para lutar com Vijayanagar. O momento chegara. Foram dois meses de frenéticos reaparelhamentos e provisionamento da frota. Num conselho em Cochim, no dia 10 de outubro, ele impôs sua vontade aos capitães: aqueles que o seguissem, que seguissem. Os que se recusassem deveriam dar explicações ao rei. A questão de Malaca e do mar Vermelho seria rapidamente atendida depois. Mais uma vez, apenas pela força de sua personalidade e algumas ameaças, seus argumentos venceram. Diogo Mendes de Vasconcelos, com os relutantes florentinos a reboque, concordou em adiar a visita a Malaca. Até os amotinados no episódio de Rui Dias, que tinham preferido permanecer na prisão, foram soltos e alistaram-se. Em 16 de outubro, Afonso escrevia uma carta de justificativa para o rei, explicando mais uma vez por que persistia com Goa: "Vereis como é bom, Vossa Alteza, se fordes senhor de Goa, jogaríeis o reino da Índia inteiro em confusão [...] não há outro lugar na costa tão bom e tão seguro quanto Goa, porque é uma ilha. Se perdestes a Índia inteira, poderíeis reconquistá-la dali". Dessa vez não era apenas uma questão de conquista. Goa seria inteiramente purgada da presença muçulmana.

No dia seguinte, Afonso partiu com dezenove navios e 1.600 homens. Em 24 de novembro, a frota estava de volta à foz do rio Mandovi. Cada vez mais, os portugueses não lutavam sozinhos. Dentro das lutas fracionadas pelo poder na costa da Índia, eles conseguiram trazer pequenos principados para sua órbita. O sultão de Honavar enviou 1.500 homens por terra; mais uma vez Timoji conseguiu levantar 4 mil e suprir sessenta pequenas embarcações. Adil Shah, no entanto, não tinha deixado Goa indefesa. Ele pusera uma guarnição de 8 mil homens – turcos brancos, como os portugueses chamavam esses homens, experientes mercenários do Império Otomano e do Irã – e um número de renegados venezianos e genoveses com bom conhecimento técnico em fundição de canhões.

Afonso resolveu não esperar, e no dia 25 de novembro, dia de Santa Catarina, dividiu suas forças em três e atacou a cidade a partir de duas direções. O que se seguiu não foi um triunfo das táticas militares organizadas que ele tentava incutir. Foi o tradicional estilo selvagem de luta dos portugueses que ganhou o dia. Com gritos de "Santa Catarina! Santiago!", os homens se precipitaram sobre as barricadas da cidade. Um soldado conseguiu prender sua arma no portão da cidade para evitar que fosse fechado pelos defensores. Em outro lugar, um homem pequeno, ágil, chamado Fradique Fernandes, forçou sua lança no muro e içou-se até o parapeito, onde ficou agitando uma bandeira e gritando "Portugal! Portugal! Vitória!".

Distraídos por essa aparição súbita, os defensores perderam a luta para fechar o portão, que foi arrancado, e os portugueses entraram. Quando os defensores recuaram, foram atacados por outra unidade, que tinha derrubado um segundo portão. A luta foi extremamente sangrenta. Os cronistas portugueses relataram atos de bravura enlouquecida. Um dos primeiros a passar pelo portão, Manuel de Lacerda, foi transpassado logo abaixo do olho por uma flecha farpada, que se enterrou profundamente demais para ser removida. Ele quebrou a haste e continuou lutando, com o horripilante toco projetando-se de sua face ensanguentada. Outro homem, Jerônimo de Lima, lutou até desabar no chão. Seu irmão João o encontrou, quis ficar perto dele e confortá-lo enquanto sua vida se esvaía. O moribundo olhou para cima e o repreendeu por fazer uma pausa na luta. "Irmão, segue teu caminho", é uma das versões de sua réplica. "Eu vou no meu." João voltou mais tarde para encontrá-lo morto.

A resistência muçulmana desabou. Homens tentaram fugir da cidade através dos vaus rasos, onde muitos se afogaram. Outros que conseguiram chegar do outro lado foram confrontados por aliados hindus. "Eles vieram ao meu socorro pelos vaus e das montanhas", Afonso escreveu mais tarde. "Passaram pela espada todos os muçulmanos que escaparam de Goa, sem poupar a vida de uma única criatura." Isso tudo levara apenas quatro horas.

Afonso fechou os portões para impedir que seus homens perseguissem exageradamente os inimigos. Então ele entregou a cidade ao saque e ao massacre. A cidade deveria se livrar de todos os muçulmanos. Afonso mais tarde descreveu suas ações para o rei, sem desculpas.

> Nosso Senhor fez grandes coisas por nós, porque Ele queria que realizássemos um feito tão magnífico que superasse até aquilo pelo que tínhamos rezado [...] Eu queimei a cidade e matei todo mundo. Durante quatro dias, sem qualquer pausa, nossos homens assassinaram, [...] onde quer que conseguíssemos entrar, não poupamos a vida de um único muçulmano. Nós os encurralamos nas mesquitas e as incendiamos. Eu ordenei que nem os camponeses [hindus], nem os brâmanes fossem mortos. Calculamos o número de muçulmanos mortos, homens e mulheres, como 6 mil. Foi, senhor, um belo feito.

Entre os que foram queimados vivos estava um dos renegados portugueses que tinham nadado para a margem durante o cerco no Mandovi. "Ninguém escapou", escreveu o mercador florentino Piero Strozzi, "homens, mulheres, grávidas, bebês de colo." Os corpos dos mortos eram atirados aos crocodilos; "a destruição foi tão grande", lembrou Empoli, "que o rio ficou cheio com sangue e pessoas mortas, tanto que durante uma semana depois as marés depositavam os corpos às margens".

"Limpo", foi a palavra que Afonso usou para descrever o processo a Manuel. A intenção era que fosse exemplar. "Esse uso do terror fará grandes coisas pela vossa obediência sem a necessidade de conquistá-los", ele prosseguia. "Não deixei uma única lápide ou estrutura islâmica de pé." Na verdade, ele não matou exatamente todo mundo; algumas das mulheres muçulmanas "brancas e lindas" foram poupadas para serem casadas. Por todos os relatos, o saque foi magnífico. Strozzi ficou maravilhado pela riqueza do Oriente que ele viu ser levada. "Lá você pode encontrar todas as riquezas do mundo – tanto ouro quanto pedrarias. [...] Acho que eles são superiores a nós de infinitos modos, a não ser quando se trata de luta", ele escreveu ao pai. E terminava com uma nota pesarosa, enquanto ainda dava graças por não ter morrido. "Eu não pude pilhar nada porque fui ferido. Mesmo assim, tive sorte de não ter sido atingido por uma flecha envenenada."

Já no final do dia de Santa Catarina, Afonso pessoalmente saudou seus capitães triunfantes e agradeceu-lhes por seus esforços. "Muitos foram sagrados cavaleiros", lembrou Empoli, "entre os quais ele teve o prazer de me incluir", embora pouco tenha feito para suavizar sua postura para com o governador. "É melhor ser um cavaleiro que um mercador", acrescentou ele, refletindo a má opinião que a nobreza portuguesa tinha acerca das atividades comerciais. Entre os primeiros a receber Afonso na cidade estava Manuel de Lacerda. Cavalgava um cavalo ricamente ajaezado que tomara de um muçulmano morto por ele. O toco de flecha ainda estava protuberante em seu rosto. Ele estava banhado em sangue, "e vendo-o assim com uma flecha ainda no rosto, sua armadura coberta de sangue, [Afonso] o abraçou, beijando sua face e dizendo: 'Senhor sois tão honrado quanto um são Sebastião martirizado'". Era uma imagem gravada a fogo na lenda portuguesa.

A surpresa de que Goa tivesse caído diante de alguns portugueses chamou a atenção dos impérios indianos. O assombroso golpe de Afonso pedia uma reconsideração estratégica. Embaixadores chegaram de toda parte para prestar respeito, avaliar e considerar o que aquilo poderia significar.

Afonso tinha ideias inovadoras para garantir esse novo império. Cônscio de que os portugueses estavam em pequeno número, de sua alta taxa de mortalidade e da falta de mulheres, ele imediatamente passou a promover uma política de casamentos mistos, encorajando a união daqueles de status mais baixo – soldados, pedreiros, carpinteiros – com mulheres locais. Essas em geral eram hindus de casta baixa batizadas, e ganhavam dotes. Os homens casados também recebiam incentivos financeiros para manter vínculos permanentes. Dois meses depois da reconquista de Goa, Afonso arranjara duzentos desses casamentos. Essa política era pragmática, na tentativa de criar uma população local cristianizada e leal a Portugal, mas Afonso também mostrou alguma preocupação esclarecida pelo bem-estar geral das mulheres em Goa, tentando tornar o *suttee* ilegal e concedendo a elas direitos de propriedade. A política de casamentos, diante da considerável oposição de escandalizados clérigos e oficiais do governo, pôs em curso a criação de uma sociedade indo-portuguesa de longa duração.

Enquanto isso, Diogo Mendes de Vasconcelos, impedido em sua missão de capturar Malaca, estava irritado, tentando se pôr a caminho. Era evidente que seus quatro navios, sem ajuda, não conseguiriam fazer nada, e Afonso estava de posse de uma carta de Rui de Araújo, um dos sessenta portugueses reféns retidos em uma expedição anterior, que ele recebera em agosto. A mensagem de Rui era desesperada: "Esperamos vossa chegada [...] Queira Deus que chegueis aqui dentro de cinco meses, ou não nos encontrareis vivos". Rui forneceu uma grande quantidade de informações a respeito das políticas e da capacidade militar da cidade, contando que era enorme, mas não bem defendida, e acrescentando que "Vossa Graça deverá vir com toda a força, mesmo que não seja estritamente necessário, para inspirar terror em terra e no mar". Em abril de 1511, Afonso partiu para uma nova conquista. Ele ficara em Goa apenas quatro meses.

No mesmo ano, sem Afonso saber, os portugueses acertaram outro golpe significativo contra os mamelucos, dessa vez de dentro da bacia do Mediterrâneo. Em agosto, um esquadrão de galeotas de guerra lideradas por André do Amaral, um cavaleiro português da ordem cruzada de São João de Rodes, interceptou e destruiu uma frota de navios carregados de madeira que ia do Líbano para o Egito. Essa madeira seria usada para a construção de uma nova frota para se vingar dos eventos em Diu. Os mamelucos eram completamente dependentes da madeira importada do Mediterrâneo oriental; sem isso, eles estavam paralisados. O desastre atrasou em anos sua tecnologia naval.

20
PARA O OLHO DO SOL
abril-novembro 1511

Na primeira década no oceano Índico, para os portugueses, o tempo às vezes passou depressa, outras vezes não. O processo de comunicação entre Lisboa e a Índia certamente era tortuoso – pelo menos um ano e meio para que uma ordem real fosse recebida e respondida –, mas, mesmo assim, a curva de aprendizado fora extraordinária: o confronto do conhecimento geográfico, cultural e linguístico, a elaboração de mapas e a compreensão das sutilezas políticas tinham sido tão rápidos que, da perspectiva de 1510, a primeira viagem de Vasco da Gama parecia quase uma lenda. Quando seus navios castigados pelas intempéries voltaram, em 1499, levavam com eles um distante boato a respeito de Malaca, dizendo que "fica a quarenta dias de Calicute, com bom vento, [...] todos os cravos da Índia vêm daí. [...] Nesse país há muitos papagaios grandes, cuja plumagem é vermelha como o fogo". Em 1505, o rei mandava com displicência que Francisco de Almeida sondasse para "descobrir" Malaca, com o Ceilão e a China, e "outras partes ainda não conhecidas", e para plantar pilares à medida que avançasse. Os irrequietos portugueses estavam ávidos por novos horizontes.

Um ano mais tarde, em 1506, Malaca já era um objetivo estratégico principal: Francisco de Almeida recebeu ordens para se estabelecer naqueles mares, deixando apenas uma força mínima na costa de Malabar. O que impelira o rei foi o torturante medo da concorrência: notícias de "uma determinada frota castelhana [...] que estava sendo aprontada neste verão para ir em busca da dita Malaca". Isso estava ligado às incertezas do Tratado de Tordesilhas. A linha de demarcação traçada em 1499 circundava a Terra, e os castelhanos acreditavam que Malaca ficasse dentro de sua zona de influência. Como Colombo persistia na crença de que suas descobertas eram uma rota marítima direta para o Oriente, havia uma grande preocupação em Lisboa de que a Espanha pudesse navegar para oeste. Aquela parecia uma corrida direta. Francisco de Almeida não conseguiu fazer nada além de despachar dois homens num navio mercante que nunca chegou; quanto a ir ele mesmo, o vice-rei achava que era impossível, dadas as ameaças aos seus frágeis pontos de apoio na costa de Malabar. Impaciente com o que ele entendia como uma embromação, em 1508 Manuel enviou uma pequena flotilha de navios diretamente de Lisboa para estabelecer um entreposto comercial em Malaca. Era o sobrevivente dessa malfadada expedição que agora estava preso como refém pelo sultão de Malaca, e cuja carta implorava a Afonso que fosse libertá-lo.

Os portugueses eram incentivados também a fazer uma crescente apreciação do valor dessa cidade. Situada estrategicamente na costa ocidental da península Malaia, dominando as rotas marítimas para a Índia, Malaca tinha crescido, em menos de um século, de uma pobre aldeia de pescadores para um dos grandes centros do comércio mundial. "Não se pode calcular o valor de Malaca por causa de sua importância e dos lucros", escreveu o mercador português Tomé Pires. "Malaca é uma cidade que foi feita para a mercadoria, mais adequada que qualquer outra no mundo; o final das monções e o início de outras. Malaca é cercada e fica no meio, e a troca e o comércio entre as diferentes nações por milhares de léguas em cada direção têm de ir [lá]." Malaca ligava o comércio do oceano Índico e todos os pontos a oeste com o do mar da China e o oceano Pacífico. Era o terminal para os juncos mercantis chineses, depois da retirada deles da costa oeste da Índia. Malaca era chamada de Olho do Sol. Era a cidade mais cosmopolita na Terra, onde, de acordo com Tomé Pires, podiam-se ouvir 84 línguas; ele enumerou todo um alfabeto dos povos mercantis além da Europa – homens do Cairo, de Ormuz, de Goa, do Camboja, do Timor, do Ceilão, de Java, da China, do Brunei. Diziam que até os papagaios eram poliglotas. Ali comerciavam-se lã, pano, vidro e trabalho em ferro de Veneza, ópio e perfumes da Arábia, as pérolas do golfo Pérsico, porcelana da China, noz-moscada de Bandas, o pano de Bengala e as especiarias das Molucas. Maior que Lisboa, tinha uma população ligeiramente menor que a de Veneza, cerca de 120 mil pessoas: "Não resta dúvida de que Malaca tem tanta importância e lucro que me parecem não ter igual no mundo", escreveu Tomé. E era governada por um sultão muçulmano. Manuel corria atrás da riqueza de Malaca tanto quanto do resgate dos reféns.

Os principais personagens na arena eram os muçulmanos de Java e de Gujarati. Ficava longe demais para que os *dhows* árabes fizessem a viagem durante as monções. Os mercadores de Gujarati funcionavam como intermediários para o comércio do oceano Índico ocidental e exerciam influência mais forte sobre o sultão de Malaca. Sentindo a rivalidade comercial como em Calicute, eles persuadiram o sultão a destruir o entreposto português e tomar os reféns.

As cartas de Rui de Araújo tinham fornecido a Afonso muitas informações sobre a cidade. Ele seguiu os conselhos dos reféns para chegar com força máxima, com o objetivo de intimidar: trouxe dezoito navios, dos quais doze eram carracas. Os recursos humanos eram um problema. Havia apenas setecentos portugueses e trezentos soldados malabares para confrontar provavelmente um enorme exército nativo, e esse era um ataque de longo alcance, extremamente ousado. Ficava a 2.400 quilômetros, pelo oceano Índico oriental, sem chances de retirada em caso de dificuldades. Os navios se perderam no caminho, e o próprio navio capitânia de Afonso de Albuquerque, o *Frol de la Mar*, já tinha agora nove anos, e era cada vez mais impróprio para a navegação.

A frota seguiu também o conselho de Rui para espalhar medo durante o trajeto, capturando navios muçulmanos e promovendo visitas ameaçadoras aos pequenos principados vassalos de Malaca na costa de Sumatra. Para muitos, isso era mar novo; os *dhow*s do oceano Índico ocidental tinham dado lugar aos juncos de Sumatra e Java, navios robustos, de beiradas altas, com quatro mastros, "que são muito diferentes dos nossos, sendo construídos com madeira muito grossa". Eles tiveram ampla oportunidade para imaginar como seriam essas embarcações. Quando encontraram um junco que era mais alto que o poderoso *Frol de la Mar*, "tão forte quanto um castelo, porque tem três ou quatro conveses, um em cima do outro, de modo que artilharia não possa danificá-lo", ele resistiu ao bombardeio dos canhões portugueses durante dois dias. Só quando conseguiram destruir o leme foi que o navio ficou danificado o suficiente para se render. "E desceram pela prancha de desembarque num ângulo de vinte graus, tão alto era o junco."

Giovanni da Empoli estava outra vez entre os que tinham sido arrastados por Afonso de Albuquerque. Ele foi empregado, contra a vontade, para desembarcar e fazer os gestos de boa vontade para os príncipes hostis de Sumatra. "O comportamento dele foi o de um homem que não se importava muito comigo", queixou-se o florentino. Algum dia, por volta de 1º de julho, a frota chegou a Malaca, "e, tendo parado em frente à cidade, baixamos as âncoras dos navios sem disparar qualquer artilharia, esperando que um embaixador do rei viesse da margem". De acordo com Empoli, a cidade era "situada próximo à praia, bem cheia de casas e residências, e com bem mais de três léguas de comprimento, o que é uma coisa linda de ser ver". A cidade espalhava-se ao longo da margem – casas cobertas com palmeiras, entremeadas por minaretes de mesquitas em terreno baixo, alagadiço. No seu ponto central, um rio fluía para o mar, atravessado na foz por uma ponte robusta que dividia a cidade em duas.

Malaca vivia inteiramente do comércio; por trás, ficava uma zona interior de floresta tropical cheia de malária, tocas de tigres e crocodilos. O clima era equatorial, um calor úmido capaz de debilitar a vida de um homem em armadura. O porto era lotado de navios: "Entre navios e juncos, cerca de cem velas, além de um grande número de barcos a remo e sampanas com trinta e quarenta remos", notou Empoli, observando que "o porto é muito bonito e ao abrigo de todos os ventos [...] Mais de 2 mil navios carregados podem ser acomodados, [...] porque a parte mais rasa acima da barra é de quatro braças". Havia um número de navios da China carregando "homens brancos vestidos à moda alemã, com sapatos e botas franceses". Os mercadores, tanto chineses quanto hindus, pareceram amigáveis.

O que se seguiu foi um impasse tenso entre o sultão e o governador. O sultão Mohamed queria um acordo de paz garantindo a passagem segura dos navios, dos quais sua riqueza dependia, antes de entregar os reféns. Afonso queria primeiro os reféns. Chegaram a um empate. O sultão, aconselhado pelos muçulmanos de Gujarati e javaneses, estava fazendo a jogada das monções, retardando as negociações até que o tempo obrigasse os portugueses a partir. Ao mesmo tempo, ele vigiava cuidadosamente os intrusos: sabia como eles tinham poucos homens – e preparou suas defesas.

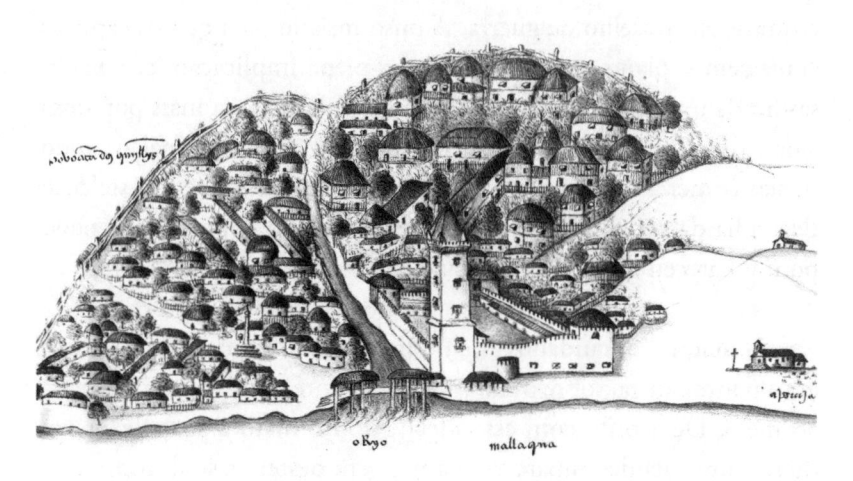

Malaca baixa, dividida pelo rio. Este desenho de Gaspar Correia foi feito depois da captura e da construção de um forte.

Afonso de Albuquerque perdeu a paciência. Em meados de julho ele bombardeou a cidade e queimou algumas casas na orla, junto com os juncos de Gujarati. O sultão correu de volta à mesa de negociações. Vestiu os reféns com belas roupas e os soltou. Afonso simplesmente aumentou as exigências: permitir um entreposto comercial e que se construísse um forte, e o pagamento de uma graúda indenização pelas perdas sofridas. Ele provavelmente contava que essas exigências fossem recusadas, e preparava-se para lutar. Foi imensamente ajudado pelas informações que vazavam da cidade por Rui Araújo e pelos chineses. O sultão tinha nominalmente 20 mil homens, vinte elefantes de guerra, canhões e arqueiros. Se escrutinados, esses números eram menos impressionantes do que pareciam. Os canhões eram de pouca qualidade, faltava pólvora e artilheiros capacitados, e na realidade havia apenas cerca de 4 mil homens armados e prontos para o combate. O sultão continuou a prevaricar e começou a construir robustas barricadas dos dois lados da ponte; ao mesmo tempo, protegeu a praia com espetos de ferro escondidos sob palha e sacos de pólvora.

Rui insistiu para que o governador não perdesse mais tempo; quanto mais ele demorasse, mais entrincheirada ficaria a cidade. No costumeiro conselho de guerra, Afonso insistiu para que os capitães apoiassem o plano e entendessem sua plena implicação: eles precisavam de um posto comercial ali porque Malaca "é a mais populosa cidade das Índias, posicionada no centro, e o ponto final de todo o rico comércio e dos negócios que dali fluíam", mas a instalação dependia da construção de um forte seguro. Ele foi insistente nesse ponto. Pareceu obter a concordância.

O ataque foi cuidadosamente preparado. A chave para Malaca era a ponte central sobre o rio: tomada a ponte, a cidade seria cortada ao meio. De acordo com essa ideia, Afonso dividiu suas forças em duas – uma ala desembarcaria na margem oeste, onde ficavam uma mesquita e o palácio real; a outra, liderada pelo próprio governador, na margem oposta, onde estava a maior parte da cidade. As duas forças se encontrariam na ponte. Os chineses ofereceram ajuda, mas Afonso resolveu excluí-los da luta; em vez disso, ele pediu para que eles providenciassem barcos de transporte, para ajudar no desembarque dos homens. Duas horas antes do alvorecer de 24 de julho – véspera do dia de São Tiago – lançaram o ataque. Tábuas de madeira foram jogadas na praia para proteger os homens de armadilhas enquanto eles avançavam até as barricadas. O fogo dos canhões de Malaca era amplamente ineficaz, e os portugueses usavam armaduras fortes, mas foram recebidos com chuvas de flechas e dardos curtos, finos, atirados de zarabatanas, embebidos no veneno de uma espécie de peixe; uma vez na corrente sanguínea, a morte era certa em poucos dias.

A luta pela ponte ficou feroz, com os homens de Afonso avançando rapidamente. Do outro lado, quando os portugueses finalmente atacaram a barricada, o sultão resolveu entrar pessoalmente na disputa. Seus vinte elefantes de guerra avançaram enlouquecidos pela rua, esmagando tudo em seu caminho, seguidos por um grande corpo de homens. De seus castelos, os arqueiros atiravam flechas sobre os intrusos, os guias dos elefantes atiçavam os animais, que tinham espadas penduradas nas presas. O sultão liderava o caminho no elefante real. Apenas dois homens se mantiveram firmes, confrontando o enraivecido elefante do rei com suas lanças. Um o espetou no olho, o outro na barriga. Enlouquecida de dor, a besta ferida, bramindo furiosamente, virou-se, agarrou seu guia e o jogou ao solo. Pandemônio e barridos selvagens romperam entre os elefantes que seguiam atrás. O rei conseguiu escorregar do animal e fugir, mas a investida foi interrompida; os elefantes se assustaram, espalhando um rastro de corpos pisoteados.

Na fumaça e no rugido da confusão, entre o silvo dos dardos soprados e os gritos de "São Tiago", os portugueses finalmente invadiram a ponte. Era meio-dia. O sol estava no zênite; depois de horas lutando em suas armaduras e sem comida, os homens estavam exaustos. Afonso ordenou que se erigissem toldos com as velas, mas os soldados estavam cansados demais – incapazes de reconstruir as barricadas necessárias para garantir a ponte conquistada a grandes penas. Afonso tomou a decisão unilateral de retirar-se, para fúria de seus capitães, que aguardavam o espólio da cidade. Para levantar o moral em face desse percalço, ele mandou esquadrões para incendiar a mesquita e algumas construções do rei. Chegaram a um magnífico pavilhão de madeira montado numa carruagem gigantesca com trinta rodas, cada uma da altura de um aposento. Fora construído para a procissão cerimonial do casamento da filha do sultão com um rei vizinho, "adornado com tapeçarias de seda por dentro e bandeiras por fora – e foi todo queimado". Isso pelo menos foi um consolo para o fracasso estratégico. A ponte foi abandonada. Os portugueses levaram com eles 72 canhões e seus feridos. "Nenhum dos que foram envenenados pelos dardos sobreviveu, com exceção de Fernão Gomes de Lemos, cuja ferida fora imediatamente escaldada com gordura de porco. Esse tratamento, depois de Deus, foi sua salvação."

Houve uma pausa incerta. O sultão se declarou perplexo por sua cidade ter sido atacada depois da liberação dos reféns e ofereceu paz. Ele contemporizava, esperando que o tempo mudasse. O fracasso dos portugueses o encheu de nova confiança. Reconstruiu suas defesas – as barricadas, as armadilhas na praia, cujos espetos agora eram mergulhados em veneno – e construiu barreiras nas ruas da cidade. Mas Afonso fizera um juramento solene sobre sua longa barba branca de que a vingança cairia sobre Malaca.

O problema continuava sendo a ponte alta que controlava a entrada na cidade, agora mais fortificada ainda. A solução era elevar-se acima dela. Provavelmente lembrando-se da notável luta de dois dias com os juncos no estreito de Malaca, que revelara como os navios eram altos e robustamente construídos, ele requisitou um dos juncos javaneses de quatro mastros no porto, encheu-o de canhões e o rebocou para a frente, na direção da ponte, sob o comando de Antônio de Abreu. O alto calado do navio significava que ele só conseguia avançar na maré enchente. Ele acabou ficando encalhado em um banco de areia, próximo da ponte. Ameaçado pelo campo de fogo inimigo, o junco passou a ser alvo de intenso bombardeio. Continuou ileso. Jangadas repletas de madeira, piche e óleo foram empurradas rio abaixo, para incendiá-lo. Foram afastadas por homens em pequenos barcos com longos arpões com ponta de ferro. Um tiro de mosquete pegou Antônio no rosto, esmagando seus dentes e levando parte de sua língua, mas quando Afonso mandou que o homem ferido fosse substituído, Antônio recusou-se, declarando: "Desde que eu tenha pés para andar, mãos para lutar, alguma língua para dar os comandos, que qualquer vida me tenha sido deixada, eu não cederei meu posto a mais ninguém". Antônio de Abreu ficou no junco pronto para golpear a ponte.

Os preparativos de Afonso para o segundo ataque foram mais estudados. Além de bons suprimentos de bestas, ele ordenou o preparo de barris, picaretas, enxadas e machados, de modo que pudessem construir rapidamente barricadas, uma vez que a ponte fosse atacada; anteparos de madeira foram preparados em maior número para proteger os homens que avançavam dos tiros de mosquetes e dos dardos envenenados, e mais tábuas foram dispostas para quando caminhassem na praia por cima da areia com armadilhas. Estava tudo pronto. Ele deu aos chineses permissão para saírem com presentes e bênçãos. Em 9 de agosto, chamou todos os capitães e os fidalgos para outra reunião.

Era visível que muitos estavam descontentes com o ataque fracassado e a decisão unilateral do governador de se retirar. O trabalho mortal das zarabatanas malaias também os amedrontou; nem a ideia de construir uma fortaleza no calor tropical era atraente. Os fidalgos sempre consideraram esse trabalho humilhante para seu status. Eles preferiam saquear e partir. Em variadas versões anotadas, Afonso fez um discurso apaixonado. Ele esquematizou todo o plano estratégico para o oceano Índico. Se estrangular o comércio muçulmano no mar Vermelho era o objetivo supremo, Malaca, "o centro de todas as ricas mercadorias e dos negócios", era uma parte crítica e conectada. Era "a fonte de todas as especiarias, drogas e riquezas do mundo inteiro [...] a rota pela qual mais pimenta-do-reino vinha a Meca do que por Calicute". Sua captura sufocaria o Cairo, Alexandria e Veneza, e atrapalharia a disseminação do islã: "Seja lá quem domine Malaca tem sua mão na garganta de Veneza", nas palavras de Tomé Pires.

Afonso de Albuquerque conhecia exatamente os centros nervosos do oceano Índico e por que Malaca tinha importância. Ele tentou reassegurar aos fidalgos que, tomada e governada com justiça pelos portugueses, a cidade poderia ser mantida por meio de alianças, não importando quantos homens tivessem. Afonso estava construindo um império, não apenas saqueando uma cidade, mas aqui ele chegou ao ponto principal: Malaca não poderia ser mantida sem um forte. Olhando nos olhos de seus comandados, ele queria ter certeza de que eles se comprometeriam com a construção. Esclareceu bem isso. Não estava preparado para "desembarcar homens, nem para lutar se o lugar não pudesse ser mantido com um forte – arriscar um único homem, não importa quanto butim pudesse ser tomado, não me parece interessar ao rei, meu senhor". Esse era um apelo forte, ligando o império ao zelo de cruzado, deveres de cavaleiro – e interesse próprio. "O muro dourado" de Malaca certamente reluzia brilhante na mente dos capitães que ouviam, mas Afonso não iria adiante sem o comprometimento com o forte. Foi a pura força de vontade que ganhou o dia. Os fidalgos, provavelmente esperando que faltasse pedra em Malaca para a construção de fortes, se declararam "prontos para qualquer coisa, construiriam um forte" – ou, rudemente, "até dois, se necessário". Afonso, resguardando-se sabiamente, fez com que as declarações deles fossem escritas e guardadas.

No dia 10 de agosto de 1511, na maré enchente, que eles esperavam que desencalhasse o junco do banco de areia e o fizesse flutuar até ainda mais para perto da ponte estratégica, os portugueses se prepararam para conquistar uma cidade de 120 mil habitantes com cerca de mil portugueses e duzentos malabares. Provavelmente, essa era a investida militar mais disciplinada e cuidadosamente planejada que eles já tinham empreendido. Afonso era assombrado pelas lições de Calicute e pelo fantasma de Coutinho: o medo de que, quebrando as barricadas no mar e tomando a ponte, a gana pelo tesouro imaginado arrastaria os homens febrilmente pela cidade desconhecida, onde, pesados com armaduras e exaustos com o calor sufocante, eles seriam massacrados.

As lições da primeira tentativa fracassada foram aprendidas: não dividir os homens em grupos; tomar o ponto mais estratégico da ponte e se estabelecer ali; conseguir uma cadeia de suprimentos para garantir que não fossem repelidos. Tudo funcionou brilhantemente. O junco ficou acima da ponte despejando tiros sobre os soldados de Malaca e de Java, desprotegidos. O desembarque no lado oeste foi eficiente e rápido; protegido pelos anteparos e pelas tábuas, eles atacaram as barricadas e expulsaram os homens do sultão. O desembarque eficiente de materiais de construção garantiu que robustas defesas para a ponte pudessem ser construídas dos dois lados. Os homens do sultão estavam agora divididos em dois grupos. Uma mesquita foi tomada na extremidade leste da ponte; outro ataque impetuoso dos elefantes foi repelido. Canhões dos navios dispararam tiros por cima da cidade, para intimidar os reforços. Os portugueses entrincheiraram-se, fortificando duas casas perto da mesquita e instalando uma bateria de canhões em seus telhados.

O calor era avassalador. Afonso mais uma vez construiu toldos para proteger seus homens do sol; o suprimento de comida e bebida era eficiente, e os soldados trabalhavam em revezamento. Se o sultão achava que podia atrair os portugueses para uma emboscada, ele estava enganado. Avançar sobre a cidade era proibido sob pena de morte. Afonso resolveu se mover para a frente, aos poucos, acima de tudo para reduzir as baixas – os portugueses eram bem poucos – e para restringir o fervor pelo saque. Passaram-se dias. "Oferecemos resistência em terra", de acordo com Empoli, "com nossa armadura nas costas, por pelo menos vinte dias, guardando o posto de dia e de noite, porque do mar e da terra os ataques vinham a cada hora, e eles nos causavam muitos problemas." Os ataques diminuíram. Foi então que a disciplina militar que Afonso tinha começado a incutir em seus homens foi reconhecida.

Ele apelou para os grupos treinados a fim de limpar sistematicamente os bolsões de resistência. Assumiram uma formação quadrada, de seis por seis, com a ponta de ferro de suas lanças erguidas encrespadas, e marcharam para a cidade, com ordens de não sair da formação e liderados por guias que conheciam as ruas. Essas falanges blindadas, marchando ao som de trombetas, rufar de tambores e gritos de "São Tiago!", eram extremamente eficazes. Tinham ordens para não "poupar a vida dos muçulmanos, suas mulheres e filhos, onde quer que os encontrassem". Enveredaram pela cidade furando e pisoteando. O sultão, com sua família, empregados e elefantes, e os soldados fugiram para a floresta. E os fidalgos, para os quais esse estilo de guerra era desagradável, pouco heroico, aguentaram firme. A cidade estava tomada.

Os homens, que suportaram o calor, os repetidos ataques, o medo mortal das zarabatanas envenenadas e a disciplina de ferro do governador, estavam desesperados pela recompensa, um completo saque dessa fabulosa feira livre oriental. Afonso reconhecia que isso era direito deles, mas quis preservar uma cidade viva, não uma ruína fumegante. Ele impôs uma ordem rigorosa para os procedimentos. Os homens tinham direito a um dia de saques. As casas dos hindus, dos javaneses e dos burmeses, com os quais os portugueses tinham formado alianças, teriam de ser excluídas da pilhagem – as principais residências deles foram marcadas com bandeiras. Nenhuma construção poderia ser queimada. Não se iria tocar no palácio do sultão; seu conteúdo estava reservado para a Coroa. Foi dada uma oportunidade justa a cada um. Os marinheiros, em geral os perdedores na briga desordenada depois da vitória, tiveram a primeira escolha. Cada grupo era chamado por um sinal de trombeta. Quando cambaleavam de volta ao navio com tudo o que pudessem carregar, o governador exigia que permanecessem com sua pilhagem, e o bando seguinte era despachado, num rodízio que terminou com o anoitecer. Os depósitos subterrâneos das casas dos mercadores renderam recompensas extraordinariamente ricas.

Cada homem decidia o que queria levar e o que deixar para trás, numa corrida pelo butim. Para os portugueses, Malaca era uma gruta de tesouros das *Mil e uma noites*. Era um vislumbre do que estava a leste da Índia – e punha a economia da costa malabar em perspectiva. "Acredite-me", escreveu Empoli a seu pai, "as coisas aqui são de grande substância, e há coisas muito grandiosas e grandes cidades muradas, negócios em mercadoria e riqueza, costumes e maneiras de viver diferentes. Nós não somos nada; a Índia é a coisa menor e mais pobre que há aqui."

No fim do dia, as ruas de Malaca estavam cobertas de mercadorias extraordinárias: joias, jarras de almíscar, arcas repletas de tecido de damasco, seda, tafetá e cânfora. "Havia aposentos cheios de madeira de sândalo, que não valia o trabalho de ser levada", e rara porcelana chinesa azul e branca, frágil e volumosa demais para valer a pena. Barras de ouro, jarras de ouro em pó, perfumes e pedras raras eram o despojo de preferência. Foi levado um grande número de canhões, alguns que se pensava terem sido enviados pelo samorim de Calicute. Do palácio do sultão, homens sob as ordens de Afonso reuniram objetos de opulência estonteante como presentes para o rei, enquanto o governador pegou para ele seis leões de bronze para adornar sua sepultura. O palácio em seguida foi inteiramente incendiado.

A captura de Malaca, com sua enorme população, por algumas poucas centenas de portugueses em navios avariados tinha sido um golpe extraordinário, um feito de enorme ousadia e autoconfiança ultrajante. Em termos puramente militares, é possível uma comparação direta com qualquer uma das vitórias assimétricas dos conquistadores espanhóis na América. Entretanto, como Afonso tinha antecipado, a vontade de manter a cidade era uma outra questão.

Enriquecidos, os capitães, e sem dúvida os homens, estavam prontos para ir embora. Suplicaram ao governador que voltasse à Índia – a frota poderia retornar em outra hora. Afonso já havia antecipado essa reação. Ele chamou atenção para o fato de que ele tinha os depoimentos deles por escrito sobre a questão do forte e declarou que se eles quisessem partir sem deixar a cidade "tomada e segura em nome do rei, [...] eu mereceria que me cortassem a cabeça e que minha alma fosse mandada para o inferno, [...] nem falem disso. Todos nós devemos nos entregar ao trabalho com boa vontade para fazer nosso forte – e fazê-lo rápido". Afonso de Albuquerque era um homem que tinha pressa: ele precisava consolidar a posição portuguesa, precisava sair antes da monção, com medo do que pudesse estar acontecendo em Goa – tudo isso o impulsionava.

Os que duvidavam estavam corretos em não se entusiasmar tanto a respeito da tarefa. A construção de um forte ao lado do rio, no centro da cidade, se tornou outro tipo de inferno. Empoli, que nunca foi de diminuir a importância da dificuldade, deu seu próprio relato: "O capitão-mor, com alguns homens, e grande pressa, de dia e de noite, com tochas, construiu um forte com tábuas de madeira, com muitos troncos pesados em torno e muita artilharia, e em um mês o tornou resistente". Esse foi um processo de contínua consolidação: "Assim que estava forte o bastante, passamos a fazer um de pedra". Sem dúvida, para grande desapontamento da força de trabalho, pedras em número suficiente tinham sido pilhadas de mesquitas e de casas.

> Foi uma tarefa difícil carregar as pedras nas costas, e cada homem era trabalhador, assentador de tijolos e pedreiro. [...] O forte foi construído com nossas armas sempre ao nosso lado, no insuportável calor do sol, porque a posição desse país é dois graus ao norte do equador. A terra é no nível do mar e pantanosa, habitada por animais selvagens, e isso produz um grande fedor e ar insalubre. Não tínhamos nada para comer além de arroz, e o resultado foi que nossos homens ficaram doentes. [...] Não ficou um homem que não tivesse sofrido de uma febre diabólica, de modo que havia homens mortos nas barracas do capitão durante dois ou três dias, porque não se encontrava quem os enterrasse. Fiquei doente no começo de outubro e durante cinquenta dias tive uma febre contínua, tão severa que fiquei completamente inconsciente.

As condições miasmáticas, a dieta ruim e a malária abateram tantos portugueses que eles ficaram quase incapazes de prosseguir. Os trabalhadores locais tiveram de levar a tarefa adiante. O próprio Afonso tiritava de febre, mas continuava a supervisionar a construção.

A fortaleza, o medo de contra-ataques e a doença atrasavam Afonso. No final de 1511, era hora de ir embora ou ficar preso em Malaca por mais um ano. Afonso deixou uma guarnição de trezentos homens e oito navios, a serem tripulados por mais duzentos homens. Os três navios restantes, o *Frol de la Mar*, o *Emxobregas* e o *Trinidade*, deveriam voltar à Índia, carregando neles o grosso do tesouro. Além disso, ele botou quinze homens num junco capturado, a ser tripulado por escravos javaneses.

O *Frol de la Mar* era um dos navios troféus da frota portuguesa. Com quatrocentas toneladas, era a maior carraca jamais construída; equipada com quarenta canhões distribuídos em três conveses, sua voluptuosa popa alta e o castelo marcavam uma presença intimidadora entre os *dhow*s do oceano Índico – uma fortaleza flutuante que podia atirar em todas as direções. Na batalha de Diu, acertou seiscentas balas de canhão na frota egípcia durante um único dia, mas seu tamanho o tornava desajeitado para manobrar em condições complicadas, e agora estava velho. A média de idade para um navio na rota da Índia talvez fosse de quatro anos; os golpes das viagens longas e as devastações pelos gusanos transformavam pranchas robustas numa massa úmida e macia em pouco tempo. Em 1512, o *Frol* já estava no mar havia dez anos. Vazava seriamente e exigia contínuos remendos e bombeamentos. Afonso queria levá-lo de volta para tratá-lo em Cochim, mas o bom-senso dizia que o navio era uma armadilha mortal. Muitos daqueles que partiam recusaram-se a embarcar nele. Apenas a formidável confiança do governador garantiu uma tripulação. Por seu tamanho, ele carregava o grosso do tesouro, além de grande parte dos doentes e feridos e alguns escravos de presente para a rainha.

Empoli, viajando no *Trinidade*, deixou seu próprio relato do que se seguiu: "E assim partimos, navegando em tempo muito ruim, porque já era tarde até mesmo se saíssemos de Malaca para a Índia no dia 20 de dezembro". De fato, eles estavam saindo um mês mais tarde. Seis dias em mar aberto, e a flotilha foi atingida por um furacão.

> Mais ou menos às três horas da madrugada escutamos um barulho estrondoso [...] Encontramo-nos com nosso navio em apenas quatro braças de profundidade. Lançamos âncora imediatamente, [...] o vento estava forte e soprando para a margem, e, quando o dia clareou, vimos o mar batendo ao nosso redor por quatro ou cinco léguas, porque estávamos no meio dos baixios. O navio do capitão-geral estava na parte mais rasa; uma enorme onda o atingiu no castelo de proa, varreu dezesseis homens, afogados no mar.

O *Frol* estava em apuros, agora vazando muito e incapaz de manobrar com o fardo de sua carga e o crescente peso da água. Ele também tinha sido ancorado para suportar a tempestade, mas a água estava entrando com tamanha rapidez que as bombas eram inúteis. De acordo com Empoli, "outra onda bateu, o leme se quebrou, e ele girou de lado e encalhou. Imediatamente encheu-se de água; a tripulação se reuniu no convés da popa e lá ficou esperando a misericórdia divina".

Era hora de abandonar o navio. Afonso mandou que alguns dos mastros fossem cortados e amarrados para fazer uma jangada rústica. Os doentes e feridos foram postos no escaler do navio, enquanto o restante da tripulação era transferido para a jangada num bote a remo. Afonso, com uma corda amarrada na cintura e a outra amarrada ao *Frol*, levava o esquife de um lado para outro, até que todos os portugueses tivessem sido retirados. Disciplinado até o fim, ele mandou que todos saíssem do navio apenas com a jaqueta e as calças; quem quisesse manter qualquer posse podia ficar para trás. Quanto aos escravos, eles podiam se arranjar sozinhos. O único recurso deles era pular no mar; os que não sabiam nadar afogaram-se. Alguns conseguiam chegar à jangada, mas eram impedidos à ponta de lança de subir a bordo e sobrecarregá-la. No mar, tratava-se sempre da sobrevivência dos mais importantes. Atrás deles, o *Frol* se quebrou em dois, de modo que apenas seu convés de popa e o mastro principal ficaram visíveis. O bote do navio e a jangada flutuaram à deriva durante a noite, "e assim eles ficaram com a alma na boca, implorando a misericórdia de Deus até a madrugada, quando o vento e o mar se acalmaram".

Na confusão da noite, o *Emxobregas*, mais à frente, fez sondagens e resolveu salvar-se, navegando para longe do naufrágio. A tripulação cativa do junco, aproveitando o momento, assassinou seus senhores portugueses e fugiu com o navio e uma grande quantidade de mercadorias valiosas. Apenas o *Trinidade* estava próximo o suficiente para ajudar, mas também se encontrava em grande apuro, de acordo com Empoli, "e tocando no fundo, de modo que tivemos de jogar pela amurada todos os equipamentos de convés, a artilharia e parte das especiarias, nos encomendando a Deus, porque não conseguíamos ver nenhuma outra solução, já que não havia qualquer esperança de alguém se salvar nadando, por causa da grande extensão da água". Com a luz da manhã e o mar mais calmo, eles conseguiram ver a jangada com uma bandeira improvisada içada numa lança como sinal.

Os sobreviventes foram levados a bordo do *Trinidade*. "No navio [...] havia cerca de duzentos de nós, e não tinha o bastante para tanta gente comer e beber [...] tantas pessoas vieram a bordo [...] que isso nos lançou em grande confusão." Apesar da escassez de alimento, Afonso, ansioso a respeito do estado de Cochim e Goa durante sua ausência, se recusou a concordar com um desembarque para carregar suprimentos, "acentuando a situação em que a Índia estava e muitas outras razões". A intransigência do governador transformou a viagem até Cochim num pesadelo, se acreditarmos em Empoli. "Encontramo-nos em grande dificuldade e necessidade; estávamos reduzidos a 180 gramas de biscoito podre e um gole de água [...] as queixas e murmúrios eram tão grandes [...] que o capitão se trancou em sua cabine para que ninguém o visse." Alguns cativos muçulmanos foram jogados pela amurada enquanto dormiam para reduzir o número de bocas para alimentar. E então "dirigiram-se para Cochim, onde chegaram com grande trabalho das bombas, meio mortos", com nada a não ser as roupas do corpo. De acordo com uma fonte, Afonso tinha salvado uma coroa, uma espada de ouro e um anel de rubi, enviados para o rei de Sião como presente de Manuel.

Atrás deles, apenas a estrutura superior do *Frol de la Mar* permanecia visível acima dos recifes de Sumatra, e em algum lugar abaixo, no mar, jazia todo o tesouro do palácio do rei e ainda muito mais. "Eu o ouvi dizer", depôs Gaspar Correia em uma rara reminiscência pessoal, "que na casa do rei tinham encontrado uma mesa de quatro pés com pedras valendo 70 mil cruzados." No *Frol* "perdeu-se uma riqueza em ouro e pedras como que jamais se perdera em qualquer parte da Índia, nem jamais se perderia". Tudo isso desapareceu nas profundezas, além de pedras preciosas e barras de ouro destinadas ao rei e à rainha, junto com lindas escravas afogadas na catástrofe, e os leões de bronze que Afonso tinha reservado para seu próprio jazigo. E havia algo mais, igualmente precioso para os portugueses, à medida que tentavam conquistar cada vez mais o mundo. Era um fabuloso mapa-múndi, do qual sobreviveu apenas uma parte. Afonso de Albuquerque lamentou a sua perda ao rei:

> Um mapa maravilhoso traçado por um piloto javanês, que mostrava o cabo da Boa Esperança, Portugal e a terra do Brasil, o mar Vermelho e o golfo Pérsico, as ilhas das especiarias, as rotas de navegação dos chineses e do povo de Formosa [Taiwan], com as linhas de rumo [linhas que marcam as direções da bússola] e os cursos tomados pelos seus navios e o interior de vários reinos que fazem fronteira uns com os outros. Parece-me, senhor, que é a melhor coisa que já vi, e Vossa Alteza teria ficado encantado em vê-lo. Os nomes dos lugares estão escritos no alfabeto javanês. Eu tive um javanês que sabia ler e escrever nesse alfabeto. Enviei esse fragmento, [...] no qual Vossa Alteza poderá ver de onde os chineses e os formosinos realmente vêm, e as rotas que seus navios devem tomar para as ilhas das especiarias e onde estão as minas de ouro, as ilhas de Java e Banda, fonte de noz-moscada e macis, e o reino do Sião, e também a extensão da navegação chinesa, por onde eles voltam, e o ponto além do qual eles não viajam. O mapa principal foi perdido no *Frol de la Mar*.

Mas Afonso já estava usando o novo ponto estratégico de Malaca para procurar e explorar novos mares para si próprio. Ele enviou embaixadores para Pegu (Bago, em Burma), Siam (Tailândia) e Sumatra; uma expedição visitou e mapeou as ilhas de especiarias da Indonésia oriental em 1512; avançando mais para leste, os navios enviados à China em 1513 e 1515 desembarcaram em Cantão e buscaram relações de negócios com a dinastia Ming. Afonso estava amarrando as extremidades mais longínquas da Terra, satisfazendo tudo o que Manuel pudesse exigir.

Infelizmente para os portugueses, essas ousadas extensões tiveram consequências imprevisíveis. O ataque a Malaca tinha sido parcialmente efetuado para acabar com as ambições espanholas no Extremo Oriente. Em vez disso, forneceu o pessoal, as informações e os mapas para que fossem além. Entre aqueles em Malaca estava Fernão de Magalhães; ele voltou a Portugal rico com a pilhagem, com um escravo de Sumatra, batizado como Henrique. Quando Fernão brigou com o rei Manuel e desertou para a Espanha, ele levou Henrique consigo, além dos mapas portugueses das ilhas de especiarias, cartas detalhadas de um amigo que fizera a viagem. Tudo isso ele pôs em uso poucos anos mais tarde, na primeira circum-navegação do mundo, sob a bandeira espanhola, durante a qual Henrique viria a se provar um intérprete inestimável – conhecimento que permitiu ao rival de Portugal reivindicar as ilhas de especiarias das Índias Orientais como suas.

21

A BALA DE CERA

abril 1512-janeiro 1513

Afonso de Albuquerque chegou a Cochim como um homem que tivesse voltado do túmulo, vestindo apenas uma jaqueta cinzenta e calções até o joelho. Sua chegada não foi uma surpresa inteiramente agradável. Desde o retorno dos amotinados de Ormuz, em 1508, Cochim passara a ser o centro de uma forte facção oposta ao governador. Cada frota que voltava a Lisboa carregava cartas para o rei detalhando os excessos de Afonso. "Aqueles que queriam desforra por seus empreendimentos", escreveu Afonso a Manuel, "proclamaram que eu estava morto, perdido com a frota inteira."

O aparentemente indestrutível governador pisou em terra para verificar que a corrupção, o abuso e a incompetência tinham reinado em sua ausência. Suas ordens não haviam sido obedecidas; seus nomeados foram menosprezados; os casados com mulheres locais tinham sido excomungados; homens tinham roubado e fugido; a disciplina era frouxa. Durante os poucos meses seguintes, ele disparou 20 mil palavras de retórica de alta voltagem para o rei, com as quais apresentava ao soberano exatamente o que deveria ser feito para controlar o oceano, e reivindicou a autoridade de uma longa experiência: "Tenho cinquenta anos de idade e vi dois reis antes de vós e o que eles fizeram em seu tempo". Isso não era exatamente lisonjeiro para o atual detentor do título.

Essa é uma carta que revela o construtor de um império em ação – exasperado, direto, apaixonado e aparentemente com tudo sob controle. Às vezes ele é ofegantemente áspero, rebelando-se contra os fidalgos por sua indisciplina (eles "se sentem livres para fazer o que quiserem, [...] e não dão a mínima para as minhas decisões"); criticando o monarca por esbanjar recursos em campanhas no Marrocos, "no entanto abandonais a Índia"; irado com a falta de homens, materiais e dinheiro – não menos pelos navios podres –, e amargurado com os terríveis resultados: "Sabeis Vossa Alteza as consequências da negligência e a necessidade em que me encontro? Tive de tomar Malaca duas vezes, Goa duas vezes, fazer dois ataques a Ormuz e viajar em alto-mar numa jangada para remediar seus negócios e cumprir meus deveres".

Algumas vezes ele é inequivocamente rude, mas sempre ferozmente leal, cheio de conselhos, mas estranhamente humilde, sempre autoconfiante, mas afligido por um sentimento de pecado. Nenhum detalhe parece pequeno demais para ser transmitido ao rei. Ele está enviando polias a Malaca, junto com "dois belos mantos" para vestimentas da igreja; ele precisa de órgãos de igreja e missais de tamanho médio, "gente para cavar fossos e construir muros", pedreiros para erigir fortes e moinhos de água em Malaca, "onde há um grande fluxo de água na maré alta"; faz requerimentos para carpinteiros e capitães experimentados nas táticas suíças, para treinar suas companhias. Preocupa-se com as tentativas dos clérigos de subverter a política dos casamentos mistos e observa que "em Cochim encontrei uma arca de livros para ensinar crianças [a ler], e pareceu-me que Vossa Alteza não os enviou para apodrecer em uma arca, de modo que ordenei que um devotado aqui ensinasse os garotinhos a ler e escrever"; comenta que "eles são muito inteligentes e aprendem o que lhes é ensinado em pouco tempo. São todos cristãos". Acima de tudo, pede homens. Está sempre contando os números disponíveis. Sempre são poucos: "E outra vez eu volto a dizer que, se quereis evitar guerra na Índia e ter paz com todos os reis aqui, deveis enviar bastantes soldados e boas armas".

Na torrente de palavras que Afonso Albuquerque dirigiu a Manuel, ele esboçou as dimensões – militares, políticas, econômicas, sociais e religiosas – do império que estava tentando construir sozinho apenas com poucos milhares de almas. Esse homem altamente inteligente, torturado, reiterava um núcleo de princípios rígidos para a dominação do oceano Índico: "Senhor, ponde vossa confiança em boas fortalezas"; "Reis e senhores não conseguem facilmente tomar fortalezas de soldados portugueses com elmos na cabeça entre as ameias [...] Lugares aqui, controlados por Vossa Alteza com um bom forte, uma vez tomados, permanecerão assim até o Julgamento Final". Bons fortes ligados ao controle dos pontos de estrangulamento dos mares garantiriam aos portugueses uma dominação completa. Seus elogios para seu principal arquiteto militar, Tomás Fernandes, eram ilimitados.

"Confie em boas fortalezas": Tomás Fernandes, o arquiteto militar de Afonso de Albuquerque, construiu uma rede de fortes sólidos ao longo da costa indiana, capazes de suportar cercos prolongados.

No processo, Afonso consolidava um conceito revolucionário de império. Os portugueses estavam sempre conscientes de como eram poucos; muitas de suas disputas anteriores eram contra números desiguais. Eles logo abandonaram a ideia de ocupar vastas áreas de território. Em vez disso, desenvolveram, como um mantra, o conceito de poder marítimo flexível ligado à ocupação de fortes costeiros defensáveis e a uma rede de pontos de apoio. A supremacia no mar; sua experiência tecnológica na construção de fortalezas, navegação, cartografia e artilharia; a mobilidade naval e a capacidade de coordenar operações abrangendo grandes espaços marítimos; a tenacidade e continuidade de seus esforços – um investimento ao longo de décadas em construção de navios, aquisição de conhecimento e recursos humanos –, isso tudo facilitou uma nova forma de império marítimo de longo alcance, capaz de controlar o comércio e os recursos ao longo de distâncias enormes. Isso deu às ambições portuguesas uma dimensão global.

Mas, de perto, o empreendimento da Índia muitas vezes parecia surpreendentemente periclitante, dependendo de iniciativas individuais extraordinárias. "Senhor", escreveu Afonso, queixando-se ao rei, "fazer fortalezas exige planejamento, e aqui na Índia eles são notórios em não conseguir fazer isso. Navegamos com um pouco de arroz e alguns cocos, e cada homem com suas próprias armas, se tiver alguma [...] O equipamento está em seus armazéns em Lisboa." Essa é a frustração do homem no chão, puxando a manga de um superior distante, desesperado para ser ouvido – "Vossa Alteza não deveria desconsiderar as coisas que digo" – e ficar alerta com as maliciosas informações contrárias. Rumores de sua substituição não paravam de circular. "Temo que não queirais favorecer essa diligência durante meu tempo aqui, por causa dos meus pecados, velhos e novos", ele escreveu. "E sou mantido para baixo, e não tenho a confiança de Vossa Alteza." Acima de tudo, ele temia ser posto para fora antes que seu trabalho pudesse ser feito. A Índia era o projeto de vida de Afonso de Albuquerque.

Ligada à política da fortaleza estava a crença que ele partilhava com todos os comandantes que o haviam precedido sobre a necessidade de violência exemplar:

> Digo-vos, senhor, a coisa mais essencial na Índia: se quiserdes ser amado e temido aqui, deveis adotar plena desforra [...] não faz pouca impressão na Índia ver a vingança exercida em Malaca

e Goa, e não pequeno assombro o incêndio do palácio do samorim e das habitações, mesquitas e navios dos muçulmanos. Os eventos de que falo nos trouxeram muito crédito e favor nos negócios da Índia.

Ele sabia exatamente o que o rei queria: "Destruir o comércio de Meca, Jidá e Cairo", e isso envolvia "tomar determinados centros desse comércio dos muçulmanos". Tornara-se crucial a já muito adiada entrada no mar Vermelho. O que ficou não dito na correspondência, mas compreendido pelos dois homens, era que isso seria a plataforma para a destruição total dos muçulmanos e, segundo o plano para o milênio de Manuel, a retomada de Jerusalém.

A pedra angular para esse ataque final aos centros de poder muçulmanos ficava em Goa. Goa era o mantra de Afonso e sua obsessão. Repetidamente, diante dos ataques verbais de seus inimigos, de que o forte deveria ser demolido, ele justificou a questão da ilha: "Apoie fortemente Goa, e ganhará assim todo o seu território [...] [é] certo que se tornará pacífica e de grande serviço para vós". "Senhor, far-me-ia grande prazer se Vossa Alteza pudesse ao menos ver Goa e como foram destruídas as fantasias dos muçulmanos, e pacificada a Índia." Era preciso um homem com o gênio estratégico e a autoconfiança de Afonso para compreender a importância do lugar.

Na verdade, à época em que escreveu, Goa estava outra vez sitiada. A ansiedade dele quando estava em Malaca era justificada. As instruções para a manutenção da ilha haviam sido negligenciadas. Adil Shah enviara de volta um grande exército para reivindicar seu território de direito; seus soldados tinham forçado uma passagem através dos vaus e erigiram um forte próprio na ilha, no cruzamento estratégico de Banastarim. De lá, eles rodearam a cidade e a mantinham sob cerco severo. Mais uma vez a expedição do mar Vermelho tinha de ser adiada até que Goa estivesse garantida.

Dessa vez, Afonso não se apressou. A monção estava prestes a tornar o socorro impraticável. Os sobreviventes que voltaram da campanha de Malaca estavam exaustos; a guerra, a morte e a necessidade de deixar um grande número de homens e navios em

Malaca fizeram com que suas forças fossem pequenas demais para que voltassem a ser eficazes. Ele precisava esperar até que a frota anual chegasse de Lisboa. Enquanto isso, Afonso punha fé no forte de Goa. "Com a ajuda de Deus", ele escrevera ao rei, "se não houver traição, não há o que temer quanto aos muçulmanos atacarem vossa fortaleza."

Depois de uma arrancada desesperada, o moral português em Goa melhorou durante o verão de 1512. Foi elevado em particular pela deserção de volta para Goa de João Machado, o intérprete renegado do xá, fervoroso em retornar à religião na qual nascera. As circunstâncias disso foram manchadas com um terrível sofrimento. João Machado tinha uma esposa muçulmana e dois filhos, que ele secretamente batizara como cristãos. Quando chegou o momento de fugir, ele só podia levar a mulher; para não deixar seus filhos na religião infiel, ele os afogou, a fim de que pudessem seguir diretamente para o céu. João Machado só levou consigo um punhado de homens, mas tinha conhecimento dos planos dos generais do xá, conhecia bem suas táticas e estava informado sobre os recursos e pontos fracos de seu forte. Os ânimos ficaram ainda mais excitados quando chegou ao forte de Goa a notícia de que o governador ainda estava vivo. Sinos tocaram na mesquita convertida; as guarnições escreveram que podiam resistir, mas que ele precisava chegar com força.

Em meados de agosto, chegou a Cochim a frota de Lisboa. Não trouxe, como esperavam os inimigos de Afonso, um governador substituto; em vez disso, provia o governador com quanto ele podia esperar em termos de reforços e equipamento: doze navios e 1.500 homens extremamente bem equipados. Ele estava radiante: "Senhor, agora parece que decidistes tratar a Índia merecidamente". Para sua particular alegria, Manuel respondera à sua solicitação por oficiais treinados. Ele enviou dois capitães veteranos em táticas suíças nas guerras italianas e sargentos de companhia, além de trezentos lanceiros, cinquenta besteiros e um suprimento de mosquetes. Sob a direção deles, um corpo de oitocentos homens foi formado, dividido em 32 pelotões. Começou o treinamento sério. Os soldados eram enviados para a prática de tiro, com prêmios em dinheiro para a melhor pontaria, e treinados nas manobras em grupo, de modo que se moviam em formações sincronizadas como uma unidade efetiva. O melhor de tudo era que esses homens estavam agora sob o comando direto de Afonso de Albuquerque.

Terminada a monção, o governador estava pronto para prosseguir, confiante de que poderia desalojar os soldados turcos, apesar da costumeira disparidade de números. O mar Vermelho acenava. Ele queria retomar Goa depressa e depois usar sua poderosa nova força para ao menos bloquear a garganta do mar Vermelho no intervalo entre monções.

Afonso chegou a Goa no fim de outubro de 1512. No final de novembro estava tudo acabado. Jogando fora a cautela, ele primeiro isolou Banastarim do continente destruindo suas estacas defensivas no rio. Dali, ele conseguiu ir para a cidade de Goa, a fim de conduzir operações contra as forças do xá. Depois de uma curta e impetuosa batalha campal e de um cerco que, pelo menos dessa vez, viu os portugueses do lado de fora socarem os muros da cidade, o general do xá estava pronto para erguer a bandeira branca.

Os capitães lutaram com sua usual galanteria descuidada. A luta no rio foi particularmente feroz. Dos muros de Banastarim, o acurado fogo de artilharia varreu a superfície da água, atingindo os barcos portugueses que tinham sido reforçados com um acolchoamento de fibra de coco. A violência do ataque deixou os homens temporariamente surdos. Até Afonso teve de ralhar com o comandante da embarcação por correr riscos desnecessários. "Eu muitas vezes os repreendi por expor temerariamente suas pessoas e vidas [...] e eles subiam aos castelos dos navios e ficavam de pé nos lugares mais perigosos [...] Algumas vezes eu ficava bastante penalizado por ver a desconsideração deles quanto a qualquer precaução." No entanto, ele nunca se protegeu contra os perigos de batalha. Uma bala de canhão do forte muçulmano chocou-se contra seu pequeno barco, aniquilando dois dos remadores. Os turcos pensaram que o haviam matado e gritaram, triunfantes, ao que Afonso se levantou em plena vista do forte para mostrar-lhes o engano. Suas lendárias escapadas fizeram com que seus inimigos, assim como muitos de seus amigos, acreditassem que ele era indestrutível. Quando chegou ao bombardeio final da artilharia contra Banastarim, ele estava outra vez na linha de frente, examinando a disposição das tropas. Foi avistado pelos artilheiros inimigos, que dirigiram seu fogo contra ele. Diogo Mendes de Vasconcelos, um dos fidalgos com quem ele estava estremecido, sugeriu que Afonso se protegesse. Pelo menos desta vez ele aceitou o conselho. Estava se abaixando atrás de uma pedra quando uma bala de canhão atingiu um homem ao seu lado, salpicando-o de sangue.

A discordância tática entre a luta de honra dos fidalgos e a disposição estratégica dos homens, que Afonso desejava, permaneceu uma ferida aberta. Onde os nobres queriam usar suas enormes espadas de duas mãos em heroico combate individual, ganhando butim e polindo suas reputações, o governador queria dispor corpos organizados de homens em táticas coerentes. Os grupos treinados se mostraram eficazes. O corpo compacto de homens, composto de lanceiros, arqueiros e mosqueteiros, movimentando-se pelo campo de batalha em boa ordem, forçou os turcos em escaramuça frouxa de volta aos muros em luta aberta. Eles eram constituídos de "uma falange bem ordenada [...] cerrada, suas lanças eriçadas e oito bandeiras regimentais, e tambores e flautas". Avançaram lentamente em formação cerrada, disparando "muito os mosquetes que vieram esse ano de Portugal". Afonso tinha visto o futuro da arte da guerra – e não era popular. Que o fogo de canhão, em vez da escalada dos muros, fosse decidir o resultado, essa era uma ideia que ia profundamente de encontro à cultura militar medieval. Em face da amarga oposição daqueles que queriam assaltar e saquear a cidade com uma perda de vidas sem sentido, ele negociou uma rendição. Todos os muçulmanos, suas mulheres e filhos poderiam partir incólumes. Tudo mais – canhões, cavalos, armas – devia ser deixado para trás. As pessoas seriam conduzidas em segurança para o outro lado do rio, com as roupas que estivessem usando e nada mais. Apenas um ponto ainda restava: havia um número de portugueses e outros renegados no Exército do xá que tinham de ser rendidos. O general estava profundamente relutante em abrir mão deles como convertidos ao islã. Finalmente chegaram a um acordo. Afonso pouparia a vida deles.

Os muçulmanos foram evacuados em segurança. Afonso manteve sua palavra também para com os renegados: suas vidas foram poupadas – apenas isso. Durante três dias eles ficaram sentados nos troncos, sendo vaiados, atingidos com lama, tendo as barbas arrancadas. No segundo dia, cortaram o nariz e as orelhas deles; no terceiro, cortaram-lhes a mão direita e o polegar esquerdo. Então suas feridas foram tratadas. Muitos morreram; os que sobreviveram "suportaram seus sofrimentos com muita paciência", dizendo que "seus graves pecados mereciam punição até maior". Os métodos de guerra em evolução de Afonso de Albuquerque haviam sido incisivos, econômicos em mão de obra e rápidos, mas em muitas partes eles eram impopulares. Seus detratores espalharam que ele deixara o inimigo ir embora para lutar no outro dia, em troca de uma polpuda propina. Na verdade, Afonso estava confiante de que não precisava matar todos aqueles homens. Ele percebeu que Banastarim era a chave para a ilha. Reconstruiu seu forte, reorganizou as defesas em todos os outros vaus e fechou a ilha. Os grupos treinados continuaram seus exercícios. Ele sabia que Goa estava permanentemente assegurada para a Coroa portuguesa – tudo o que poderia solapá-la eram os ataques verbais das facções em Cochim e Cananor.

Com mais essa derrota do xá, Portugal tornou-se uma potência asiática. Logo que Goa foi tomada, em 1510, um mercador de Cochim declarou que "o governador girou a chave que dá a Índia ao seu rei" – com isso ele queria dizer o comércio costeiro das Índias. As grandes potências continentais do subcontinente, Bijapur e Vijayanagar, dificilmente estavam sob qualquer ameaça direta dessas forças insignificantes, mas os portugueses agora eram protagonistas no jogo. Fora o gênio de Afonso de Albuquerque que compreendera a importância estratégica de Goa, na divisa entre duas potências em guerra, e um núcleo comercial melhor do que jamais seria Calicute ou Cochim. Fundamentalmente, ele agora controlava o comércio de cavalos árabes; os navios que traziam os animais de Ormuz eram orientados por seus navios de guerra em direção a Goa, onde os mercadores e suas valiosas cargas eram extremamente bem abastecidos. Mil cavalos por ano passavam pela ilha; os rendimentos para a Coroa eram enormes – entre 300% e 500%.

O próprio Afonso era o primeiro europeu, depois de Alexandre, o Grande, a estabelecer uma presença imperial na Ásia. Com sua longa barba branca e seu comportamento assustador, ele era visto ao longo do oceano Índico com um assombro supersticioso. Na costa de Malabar, eles deram a um peixe local o nome de afonso-de-albuquerque, em sua homenagem, e o usavam em feitiços mágicos. Seus inimigos bengalis o amaldiçoavam como o Grande Cão da Índia. Afonso voltou sua aguda inteligência para as entrelaçadas disputas comerciais e imperiais no oceano – hindus e muçulmanos, xiitas e sunitas, mamelucos e persas, Vijayanagar e Bijapur, Ormuz e Cambaia, Calicute e Cochim, e os estratagemas de sobrevivência do astuto Malik Ayaz em Diu. Entrou nesse jogo político com grande astúcia, jogando uma facção contra a outra, e sem ilusões. Ele não punha fé em pactos e juramentos de amizade, e escreveu sobre isso para desenganar Manuel quanto às realidades da diplomacia no oceano Índico:

> Vosso objetivo é pôr vossas mãos no comércio deles e destruir o comércio de Meca, e ficais espantado de que eles façam tudo o que é possível para impedir-vos. [...] Vossa Alteza acha que se pode mantê-los com belas palavras, ofertas de paz e proteção, [...] mas a única coisa que eles respeitam é a força. Quando chego com uma frota, a primeira coisa que querem saber é quantos homens e que armamentos nós temos. Quando nos julgam invencíveis, nos oferecem uma boa recepção e negociam conosco em boa-fé. Quando nos acham fracos, procrastinam e preparam reações imprevisíveis. Nenhuma aliança pode ser estabelecida com qualquer rei ou senhor sem apoio militar.

Todo mundo foi obrigado a lidar com a nova realidade de uma presença portuguesa permanente. Embaixadores dirigiram-se a Goa, no fim de 1512, para prestar seus respeitos. Afonso chegara a compreender a extensão da presença muçulmana no oceano Índico e verificara que, realisticamente, era impossível erradicá-la. Passou a procurar uma acomodação hábil com os potentados islâmicos rivais, e a buscar a destruição dos mamelucos. Manipulou Vijayanagar e Bijapur, ambas ansiosas pelo comércio de cavalos. Entrou em relações com o sultão muçulmano de Gujarati e enviou outro embaixador, Miguel Ferreira, ao xá xiita Ismail, na Pérsia; esse enviado teve mais sorte que seu predecessor envenenado. Por fim, o samorim parecia aceitar a permanência dos portugueses, enviou ofertas de paz e ofereceu o local para a construção de um forte. Afonso aceitou, mas teceu outros planos. Seu velho parceiro de pugilato em Diu, Malik Ayaz, estava especialmente interessado em suas intenções. Afonso exigia do senhor de Ayaz, o sultão de Cambaia, permissão para construir um forte em Diu, e Ayaz esperava com fervor que a permissão não fosse concedida.

O emissário de Ayaz foi tratado com uma aula magna de intimidação. João Machado, o renegado que voltara, levou o infeliz em uma turnê pelas defesas despedaçadas de Banastarim, arruinadas pelo fogo do canhão dos portugueses, manobrou-o pelas impressionantes cocheiras do comércio de cavalos, o arsenal e os depósitos; mostraram-lhe as maciças bombardas que tinham feito o dano, nas quais foi convidado a enfiar a cabeça envolta em turbante para ter uma real percepção do poderoso tamanho. Para terminar, foi-lhe amarrada uma placa peitoral de aço, e ele ficou contra uma parede enquanto um soldado mirava um mosquete em seu peito. Com o estampido do tiro, o homem achou que sua hora havia chegado. A bala ricocheteou inofensiva na placa. Afonso explicou a seu trêmulo visitante que as armaduras portuguesas eram à prova de bala e disse-lhe que levasse a placa peitoral para seu senhor, como prova. Tudo tinha a intenção de enervar. Sem dúvida, se Malik Ayaz tivesse arriscado o mesmo experimento – o que podia muito bem ter passado pela cabeça de Afonso –, ele teria sido morto. A bala usada era de cera.

Quanto ao samorim, que agora solicitava paz, Afonso arranjou uma solução mais cínica. Sugeriu ao irmão dele, que era pró-portugueses, que um simples envenenamento resolveria a questão. O samorim morreu apropriadamente; seu sucessor tornou-se um fantoche dos lusos. O governador pôde escrever a Manuel que finalmente "agarrara seu bode pelo pescoço". O problema de Calicute fora resolvido quase sem derramamento de sangue. No tempo devido, a cidade se tornaria insignificante, com todo seu comércio desviado para Goa. O mesmo destino tiveram dois portos que apoiaram ativamente os portugueses: Cananor e Cochim. Não houve recompensas de longo prazo por apoiarem os imperialistas do monopólio.

Em meio a tudo isso, chegou a Goa um embaixador da Etiópia, um caráter dúbio chamado Mateus, trazendo uma carta e um fragmento da Verdadeira Cruz, da parte de Elini, a rainha viúva, em nome do rei adolescente, o há muito esperado Preste João. Esse contato direto provocou entusiasmo, mas também a suspeita de que Mateus fosse uma fraude. Os etíopes propuseram uma aliança com os portugueses para romper o poder dos muçulmanos ao norte; chegaram a sugerir um esquema para desviar o curso do Nilo superior, que regava os férteis deltas do Egito. Esse era o tipo de ideia grandiosa, com probabilidade de atrair Afonso, que acreditava que Mateus era genuíno, e o enviou de volta naquele inverno com as frotas de

Gravura de Dürer do rinoceronte do rei Manuel.

especiarias para Manuel, por quem o mensageiro foi bem recebido. Parecia que tudo caía nas mãos de Afonso de Albuquerque.

Foi provavelmente nessa mesma época que ele enviou dois animais raros a Manuel, um elefante albino, presente do rei de Cochim, e um igualmente raro rinoceronte-branco, do sultão de Cambaia – o primeiro rinoceronte vivo visto na Europa desde a época dos romanos. Os animais causaram sensação em Lisboa. O elefante desfilou pelas ruas, e arranjou-se uma luta entre os dois animais, em um recinto fechado, na presença do rei. O elefante, no entanto, avaliando o oponente, fugiu aterrorizado. Em 1514, Manuel determinou uma exibição pública espetacular da majestade de seu reino e de suas conquistas na Índia. Enviou o elefante para o papa sob a responsabilidade de seu embaixador, Tristão da Cunha. Uma cavalgada de 140 pessoas, incluindo alguns indianos, e um sortimento de animais selvagens – leopardos, papagaios e uma pantera – entraram em Roma, observados por uma multidão boquiaberta. O elefante, levado por seu guia, carregava um castelo de prata nas costas, com ricos presentes para o papa, que lhe deu o nome de Hanno, em homenagem aos elefantes de Aníbal na Itália.

Na audiência papal, Hanno curvou-se três vezes, divertiu e alarmou os cardeais da Santa Igreja borrifando o conteúdo de um balde cheio de água em cima deles. Tornou-se imediatamente uma *estrela* – pintado por artistas, comemorado por poetas, tema de um afresco agora perdido e de um escandaloso panfleto satírico, *O último desejo e testamento do elefante Hanno*. O animal foi alojado numa construção feita especialmente para ele, tomou parte em procissões e era muito estimado pelo papa. Infelizmente a dieta de Hanno era inadequada, e ele morreu dois anos depois de sua chegada, com sete anos de idade, tendo sido medicado com um laxante misturado com ouro. O enlutado papa Leão X estava a seu lado e o enterrou com honras.

Ainda menos sorte teve o presente seguinte de Manuel, o rinoceronte, despachado de Lisboa com um colar de veludo verde. O navio naufragou próximo da costa de Gênova em 1515. O animal se afogou e seu corpo apareceu na praia. Seu couro foi recuperado, devolvido a Lisboa e empalhado. Albrecht Dürer viu uma carta que descrevia a criatura, e possivelmente um esboço. Ele produziu sua famosa gravura sem jamais ter posto os olhos no animal.

A riqueza que se derramava sobre Lisboa era fabulosa. Se apenas uma pequena parte dela era levada de volta à Índia, o que era matéria de queixa constante de Afonso, isso em parte se devia ao fato de que Manuel sabia como gastá-la. Os mais diversos artigos do mundo estavam à venda; objetos de marfim e madeira laqueada, porcelana chinesa e tapetes orientais, tapeçarias de Flandres, veludo da Itália. A cidade era um redemoinho de cores, uma febril corrida do ouro de populações flutuantes de muitas raças e cores. Havia ciganos e judeus convertidos, escravos negros que chegavam em condições terríveis, "empilhados nos porões de navios, 25, trinta ou quarenta ao mesmo tempo, mal alimentados, acorrentados uns aos outros, costas com costas". As novas manias luxuosas contagiavam a cidade: escravos domésticos negros passaram a ser comuns; o influxo de açúcar produziu uma revolução no paladar. E Lisboa era um teatro de espetáculo permanente, animado pela música cigana, as canções e danças exóticas das procissões religiosas africanas. Ali podia-se ver o rei desfilando pelas ruas com cinco elefantes indianos, "que iam à sua frente, e precedido por um rinoceronte – tão longe adiante que não podia ser visto por eles –, e à frente do rei um cavalo coberto com um rico pano persa, aos calcanhares do qual vinha um caçador persa levando um jaguar, enviado a ele pelo rei de Ormuz".

Os ecos do Oriente nas margens do Tejo eram refletidos no estilo e na grandiosidade dos projetos de construção que Manuel iniciou nos anos seguintes a 1500. O mais ambicioso foi a construção do imenso mosteiro em Belém, próximo à praia do Restelo, de onde os navios partiam para o Oriente. O mosteiro dos Jerónimos, com trezentos metros de comprimento, onde os monges rezavam pelas almas dos marinheiros, fora projetado tanto como panteão adequado à dinastia de Manuel quanto como uma celebração dos novos mundos descobertos durante seu reinado. Financiado com os imensos lucros do comércio de pimenta-do-reino, sua estrutura gótica medieval era recoberta de uma profusão de esculturas projetando-se no trabalho

A Torre de Belém.

O mosteiro dos Jerónimos.

em pedra, tão exuberante quanto a ornamentação de um templo hindu. Essa extraordinária decoração manuelina, desenvolvida numa série de igrejas, castelos e palácios, brotando de arcos, beirais de janelas e telhados das construções, era o simbolismo das viagens marítimas e das descobertas das Índias. Cingindo o símbolo heráldico exclusivo de Manuel – o dispositivo náutico da esfera armilar –, havia âncoras de corrente, âncoras de pedra, cordas enroscadas, corais e algas, conchas, pérolas e folhagem exótica.

As exuberantes formas orgânicas emprestavam algumas vezes a essas construções um ar de floresta tropical ou de uma caverna submersa no fundo do oceano Índico. Os símbolos repetidos inúmeras vezes em pedra, com a distinta cruz da Ordem de Cristo, invocavam as recompensas e a novidade do empreendimento das Índias. Ao largo da praia do Restelo, Manuel ordenou a construção de um forte defensivo: a Torre de Belém, uma construção de fantasia e também um bastião militar, sozinha no mar e enfeitada com esses motivos decorativos. Entre as torres de vigia hemisféricas, como pequenos abacaxis cheios de nervuras rodeados por cordas, e ameias ostentando escudos da Ordem de Cristo, os escultores de pedra modelaram a cabeça do rinoceronte-branco, erguendo seu focinho chifrudo para o mar – uma imagem de maravilha e surpresa diante do que os portugueses tinham feito.

Em Goa, no inverno de 1513, o oficial executivo de Manuel, Afonso de Albuquerque, preparava o cerco final do oceano Índico: a entrada no mar Vermelho.

22

"TODAS AS RIQUEZAS DO MUNDO EM SUAS MÃOS"

fevereiro-julho 1513

O mar Vermelho estava esperando havia anos. Sua importância tinha sido enfatizada no regimento de Francisco de Almeida já em 1505. Outros oito anos se passariam antes de os portugueses estarem prontos. No início de 1513, o forte de Goa era respeitável, o samorim fora envenenado e Afonso de Albuquerque garantira a paz na costa indiana segundo seus critérios. Tinha chegado o momento do ataque derradeiro.

O objetivo ostensivo era finalmente cortar a linha de suprimentos dos mamelucos para o leste, matando seu comércio de especiarias – e, no processo, também o de Veneza. Atrás de tudo estava o sonho messiânico – botar o islã de joelhos; retomar Jerusalém; para Manuel ser aclamado rei dos reis. A recente chegada do embaixador da Abissínia tinha aumentado a expectativa de que poderiam se aliar ao exército do Preste João e destruir a "Prostituta da Babilônia". Esses objetivos mais profundos, controversos até nos círculos internos da Corte, o governador guardou com cautela quando navegou de Goa em fevereiro de 1513. Os soldados rasos, piedosos quanto podiam ser, estavam mais interessados nas oportunidades materiais de saque do que no triunfo do Reino Cristão do Céu na Terra.

O mar Vermelho, um rasgo de 2.250 quilômetros no deserto separando a Arábia do continente africano, era terreno inóspito. Raso, sem fontes de água doce, traiçoeiro para a navegação com suas ilhas rasas e baixios ocultos, assolado pelos ventos do deserto e sujeito aos ritmos meteorológicos do oceano Índico, cujas chuvas falhavam antes de chegar à boca desse mar, só podia ser penetrado em determinadas estações. Era impossível navegar sem pilotos locais, que teriam de ser capturados ou coagidos. O estreito de Bab-el-Mandeb, os "Portões da desgraça", formavam as mandíbulas semiabertas de uma armadilha potencial – uma fornalha sufocante onde os homens podiam em vão sonhar com água. Uma vez lá dentro, os portugueses estariam nas antigas terras centrais do mundo islâmico. De lá, eram 1.200 quilômetros até Jidá, 2.500 até Suez; as trajetórias pelo deserto, partindo de Suez, chegavam ao Cairo em três dias; de Jidá a Medina, onde jazia o corpo do profeta, em nove. Os homens da península Ibérica julgaram que estavam navegando na direção do templo do anticristo. Foram impelidos por séculos de zelo das cruzadas.

O primeiro objetivo de Afonso de Albuquerque era o porto fortificado de Áden, distante 177 quilômetros dos Portões. Capturado, poderia prover uma base segura para uma investida final. O xeique de Áden e o sultão do Cairo não estavam muito afinados, mas, com os deslocamentos do comércio das especiarias provocados pelos portugueses, Áden tinha se tornado uma importante escala para os *dhows* do mar Vermelho.

Em 22 de abril de 1513, a frota do governador balançava ao largo do porto. Áden jazia à frente deles, aninhada numa cratera de vulcão adormecido, rodeada por nove picos formidáveis e extremamente áridos, de rocha púrpura, cada qual encimado por um forte. Ela estava efetivamente situada num deserto "rodeado de rocha nua, sem árvores ou capim, dois ou três anos se passam sem que caia chuva alguma", observou mais tarde Afonso. A boca da cidade que dava para o mar era selada por um muro de fortaleza longo e alto, com um portão de entrada, e pontuada de torres. Atrás, eles podiam ver minaretes, altas casas caiadas resplandecentes ao sol e o cubo dominante do palácio do xeique – e outra linha de fortificações fechando a cidade por trás. Não estava claro para os portugueses que a examinavam, na época, se Áden estava situada numa ilha – apenas explorações subsequentes revelariam que era ligada ao continente por uma passagem. À esquerda, um promontório saliente encimado por um forte com uma bateria de canhões. O porto, uma baía em forma de lua crescente, estava cheio de navios. "Como nossas carracas eram grandes, [...] ficamos um pouco fora dela", escreveu Afonso sobre a aproximação que fizeram.

Era Sexta-feira Santa. O tempo já estava quente. A chegada do dia da morte de Cristo era tanto um incentivo quanto uma provocação. O espírito de cruzados estava elevado: "Os homens estavam prontos, inteiramente armados, dispostos a se entregar à tarefa de combater", escreveu mais tarde Afonso a Manuel, no curso de uma longa carta explicativa. O xeique estava fora da cidade, mas seu governador, Amir Mirzan, educadamente despachou um mensageiro para descobrir o que os visitantes queriam. Afonso de Albuquerque foi direto ao assunto. Ele estava a caminho de Jidá e Suez para destruir a frota mameluca. Recusou a comida que o governador mandou, "uma vez que não era minha prática aceitar presentes dos principados e governantes com quem não tínhamos feito tratados de paz". Exigiu que Amir "abrisse os portões da cidade e admitisse nossa bandeira e nossos homens". Amir se ofereceu para vir em pessoa negociar. Inútil, disse Afonso. Os homens começaram a afiar suas armas.

Afonso sabia que teriam de trabalhar rápido, antes que chegassem reforços do deserto que cercava a cidade. Mais importante, a severidade do clima em Áden tornava a janela de oportunidade perigosamente estreita. Eles já estavam enfrentando o principal problema estratégico no mar Vermelho: "Por causa da nossa falta de água, me parecia que, se capturássemos a cidade, mas não tomássemos o portão para as montanhas, atrás, todos os nossos esforços seriam desperdiçados, e por nossa necessidade, teríamos de nos retirar para os navios". Não houve debate nem hesitação – apenas um simples plano que, em retrospectiva, ele admitiu ser quase nada: "Não tínhamos outro plano senão nos armar e servir-vos em espírito e feito. Tudo o que fizemos foi concordar em atacar em dois lugares e dividir nossos homens em três unidades". Por outro lado, dado o auspicioso momento da Páscoa, havia uma confiança de que "Nosso Senhor nos proveria com tudo mais". Os fidalgos e seus homens de armas tinham de se manter distantes da milícia treinada, por causa da rivalidade entre eles. Cada grupo recebeu escadas para escalar. "Levamos aríetes, pés-de-cabra, enxadas e picaretas para destruir uma extensão de muro com pólvora." Duas horas antes do alvorecer, a trombeta soou. Os homens embarcaram em pequenos barcos e se aproximaram da margem. "A vista da cidade de madrugada, com o sol nascendo, era uma perspectiva que inspirava admiração", de acordo com Gaspar Correia, um dos secretários do governador, que deixou não apenas um relato, mas também um desenho de Áden, "espalhada ao longo da margem do mar, com o feitio de uma baía encurvada, em que os barcos só conseguiam entrar com a maré alta, e confrontada por um ameaçador muro com muitas torres circulares".

Desenho de Gaspar Correia do ataque a Áden.

Tudo começou mal. Os botes encalharam no raso, a um tiro de besta da praia, e tiveram de percorrer uma distância considerável até a margem. Os capitães estavam encharcados; a pólvora dos mosqueteiros ficou estragada pela água. Os fidalgos não alinharam seus homens corretamente. Desesperados por glória pessoal, eles preferiram subir nas escadas eles mesmo, pela honra de serem os primeiros sobre o muro – "o que me penalizou consideravelmente", escreveu Afonso, "porque eles desempenharam seus deveres como cavaleiros, mas negligenciaram seus homens ao pé do muro, em total desordem". Os muros eram muito altos para as escadas alcançarem o topo, de modo que os homens à frente tiveram de se erguer com muito esforço por cima do parapeito. Os primeiros foram dois fidalgos, Garcia de Souza e Jorge da Silveira, acompanhados de um pajem com uma bandeira. Mais abaixo, uma disputa entre os homens ansiosos que tentavam subir atrás deles, mas a demora no topo provocou um engarrafamento nos degraus; muito rapidamente o ataque descambou para o caos. Afonso de Albuquerque descreveu como "a escada dos bandos treinados, que poderia carregar cem homens até o topo do muro a cada vez", começou a ceder. "Quando vi o grande peso de homens sobre ela, ordenei que fosse sustentada pelos alabardeiros, [...] que as escoraram dos dois lados com suas alabardas, mas a escada desabou assim mesmo, e despedaçou as alabardas, e feriu seriamente os homens."

A essa altura, os defensores muçulmanos, sentindo a confusão, tinham acordado e estavam engajados numa resistência determinada, jogando pedras e flechas de cima do muro. As tentativas de arrombar o portão principal falharam. Ele fora inteiramente bloqueado. Por fim, a pólvora explodiu, abrindo um buraco no muro. Agora era necessário que um homem tomasse a iniciativa. O comandante no local, dom Garcia de Noronha, sobrinho de Afonso, não conseguiu. Um julgamento subsequente sugeriu que ciúme, se não covardia, estava em jogo: "Ele se recusou a entrar por inveja de Garcia de Souza, que entrara primeiro, de modo que, se a cidade fosse tomada, ficaria com toda a glória, [...] e, não querendo entrar, nenhum dos demais quis também. Se tivessem entrado, teriam tomado a cidade". O dia seria uma série de "se".

Junto aos muros havia confusão e incoerência na liderança. O governador e dom Garcia de Noronha estavam ocupados com a tarefa pequena, mas fundamental, de fazer com que as escadas fossem consertadas. Os homens no topo, sentindo que o apoio vacilava, queriam voltar. Na ausência de escadas, cordas eram atiradas para permitir que os homens escapassem. Enquanto isso, um número pequeno, incluindo Garcia de Souza e Jorge da Silveira, tinha se entrincheirado numa torre e continuava a lutar. Nessa ocasião, Afonso, apesar de toda a autoconfiança, admitiu uma indecisão pessoal: "Eu não sabia se reagrupava os capitães, cavaleiros, fidalgos [que tinham descido de volta] e dom Garcia, que estava ao pé do muro incentivando a luta, ou se ajudava aqueles que estavam no topo, e por causa disso sofremos algumas baixas".

No torreão sob ataque, os homens eram cada vez mais submetidos a pesado ataque de flechas e lanças. Vislumbrando o governador, Jorge da Silveira gritou: "Senhor, ajude-nos ou vamos todos morrer". "Não posso ajudá-los", gritou de volta Afonso, por cima do tumulto. "Desçam nas cordas", alguns conseguiram descer; outros arriscaram; outros se recusaram. Um homem se equilibrou no parapeito, olhou para baixo, fez o sinal da cruz e pulou. Quebrou a perna na queda e morreu alguns dias depois. O artilheiro de um dos navios teve mais sorte; com uma besta na mão, pulou e sobreviveu. Garcia de Souza recusou a oferta de Afonso: "Não sou homem de fugir da morte descendo por uma corda", gritou de volta. Aquela era uma bravura inútil. Logo depois uma flecha atravessou-lhe o cérebro, e ele caiu morto. Uma fileira de cabeças logo era brandida em lanças na torre vencida. Nada mais havia a fazer além de recuar.

Afonso de Albuquerque foi literalmente deixado para catar os pedaços; os fragmentos despedaçados das escadas fracassadas foram coletados à medida que recuavam, "para que não ficassem como testemunho do caos de nossos soldados". De acordo com os cronistas, o governador estava tão "horrorizado por perder a cidade dessa maneira caótica que era incapaz de falar".

O clima no acampamento era de frustração. No sábado de Páscoa, confiando na ajuda divina, eles tinham fracassado. Os homens estavam desesperados para fazer uma nova tentativa, trazer seus pesados canhões e abrir um buraco no muro, mas Afonso sabia que o momento tinha passado. A falta de água era premente, e a temporada de monções do Leste estava perto do fim. Se eles não saíssem agora, podiam ficar presos numa situação desesperadora, incapazes de entrar no mar Vermelho e de voltar para o oceano Índico.

Áden fora um teste, embora na época ele não soubesse o quão sério se mostraria. Afonso dourou a pílula o melhor que pôde ao escrever para o rei:

> O que posso dizer a Vossa Alteza a respeito dos feitos em Áden é que foi o combate mais rápido e lutado com maior violência que Vossa Alteza poderia imaginar. [...] O desejo dos homens em vos servir duplicaram seus esforços, e as escadas só quebraram pelo peso da massa de homens que queriam desempenhar serviço extraordinário a vós naquele dia.

Ele pôs a culpa nas escadas, e mais uma vez na falta de disciplina dos cavaleiros e tacitamente também culpou dom Garcia, de quem "não ouso dizer mais a respeito da minha opinião sobre ele naquele dia, já que ele é meu sobrinho" – e como era um homem honesto, assumiu também parte da culpa: "Acho que se eu tivesse feito um reconhecimento de Áden antes, não teria lançado nosso ataque no lugar em que o fiz". No final, não disfarçou os fatos – o ataque fora mal planejado e caoticamente executado.

A frota continuou navegando, apesar de tudo, na direção de Bab-el-Mandeb e do mar Vermelho. Essa não foi uma jogada popular. Os pilotos e capitães queriam um retorno à Índia antes do início das monções; eles não desejavam ficar presos nesse mar entre desertos, cuja reputação o precedera. Em Ormuz houve algum murmúrio abafado de que eles estavam nas mãos de um maluco que os levava para um lugar onde não havia água nem comida, "e percebiam claramente que iam morrer". Afonso deixou de lado todas as objeções: ele estava simplesmente seguindo as ordens do rei. Não divulgou seu plano mais profundo – se o tempo permitisse, atravessar todo o mar Vermelho e destruir a frota do sultão em Suez.

No fim de abril, eles tinham entrado no estreito, "da largura de apenas um tiro de canhão", de acordo com Gaspar Correia, secretário de Afonso. Esse foi considerado um momento histórico, a primeira vez que cristãos penetravam o mar que ficava no coração do mundo muçulmano, mas também queriam alcançar, na margem ocidental, o que achavam ser o reino do Preste João, nas montanhas da Etiópia. "Chegamos à boca dos estreitos", de acordo com Afonso, "e fizemos a melhor demonstração que pudemos, com fogo de canhão, trombetas e bandeiras." Para o governador, aquele era um momento intenso, como se eles estivessem no limiar da conquista final. O problema de conseguir pilotos foi simplesmente resolvido pelo expediente de capturar um *dhow* árabe que passava e raptar os pilotos.

Eles prosseguiram mar acima, "sempre tendo em vista as terras do Preste João e a costa da Arábia". De acordo com Gaspar Correia, a perspectiva nos dois lados era sombria: "sem tempestades, apenas fortes rajadas de vento quente [...] nas duas margens, e terra muito seca, nada verde, grandes cadeias de montanhas". Os baixios traiçoeiros impunham que navegassem só de dia, com a sonda náutica na mão, ancorando à noite. Mesmo assim, um navio quase encalhou

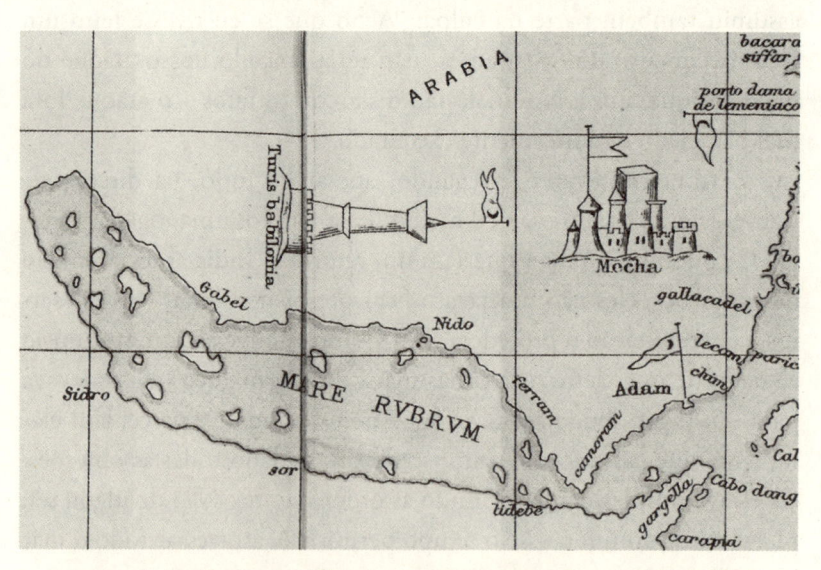

Antes da incursão de Albuquerque os mapas do mar Vermelho traçados pelos portugueses eram praticamente em branco, embora Kamaran (Camoran) tenha sido assinalado.

por falha do piloto. Afonso aplicava as táticas de intimidação que haviam tornado os francos tão temidos ao longo da costa da Índia. As embarcações que passavam eram capturadas e saqueadas em busca de provisões. As tripulações infelizes tinham suas mãos, narizes e orelhas cortados e eram libertados em terra para anunciar o terror e a majestade de Portugal. Os navios eram queimados.

O primeiro objetivo de Afonso de Albuquerque era a ilha arenosa, baixa, de Kamaran, duas milhas depois do estreito, apertada contra a península Arábica, a única fonte de água ao longo de toda a extensão da costa. Depois de levar um suprimento a bordo, ele estava ansioso por continuar até Jidá, mas o vento já se tornara inconstante. Virara para oeste, tornando o progresso impossível; quando girou outra vez para leste, Afonso apressou seus navios para fora de seu ancoradouro protegido. No tempo devido, ele virou outra vez. Durante 22 dias manteve a frota ancorada no meio do mar, esperando uma oportunidade para velejar para o norte, enquanto seus homens se afligiam. Quando a água acabou, não havia outra opção senão voltar a Kamaran. "E lá ficaram", de acordo com Gaspar, "durante maio, junho e julho, sem nenhuma chuva", efetivamente presos, tendo por companhia apenas bodes e camelos, que eles comeram, junto com peixes, entre pântanos de mangue e cerrados arenosos, sob o sol quente. Afonso permanecia ilimitadamente otimista, enviando pequenas caravelas em expedições de reconhecimento, capturando navios que passavam e sondando suas infortunadas tripulações em busca de informações. Para terror de seus homens já sobrecarregados, ele mandou que seu pedreiro experimentasse fazer cal. Podia ser feita, eles relataram, e "encontramos bastantes rochas adequadas e muita pedra e alvenaria nas casas, mesquitas e prédios antigos. [...] Para um forte, tinha o melhor local e as facilidades do mundo", escreveu para o rei. "Um porto protegido de todos os ventos, [...] água em abundância, [...] grande quantidade de bons peixes." Os homens estavam apavorados de que ele exigisse a construção de mais um forte.

Para a Corte em Lisboa, Afonso apresentou a ilha como o lugar mais saudável do mundo. A realidade era outra. Quando ele partiu de Kamaran para Jidá, houve outro grande clamor contra a decisão, os homens diziam que "ele os levava para a morte". Ao contrário de seus relatos otimistas para o rei, houve grande número de mortos. Claro que a comida era pouca na ilha, e eles trabalhavam demais revisando os navios. Começaram a sucumbir a uma epidemia misteriosa: "Depois de apenas dois ou três ataques de febre e de muita dor no peito, uma doença desconhecida, com sangue entupindo o peito, muitos homens morreram, mais de quinhentos [num total de 1.700], e quase todos os soldados nativos – de trabalho e má alimentação". Nem uma palavra disso apareceu em seu relatório para o rei.

Se Afonso acreditava em uma missão dada por Deus, essa crença era reforçada por um sinal milagroso no céu noturno. Numa noite sem lua,

> enquanto estávamos ancorados naquele lugar, por cima das terras do Preste João, apareceu um sinal no céu, na forma de uma cruz, brilhando muito, e uma nuvem pendurada em cima dela. Quando a nuvem alcançou a cruz, ela se separou em duas, sem tocar ou abafar seu brilho. Foi visível de muitos navios, e inúmeros homens caíram de joelhos e a veneraram. Outros daqueles que reverentemente a adoraram choraram muitas lágrimas.

Albuquerque tentou convencer os pilotos e os capitães a cruzarem o mar contra o vento para a margem oeste, mas eles se recusaram.

Durante esses meses no sol quente entre dunas de areia, Afonso continuou a compilar um relato detalhado sobre o mar Vermelho, a ser enviado para Lisboa. Coletou toda informação que pôde a respeito do clima, da geografia e da navegação, dos portos, da política e das afiliações tribais. Enviou caravelas para investigar a busca de pérolas, inquiriu a respeito das ricas minas de ouro do Preste João e finalmente chegou à conclusão – para alívio de seus homens – de que Maçuá, na margem oeste, seria melhor lugar para uma fortaleza do que as ilhas em que se encontravam no momento, porque "a costa atrás dela é governada pelo Preste João", e a crença no poder desse cristão semimítico permanecia forte. "Agora tenho informações plenas a respeito de todos os aspectos do mar Vermelho", ele disse a Manuel.

A curiosidade irrequieta da reunião de informações dos portugueses se apresentava sob várias formas. Sempre havia homens preparados para a aventura, não importava quão temerária fosse. No mesmo espírito de Pero de Covilhã, o espião que o rei João mandara à Índia, um homem chamado Fernão Dias se ofereceu para tarefas de espionagem de longo alcance. Ou Fernão Dias era um muçulmano que se convertera ao cristianismo ou um português que fora capturado e mantido pelos marroquinos em Gibraltar durante muito tempo – as fontes não são claras. De qualquer modo, ele falava bom árabe e tinha um excelente conhecimento dos rituais islâmicos, das rezas e dos versos corânicos. Ofereceu-se para ser desembarcado nas margens desérticas da Arábia e viajar por Jidá, Meca e Suez até o Cairo, pegar um navio veneziano em Alexandria, depois voltar a Portugal com informações para o rei. Seu álibi era ser um escravo fugido. Para isso, foi posta uma algema em sua perna, e ele foi levado ao continente numa canoa, com pedras preciosas cosidas nas roupas para vender ao longo do caminho. Fernão fez a viagem de volta incólume e se reportou a Manuel. Depois voltou à Índia e aparentemente teve mais uma longa carreira espionando no mar Vermelho. Gaspar Correia, que o conhecia, disse que "ele morreu muito pobre".

Afonso estava particularmente desejoso de informações a respeito de Suez, na extremidade norte do mar Vermelho, e da composição da frota mameluca. Ele chegou a uma conclusão, segundo fontes que acreditava serem confiáveis, confirmando o que pensava havia anos: ela mal existia. A derrota em Diu, seguida pela interceptação de suprimentos de madeira do Líbano pelos Cavaleiros de São João, contra a capacidade naval do sultão, representara um golpe mortal. Suez, alegou Afonso, era uma ruína. Não havia mais que quinze pinaças (pequenos barcos a vela) no local.

> Depois que Hussain saiu da Índia, o entusiasmo [pelo combate naval] declinou, e eles não levaram avante mais construções de

navios de qualquer tipo. Só tinham em Suez trinta homens para guardar os barcos contra ataques de ocasionais piratas árabes. [...] [Eles] molham os barcos todas as manhãs para impedir que o sol rache as pranchas. Não ficou nenhuma carraca ali, nenhuma madeira, carpinteiros, mastros ou velas.

Na verdade, os rumores anuais de uma grande frota islâmica eram uma quimera. Afonso de Albuquerque, com seu jeito costumeiro de apresentar as coisas, alegou que as sondagens dos portugueses no mar tinham sido devastadoras. "Posso assegurar a Vossa Alteza que nenhum barco ou canoa navegava pelo mar, e até os pássaros não pousavam ali, tão aterrador era o mar Vermelho quando nós entramos, e tão vazio." Sua análise concluiu que agora havia falta de alimentos em Jidá e Meca, e que o regime do sultão cambaleava.

Se há algum elemento de exagero nisso, sua avaliação geral era surpreendentemente acurada. A incursão ao mar Vermelho assombrou o mundo islâmico. Depois do ataque a Áden, seu xeique despachou camelos velozes com as notícias, pela península Arábica, até Jidá e Meca. A guarnição de Meca marchou para Jidá pronta para uma defesa até o último momento. Outro camelo levou rapidamente as notícias de Meca ao Cairo, em apenas nove dias. Em 23 de maio, era do conhecimento comum. A cidade estava em pânico. O sultão mostrava-se consternado; houve uma convocação especial para as rezas de sexta-feira. Um corpo regimental foi apressadamente reunido para inspeção no hipódromo: "Foram apresentados vestidos em túnicas de malha, elmos na cabeça, cimitarras em bandoleiras. Trezentos homens estavam na lista de partida [...] Um contingente dos mamelucos do sultão recebeu a missão de se basear em Suez e retomar a construção de navios". Em meados de junho, o sultão mandou que o diretor do arsenal e seus homens escoltassem canhões até Suez "sem pagamento".

O cronista do Cairo Ibn Iyas anotou o desenrolar dessa iniciativa. Na verdade, nenhum homem partiu. Reunidos outra vez no hipódromo em 15 de junho, eles se recusaram a se mover: "'Não vamos, a não ser que nos deem um bônus. Não queremos morrer de fome e sede no deserto'. O sultão imediatamente saiu do local do desfile furioso". Na verdade, o regime cambaleava. Havia medo de uma revolta na cidade. Em setembro, Iyas relatou que a situação não tinha mudado e que as notícias do mar Vermelho haviam piorado. Ele documentou "a audácia dos europeus ao impedir o comércio no mar Vermelho, confiscando as cargas; eles ocuparam Kamaran, entreposto vital na rota para a Índia". Mês a mês, estendendo-se até 1514 e 1515, essa ladainha de paralisação continuou, detalhando os feitos dos portugueses de um lado e o bloqueio pelos Cavaleiros de São João de outro. "O porto de Alexandria não recebeu nenhum navio no ano passado; nada chega a Jidá por causa dos corsários europeus percorrendo o oceano Índico; tem sido um total de seis anos desde que os artigos foram descarregados em Jidá." Em julho de 1515, Hussain, o comandante em Diu que agora estava em Jidá, ainda implorava ao sultão "para que mandasse reforços o mais rápido possível antes que os europeus ocupem a costa da Índia inteira", e além disso temia um ataque a Jidá, "[...] por toda parte o sultão tinha motivos reais para preocupação". Só em agosto de 1515, e depois que determinado número de homens foi excluído como "muito fracos ou atacados por doenças venéreas", todas as tropas partiram para Suez.

Afonso tinha calculado a situação muitíssimo bem. Ele acreditava que existia uma oportunidade; que o mar Vermelho podia efetivamente ser cortado em dois; que não havia frota capaz de resistir aos portugueses; que o ponto central do mundo islâmico estava aberto; e que, com um esforço concentrado, os mamelucos seriam destruídos: "A situação do sultão é muito fraca. Além de ter poucos soldados, ele não sai do Cairo em pessoa para ir a qualquer lugar e lutar, nem sai de sua fortaleza. Ele tem o xá Ismail aos seus portões, perseguindo-o sem remorsos".

Para concluir, numa longa carta enviada em dezembro, ele presenteou o rei Manuel com uma visão estratégica clara, mas fervorosa, e pôs à sua frente a perspectiva do prêmio supremo:

> Parece-me que, se vos fizerdes poderoso no mar Vermelho, tereis todas as riquezas do mundo em vossas mãos, porque todo o ouro

do Preste João estará disponível para vós – uma soma tão imensa que não ouso falar dela –, trocada por especiarias e a mercadoria da Índia [...] Tomo a liberdade de escrever assim para Vossa Alteza porque vi a Índia dos dois lados do Ganges, e observo como Nosso Senhor vos está ajudando e pondo tudo ao vosso alcance. Grande tranquilidade e estabilidade pairaram sobre a Índia desde que Vossa Alteza ganhou Goa e Malaca e nos ordenou que entrássemos no mar Vermelho, que procurássemos a frota do sultão e cortássemos as vias de remessa para Jidá e Meca [...] Não é pequeno o serviço que executareis para Nosso Senhor, destruindo a sede de perdição e todas as suas depravações.

Isso estava ligeiramente codificado para a destruição de Meca e Medina, e do próprio corpo do profeta Maomé, um projeto de tirar o fôlego em sua ousadia, tanto que foi ocultado de todos, a não ser do menor dos grupos de ideólogos manuelinos. Deveria ser empreendido com a ajuda do Preste João.

Manuel representado como rei do mar no mapa-múndi de 1516, do cartógrafo alemão Martin Waldseemüller.

Disseram-me que ele deseja grandemente destruir Meca, e parece a ele que, se Vossa Alteza providenciar os navios, ele enviaria um grande número de cavalaria, infantaria e elefantes [...] Os próprios muçulmanos acreditam que os cavalos e os elefantes do Preste João vão pastar no próprio santuário de Meca [...] Agradará Nosso Senhor dar a Vossa Alteza ajuda em tal feito, e serão vossos navios, vossos capitães e vossos homens que farão isso, porque a travessia só leva dois dias e uma noite.

Afonso de Albuquerque alimentava a ideia de que o minúsculo Portugal poderia controlar o centro do mundo, que Manuel seria o maior dos reis cristãos, e ele indicou como isso deveria ser feito. Ele construiria fortalezas em Áden e Maçuá, consolidaria uma posição e estabeleceria as frotas ali, mas não faria qualquer tentativa para penetrar o interior da Arábia. Ele iria se aliar ao Preste João; então "vossa frota pode chegar a Suez, a apenas três dias do Cairo. Isso criará tumulto na capital, porque o poder do sultão não é tão grande quanto fostes levado a acreditar". Ele observou: "O negócio da Índia, deixaremos para trás. Goa manterá vossos interesses calmos e pacíficos". A estratégia de Afonso tinha girado o globo: o objetivo não era mais a Índia. Agora eles eram o campo-base. O auge seria a destruição do islã e a retomada de Jerusalém.

Mas isso teria de esperar. Em meados de julho, o vento mudou, a estação da monção tinha acabado. Era hora de navegar de volta à Índia. No caminho, ele visitou mais uma vez Áden, bombardeou-a e calculou exatamente como capturá-la no ano seguinte, cortando seus suprimentos de água.

23

A ÚLTIMA VIAGEM

julho 1513-novembro 1515

"Vossa Alteza me reprova, me reprova, me reprova!"

Cartas vindas de Portugal só chegavam a Goa uma vez por ano, com a ida da frota de especiarias em setembro; as respostas voltavam com essa frota em janeiro ou fevereiro do ano seguinte. Essa comunicação descoordenada fornecia ampla margem para mal-entendidos. Manuel estava cada vez mais irritado com o fracasso em alcançar objetivos que pareciam, vistos de um telescópio distante em Lisboa, simples. O mar Vermelho tinha de ser fechado, as especiarias deviam ser mandadas imediatamente, os homens tinham de ser pagos. "Homens bem pagos serviriam com maior satisfação e ficariam felizes de permanecer a bordo", ele informou a Afonso de Albuquerque, criticamente. "Nosso prazer é portanto que eles sejam bem pagos e fiquem contentes, [...] mas determinamos que isso seja feito com o dinheiro de outras pessoas [saque] – não o nosso." Esse era um ponto especialmente doloroso para o governador, que nunca teve dinheiro ou homens suficientes para satisfazer as ambições do rei. O pior de tudo para Afonso era que Sua Majestade descuidadamente duvidava do valor de Goa. Para sorte do governador, ele estava plenamente respaldado por seus capitães no voto para manter a ilha. Manuel, além disso, era exasperantemente inconsistente. "Vós sabeis que mudais vossa política todos os anos", escreveu de volta Afonso, frustrado. Mas as vozes erguidas contra ele estavam cada vez mais altas: ele fazia inimigos com facilidade, e estes mandavam seus próprios relatos para casa no primeiro correio. O fracasso nos muros de Áden caíram especialmente mal.

Tinha sido sua intenção voltar a Áden em janeiro de 1514, mas isso não aconteceu pela simples razão de que lhe faltavam navios em condições de navegar. Um tinha afundado na viagem de volta de Áden a Goa; havia carência de carpinteiros especializados e trabalhadores nos estaleiros para levar adiante os reparos – reformar a frota de especiarias para a viagem de volta sempre tinha a prioridade. Depois do naufrágio do *Frol de la Mar*, Afonso sempre viajava com alguma apreensão, "com uma mão à barba e a outra na bomba de sucção", como explicou graficamente a Manuel. Era necessário esperar por reforços em setembro.

Em vez disso, ele passou o ano inteiro em Goa, construindo a colônia e negociando com os potentados do subcontinente indiano. Muito tempo foi tomado com preparações para a adiada campanha de Áden. Afonso estocou pilhas de pólvora de balas de canhão, supervisionou a manufatura de armas, especialmente de lanças, a preparação dos biscoitos do navio e a criação de um equipamento de cerco. Depois do humilhante fracasso em escalar os muros, prestou-se especial atenção à construção de várias escadas muito robustas, altas o bastante para chegar ao topo dos baluartes da cidade. Afonso de Albuquerque queria aumentar o número de mosqueteiros. Uma proclamação lançada em Goa, Cochim e Cananor ofereceu recompensas financeiras para aqueles dispostos a se apresentar para treinamento. Nos domingos e no primeiro sábado de cada mês havia prática de tiro, com o prêmio de um cruzado para os que conseguissem atingir o alvo. Duas vezes por mês os bandos treinados se exercitavam nas táticas da luta suíça; suas lanças eram guardadas no arsenal em segurança – aqueles entre os nobres que eram contra o novo estilo de luta militar que ameaçava tornar o papel deles supérfluo tentavam quebrar as armas. Nas tardes de sábado, Afonso saía pessoalmente com os cavaleiros para treinar manobras de escaramuça e familiarizá-los com o estilo de sela muçulmana. Ele não voltava às cocheiras antes do cair da noite, à luz de tochas.

Afonso supervisionava tudo, mandava em tudo, trabalhava, incansável. Seu secretário, Gaspar Correia, deixou uma imagem de sua ronda diária: "O governador levantava antes do nascer do sol e ia à missa com sua guarda, e depois cavalgava sozinho com uma bengala à mão e um chapéu de palha na cabeça, e, com seus alabardeiros, dava uma volta pela praia e pelos muros para inspecionar o trabalho que era feito, para ver tudo com seus próprios olhos e comandar o que devia ser feito". O infeliz Gaspar não pôde resistir a uma nota pessoal: "Seus quatro secretários iam atrás dele, servos do rei, com papel e tinta, de modo que ele emitia ordens e despachos, que assinava ali, montado a cavalo, enquanto cavalgava. E eu, Gaspar Correia, que estou escrevendo esta história, andava por lá como seu secretário. Sempre que recebo uma petição", escreveu Afonso a Manuel com orgulho justificável, "respondo imediatamente".

Afonso de Albuquerque, o visionário imperial, estava empenhado em construir uma presença portuguesa no oceano Índico que durasse para sempre. O homem prático providenciou as defesas materiais da cidade – os muros da cidade eram fixados com lama seca, que tinha de ser continuamente reparada contra a agressão da chuva das monções; o severo moralista trabalhava para criar uma ordem social justa e durável. Ele estava consciente da propensão de seus homens, com sua bravura e seu talento, para o autossacrifício espontâneo, para a rebeldia, violência e ganância. Era necessária supervisão constante. "Desde que eu esteja presente, tudo anda bem, mas no minuto em que viro as costas, cada homem age conforme sua natureza", ele observou. Afonso trabalhava sem cessar para acabar com a corrupção e a injustiça em relação à população local. Ele sabia que a batalha pelos corações e mentes era tão importante quanto uma campanha bem-sucedida. Estava plenamente consciente de que seus homens precisavam ser pagos, ou inevitavelmente se voltariam para a corrupção e a pilhagem. O bom nome de Portugal tinha importância, e ele temia as consequências caso "o açúcar se transformasse em veneno", como tinha uma vez dito o rei de Cananor. Afonso procurou defender as mulheres locais contra a violência sexual e vigorosamente promoveu a política de casamentos mistos. Proibiu todas as formas de jogo de azar; apenas xadrez e damas eram permitidos; enviou homens para as galés por transgressões e despachou os brigões e rebeldes de volta para Lisboa, com as frotas de especiarias. Promovia donativos mensais para órfãos e pagava um tutor para ensiná-los a ler e atraí-los para a fé cristã. Havia aí um forte elemento de reorganização social.

Afonso pode parecer um autocrata severo, mas havia regozijo também. No salão cerimonial do palácio do rajá, que ele herdara com Goa, sentava-se para comer à noite com quatrocentos homens, ao som de trombetas. Aos domingos, os soldados goenses locais se apresentavam em frente ao palácio tocando a música de seus instrumentos tradicionais; os 24 elefantes que trabalhavam nas fortalezas, trazidos do Ceilão, desfilavam diante do governador e, sob o comando de seus guias, demonstravam obediência a ele, e dançarinas cantavam e dançavam à luz de tochas durante as refeições. De um lado, Afonso adorava o espetáculo, os sons e as cores da Índia: ele se transformava num habitante local.

Se os portugueses eram tolerados por serem periféricos aos interesses imperiais da Índia, eles eram também vigiados de perto. Afonso de Albuquerque continuava a fazer o jogo diplomático com os potentados do subcontinente e no oceano mais amplo com grande habilidade. Quando o governante de Vijayanagar enviou seu embaixador, este foi agraciado com uma demonstração militar. As bandas treinadas marcharam em sua homenagem pelas ruas da cidade. O embaixador ficou de pé e apreciou. Durante duas horas soldados passaram, lanças em prontidão, numa corrente sólida, à música de flautas e tambores. O homem, atônito, para quem sem dúvida todos os europeus se pareciam, contou 10 mil.

Em outra parte, Afonso estava ocupado administrando os negócios da costa de Malabar portuguesa. Embora não fosse dado a guardar rancores, seu estilo direto criava antagonismos. Ele desdenhava da capacidade comercial e da probidade dos agentes comerciais, além de ser cínico também: "Eles não saberiam como comprar dez réis de pão no mercado. [...] Seria mais vantajoso para Vossa Alteza deixar-vos ser roubado por florentinos, porque eles nasceram para o negócio e o entendem". Em troca, a conspiração dos oponentes ao seu estilo de governar, especialmente em Cochim, não perdia tempo dando informações contrárias a Manuel. Cada pacote de cartas que voltava a Lisboa continha queixas vociferantes: que o governador era um louco perigoso, comerciante de escravos, um corrupto que aceitava subornos, que estava acumulando uma vasta fortuna à custa do rei. Afonso sabia disso: "Quando eles não têm mais nada a dizer, eles inventam", relatou a Manuel. Quando foram interceptadas cartas destinadas ao rei contendo determinadas acusações, ele certamente sentiu o perigo. O conteúdo delas, declarou, "fez meu moral afundar no chão, [...] dobrou o número dos meus cabelos brancos". Acabou confrontando os líderes, Antônio Real, Lourenço Moreno e Diogo e Gaspar Pereira, e despachou alguns deles de volta a Lisboa com a frota das especiarias, numa jogada que se mostraria contraproducente.

Reprimindo os tumultuosos e invejosos fidalgos, pedindo contas a oficiais corruptos, tentando lidar com as exigências excessivas e hesitantes de seu monarca vacilante, mandado fazer demais com muito pouco – Afonso estava chegando ao seu limite. Durante os últimos meses de 1514, ele foi abalado com um atentado contra sua vida em Cochim. Um homem corajoso, mas temerário, chamado João Delgado era mantido preso pelo estupro de uma mulher local. De algum modo ele conseguiu persuadir um escravo muçulmano da cozinha que ficava diretamente acima do cárcere a introduzir veneno num prato de ovos para a mesa do governador. Afonso sobreviveu, mas isso lhe deu presciência de sua própria mortalidade. Ele disse "que não passava de um saco de palha, que estava caminhando para a tumba todos os dias, e não poderia adiar muito mais; contudo, deveria esperar, não queria morrer envenenado". Quando o escravo confessou, Delgado foi levado à presença do governador. Sem nada a perder, ele falou com uma franqueza espantosa, dizendo que, se sabia como seus inimigos estavam ansiosos por sua morte, Afonso provavelmente não suspeitava quantos daqueles que ele considerava seus amigos também a desejavam. Delgado foi considerado culpado e enforcado, arrastado e esquartejado, mas ninguém conseguiu descobrir quem lhe fornecera o veneno na prisão.

No início de 1515, estava tudo pronto para uma nova expedição. O plano era tomar Áden, entrar no mar Vermelho, construir um forte em Maçuá, na margem ocidental, e avançar sobre Jidá. Afonso de Albuquerque estava plenamente cônscio das ordens e ambições de Manuel. Mas, nessas circunstâncias, isso não aconteceu. A questão de Ormuz interveio. Embora fosse vassala, pagando tributos ao rei português, a cidade-Estado permanecera uma questão não concluída para Afonso desde que ele fora obrigado a se retirar, em 1507. Ormuz era um dos centros fundamentais do oceano Índico, o eixo do comércio com o golfo Pérsico e a exportação de cavalos, mas suas políticas eram severamente disfuncionais. Embora fosse teoricamente governada por juvenis reis fantoches, o poder estava nas mãos do vizir chefe e seu clã, que rotineiramente substituía o incumbente, ou por veneno, ou cegando-o. Os vizires governavam.

O vizir com quem o governador tinha tratado em 1507, Hwaga Ata, tinha morrido. Em seu rastro ocorreu uma complexa revolução palaciana. O jovem rei da época fora morto pelo novo vizir, o Rais Nuruddin, que impusera outro governante fantoche, o xá Turan. Aí o próprio Nuruddin tinha sido efetivamente posto de lado por um parente mais violento, o Rais Ahmed. A probabilidade era de que Ahmed fosse se apoderar pessoalmente do trono sob a proteção do xá da Pérsia. A perspectiva tornara tênue a posição de Portugal. Afonso então resolveu que Ormuz teria de ter prioridade sobre Áden.

Afonso partiu de Goa com sua frota em fevereiro de 1515. Ao chegar a Mascate, na península Arábica, agora vassala obediente, ele conseguiu com o xeique um relato mais detalhado da situação. Ahmed mantinha tanto o rei quanto o vizir temendo por suas vidas. Ele tinha ocupado a cidade com quatrocentos arqueiros persas. Afonso apressou-se. Chegou a Ormuz em março, à noite, e deu à cidade uma saudação severa: um clangor de trombetas e uma impressionante revoada de pedras atiradas aos tetos, tão violenta, conforme Gaspar Correia, "que parecia que os navios estavam em fogo". Rais Ahmed evidentemente esperava por ele: as ruas estavam fortemente equipadas com barricadas e artilharia.

De madrugada, os habitantes da cidade podiam ver a frota reluzente ao sol da manhã: bandeiras desfraldadas, os conveses fervilhando de homens com lanças. As armaduras, quentes demais para ser usadas no calor do golfo Pérsico, estavam penduradas brilhando no cordame. Um barco se aproximou levando um homem vestido como português. Quando chegou perto, ele gritou, "Deus salve o senhor governador, o navio e sua companhia!". Era Miguel Ferreira, de volta de sua embaixada junto ao xá da Pérsia. Ele tinha alcançado Ormuz com um embaixador da parte do xá, que esperava uma audiência com Afonso de Albuquerque. Miguel fez um relato detalhado de sua missão; estivera em Ormuz durante dois meses e, além disso, tinha boa posição para explicar a situação da cidade. Com a chegada da frota, de um dia para o outro, Rais Ahmed soltou o vizir, o Rais Nuruddin, que era um homem velho, e Miguel esperava para ver o que aconteceria em seguida. Enquanto isso, o rei, o xá Turan, vivia com a perspectiva contínua de ficar cego ou ser morto; Ahmed o mantinha preso no palácio, vigiado de perto.

Se a chegada da frota ameaçava perturbar os planos de Ahmed, para o infeliz xá Turan, Afonso parecia a única chance: "Ele não tinha esperanças, a não ser que se entregasse às mãos do governador". Por sua parte, Ahmed esperava atrair Afonso para a terra, pegá-lo sem guarda-costas e matá-lo. O governador entrou numa situação tensa e delicada, que exigia decisão e esperteza – e informações de cocheira fornecidas por Miguel Ferreira e seus intérpretes judeus. Quando o rei sugeriu, em palavras ditadas por Ahmed, que depois de uma viagem desconfortável Afonso devia querer vir a terra para relaxar, ele educadamente declinou: estava bastante acostumado à vida no mar e nunca conseguira relaxar em terra, mas seus capitães gostariam de fazê-lo – será que se poderia pôr à disposição deles algumas casas na praia? Ahmed tentou proibir isso, mas, com uma independência súbita, nascida no desespero, o rei consentiu. Os portugueses obtiveram, desse modo, uma posição segura na praia, protegidos por seus próprios homens. Afonso recusou-se a reconhecer Ahmed de qualquer forma; ele falaria apenas com o rei ou seu vizir. Na segurança de uma daquelas casas, no frescor do porão, longe do calor crescente, o governador encontrou-se com o jovem rei sozinho – e passou a trabalhar sobre a mente dele. Convenceu-o a desbloquear as ruas; tentou, primeiro com o vizir, depois com o próprio rei, obter permissão para reconstruir o forte. Nuruddin prevaricou, apesar dos belos presentes: era inconvenientemente próximo ao palácio real. Para o rei, Afonso sugeriu que precisava de um lugar adequado na praia para receber o embaixador persa, dizendo que viera em paz. O xá Turan, em outra tentativa de se libertar da malevolente mão de Rais Ahmed, aquiesceu.

Afonso não precisava mais de nenhuma permissão. Ele andou rápido. Em uma noite frenética, discretamente descarregou um grande destacamento de homens e materiais de construção pré-fabricados – madeira, cestas a serem enchidas com areia, anteparos de proteção – que tinham sido preparados em Goa, e construiu uma paliçada temporária, guardada por canhões e encimada por bandeiras "que podia ser defendida contra todas as forças a ela opostas". A paliçada tinha vista para o palácio real e bloqueava o acesso da cidade para a praia. Os portugueses tinham garantido um ponto de apoio.

A população da cidade acordou na manhã seguinte assombrada com aquela visão. O Rais Ahmed estava furioso com seu fantoche, dizendo que "ele daria seu tesouro ao governador antes da tomada da cidade" – uma avaliação acurada das prováveis consequências. Mas o xá Turan se manteve firme: os portugueses tinham vindo em paz; de outro modo a cidade seria devastada. Para Ahmed, matar Afonso agora era vital.

Além do valor estratégico, a paliçada seria o cenário de uma recepção teatral para o embaixador do xá. Uma aliança com o monarca xiita era ao mesmo tempo uma parte crítica das políticas de poder e uma proteção contra qualquer intenção de Rais Ahmed. Ele construiu um quadro impressionante da magnificência portuguesa. Um estrado, ao qual se subia por três degraus, tendo ao fundo ricas tapeçarias e coberta de tapetes, preparado para a recepção. Aqui Afonso esperou pelo embaixador na manhã marcada. Sentou-se numa cadeira lindamente marchetada, uma figura de severa majestade, vestido inteiramente de veludo preto, compensado por uma cruz de ouro reluzindo ao peito e o branco impressionante de sua longa barba. Atrás dele estavam arrumados os capitães em suas melhores roupas, espada na cinta, e, mais afastados, seus pajens, com a boina na mão, segurando as lanças e os escudos de seus patrões. Alinhados ao longo do trajeto estavam os soldados nativos, goenses e malabares, gritando e batendo címbalos, e seus próprios homens com estandartes, flautas, pífanos e tambores. O embaixador foi precedido por seus presentes – um desfile de panteras de caça em coleiras, cavalos com selas ricamente trabalhadas, homens aos pares carregando quatrocentas peças de pano rico, turquesas, tigelas de ouro, uma maravilhosa armadura de malha, adagas incrustadas – e um presente especial para o próprio xá: uma túnica suntuosamente bordada. Depois, vinha o embaixador propriamente dito, com a carta do xá, escrita numa folha de ouro, guardada nas dobras de seu imenso turbante. Os dignitários da cidade seguiam sob os gritos e estrépito dos instrumentos musicais. Ao largo, a frota enfeitada de bandeiras disparava saudações trovejantes.

Afonso sentou-se e ficou absolutamente imóvel enquanto o embaixador se aproximava. Apenas um movimento de sua mão direita chamava o homem adiante. Acompanhada da maravilhosa troca de gestos rituais, a carta, escrita em português, fraseada na linguagem pomposa da diplomacia muçulmana, foi lida em voz alta. Reconhecia o status e a reputação de Afonso de Albuquerque: "Porque o Grande Senhor que comanda, esteio de governadores e grandes homens da religião do messias, poderoso guerreiro, forte e Leão do Mar de grande coração, vós estais alto em minha estima, e isso é tão certo quanto a luz da madrugada, tão inconfundível quanto o odor do almíscar!". A carta prometia todas as bênçãos da amizade e pedia o empréstimo de alguns artilheiros qualificados.

Afonso aceitou os presentes, mas não tirou proveito pessoal de nenhum deles. Ele apenas envolveu a magnífica túnica sobre os ombros, declarando que jamais poderia usá-la – só era adequada a um rei. Enviou os melhores presentes para a rainha em Lisboa, as panteras de caça para o rei de Ormuz, e o resto distribuiu entre seus capitães. Ao perceber a inveja que isso estava provocando entre os excluídos e entre os soldados rasos, ele resolveu fazer uma distribuição geral de dinheiro – que ele não tinha a intenção de pagar. Percebendo o desespero do xá Turan, ele enviou, com as panteras de caça, uma sugestão de que o rei lhe emprestasse 100 mil *serafins* de suas enormes rendas com impostos. O rei concordou. O dinheiro foi entregue em pessoa por Rais Ahmed, que passou a perceber o clima, e ostensivamente pagou ao homem numa mesa na entrada da paliçada, ao som de trombetas e observado por uma população de queixo caído. Quando isso não foi suficiente, ele simplesmente pediu mais. Outra mensagem vinda do rei: Ahmed planejava vir com presentes para o governador e matá-lo. Afonso respondeu que estava cuidando do caso.

Resolveu convidar todos os grupos – o rei, Ahmed, Nuruddin – para uma reunião numa casa na praia. Viriam oito de cada lado; seus soldados armados permaneceriam do lado de fora. A reunião deveria acontecer no dia 18 de abril. Secretamente, Afonso preparou um grande contingente de soldados nas imediações da paliçada. Os canhões dos navios estavam armados e prontos.

Ficou entendido que todo mundo teria de comparecer desarmado. Ninguém obedeceu. Os sete capitães de Afonso chegaram carregando cafetãs como presentes que escondiam suas adagas; Afonso também levava uma arma escondida. Estavam todos equipados para apunhalar. Ahmed foi o primeiro a chegar. Ele entrou no pátio confiante, abertamente conduzindo uma espada a seu lado, uma adaga no cinto, algumas facas e um machado. Por meio de seu intérprete, Afonso de Albuquerque protestou: "Ficou combinado que ninguém portaria armas, então, por que isso?". Era apenas sua prática usual, respondeu Ahmed. Ele virou-se e descartou algumas dessas armas, embora não todas. A essa altura, o rei e Nuruddin tinham chegado, e a porta foi trancada atrás deles.

Quando Ahmed se virou para fazer um gesto com a mão, tudo aconteceu num instante. Afonso agarrou o braço dele, puxou sua própria adaga e gritou para seus capitães, "Prendam-no!". Os dois homens o agarraram. Ahmed agarrou a gola do governador com uma mão. Com a outra, ele tentou pegar a adaga. Não conseguiu, e tentou puxar sua própria espada. Era tarde demais. Os capitães caíram em cima dele com suas armas e o apunhalaram tão violentamente que se feriram uns aos outros. Ahmed morreu ali mesmo. O rei, que tinha recebido alguma indicação quanto ao plano, supôs que Ahmed seria apenas capturado e mandado para Portugal. Ao ver o corpo no chão, o rapaz ficou aterrorizado, pensando que sua própria hora tinha chegado. Tentou fugir, mas a porta ainda estava trancada. Do lado de fora, os homens de Ahmed gritavam que seus senhores estavam todos sendo mortos. Começaram a socar a porta.

Afonso tinha se preparado com cuidado. Os bandos treinados avançaram pelas ruas, com as lanças eriçadas, e obrigaram o povo a recuar. Enquanto o trêmulo rei esperava por seu fim, Afonso pegou-o pela mão, acalmou-o, vestiu-o em sedas e o levou até o terraço para mostrá-lo a seu povo. Durante algum tempo, os que apoiavam Ahmed se fecharam no palácio; acabaram atraídos para fora sob promessa de salvo-conduto e saíram da cidade. O dia terminou com Ormuz em festa. O xá Turan foi conduzido de volta ao seu palácio com grande solenidade e um estimulante discurso do governador:

> Senhor sultão Turan, sois senhor e rei deste reino de Ormuz, e [...] sempre sereis enquanto Deus lhe conceda vida, e ninguém vos poderá tirar isso. E eu vos assistirei com todo o poder do rei de Portugal, que me comanda, porque ele é nosso grande amigo, e é porque eu serei amigo de vossos amigos, inimigo de vossos inimigos. Para proteger vossa pessoa, se quiserdes, dormiremos aqui, armados como estamos.

Era um golpe perfeito. De fato, Turan se tornara um fantoche dos portugueses, mesmo sendo um fantoche cuja vida estava em segurança. Afonso rapidamente se concentrou nos últimos obstáculos ao controle completo. Sempre que pedia dinheiro, recebia-o. Plantou na mente do rei as sementes de novas inseguranças: não havia qualquer garantia de que os apoiadores de Ahmed tivessem ido embora; ele podia tão facilmente ser morto por uma flecha disparada de um balcão ao caminhar para a mesquita; seria melhor se todos na cidade fossem desarmados; daí por diante, os portugueses forneceriam a proteção completa. A coisa fora feita. Subindo à escala, ele aludiu aos rumores de uma nova frota dos rumes. Se o rei quisesse entregar sua artilharia, seus homens poderiam proteger melhor Ormuz contra os ataques. Os canhões tinham sido deliberadamente enterrados para evitar que os portugueses os pegassem. O rei e Nuruddin ficaram atônitos com a ideia; sua única resposta foi que seria impossível desenterrá-los. Sem problema, replicou Afonso; os marinheiros poderiam fazer isso. Neutralizando maiores resistências, eles recuperaram 140 peças de artilharia; a justiça portuguesa, teoricamente nas mãos do rei, era severa. Afonso construiu um pelourinho no mercado para punição e execução, e presenteou-o ao rei. Quando quatro marinheiros portugueses foram induzidos a desertar e converterem-se ao islã com promessa de grandes riquezas, ele os perseguiu, amarrou suas mãos e pés, e os fizeram ser queimados vivos em suas embarcações, diante da cidade. A intenção era que aquele fosse um exemplo para todos os interessados: "Os muçulmanos permaneceram extremamente amedrontados, vendo a que ponto o governador fora para capturar esses homens e infligir justiça sobre eles".

Foi ao rei, também, que pediram que pagasse pela construção do forte de pedra no local da paliçada – a última peça para o completo controle português. Afonso sugeriu que o custo era apenas o ajuste de contas de uma dívida pendente que persistia desde Hwaga Ata.

O trabalho foi meticulosamente organizado sob o mestre arquiteto de Afonso, Tomé Fernandes. Pedras foram trazidas de outra ilha em barcos; argamassa veio de fornos no continente. Todos estavam impressionados com a tarefa: os portugueses e seus soldados indianos, além dos muçulmanos locais. Trezentos homens foram postos à obra, arranjados em doze equipes, das quais duas trabalhavam a cada dia. No dia 3 de maio, Afonso e os capitães formalmente inauguraram os trabalhos das fundações, abrindo a trincheira com enxadas ao som de preces cantadas. Três dias mais tarde, Afonso, com um pano no ombro, carregou a primeira pedra para a fundação e, depois de jogar cinco moedas de ouro embaixo, colocou-a na posição.

No espantoso calor do verão, o projeto avançou. O local apresentava dificuldades. O forte estava situado à margem do mar, tão próximo que algumas das fundações tiveram de ser postas sob a água, com cimento impermeável. De preferência, os portugueses trabalhavam à noite, à luz de tochas e da lua, mas exaustão, febre e desidratação estavam cobrando seu preço. Uma epidemia de disenteria irrompeu, e os homens começaram a morrer. Afonso se exasperava com o fracasso do médico em ajudar e pelos altos honorários. "Vocês recebem pagamento de médicos e, no entanto, não têm ideia de que doença aflige os homens que servem ao rei, nosso senhor", ele trovejou. "Muito bem, vou ensiná-los de que eles estão morrendo." Obrigou os médicos a um extenuante dia de trabalho carregando pedras sob o sol quente como explicação. Quando eles foram finalmente soltos, Afonso voltou-se contra eles outra vez: "Agora que os ensinei, daqui por diante vocês serão capazes de curá-los e dar a eles parte do dinheiro que ganham tão prazerosamente. Estou avisando como amigo", acrescentou, "porque não gostaria de vê-los sentados nos bancos daquelas galeotas".

O governador estava sempre pronto para encorajar. Dormia pouco, comia pouco, raramente saía do forte. Quando saía, era seguido por multidões de pessoas que queriam vê-lo. Chegavam à entrada do forte para beijar-lhe a mão. Afonso tinha se tornado uma lenda no oceano Índico: o Leão do Mar, que "ministra justiça e comanda no mar e na terra". Reis vizinhos, do golfo Pérsico e além, escreveram buscando amizade. Governantes persas se dirigiam a ele como "Primeiro dos Primeiros, Capitão de muitos Capitães, Leão Afortunado, Capitão Geral e Governador da Índia". Outros enviavam pintores "para retratá-lo ao vivo". Para Afonso, aquele era o momento supremo de sua vida. "Com essa realização", escreveu ao rei, "teríamos resolvido tudo na Índia, com exceção do mar Vermelho e Áden, sendo que Ormuz nos aproxima muito disso e aumenta imensamente nosso prestígio na Índia." Ele contemplava um rápido avanço para o mar Vermelho, um forte em Maçuá, o controle da pesca de pérolas, as mãos portuguesas na garganta do islã e do sultanato mameluco. O controle total do oceano Índico parecia ao alcance. Mas, em agosto, a disenteria o pegou.

Afonso de Albuquerque estava na Índia havia nove anos. Trabalhara continuamente e num ritmo frenético para construir o império de Manuel, e durante esse tempo suportara viagens incessantes, guerras e intrigas, os rigores do clima. Fora ferido em Calicute, naufragara em Sumatra, fora aprisionado em Cananor, envenenado em Goa; durante três meses sofrera o cerco no rio Mandovi, sob chuva. Negociara, intimidara, convencera e matara. Para os de fora, parecia indestrutível. As balas e os ferimentos de lança não o tinham abatido; balas de canhões assobiaram sobre sua cabeça; ele se pusera de pé em seu navio para provocar os artilheiros turcos de Benastarim. Mas já tinha quase sessenta anos, e, para os que o viram de perto, como seu secretário Gaspar Correia, "estava velho e com o corpo muito enfraquecido". Agora, no torturante calor de Ormuz, entre o azul brilhante do mar e a ofuscante luz do sol sobre as rochas nuas, Afonso morria.

A seu lado estava um homem chamado Nicolau de Ferreira, vindo de Lisboa como embaixador de Ormuz. Quando Afonso perguntou-lhe sobre a opinião que tinham a seu respeito na Corte, Nicolau, dourando ao máximo a pílula, respondeu que o rei o valorizava tanto que o queria ao seu lado, para que o aconselhasse sobre a Índia. O velho homem respondeu tristemente: "Não há honra em Portugal que possa se igualar à de ser governador da Índia. Em Portugal deve-se ter descanso do trabalho. Mas durante quanto tempo poderá meu corpo aproveitar o descanso? E o que poderia ser melhor para mim que terminar meus dias, dos quais agora tenho muito poucos, nessas labutas que me fazem sentir vivo?". A Índia fora a aventura de sua vida, e ele desejava morrer no comando.

Durante dias Afonso não saiu de seu quarto. Não viu ninguém a não ser seus acompanhantes mais próximos. As pessoas diziam que ele tinha morrido e que o corpo fora escondido. O trabalho afrouxou. Afonso se mostrou à janela que tinha vista sobre o forte, de onde podia falar com seus capitães e ser visto. Em setembro, ele se confessou e chamou a si os capitães. Pegou cada um pela mão e os fez jurar obedecer a quem quer que nomeasse seu sucessor. Seus juramentos foram anotados no dia 26 do mês. O capitão designado para o forte, Pero de Albuquerque, seu primo, assumiu o controle da construção.

Mas Afonso ainda estava vivo em novembro. Ele não sairia nem morreria sem ver Ormuz segura. Embora incompleto, o forte de pedra era agora uma estrutura sólida, armada com a artilharia do rei. Os médicos acreditavam que o mar poderia fazer algum bem ao governador. Em 8 de novembro ele embarcou no *Frol da Rosa*, navio que lhe trazia lembranças; foi de seu cordame que enforcara Rui Dias cinco anos antes. Ele mandou que o capitão erguesse a âncora durante a sesta, enquanto Ormuz jazia sonolenta no calor do meio-dia, para evitar as despedidas. Ancorado ao largo, enviou um adeus final e pedidos de desculpas ao xá Turan. O rei lhe mandou de volta mensagens de pesar; ele queria ter visto Afonso antes de partir: "Não consigo reprimir minhas lágrimas com essa partida, que eu acho que será para sempre". O *Frol da Rosa*, com mais três outros navios, levantou âncoras. "E quando a noite caiu, eles partiram para a Índia."

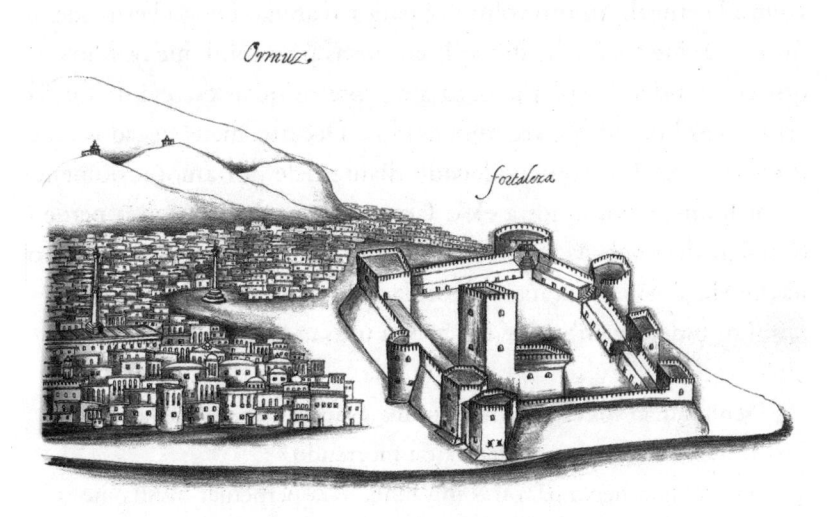

O forte de Afonso de Albuquerque em Ormuz,
em desenho de Gaspar Correia.

Amigos próximos a bordo tentaram consolá-lo, mas Afonso estava sombrio com a ideia de que pudesse ser destituído do posto de governador. Ao atravessar o golfo de Cambaia, capturaram um pequeno *dhow* e interrogaram o capitão. A notícia era de que um novo governador vinha com muitos navios e capitães; ele estivera em Goa durante um mês e agora tinham ido a Cochim; os nomes, ele não sabia. Para o moribundo, esse foi um golpe pesado.

Pior. Ao largo de Dabul, encontraram um navio português; a bordo estava um homem cujo trajeto se cruzara repetidamente com as viagens de Afonso durante todos esses anos na Índia: o mercador florentino Giovanni da Empoli, que guardava rancores. Não ficou claro exatamente o que houve entre os dois homens, mas, de acordo com um relato, Empoli "muito confidencialmente disse-lhe coisas que foram veneno para a sua saúde, e muito prejudiciais à sua paz de espírito [...] [e] que apressaram sua morte". Talvez ele maliciosamente tivesse acentuado a extensão da queda de Afonso aos olhos do rei. De qualquer modo, o moribundo ficou sabendo o nome de seu sucessor, Lopo Soares de Albergaria, e outros nomeados em sua frota a posições-chave na administração da Índia. Eles eram em grande parte seus inimigos, e incluíam Diogo Pereira, que ele mandara de volta a Portugal. Afonso voltou-se para seu amigo Diogo Fernandes e disse: "O que você acha disso? Boas-novas para mim que os homens que eu mandei de volta para casa e sobre os quais escrevi de forma crítica são honrados e recompensados. Decerto meus pecados ante o rei são grandes. Sou condenado diante dele por amor a homens, e por homens por amor a ele". Com essas notícias, Afonso perdeu o desejo de viver. Mandou que o estandarte real fosse baixado no navio: ele já não tinha mais autoridade.

Em 6 de dezembro de 1515. Sua última carta ao rei:

Senhor, não vos escrevo com minha própria mão porque, durante a elaboração desta carta, estou morrendo.
Eu, senhor, deixo para trás um filho, para perpetuar minha memória. Ao qual eu lego toda a minha propriedade, que é bem pouca, mas também deixo para ele o que me é devido por meus

serviços, e que é muito – os negócios da Índia falarão por ele e por mim. Deixo a Índia com todos os pontos principais tomados e em vosso poder, a única dificuldade que permanece sendo fechar, com segurança, os estreitos. Foi disso que Vossa Alteza me encarregou [...] Coloco minha confiança nas mãos de Vossa Alteza e da senhora rainha. Encomendo-me a vós dois para que promovam meus negócios, já que morro no vosso serviço e mereço isso de vós [...] beijo vossas mãos [...].
Escrito no mar no sexto dia de dezembro de 1515.

Depois, de próprio punho:

O servidor de Vossa Alteza
A. de Albuquerque

Assinatura de Afonso de Albuquerque.

Ele desejara viver até avistar Goa outra vez, e pediu para ser vestido com o sobretudo da ordem militar dos Cavaleiros de Santiago, dos quais era membro, e ser enterrado também nesse sobretudo. Tinha feito seu testamento. Entre seus legados: dinheiro para que fossem rezadas nove missas pela alma de Rui Dias, enforcado num momento de exaltação; que uma bala de canhão que miraculosamente não o atingiu em Goa fosse recoberta com prata e mandada com outros presentes para a igreja de Nossa Senhora de Guadalupe, no Algarve. Ele ainda estava se agarrando à vida quando avistou Goa, antes da madrugada de 15 de dezembro. O clérigo principal da cidade veio dar-lhe a absolvição, e um médico o ajudou a beber um pouco de vinho tinto português. Ao entrarem no Mandovi, com a tênue luz brilhando sobre os *ghats*, ele tentou se levantar, e o ajudaram a chegar à janela da cabine para um derradeiro olhar ao local que ele previra como sede do império. Depois, não disse mais nada. O corpo foi levado a terra num caixão, sob a luz de tochas. Todo o povo de Goa saiu para observar o Leão do Mar carregado para a igreja, os goenses nativos lamentando tanto quanto os portugueses. Macacos tagarelavam nas ruas. Fumaça se erguia das fogueiras matinais.

20 de março de 1516. Antes de a frota das especiarias trazer as notícias anuais da Índia, o rei Manuel escreve uma carta:

Afonso de Albuquerque, amigo!

Chegaram notícias via Veneza, de que a frota do sultão foi para a Índia, sendo que nesse caso, embora eu tenha ordenado a tua volta, consideramos imperativo que tu fiques! Pela experiência que tivemos contigo e teu serviço, e a vitória que Nosso Senhor tem sempre concedido a ti, sentimos que seria um grande consolo saber que o temos lá [...] Fiamo-nos inteiramente em ti, e se tu executares essas nossas ordens, nos sentiremos tão descansados como se pudéssemos cuidar delas em pessoa!

Se era tarde demais para Afonso de Albuquerque, era também tarde para o grande sonho de cruzada de Manuel. Com a morte de Afonso, esse sonho jamais se recuperaria.

EPÍLOGO

"ELES NUNCA PARAM NUM SÓ LUGAR"

> Para nós, basta saber que a metade escondida do globo agora foi trazida à luz, e os portugueses vão cada vez mais longe além do equador. Desse modo, litorais desconhecidos logo se tornarão acessíveis, porque um em imitação a outro se dedica em trabalhos e grandes perigos.
> – Pedro Mártir de Anguera (1493)

Na noite de 19 de outubro de 1520, uma pequena expedição portuguesa às montanhas da Etiópia foi conduzida a uma tenda ricamente atapetada; ajoelhados, ao som da baixa batida de um sino de pedra, eles esperaram e observaram. Uma cortina foi lentamente aberta para revelar um homem sentado acima deles num rico trono, com o rosto escondido por um pano azul suspenso por cordas invisíveis. E enquanto o sino tocava, a cobertura final foi brevemente abaixada para permitir um vislumbre hipnotizador da figura mítica que alimentara grande parte da motivação para a aventura marítima portuguesa: o rei cristão da Etiópia, Dawit II, o homem que eles chamavam de Preste João – e que acreditavam que os ajudaria a satisfazer os sonhos de cruzada de Manuel. Esse era um encontro que os portugueses esperavam havia quase um século, e a cristandade ocidental inteira, por muito mais tempo:

E lá vimos o Preste João sentado numa plataforma de seis degraus, muito ricamente adornado. Ele tinha na cabeça uma coroa alta de ouro e prata, [...] e uma cruz de prata na mão. [...] O Preste estava vestido numa rica túnica de brocado, e camisa de seda de mangas largas, [...] de seus joelhos para baixo tinha um rico pano bem estendido como o avental de um bispo, e ele estava sentado como eles pintaram Deus o Pai na parede. [...] Em idade, pele e estatura, ele é um homem jovem, não muito moreno, [...] um homem elegante, de estatura média, disseram que ele tinha 23 anos, e parece ter isso, seu rosto é redondo, os olhos são grandes, o nariz alto no meio, e sua barba está começando a crescer. Em sua presença e estado, ele parece plenamente o grande senhor que é. Estávamos à distância de duas lanças dele.

O reino do Preste João num mapa português do século XVI.

Quando as notícias do Preste João alcançaram Manuel, na primavera seguinte, ele despachou uma carta de júbilo ao papa. Em junho de 1521, o rei publicamente declarou que a destruição de Meca e a retomada de Jerusalém estavam à vista. No entanto, a verdade era outra. Manuel não sabia que, por mais impressionante que Dawit II fosse em pessoa, ele não era o rei que conquistava tudo, cuja imagem dourada fora estampada em mapas medievais. De perto, era óbvio que os etíopes não estavam em posição militar ou econômica de lançar qualquer ataque ao mundo islâmico; ao contrário, estavam cercados por inimigos islâmicos. Quando Dawit foi morto lutando, em 1540, foi uma expedição heroica de quatrocentos voluntários portugueses que salvaram a Etiópia cristã. Do mesmo jeito que a gradual revelação da face do real Preste, o primeiro século de descobertas portuguesas viu um sucessivo desnudamento das camadas de mitologia medieval a respeito do mundo e da sabedoria recebida de autoridades antigas – as histórias de homens com cabeça de cachorro e aves que conseguiam engolir elefantes –, pelas observações empíricas da geografia, clima, história natural e culturas que se introduziram no início da Idade Moderna.

Manuel morreu em dezembro de 1521. Embora ninguém soubesse na época, seus planos de cruzada vacilaram anos antes com o fracasso de Afonso de Albuquerque nos muros de Áden, as escadas quebradas como tiros fatais de pistola, e depois com a demissão e a morte do governador. Ele foi substituído, por sua vez, por três homens desajeitados e tímidos, nenhum deles abençoado com seu bom-senso estratégico. Lopo Soares de Albergaria, equipado com uma frota enorme, na verdade recusou a oferta do xeique para construir um forte em Áden porque não estava em suas ordens, depois falhou num ataque a Jidá – "A tragédia mais triste e miserável de todos os tempos", foi o veredito de João de Barros. "Nem antes, nem depois se viu qualquer coisa parecida, uma vasta frota apenas desaparecendo sem lutar." Albergaria fez pior: ele voltou o relógio para trás, abolindo os bandos treinados em favor dos fidalgos, relaxando a proibição ao comércio privado – que tinha sido o núcleo da briga de Afonso com seus oponentes na Índia – e favorecendo o interesse de facções de capitães piratas. A corrupção e os abusos de poder se introduziram sub-repticiamente.

Outros golpes tinham atingido o grande projeto de Manuel. Em 1515, seu exército no Marrocos, o segundo braço de um tencionado movimento de pinça contra o mundo islâmico, sofreu uma derrota significativa. A rainha Maria, a mais fervorosa apoiadora de seus sonhos milenares, morreu em 1517. No mesmo ano, a dinastia mameluca desabou. O sultão otomano, Selim, o Sombrio, destroçou o exército e enforcou o último governante nos portões do Cairo. Daí em diante, os portugueses iriam enfrentar um oponente muçulmano muito mais formidável no oceano Índico.

Com Francisco de Almeida e Afonso de Albuquerque, Manuel tivera a sorte de dois comandantes incorruptíveis e leais, o último deles, um dos grandes conquistadores e construtores de impérios da história do mundo. Sem nunca ter mais de alguns milhares de homens, recursos improvisados, navios comidos por gusanos e uma ambição de tirar o fôlego, Afonso deu-lhe de presente um império no oceano Índico sustentado por uma matriz de bases fortificadas. No processo, os portugueses surpreenderam o mundo. Ninguém na arena europeia tinha previsto que esse minúsculo país marginalizado daria um salto ambicioso para o leste, uniria dois hemisférios e construiria o primeiro império de alcance global. "Por que não o rei de Castela, o rei da França ou a Signoria de Veneza enviaram seus homens para lá?" – esta parecia uma pergunta razoável quando Gama desembarcou pela primeira vez em Calicute. Apenas Portugal poderia fazê-lo: a resposta jaz em longas décadas de conhecimento adquirido e esforços tenazes na vanguarda da Europa, durante as quais a descoberta se tornou um instrumento da política de Estado.

Com a morte de Manuel, a Índia deixou de ser a plataforma de lançamento para a destruição do mundo islâmico; ela se converteu num fim em si mesmo. Durante o século XVI, os portugueses suportaram décadas de guerras sangrentas, defendendo essas aquisições contra contínuos ataques otomanos que testaram a política de fortalezas de Afonso de Albuquerque até o limite. Pequenos bolsões de homens, muitas vezes em desesperada inferioridade numérica, lutaram com um espírito que desafiava todas as probabilidades. Mesmo um maciço ataque a Goa e Chaul nos anos 1570-1571 morreu nas muralhas. Os francos não podiam ser deslocados. Goa, "a Roma do Leste", justificou a visão estratégica de Afonso. Permaneceria colônia portuguesa durante quatrocentos anos, pátria de uma notável cultura mista.

Em tempo, a pressão contrária do Império Otomano tornou o bloqueio econômico do mar Vermelho impossível de se manter. Daí em diante, o comércio de especiarias passaria a ser compartilhado entre Cairo e Lisboa. Os portugueses efetivamente aumentaram o mercado: o consumo de especiarias na Europa duplicou durante o século XVI. Para as possessões portuguesas de além-mar, o comércio no oceano Índico e nos mares se tornou tão importante quanto o da própria terra natal, e a expansão portuguesa, agora aumentando nas mãos de comerciantes privados, alcançou os mares para além de Malaca – chegando até as ilhas das especiarias, à China e ao Japão.

Assim como em todas as aventuras imperiais, os julgamentos da história têm sido ambíguos. Afonso de Albuquerque, apesar de sua ferocidade, aderiu a um robusto ideal de justiça. Ele era muito realista a respeito dos riscos e das consequências da aventura portuguesa. Ao supervisionar as muralhas de Ormuz, ele declarara:

> Desde que sejamos sustentados pela justiça sem opressão, ela será mais que suficiente. Mas, se a boa-fé e a humanidade deixarem de ser observadas nessas terras, então o orgulho irá derrubar as muralhas mais fortes que tivermos. Portugal é muito pobre, e quando os pobres são cobiçosos, eles se tornam opressores. As emanações da Índia são poderosas – temo que chegue a hora em que, em vez de nossa fama atual como guerreiros, possamos ser conhecidos apenas como tiranos sôfregos.

O samorim da época e muitos historiadores indianos desde então rotularam as incursões portuguesas como atos de pirataria; o governo malaio construiu uma réplica do *Frol de la Mar* como ilustração concreta. Na entrada, lia-se uma nota: "O carregamento do navio consistia de tesouros preciosos do país pilhado pelos colonialistas depois que conquistaram Malaca em 1511. Mas graças a Deus o navio naufragou a 26 de janeiro de 1512 nos estreitos de Malaca, em sua viagem para a Europa".

No entanto, apesar de toda nostalgia por uma época dourada antes da chegada dos francos, essa vasta e grandemente pacífica zona de comércio era um mar fechado. Os portugueses, com seus canhões de bronze e frotas eficientes, ao mesmo tempo romperam um sistema autossuficiente e uniram o mundo. Eles chegaram como precursores da globalização e da era científica da descoberta. Seus exploradores, missionários, mercadores e soldados espalharam-se pelo mundo inteiro. Estavam em Nagasaki e Macau, nas terras altas da Etiópia e nas montanhas do Butão. Arrastaram-se pelo platô tibetano e batalharam rio acima por todo o Amazonas. À medida que avançavam, mapearam, aprenderam línguas e descreveram com "a caneta numa das mãos e a espada na outra". Luís Vaz de Camões, cujo poema épico *Os lusíadas* criou uma mitologia iniciadora para o heroísmo da exploração, exemplificava em pessoa as por vezes desesperadas qualidades da aventura portuguesa. Ele foi o poeta mais viajado da Renascença, um homem que perdeu um olho no Marrocos, que foi exilado para o leste por uma luta com espada, que foi destituído em Goa e naufragou no delta do Mekong – ele nadou para a margem levando seu manuscrito acima da cabeça enquanto sua amante chinesa se afogava. "Tivesse havido mais do mundo", Camões escreveu a respeito dos exploradores portugueses, eles "o teriam descoberto".

Embora sua supremacia tivesse durado pouco mais de um século, as realizações portuguesas criaram um protótipo para as formas novas e flexíveis de império, baseadas em poder marítimo móvel, e o paradigma para a expansão europeia. Aonde eles foram, os holandeses e ingleses os seguiram.

No processo, os portugueses puseram em movimento infindáveis interações globais, tanto boas quanto más. Eles levaram armas de fogo e pão para o Japão, astrolábios e vagens verdes para a China, escravos africanos para a América, chá para a Inglaterra, pimenta-do-reino para o Novo Mundo, seda chinesa e remédios indianos para a Europa inteira, e um elefante para o papa. Pela primeira vez, povos de cantos opostos do planeta podiam ver uns aos outros – eram tema de descrição e admiração. Pintores japoneses imaginaram visitantes estranhos com enormes calças em forma de balão e chapéus coloridos. Os cingaleses ficaram perplexos com sua agitação endêmica e seus hábitos alimentares, declarando que os portugueses são um "povo muito branco e bonito, que usa chapéus e botas de ferro, e nunca para num lugar. Eles comem um tipo de pedra branca e bebem sangue". Essas imagens, impressões e intercâmbio deixaram uma influência enorme e duradoura na cultura, alimentação, flora, arte, história, línguas e genes do planeta. Além disso, eles marcaram o início de quinhentos anos de dominação pelo Ocidente que só agora começa a reverter; em seu rastro, navios de contêineres com vários andares navegam pelos oceanos, voltando com artigos manufaturados do Oriente. A China projeta novas formas de *soft power* pelo oceano Índico e no coração da África.

Em Belém, hoje, próximo à tumba de Vasco da Gama, à estátua do melancólico Afonso de Albuquerque e ao litoral de onde os portugueses partiram, há uma venerável confeitaria e um café, a Antiga Confeitaria de Belém. Talvez seja um santuário para as influências mais benignas da aventura global de Portugal. As pessoas vão até lá aos bandos para comer suas especialidades, os pastéis de Belém, tortas de creme doce assadas até dourar e salpicadas de canela, acompanhadas por notas de café preto como piche. Canela, açúcar, café: os gostos do mundo desembarcados primeiro ali em navios a vela.

Sphera aſtronomica — Parnaſo

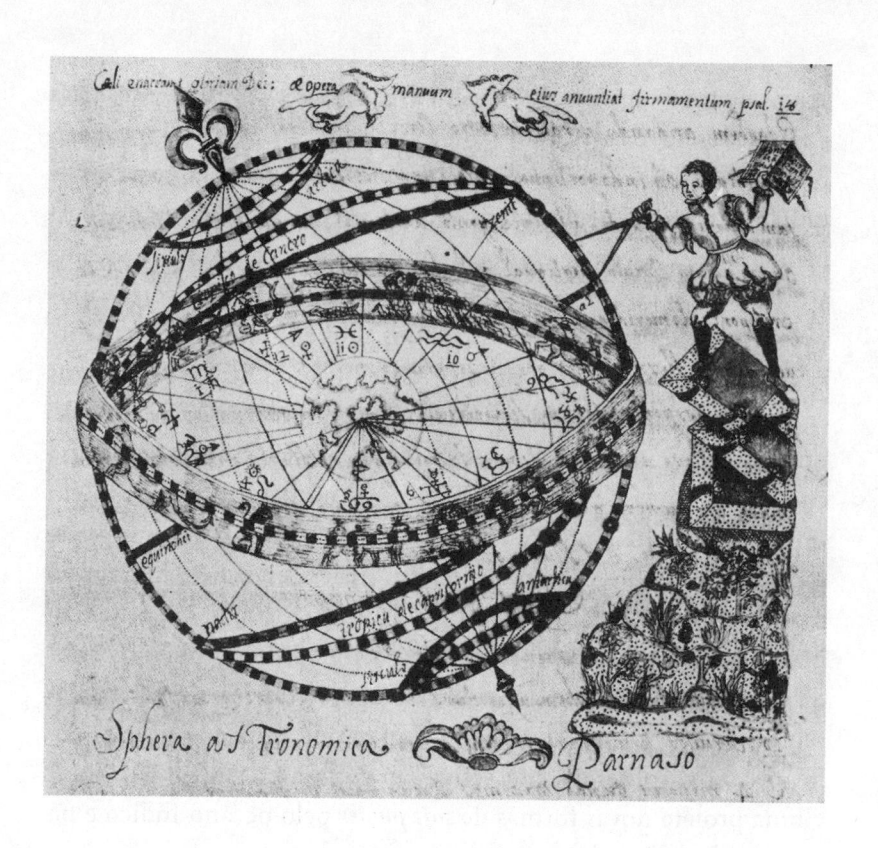

AGRADECIMENTOS

Escrever a respeito da descoberta do mundo pelos portugueses foi uma aventura pessoal fascinante, e sou profundamente grato a muitas pessoas e organizações que me ajudaram durante o processo.

Primeiro, a Pascal Monteiro de Barros, que me enviou uma mensagem eletrônica e lançou umas 100 mil palavras para sugerir esse projeto e depois o apoiou até o fim, e a Patrick Monteiro de Barros. Eles abriram portas para mim em Lisboa, e eu recebi muitas gentilezas e bons conselhos – sendo que nem a todos tive a sabedoria de seguir –, tanto na cidade onde todas as viagens começam e acabam quanto na Inglaterra. Meus agradecimentos a Mary-Anne Stillwell d'Avillez e a Isabel Stillwell e suas famílias; a Isabel Cruz Almeida por uma turnê particular pelo mosteiro dos Jerónimos; a João Lúcio da Costa Lopes pela oportunidade de subir a bordo da caravela *Vera Cruz*; ao almirante José Vilas Boas Tavares e almirante Bossa Dionísio pelo acesso à biblioteca no Museu da Marinha; a Pedro de Avillez por livros inestimáveis; a Ricardo de Noronha por ajuda na tradução; e a Carlos Damas do Centro da História do Banco Espírito Santo. Além disso, recebi muita hospitalidade e conversas com Francisco de Bragança van Uden e seus convidados, com Eduardo Costa Duarte e seus convidados (que me apresentaram aos versos de Pessoa no início deste livro), Francisco Andrade, Francisco e José Duarte Lobo de

Vasconcellos, Joaquim e Alison Luiz Gomes, Manuel de Melo Pinto Ribeiro e Francisco Magalhães Carneiro.

Obrigado também a Stan e Tom Ginn e Ron Morton pela leitura e comentário do manuscrito; a Julian Loose, Kate Ward e Eleanor Rees pelo cuidado que tiveram para refinar e produzir este livro; a Andrew Lownie e, como sempre, a Jan. Muitos outros, não mencionados acima, contribuíram com conhecimentos e ideias. Só posso pedir desculpas por não agradecer nominalmente.

Por fim, gostaria de expressar minha gratidão à Authors' Foundation na Society of Authors por sua bolsa que me apoiou para escrever este livro.

NOTAS

As seguintes abreviações são usadas nas notas abaixo:

CAD: ALBUQUERQUE, Afonso de [1500-1580]. *The Commentaries of the Great Afonso de Albuquerque*. Walter de Gray Birch (trad.). 4 vols. Londres: 1875-1884.
CPR: ALBUQUERQUE, Afonso de. *Cartas para El-Rei D. Manuel*. António Baião (edit.). Lisboa: 1942.
JVG: RAVENSTEI, E. G. (ed. e trad.). *A Journal of the First Voyage of Vasco da Gama, 1497-1499*. Londres: 1898.
VPC: *The Voyage of Pedro Álvares Cabral to Brazill and Índia*. W. B. Greenlee (trad.). Londres: 1938.
VVG: TEYSSIER, Paul & VALENTIN, Paul (ed. e trad.). *Voyages de Vasco da Gama: Relations des Expéditions de 1497-1499 et 1502-1503*. Paris: 1995.

Epígrafe "O mar com limites": de "Padrão", Pessoa, p. 59

Prólogo: A proa da Europa

15 "com corpo de veado": Sheriff, p. 309.
15 "Seus cascos não pisam": Hall, p. 84.
16 "Nossas velas [...] grandiosamente desfraldadas": ibid., p. 81.
16 "Ir aos países [bárbaros]": Ferguson, p. 32.
17 "Os países além do horizonte e nos confins da Terra": Sheriff, p. 297.
17 "a flor de todas as cidades": Diffie e Winius, p. 53.
18 "de Etiópia, de Alexandria, da Síria": ibid.
18 "Nossas pobres casas pareciam chiqueiros": Rogerson, p. 287.
18 "além do eixo": Diffie e Winius, p. 53.
21 "Ultimamente temos enviado missões": http://www.ceylontoday,lk/64-75733-news-detail-galles-fascinating-museums.html

Capítulo 1: O plano das Índias

25 "Na era de 6681 anos da criação do mundo": http://www.socgeografialisboa.pt/en/coleções/areas-geograficas/portugal/209/08/05/padrao-de-santo-agostinho
28 "invadir, buscar, capturar, vencer": A bula *Romanus Pontifex* (Nicolau V), 8 de janeiro de 1455, em hhttp://www.nativeseb.org/pages/legal/indig-romanus-pontifex.html
30 "mais poderoso que qualquer outro homem": Russel, p. 122.
31 "um ar de tal gravidade": Fonseca, 2005, p. 179.
31 "um homem que comandava os outros": ibid., p. 181.
31 "o profundo desejo de fazer coisas grandiosas": ibid.
33 "rota marítima daqui até a Índia": carta de Toscanelli para Fernão Martins, cônego de Lisboa, 25 de junho de 1474, em http://cartographic-images.net/Cartographic_Images22_Toscanellis_World_Map.html
34 "O rei, que considerou Cristóvão": Garcia, p. 67.
34 "bem fundamentada esperança de que, com a exploração": ibid., p. 67.

35 "Ele dominará": Salmo 72:8.
36 "Aqui chegaram os navios": Winius, p. 97.

Capítulo 2: A corrida

40 "informações de todas as novas descobertas [...] por inspeção ocular": Kimble, p. 658.
42 "para carregar provisões extras": Fonseca (2005), p. 105.
43 "o homem que por sua experiência": ibid.
43-44 "o rei ordenou que eles fossem deixados [...] chamado Preste João": ibid., p. 106.
45 "com cabelo lanoso, como os da Guiné": Barros, Década I, parte 1, p. 187.
45 "quando Dias estava captando água": JVG, p. 10.
46 "a uma só voz, começaram a murmurar": Barros, Década I, parte 1, p. 187.
46 "Ao partir do pilar": ibid.
46 "Ele viu a terra da Índia": Peres, p. 300.
47 "porque prometia a descoberta da Índia": Barros, Década I, parte 1, p. 190.
47 "de alegria ao ver seus companheiros": ibid, p. 191.
47 "Note-se que em dezembro deste ano": Ravenstein (2010), p. 20.
48-49 "todos os dias estamos tentando": "La Configuration Cartographique du Continent Africain Avan et Après le Voyage de Bartlomeu Dias", em Randles, p. 115.
49 "de ter visto e descoberto": Ficalho, p. 107.
49 "caravelas do João que frequentavam a Guiné": ibid. p. 108.
50 "o desejo que tinha de sua amizade": Diffe e Winius, p. 165.
51 "suas maneiras ensoberbadas": Fonseca, pp. 120-21.
52 "do Ártico até o polo Antártico": Gardner, p. 90.
54 "Mostrem-me a cláusula no testamento de Adão": Fuentes, p. 159.

Capítulo 3: Vasco da Gama

55 "Dentre todos os príncipes ocidentais da Europa": Oliveira e Costa, p. 176.
56 "Os primeiros serão os últimos": Mateus, 19:30.
57 "E dando um motivo prioritário": Barros, Década I, parte 1, pp. 269-70.
57 "solteiro, na idade": Gois (1926), p. 49.
59 "maior que Nuremberg e muito mais populosa": Vasconcelos, p. 27.
59 "um mapa dourado enorme e extraordinariamente bem-feito": ibid. p. 22.
60 "da qual nos deram um bocado": ibid., p. 27.
60 "Uma enorme oficina": ibid.
64 "Foram construídos por excelentes mestres": Duarte Pacheco Pereira, p. 166.
66 "as riquezas orientais tão celebradas": Barros, Década I, Parte 1, p. 273.
66 "Um lugar de lágrimas para os que partiam": ibid., p. 278.
66 "escondida durante tantos séculos": ibid., p. 276.
67 "nessa descoberta e conquista": ibid., p. 278.
67 "nessa cerimônia, todo mundo chorou": ibid.
67 "E com um grupo olhando para trás, para a terra": ibid., p. 279.
67 "Em nome de Deus. Amém!": JVG, p. 1.
69 "E, conseguindo falar com ele": ibid., p. 3.
69 "Na quinta-feira, 3 de agosto": ibid.
70 "como se estivessem indo para a terra": ibid., p. 4.
70 "Em 27 de outubro": ibid.
70 "e ficamos sob a vela do traquete": ibid., p. 3.
70 "O plantão mudou": Disney e Booth, p. 89.

72 "Fizemos sondagens em 110 braças": JVG, p. 5
72 "de cor castanho-avermelhada [...] latem como eles": ibid., pp. 5-6.
73 "Eles falam como se tivessem soluços": Bouchon (1997), p. 111.
73 "uma bainha que usavam": JVG, p. 7.
73 "Isso tudo aconteceu porque olhamos para esse povo": ibid., p. 8.
73 "que temos os meios de feri-los": ibid., p. 12.
73 "Trouxeram com eles uma dúzia de bois": ibid., p. 11.
74 "Daí por diante, quis Deus em sua misericórdia [...] seguir adiante!": ibid., p. 16.
75 "Pretos e bem-feitos [...] nada que lhes demos": ibid., p. 20.
76 "Convidaram-nos para entrar mais na baía": ibid., p. 22.

Capítulo 4: "O diabo o carregue!"

79 "Deus [...] dera o mar a todos": Sheriff, p. 314.
80 "Eles logo vieram a bordo": Castanheda, vol. 1, p. 19.
80 "ouro, prata, cravo [...] colhidos em cestas": JVG, p. 23.
80 "o Preste João residia próximo desse lugar": ibid., p. 24.
80 "nós choramos de alegria e rezamos a Deus": ibid., p. 24.
81 "com o que o sultão ficou satisfeito?": Castanheda, vol. 1, p. 21.
82 "Ancoramos ali com muito prazer": JVG, p. 35.
82 "que mostraram a eles um papel": ibid., p. 36.
83 "E quando essa tortura estava sendo aplicada": ibid., p. 37.
83 "vendo-se descobertos": ibid.
83 "porque o clima desse lugar é muito bom": ibid., p. 39.
83 "e imediatamente lançaram-se em perseguição": ibid.
84 "ouro, prata e uma abundância de milho": ibid.
84 "se alegraria em se reconciliar com ele": ibid., p. 41.
84 "seu mestre o proibira de desembarcar": ibid., p. 42.
84 "muito agradado, fez o circuito de nossos navios": ibid.
85 "eles se prostraram": ibid., p. 45.
85 "Cristo! Cristo!": ibid.
85 "Esses indianos são homens castanho-avermelhados": ibid.
85 "Permanecemos em frente a essa cidade durante nove dias": ibid., p. 46.
86 "para uma cidade chamada Calicute": ibid.
87 "Ele nos contou que estávamos acima de Calicute": ibid., p. 48.
87 "deu graças a Deus": Castanheda, vol. 1, p. 35.
88 "O diabo o carregue!": *Roteiro da Viagem*, pp. 50-51.
88 "Viemos [...] *Signoria* de Veneza não mandam homens para cá?": ibid., p. 51.
88 "Boa sorte! [...] onde há tantas riquezas!": Subrahmanyam (1997), p. 129.
88 "Estávamos tão espantados": ibid.
89 "receberia com prazer o general como embaixador": Castanheda, vol. 1, p. 42.
89 "Em Calicute [...] não importa de onde venha um navio": Subrahmanyam (1997), p. 104.
89 "Anteriormente [...] havia um rei": Sheriff, p. 188.
90 "Não é minha intenção": Castanheda, vol. 1, p. 44.
90 "Pusemos nossas melhores roupas": JVG, p. 51.
91 "Todos tinham vindo nos olhar [...] entrou em seu palanquim.": ibid., p. 52.
92 "de pele castanho-avermelhada": ibid., p. 49.
92 "geralmente baixas e feias": ibid.
92 "bem dispostas e aparentemente de boa índole": ibid., p. 50.
92 "grande igreja": ibid., p. 52.
92 "dentro desse santuário ficava uma pequena imagem": ibid., p. 53.

92 "deram-nos um pouco de terra branca": ibid., p. 54.
92 "pintados de maneira variada, com dentes protuberantes": ibid., p. 55.
92 "Passamos por quatro portas": ibid., p. 56.
92 "um grande salão rodeado de assentos": Castanheda, vol. 1, p. 48.

Capítulo 5: O samorim

95 "O rei tinha pele marrom": Castanheda, vol. 1, p. 48.
95 "À direita do rei": JVG, p. 56.
96 "alguns entornaram a água na garganta": Castanheda, vol. 1, p. 49.
96 "possuidor de grandes riquezas de todo tipo": JVG, p. 58.
97 "O mercador mais pobre vindo de Meca": ibid., p. 60.
97 "não era comerciante, mas embaixador": ibid., pp. 60-61.
97 "Quanto a nós outros": ibid., p. 61.
98 "essa separação não prenunciava nada de bom": ibid., p. 62.
98 "O que vieram eles descobrir": ibid.
98 "Não é de ouro [...] volta para seu país": ibid.
99 "que comemos, apesar do cansaço": ibid., p. 64.
99 "O capitão disse que, se ordenassem que seus navios": ibid., p. 65.
99 "que era cristão, como ele": ibid.
99 "nenhum de nós tendo permissão para sair [...] de aguentar": ibid.
99 "com ordens de voltar aos navios": ibid., p. 66.
99 "uma vez dentro, pudessem ser facilmente capturados": ibid.
99 "Passamos o dia inteiro em grande ansiedade": ibid., pp. 66-67.
100 "caras melhores": ibid., p. 67.
100 "era costume da terra": ibid.
100 "Com isso nos alegramos muito": ibid.
101 "Cuspiram no chão": ibid., p. 68.
101 "Isso foi feito": ibid.
101 "pulseiras, panos, camisas novas e outros itens": ibid., p. 69.
101 "comer ou dormir": ibid.
102 "às vezes anoitecia antes de nos livrarmos delas": ibid.
102 "uma ilha chamada Ceilão [...] Malaca": ibid., p. 77.
102 "usavam o cabelo comprido [...] exceto em torno da boca": ibid., p. 131.
103 "se ele [o samorim] quisesse": ibid., p. 70.
103 "que depois eles podiam ir embora": ibid., p. 70.
104 "que eles eram ladrões": ibid., pp. 71-72.
104 "Todos foram bem recebidos por nós": ibid., p. 72.
104 "seis pessoas de qualidade": ibid.
105 "até que os navios de Meca": ibid., p 73.
105 "como é costume no país": ibid., pp. 74-75.
105 "Vasco da Gama, um cavalheiro de sua casa": ibid., p. 75.
105 "prometeu entregar na manhã": ibid.
106 "Cuidado, já que ele esperava em breve voltar": ibid., p. 76.
106 "Portanto, abrimos as velas e partimos": ibid.
106 "Cerca de setenta barcos se aproximaram de nós [...] prosseguimos em nossa rota": ibid., p. 77.
107 "embora no coração ainda fosse cristão": JVG, p. 84.
107 "Ele podia ter nesse país qualquer coisa [...] que viera nos atacar.": ibid., p. 85.
107 "disse que não estava à venda": ibid.
108 "calmarias frequentes e maus ventos": ibid., p. 87.
108-09 "Todo nosso povo outra vez sofria com as gengivas [...] todos os compromissos com a disciplina haviam desaparecido": ibid.

109 "muito desejadas por nossos doentes": ibid., p. 89.
109 "desejava ir conosco para Portugal": ibid., p. 90.
109 "a chuva caía tão pesada": ibid., p. 92.
110 "às vezes quase mortos de frio": ibid., p. 93.
110-11 "tinham alcançado e descoberto [...] com grande prazer e satisfação": ibid., p. 114.
111 "Sua Santidade e Sua Reverência": ibid.
111 "Deus ordenou e quis": Subrahmanyam (1997), p. 162.
112 "três caravelas pertencentes ao rei de Portugal": Priuli, p. 153.
112 "E tudo vai para pagar [...] destruir essa empreitada": VVG, p. 182.

Capítulo 6: Cabral

118 "de modo que os indianos [...] pudessem ter instruções mais completas": VPC, p. 170.
119 "e o rei foi com eles até a praia": Correia (1860), vol. 1, p. 155.
119 "Quando tiverem o vento de popa": VPC, p. 167.
119 "primeiro, uma grande montanha": ibid., p. 7.
120 "Eram pardos [...] cabelo comprido": ibid., p. 59.
120 "camas instaladas como teares": ibid.
120 "como andorinhas no comedouro": ibid., p. 22.
120 "grande como um barril": ibid., p. 60.
120 "alguns do tamanho de galinhas": ibid., p. 59.
120 "Parece-me impossível": ibid., p. 39.
120 "Eles começaram a chorar": ibid., p. 60.
121 "com uma cauda muito longa, indo em direção à Arábia": ibid., p. 61.
121 "Tão repentino foi que não soubemos [...] dar-lhes qualquer ajuda": ibid.
122 "doença da boca": ibid., p. 65.
122 "Se encontrar navios": ibid., p. 180.
123 "tu os abrigarás em um dos navios": ibid., p. 184.
123 "comida e bebida e outro bom tratamento": ibid., p. 169.
123 "seus navios próximos": ibid., p. 261.
124 "porque isso vem para nós por sucessão direta": ibid., p. 181.
124 "porque nisso ele cumpria [...] e muito mais": ibid., p. 181.
124 "como convém ao serviço de Deus": ibid., p. 170.
126 "que era incontável, com lanças, espadas [...] demoliram inteiramente": ibid., p. 84.
126-27 "e com ele mais cinquenta homens [...] todos os nove navios descarregados": ibid., p. 85.
128 "e então eles comeram com grande pesar e tristeza": ibid., p. 87.
129 "Nada foi salvo": ibid., p. 89.
130 "e assim os navios voltaram com apenas seis homens": ibid., p. 91.
131 "já dissera ao embaixador veneziano": Subrahmanyam (1997), p. 184.
131 "Eles adquiriram um pesado carregamento": VPC, p. 123.
131 "Se essa viagem continuar, [...] devidamente com ele": ibid., p. 132.
132 "Esses novos fatos são de tal importância": Priuli, p. 157.
132 "que eu deveria escrever à Sua Serenidade": VPC, p. 122.
132 "É impossível conseguir o mapa daquela viagem": ibid., p. 123.
132 "proibiria o sultão [Mamluk] de procurar obter especiarias": ibid., p. 122.
132 "adoradores de crucifixos": Zayn al-Din 'Abd al-'Aziz, p. 7.
132 "invadir as propriedades": ibid., p. 79.

Capítulo 7: O destino do *Miri*

133 "guardar a boca do estreito": Subrahmanyan (1997), p. 190.

134-35 "região com um clima muito agradável [...] comíamos e bebíamos um bocado.": VVG, pp. 203-04.
135 "Apenas dois se viram ainda juntos": ibid., p. 205.
135 "Pusemos nossas roupas para secar ao sol": ibid.
136 "Ele não queria me ver": Subrahmanyam (1997), p. 202.
136 "Sou escravo do rei [...] cativo do rei de Portugal": Correia, (1879), pp. 295-96.
137 "com grande ruído e manifestações de alegria [...] Portugal!": VVG, p. 217.
137 "essa é a frota do rei de Portugal": Correia (1860), vol. 1. p. 290.
138 "Não tomamos parte [...] para revelar.": VVG, p. 330.
139-40 "Quando eu comandava este navio [...] e outras mercadorias": ibid., p. 225.
140 "e compreendemos que estavam pedindo piedade [...] nosso senhor, o rei": ibid., p. 226.
141 "Dava para ver tudo": ibid., p. 227.
141 "tão subitamente e com tal fúria [...] lutando contra pessoas desarmadas.": ibid.
141 "Assim que um de nós: ibid., p. 228.
141 "eles se atiravam contra nós": ibid.
141 "Estávamos todos feridos.": ibid., p. 229.
142 "Tomé Lopes, escrivão deste navio": ibid.
142 "Eles proferiram altos gritos [...] quase todos feridos.": ibid.
142 "Eles mataram um de nós": ibid., pp. 229-30.
142 "Durante a batalha, algumas vezes vimos um homem": ibid., p. 231.
142 "E assim foi [...] depois de tantas lutas": ibid.
143 "Nunca se ouviu dizer": Sheriff, p. 314.

Capítulo 8: Fúria e vingança

145 "já que sabia muito bem": *VVG*, p. 234.
146 "seus cafres iriam pagar por isso": ibid., p. 235.
147 "Só restou uma solução [...] e não tinha intenção de agir de modo diferente": ibid., p. 239.
147 "Só conseguíamos ver uma pequena parte dela": ibid., p. 241.
147 "fossem eles comerciantes ou residentes estáveis": ibid., p. 242.
148 "Os portugueses se deliciavam mais no roubo": ibid., p. 243.
148-49 "De madrugada [...] vimos muito mais gente [...] 34 pessoas foram enforcadas": ibid., p. 245.
149 "uma tempestade e uma chuva contínua de bolas de ferro": Barros, Década I, parte 2, pp. 56-57.
149 "como serpentes": *VVG*, p. 245.
149-50 "atiravam mal [...] lugares atingidos por tiros": ibid., p. 246.
150 "Vim a este porto": ibid.
150 "o rosto deles mudou, demonstrando a seriedade da questão": ibid., p. 247.
151 "Algumas vezes eles pediam mais pelas especiarias [...] paravam de súbito": ibid., p. 261.
152 "uma ilha rica e muito grande": ibid., p. 256.
154 "alguns sem braços ou pernas": ibid., p. 267.
154 "Oh, homem miserável": ibid., p. 268.

Capítulo 9: Posto avançado

156 "para encontrar remédios rápidos e secretos": Weinstein, p. 77.
156 "A audácia dos francos não conhece limites [...] dessa pirataria": Ibn Iyas, p. 106.
157 "Bens podiam ser pagos com dinheiro": Correia (1860), vol. 1, p. 308.
158 "oferecer um local para os cristãos": Subrahmanyam (1997), p. 349.
159 "Parece claro que a perda dos dois irmãos": Castanheda, vol. 1, p. 116.

160-61 "Sou um homem [...] distinguir o bom do mal": Sanceau (1936), p. 4.
161 "Numa mão a espada, na outra a pena": Camões, p. 154.
162 "Cada navio [...] bem guarnecido e fortificado": Noonan, p. 142.
163 "Deus guarde as almas de Duarte Pacheco e de seus homens": Sanceau (1936), p. 15.
163 "Com pouca água": Noonan, pp. 144-45.
164 "O vento estava contra nós": ibid.
165 "morreria servindo-o, se necessário": Castanheda, vol. 1, p. 138.
166 "E com essa derrota": ibid., p. 203.
170 "horrível prisão": Weinstein, p. 81.

Capítulo 10: O reino da Índia

173 "Dom Manuel, pela graça de Deus [...] por três anos": Silva, p. 260.
176 "toda a Índia fosse despida da ilusão": ibid., p. 96.
176 "travar guerra e destruição total sobre ele": ibid.
176 "seja que outras partes ainda desconhecidas": Rodrigues e Devezas (2008), p. 212.
178 "por amor ao vice-rei": ibid., p. 175.
179 "um nobre cavalheiro": Silva, p. 113.
180 "de damasco branco brasonado [...] alabardas douradas": Correia (1860), vol. 1, pp. 533-34.
181-82 "muito fértil [...] uma visão intimidadora": *Grandes Viagens*, p. 84.
183 "Portugal! Portugal!": ibid., p. 82.
183 "selado à maneira portuguesa [...] o rei de Portugal": Castanheda, vol. 1, p. 215.
183 "Senhor, Kilwa [...] que o do Oeste": Silva, p. 311.
185 "o fogo que correu pela cidade": Castanheda, vol. 1, p. 221.
186 "que nossos homens não tinham tempo para disparar os mosquetes": ibid., p. 223.
186 "grande número de panos muito ricos": Hall, p. 207.
187 "dos quais muitos eram mulheres de pele clara": Castanheda, vol. 1, p. 226.
187 "durar tanto quanto o sol e a lua": Silva, p. 126.
187 "Deus o guarde, Said Ali": Hall, p. 207.

Capítulo 11: A grande meretriz da Babilônia

190 "a santidade da Casa da Coroa portuguesa": *La Découverte, le Portugal et l'Europe*, p. 70.
190 "Os cristãos podem então esperar [...] cada vez maior": Silva, p. 133.
192 "Vi os mapas de navegação": Ca'Masser, p. 31.
192 "pérolas no valor de 4 mil ducados": ibid., p. 20.
192 "todos incendiados com as especiarias": ibid., p. 21.
193 "Vejo que esse empreendimento não pode ser destruído": ibid., p. 32.
193 "Fale com o sultão [...] uma grande quantidade de especiarias": Aubin, vol. 3, p. 455.
194 "Impondo-lhes obstáculos em suas jornadas": Zayn al-Dīn 'Abd al-Azīz, pp. 105-07.
194 "Sua chegada ocasionou [...] de uma forma original": Ibn Iyas, p. 77.
194 "de acordo com o costume [...] como sempre fez": ibid., p. 78.
195 "para oposição às incursões dos francos": ibid., p. 79.
196 "O modo mais certo e rápido [...] baratas em Veneza do que em Lisboa": Aubin, vol. 3, p. 458.
196 "Muito alta, com grandes picos": *Grandes Viagens*, p. 89.
197 "mais indignação que dor": Barros, Década I, parte 2, p. 273.
198 "mandou que se pendurassem reposteiros": *Grandes Viagens*, p. 90.
199 "aceitou essas coisas da mão": Barros, Década I, parte 2, p. 357.
199 "que seria o quartel-general e sede": ibid., pp. 356-57.
199 "a principal intenção do seu rei": ibid., pp. 353-54.

200 "o vice-rei continuamente tomava muito cuidado [...] duas horas após o pôr do sol": Silva, p. 140.
201 "Acreditai-me, Sua Alteza": ibid., p. 144.
201 "Minha recompensa é servir-vos": ibid., p. 175.
201 "como visto nos livros": Ca'Masser, p. 23.
201 "Tudo é descarregado na Casa da Índia": ibid., p. 29.
202 "certamente de uma soma muito grande": Silva, p. 33.
202 "Parece-me que Vossa Alteza deveríeis aspirar": Silva, p. 317.
202 "Resolvi, Meu Senhor": Silva, p. 313.

Capítulo 12: "O terrível"

206 "Eu, Afonso de Albuquerque": Sanceau (1936), p. 19.
208 "Supus que podia levar meu navio até a Índia": ibid., p. 21.
209 "Ultimamente a audácia dos francos não conhece limites": Ibn Iyas, p. 106.
211 "que em decisões a respeito de lutar": Barros, Década II, parte 1, p. 61.
212 "o açúcar da amizade portuguesa se transformasse em veneno": Bouchon (1988), p. 81.
214 "guardar a boca do mar Vermelho": Silva, p. 192.
216 "uma cidade muito elegante com casas muito boas": *CAD*, vol. 1, p. 83.
216 "um edifício muito grande e bonito [...] nada sobrou dela": ibid., p. 82.
217 "deu ordens para que o local fosse incendiado": ibid., p. 83.
217 "Ele ordenou que as orelhas e os narizes": ibid.
217 "uma linda cidade grande [...] a pedra preciosa nele": Sheriff, p. 184.
217 "estabelecer tratados": Silva, p. 192.
218 "grande milagre realizado por Nosso Senhor": *Albuquerque, Caesar of the East*, p. 56.
219 "Senhor, fazemos isso por escrito": *CAD*, vol. 1, p. 169.
219-20 "Eu fiquei fora de controle [...] e tinha o Diabo dentro dele": Silva, p. 194.
220 "Os capitães foram levados ao desespero [...] agarrou sua barba e a arrancou": ibid., p. 195.
220 "ao verem que suas queixas": ibid.

Capítulo 13: Três dias em Chaul

224 "Quero me armar [...] os senhores ainda estejam rindo ao cair da noite": Correia (1860), vol. 1, pp. 754-55.
225 "e, ao entrar pelo rio": Castanheda, vol. 1, p. 390.
225 "que pareciam chuva": ibid.
227-28 "Não arrisque a si mesmo ou a seus homens [...] glória com a ponta da espada": Correia (1860), vol. 1, pp. 757-59.
232 "Já que seus pecados exigiram que fugissem": Castanheda, vol. 1, p. 395.
234 "voltou ao porão": ibid., p. 396.
234 "sobrevivesse ele ou não, era pela honra de Portugal": ibid., p. 397.
235 "A sobrevivência de dom Lourenço está em suas mãos": ibid., p. 398.
235 "queriam remar o menos possível": ibid.
235 "lutaram como homens que queriam vingança antes de morrer": ibid.
237 "E assim terminou dom Lourenço": ibid., p. 399.
237 "os europeus que infestam [...] remanescente das forças europeias": Ibn Iyas, p. 138.

Capítulo 14: "A ira dos francos"

239 "Se esses homens não me tivessem desertado": Sanceau (1936), p. 70.
240 "Senhor, lembro": Silva, p. 193.
241 "Quem come a galinha": Rodrigues e Devezas (2008), p. 242.
242 "Ao muito supremo e poderoso rei, Meu Senhor": Correia (1860), vol. 1, pp. 897-98.
242 "Há mais muçulmanos de Malaca até Ormuz": ibid., p. 898.
244 "incutir terror no inimigo": Castanheda, vol. 1, p. 428.
245 "Finalmente nada que vivia ficou vivo": ibid., p. 430.
246 "Possa a ira dos francos cair sobre você": ibid.
246 "Eu, o vice-rei": Correia (1860), vol. 1, p. 927.

Capítulo 15: Diu

250 "Fiquem certos de que, conquistando essa frota": Castanheda, vol. 1, p. 435.
252 "Senhores, os rumes não vão sair": Monteiro, pp. 264-65.
252-53 "Dom Francisco de Almeida [...] punidos e eliminados": Correia (1860), vol. 1, pp. 937-38.
253 "por cima de tudo uma chuva de tiros": Castanheda, vol. 1, pp. 437-38.
254 "a fumaça e o fogo eram tão espessos": Correia (1860), vol. 1, pp. 940-41.
254 "tão amedrontador que parecia ser trabalho": ibid., p. 437.
254 "uma infinidade de flechas": Castanheda, vol. 1, p. 437.
254 "tão altos que parecia o dia do julgamento": Correia (1860), vol. 1, p. 941.
256 "altamente hábeis e extremamente acurados": ibid., p. 943.
258 "o mar ficasse vermelho com o sangue dos mortos": ibid., p. 943.
260 "porque, através desses portões": ibid., p. 952.
260 "Esses intrusos foram embora vitoriosos": Zayn al-Dīn 'Abd al-'Azīz, p. 44.
260 "Em minha opinião [...] a Índia está agora em maior perigo": Sanceau (1936), p. 79.
262 "Aqui jaz dom Francisco de Almeida": Silva, p. 208.

Capítulo 16: As portas do samorim

265 "feito de madeira ricamente entalhada [...] placas de prata e ouro": Correia (1860), vol. 2, pp. 6-7.
266 "o conselho de guerra não podia agir": ibid., p. 9.
266 "a melhor coisa no mundo": ibid.
269 "Sois o primeiro capitão a ter desembarcado homens": ibid., p. 16.
269 "O que é esse Afonso de Albuquerque?": Castanheda, vol. 1, p. 501.
269 "Essa honra é vossa": Correia (1860), vol. 2, p. 16.
269 "E o rei meu senhor saberá": ibid., p. 17.
269-70 Possa o Senhor ajudar-vos [...] seus grandes feitos": ibid.
270 "E os homens, ávidos pelo que poderiam saquear [...] não voltarão": ibid., p. 18.
270 "Lisuarte Pacheco caiu com uma flecha": ibid., p. 19.
271 "havia um grande pátio": ibid.
271 "vesgo de um olho": ibid.
272 "que puxaram para fora": ibid.
272 "Ele devia ficar contente": ibid., p. 21.
272 "veio sem ele [...] dificuldade em sair": ibid.
273 "que executaram feitos valentes": ibid., p. 22.
274 "Ninguém queria voltar": ibid., p. 23.
275 "dos quais setenta eram nobres": ibid., p. 25.

275 "Que todos morreram, com exceção de um único escravo": ibid.
276 "queimaria para sempre": Castanheda, vol. 1, p. 505.

Capítulo 17: "Os portugueses nunca abrem mão daquilo que ganham"

277 "Os calafates e carpinteiros": *CPR*, p. 1.
278 "Não há nada [...] na Índia ou dentro de mim mesmo": Sanceau (1936), p. 103.
284 "para cunhar nova moeda": Correia (1860), vol. 2, p. 76.
284-85 "essa era a nova moeda do rei": Correia (1860), vol. 2, p. 77.
285 "para mostrar quem a cunhara": Sanceau (1936), p. 118.
285 "Então, se Deus quiser que essa aliança seja concluída": Sanceau (1936), p. 119.
287 "Meus senhores portugueses": Correia (1860), vol. 2, p. 85.
287 "Os portugueses nunca abrem mão do que ganham": ibid., p. 87.
287 "as crianças nem as mulheres": Castanheda, vol. 1, p. 528.
287 "ficou completamente pasmo": ibid.
289 "e todas as tendas deles agitavam-se com estandartes": ibid., p. 540.

Capítulo 18: Prisioneiros da chuva

292 "Goa pertencia a seu senhor": Correia (1860), vol. 2, p. 98.
292 "filhos do diabo": ibid.
293 "Com grande dificuldade conseguimos encher": ibid., p. 100.
293 "uma gota de água custa três de sangue": Rodrigues e Oliviera e Costa (2008), p. 43.
293 "Que por teimosia queria morrer": Correia (1860), vol. 2, p. 100.
294 "As pessoas comuns que faziam isso": ibid.
294 "Se não tivessem hibernado aqui": Castanheda, vol. 1, p. 555.
295 "fechou-se em sua cabine": ibid., p. 556.
296 "Sou seu governador": Correia (1860), vol. 2, p. 103.
298 "e muitas delas se tornaram cristãs": ibid., p. 114.
299 "Estão de acordo com a lei de Afonso de Albuquerque": ibid., p. 115.
299 "por causa do crime de deitar-se com uma muçulmana": ibid., p. 116.
299 "Você está preso em nome do rei!": ibid.
300 "poder absoluto arbitrário": Castanheda, vol. 1, p. 563.
301 "E em 15 de agosto, o dia de Nossa Senhora": ibid., p. 120.

Capítulo 19: Os usos do terror

303 "muito descontente com a derrota sofrida em Goa": Noonan, p. 183.
304 "As notícias a respeito dos rumores": ibid., p. 185.
304 "Vereis como é bom": *CPR*, p. 2
305 "Irmão, segue teu caminho": Correia (1860), vol. 2, p. 150.
306 "Eles vieram ao meu socorro": *CPR*, p. 7.
306 "Nosso Senhor fez grandes coisas": ibid., pp. 7-8.
306 "Ninguém escapou": Bouchon (1992), p. 189.
306 "a destruição foi tão grande": Noonan, p. 189.
306 "Esse uso do terror fará grandes coisas": Bouchon (1992), p. 188.
306 "brancas e lindas": ibid., p. 190.
307 "Lá você pode encontrar todas as riquezas [...] uma flecha envenenada": ibid., p. 189.
307 "Muitos foram sagrados cavaleiros [...] que um mercador": Noonan, p. 189.

307 "e vendo-o assim com uma flecha": Correia (1860), vol. 2, pp. 153-54.
308 "Esperamos vossa chegada [...] terror em terra e no mar": Bouchon (1992), p. 193.

Capítulo 20: Para o Olho do Sol

309 "fica a quarenta dias de Calicute": *JVG*, p. 100.
309 "outras partes ainda não conhecidas": Rodrigues e Oliviera e Costa (2011), p. 17.
310 "uma determinada frota castelhana": ibid., p. 18.
310 "Não se pode calcular o valor [...] têm de ir [lá]": Tomé Pires, vol. 2, p. 286.
311 "Não resta dúvida de que Malaca tem tanta importância": ibid., p. 285.
312 "que são muito diferentes [...] de modo que artilharia não possa danificá-lo": Noonan, p. 195.
312 "E desceram pela prancha de desembarque": Correia (1860), vol. 2, p. 218.
312-13 "O comportamento dele foi o de um homem [...] com sapatos e botas franceses": ibid., p. 195.
314 "é a mais populosa cidade das Índias": ibid., p. 234.
314 "no centro, e o ponto final": Correia (1860), vol. 2, p. 234.
316 "adornado com tapeçarias de seda": Castanheda, vol. 1, p. 634.
316 "Nenhum dos que foram envenenados pelos dardos sobreviveu": *CAD*, vol. 3, p. 73.
316 "Desde que eu tenha pés para andar": Castanheda, vol. 1, p. 638.
317 "a fonte de todas as especiarias": Castanheda, vol. 1, p. 639.
317 "Seja lá quem domine Malaca": Crowley, p. 374.
318 "desembarcar homens, nem para lutar": Castanheda, vol. 1, p. 640.
318 "O muro dourado": ibid.
318 "prontos para qualquer coisa, construiriam um forte": Correia (1860), vol. 2, p. 234.
319 "Oferecemos resistência em terra": Noonan, p. 197.
319 "poupar a vida dos muçulmanos suas mulheres e filhos, onde quer que os encontrassem": Correia (1860), vol. 2, p. 244.
320 "Acredite-me [...] as coisas aqui são de grande substância": Noonan, p. 196.
320-21 "Havia aposentos cheios de madeira de sândalo": Correia (1860), vol. 2, p. 246.
321 "tomada e segura em nome do rei": ibid., p. 249.
321-22 "O capitão-mor, com alguns dos homens [...] completamente inconsciente": Noonan, pp. 199-200.
323-24 "E assim partimos [...] esperando a misericórdia divina": ibid., p. 200.
324 "e assim eles ficaram com a alma na boca": Correia (1860), vol. 2, p. 269.
324-25 "e tocando no fundo [...] muitas outras razões": Noonan, p. 201.
325 "Encontramo-nos em grande dificuldade": ibid., p. 202.
325 "dirigiram-se para Cochim": Correia (1860), vol. 2, p. 270.
325 "Eu o ouvi dizer": ibid., p. 247.
325 "perdeu-se uma riqueza em ouro e pedras": ibid., p. 269.
326 "Um mapa maravilhoso traçado por um piloto javanês": *CPR*, pp. 148-49.

Capítulo 21: A bala de cera

329 "Aqueles que queriam desforra": *CPR*, p. 98.
329 "Tenho cinquenta anos de idade": ibid., p. 21.
330 "se sentem livres para fazer o que quiserem [...] no entanto abandonais a Índia": ibid., pp. 24-25.
330 "Sabeis Vossa Alteza as consequências": ibid., p. 27.
330 "dois belos mantos [...] e construir muros": ibid., p. 57.

330 "onde há um grande fluxo de água [...] São todos cristãos": ibid., p. 41.
330 "E outra vez eu volto a dizer": ibid., p. 35.
331 "Senhor, ponde vossa confiança em boas fortalezas": ibid., p. 31.
331 "Reis e senhores": ibid., p. 59.
331 "Lugares aqui, controlados por Vossa Alteza": ibid., p. 53.
332 "Senhor [...] fazer fortalezas exige planejamento": ibid., p. 21.
332 "Vossa alteza não deveria desconsiderar as coisas que digo": ibid., p. 44.
332 "Temo que não queirais favorecer": ibid., p. 23.
332-33 "Sou mantido para baixo [...] nos negócios da Índia": ibid., pp. 49-50.
333 "Destruir o comércio de Meca": ibid.
333 "tomar determinados centros desse comércio dos muçulmanos": ibid., p. 22.
333 "Apoie fortemente Goa [...] [é] certo que se tornará pacífica": ibid., pp. 59-60.
333 "Senhor, far-me-ia grande prazer": ibid., p. 62.
334 "Com a ajuda de Deus [...] se não houver traição": ibid., p. 59.
334 "Senhor, agora parece que decidistes": Sanceau (1936), p. 199.
335 "Eu muitas vezes os repreendi": ibid., p. 202.
336 "uma falange bem ordenada [...] esse ano de Portugal": Correia (1860), vol. 2, p. 304.
337 "suportaram seus sofrimentos com muita paciência": Sanceau (1936), p. 207.
337 "o governador girou a chave": Bouchon (1992), p. 191.
338 "Vosso objetivo é pôr vossas mãos no comércio deles": ibid., pp. 220-21.
340 "agarrara seu bode pelo pescoço": Rodrigues e Devezas (2008), p. 269.
342 "empilhados nos porões de navios": *Lisboa Quinhentista*, p. 17.
342 "que iam à sua frente": ibid., p. 22.

Capítulo 22: "Todas as riquezas do mundo em suas mãos"

346 "rodeado de rocha nua": *CPR*, p. 217.
347 "Como nossas carracas eram grandes [...] à tarefa de combater": ibid., p. 168.
347-48 "uma vez que não era minha prática [...] destruir uma extensão de muro com pólvora": ibid., pp. 169-71.
348 "A vista da cidade de madrugada [...] com muitas torres circulares": Correia (1860), vol. 2, p. 337,
349 "o que me penalizou consideravelmente [...] feriu seriamente os homens": *CPR*, pp. 173-74.
349 "Ele se recusou a entrar": Castanheda, vol. 1, p. 752.
350 "Eu não sabia se reagrupava os capitães": *CPR*, p. 177.
350 "Senhor, ajude-nos ou vamos todos morrer": Correia (1860), vol. 2, p. 342.
350 "Não sou homem de fugir da morte descendo por uma corda": ibid., p. 343.
350 "para que não ficassem": Castanheda, vol. 1, p. 755.
350 "horrorizado por perder a cidade dessa maneira": ibid., p. 755.
351 "O que posso dizer a Vossa Alteza": *CPR*, p. 179.
351 "não ouso dizer mais": ibid., p. 174.
351 "Acho que se eu tivesse feito um reconhecimento de Áden antes": ibid., p. 217.
351 "e percebiam claramente que iam morrer": Castanheda, vol. 1, p. 758.
351 "da largura de apenas um tiro de canhão": Correia (1860), p. 758.
352 "Chegamos à boca dos estreitos": *CPR*, p. 182.
352 "sempre tendo em vista as terras do Preste João": ibid., p. 183.
352 "sem tempestades, apenas fortes rajadas de vento quente": Correia (1860), vol. 2, pp. 345-46.
353 "E lá ficaram": ibid., p. 347.
353 "encontramos bastantes rochas adequadas [...] grande quantidade de bons peixes": *CPR*, pp. 194-95.
354 "ele os levava para a morte": Castanheda, vol. 1, p. 761.

354 "Depois de apenas dois ou três ataques de febre": Correia (1860), vol. 2, p. 348.
354 "enquanto estávamos ancorados naquele lugar": *CPR*, p. 190.
354 "a costa atrás dela é governada pelo Preste João": ibid., pp. 222-23.
355 "Agora tenho informações plenas": ibid., p. 201.
355 "ele morreu muito pobre": Correia (1860), vol. 2, p. 348.
355 "Depois que Hussain saiu da Índia": *CPR*, pp. 197-98.
356 "Posso assegurar a Vossa Alteza": *CPR*, p. 192.
356 "Foram apresentados vestidos em túnicas de malha": Ibn Iyas, p. 289.
356 "Não vamos, a não ser que nos deem um bônus": ibid., p. 291.
357 "a audácia dos europeus [...] artigos foram descarregados em Jidá": ibid., p. 335.
357 "para que mandasse reforços o mais rápido possível": ibid., p. 356.
357 "muito fracos ou atacados por doenças venéreas": ibid., p. 424.
357 "A situação do sultão é muito fraca": *CPR*, p. 225.
357 "Parece-me que, se vos fizerdes poderoso": *CPR*, pp. 221-22.
359 "Disseram-me que ele deseja grandemente": ibid., p. 201.
359 "vossa frota pode chegar a Suez": ibid., p. 224.
359 "O negócio da Índia, deixaremos para trás": ibid., p. 223.

Capítulo 23: A última viagem

361 "Vossa Alteza me reprova": Sanceau (1936), p. 242.
361 "Homens bem pagos": ibid., p. 246.
361 "Vós sabeis que mudais vossa política": ibid., p. 245.
362 "com uma mão à barba": ibid., p. 232.
363 "O governador levantava [...] como seu secretário": Correia (1860), vol. 2, pp. 364-65.
363 "Sempre que recebo uma petição": Sanceau (1936), p. 247.
363 "Desde que eu esteja presente, tudo anda bem": ibid., p. 232.
363 "o açúcar se transformasse em veneno": Bouchon (1988), p. 81.
364 "Eles não saberiam como comprar": Sanceau (1936), p. 243.
365 "Quando eles não têm mais nada a dizer [...] meus cabelos brancos": Bouchon (1992), p. 243.
365 "que não passava de um saco de palha": Correia (1860), vol. 2, p. 398.
366 "que parecia que os navios estavam em fogo": ibid., p. 408.
367 "Deus salve o senhor governador": ibid., p. 409.
367 "Ele não tinha esperanças, a não ser": ibid., p. 420.
368 "que podia ser defendida contra todas as forças a ela opostas": ibid., p. 422.
368 "ele daria seu tesouro ao governador": ibid., p. 423.
369 "Porque o Grande Senhor que comanda": Sanceau (1936), p. 271.
370 "Ficou combinado que ninguém portaria armas": Correia (1860), vol. 2, p. 431.
371 "Senhor sultão Turan, sois senhor e rei": ibid., p. 436.
372 "Os muçulmanos permaneceram extremamente amedrontados": ibid., p. 438.
373 "Vocês recebem pagamento de médicos [...] bancos daquelas galeotas": ibid., pp. 440-41.
373 "ministra justiça e comanda no mar e na terra": Castanheda, vol. 1, p. 857.
373 "Primeiro dos Primeiros, Capitão de muitos Capitães": Sanceau (1936), p. 281.
373 "para retratá-lo ao vivo": Castanheda, vol. 1, p. 858.
373 "Com essa realização [...] teríamos resolvido tudo": Sanceau (1936), p. 280.
374 "estava velho e com o corpo muito enfraquecido [...] que me fazem sentir vivo?": Correia (1860), vol. 2, p. 452.
375 "Não consigo reprimir minhas lágrimas [...] eles partiram para a Índia": ibid., p. 456.
376 "muito confidencialmente disse-lhe coisas": Barros, Década II, parte 2, p. 491.
376 "O que você acha disso?": Correia (1860), vol. 2, p. 458.
376 "Senhor, não vos escrevo": Sanceau (1936), p. 296.

378 "Afonso de Albuquerque, amigo!": ibid., p. 299.

Epílogo: "Eles nunca param num só lugar"

379 "PARA NÓS, BASTA SABER": Boorstin, p. 145.
380 "E lá vimos o Preste João": Alvares (1881), pp. 202-03.
381 "A tragédia mais triste e miserável": Rodrigues e Devezas (2008), p. 284.
382 "Por que não o rei de Castela": *Roteiro de Viagem*, p. 51.
383 "Desde que sejamos sustentados pela justiça": Sanceau (1936), p. 286.
384 "O carregamento do navio consistia em tesouros preciosos": Rodrigues e Devezas (2008), p. 329.
384 "a caneta numa das mãos e a espada na outra": Camões, p. 154.
384 "Tivesse havido mais do mundo": Pyne, pp. 18-19.
385 "povo muito branco e bonito": Suckling, p. 280.

BIBLIOGRAFIA

Fontes primárias

ALBUQUERQUE, Afonso de. *Cartas para El-Rei D. Manuel I*. António Baião (org.). Lisboa, 1942.
ALBUQUERQUE, Afonso de [1500-1580]. *The Commentaries of the Great Alfonso de Albuquerque*. 4 vols. Londres: 1875-1884. [Trad. port. *Os comentários do grande Afonso de Albuquerque*]
ALBUQUERQUE, Luís de & DOMINGUES, Francisco Contente. *Viagens marítimas*. Grees (org.). Lisboa, 1989.
ALVARES, Francisco. *Narrative of the Portuguese Embassy to Abyssinia during the Years 1520-1527*. Londres: 1881. [Trad. port. *Narrativa da Embaixada Portuguesa na Abissínia durante os anos 1520-1527*]
_____. *The Prester John of the Indies*. Cambridge: 1961, vol. 2. [Trad. port. *O Preste João das Índias*]
AZURARA, Gomes Eannes de. *The Chronicle of the Discovery and Conquest of Guinea*. 2 vols., Londres: 1896 e 1899. [Trad. port. *A crónica da descoberta e conquista da Guiné*]
BARBOSA, Duarte. *The Book of Duarte Barbosa*. Londres, 1918. [Trad. port. *O livro de Duarte Barbosa*]
BARROS, João de. *Da Ásia*. Décadas I-II. Lisboa, 1778.
CADAMOSTO, Alvise. *The Voyages of Cadamosto*. Londres, 1937.
CA'MASSER, Leonardo da. "Relazione di Leonardo da Ca'Masser, ala Serenissima Republica di Venezia sopra il Commercio dei Portoghesi nell'India". In: *Archivio Storico Italiano*, appendice. vol. 2, 1845.
CAMÕES, Luís Vaz de. *The Lusíads*. 1997. [Trad. port. *Os lusíadas*]
CASTANHORGA, Fernao Lopes de. *História do descobrimento e conquista da Índia pelos portugueses*. Org. M. Lopes de Almeida, 2 vols., Porto, 1979.
CORREIA (ou Corrêa), Gaspar. *The Three Voyages of Vasco da Gama*. Org. e trad. Henry Stanley. Londres, 1879. [Trad. port. *As três viagens de Vasco da Gama*]
_____. *Lendas da Índia*. 2 vols., Lisboa: 1860.
DAVENPORT, Fraces Gardiner (org.). *European Treaties Bearing on the History of the United States and its Dependencies to 1648*. Washington, DC, 1917.
EARLE, T. F. & VILLIERS, John (org. e trad.). *Albuquerque, Caesar of the East: Selected Texts by Afonso de Albuquerque and His Son*. Warminster, 1990.
GÓIS, Damiao de. *Crónica do Felicissimo Rei D. Manuel*. vol. 1. Coimbra, 1926.
_____. *Lisboa in the Renaissance*. Trad. Jeffrey S. Ruth. New York, 1996. [Trad. port. *Lisboa na Renascença*]
GREENLEE, W. B. (trad.). *The Voyage of Pedro Álvares Cabral to Brazil and Índia*. Londres, 1938. [Trad. port. *A viagem de Pedro Álvarez Cabral ao Brasil e à Índia*]
Grees *Viagens Marítimas*. Org. Luís de Albuquerque e Francisco Contente Domingues. Lisboa, 1989.
Ibn Iyas. *Journal d'un bourgeois du Caire*. Trad. e org. Gaston Wiet. Paris, 1955.
MAJOR, R. H. (org. e trad.). *India in the Fifteenth Century*. Londres, 1857.
PEREIRA, Duarte Pacheco. *Esmeraldo de Situ Orbis*. Org. e trad. George H. T. Kimble. Londres, 1937.
PIRES, Tomé. *The Suma Oriental of Tomé Pires*. 2 vols. Org. e trad. Armeo Cortesáo. Londres, 1944.

Priuli, G. "Diarii". Org. A. Segre. In: *Rerum Italicarum Scriptores*. vol. 24, part. 3. Citta di Castello, 1921-34.

Ravenstein, E. G. (org. e trad.). *A Journal of the First Voyage of Vasco da Gama, 1497-1499*. Londres, 1898. [Trad. port. *Um diário da primeira viagem de Vasco da Gama*]

Roteiro da Viagem que em Descobrimento da Índia pelo Cabo da Boa Esperança fez Dom Vasco da Gama em 1497. Porto, 1838.

Teyssier, Paul & Valentin, Paul (org. e trad.). *Voyages de Vasco da Gama: Relations des Expéditions de 1497-1499 et 1502-1503*. Paris, 1995. [Trad. port. *Viagens de Vasco da Gama: Relação das Expedições de 1497-1499 e 1502-1503*]

Vasconcelos, Basílio de (org.). *Itinerário do Dr. Jerónimo Münzer*. Coimbra, 1931.

Zayn al-Dīn 'Abd al-'Azīz. *Tohfut-ul-Mujahideen*. Trad. M. J. Rowleson. Londres, 1883.

Obras modernas

Albuquerque, Luís de & Domingues, Francisco Contente (orgs.). *Dicionário de história dos descobrimentos portugueses*. 2 vols. Lisboa, 1994.

Aubin, Jean (ed.). *La Découverte, le Portugal et l'Europe*. Paris, 1990.

_____. *Le Latin et l'astrolabe: Recherches sur le Portugal de la Renaissance, son expansion en Asie et les relations internationales*. 3 vols. Lisboa, 1996-2006.

Axelson, Eric. *The Portuguese in South-East Africa, 1488-1600*. Johannesburg, 1973.

Baião, António; Cidade, Hernani & Múriàs, Manuel (orgs.). *História da expansão portuguesa no mundo*. Lisboa, 1937.

Baldridge, Cates. *Prisoners of Prester John: The Portuguese Mission to Ethiopia in Search of the Mythical King, 1520-1526*. Jefferson, 2012.

Bedini, Silvano A. *The Pope's Elephant*. Manchester, 1997.

Blake, John W. *European Beginnings in West Africa, 1454-1578*. Londres, 1937.

Boorstin, Daniel J. *The Discoverers*. New York, 1986.

Bouchon, Genevieve. *Albuquerque: Le Lion des mers d'Asie*. Paris, 1992.

_____. *Inde découverte, Inde retrouvée, 1498-1630*. Lisboa, 1999.

_____. *Regent of the Sea*. Trad. Louise Shackley. Delhi, 1988.

_____. *Vasco de Gama*. Paris, 1997.

Boxer, C. R. *The Portuguese Seaborne Empire 1415-1825*. New York, 1969.

Campos, José Moreira. *Da fantasia à realidade: Afonso de Albuquerque*. Lisboa, 1953.

Casale, Giancarlo. *The Ottoman Age of Exploration*. Oxford, 2010.

Catz, Rebecca. *Christopher Columbus and the Portuguese, 1476-98*. Westport, 1993.

Chandeigne, Michel (org.). *Lisbonne Hors des Murs, 1415-1580: L'Invention du Monde par les Navigateurs Portugais*. Paris, 1990.

Cliff, Nigel. *Holy War*. New York, 2011.

Costa, A. F. de. *Às portas da Índia em 1484*. Lisboa, 1935.

Coutinho, Gago. *A náutica dos descobrimentos*. Lisboa, 1969.

Couto, Djanirah & Loureiro, Rui Manuel. *Ormuz 1507 e 1622: Conquista e perda*. Lisboa, 2007.

Crowley, Roger. *City of Fortune*. Londres, 2011.

Danvers, Frederick Charles. *The Portuguese in India*. vol. 1. Londres, 1966.

Delumeau, Jean. "L'Escatologie de Manuel le Fortuné". *Journal des Savants*, n. 1, 1995, pp. 179-86.

Diffie, Bailey W. & Winius, George D. *Foundations of the Portuguese Empire, 1415-1580*. Minneapolis, 1977.

Domingues, Francisco Contente. *Navios e viagens*. Lisboa, 2008.

Donkin, R. A. *Between East and West: The Moluccas and the Trade in Spicesup to the Arrival of the Europeans*. Philadelphia, 2003.

Ferguson, Niall. *Civilization: The West and the Rest*. Londres, 2011.

FERNÁNDEZ-ARMESTO, Felipe. *Columbus*. Oxford, 1991.
_____. *Pathfinders: A Global History of Exploration*. Oxford, 2006.
FICALHO, Conde de. *Viagens de Pero da Covilhã*. Lisboa, 1988.
FONSECA, Luis Adão da. *The Discoveries and the Formation of the Atlantic Ocean*. Lisboa, 1999. [Trad. port. *As descobertas e a formação do oceano Atlântico*]
_____. *D. João II*. Rio de Mouro, 2005.
FRATER, Alexander. *Chasing the Monsoon*. Londres, 1990.
FUENTES, Carlos. *The Buried Mirror: Reflecting on Spain and the New World*. New York, 1999.
GARCIA, José Manuel. *D. João II vs. Colombo*.Vila do Conde, 2012.
GRACIAS, Fátima da Silva. *Kaleidoscope of Women in Goa, 1510-1961*. Delhi, 1996.
GRANZOTTO, Gianni. *Christopher Columbus: The Dream and the Obsession*. Londres, 1986.
HALL, Richard. *Empires of the Monsoon*. Londres, 1996.
KIMBLE, George. "Portuguese Policy and its Influence on Fifteenth-Century Cartography". In: *Geographical Review*, vol. 23, n. 4, out. 1933.
KRONDL, Michael. *The Taste of Conquest*. New York, 2007.
Lisboa Quinhentista, a Imagem e a Vida da Cidade. Lisboa, 1983.
MAGALHÃES, Joaquim Romero. *The Portuguese in the Sixteenth Century*. Lisboa, 1998. [Trad. port. *Os portugueses no século XVI*]
MALCOLM, Jack. *Lisboa: City of the Sea*. Londres, 2007.
MARQUES, A. H. de Oliveira. *History of Portugal*. vol. 1. New York, 1972.
MONTEIRO, Saturnino. *Portuguese Sea Battles, vol. 1: The First World Sea Power 1139-1521*. Lisboa, 2013. [Trad. port. *Batalhas marítimas portuguesas, vol.1: A primeira potência marítima mundial*]
NEWITT, M. *A History of Portuguese Overseas Expansion, 1400-1668*. Londres, 2005.
NOONAN, Laurence A. *John of Empoli and his Relations with Afonso de Albuquerque*. Lisboa, 1989.
OLIVIERA E COSTA, Joao Paul. *D. Manuel I*. Rio de Mouro, 2005.
PAGE, Martin. *The First Global Village: How Portugal Changed the World*. Lisboa, 2002 [Trad. port. *A primeira aldeia global: Como Portugal mudou o mundo*]
PANIKKAR, K. M. *Asia e Western Dominance*. Londres, 1953.
_____. *Malabar and the Portuguese*. Bombay, 1929.
PARRY, J. H. *The Age of Reconnaissance*. Londres, 1966.
PEARSON, M. N. *Coastal Western India: Studies from the Portuguese Records*. Delhi, 1981.
_____. *The New Cambridge History of India, part 1, vol. 1: The Portuguese in India*. Cambridge, 1987.
PEREIRA, José António Rodrigues. *Marinha portuguesa: Nove séculos de história*. Lisboa, 2010.
PEREIRA, Paulo. *Torre de Belém*. Londres, 2005.
PERES, Damião. *História dos descobrimentos portugueses*. Coimbra, 1960.
PESSOA, Fernando. *Mensagem*. Lisboa, 1945.
PISSARA, José Virgílio Amarao. *Chaul e Diu: O domínio do Índico*. Lisboa, 2002.
Pyne, Stephen J. "Seeking newer worlds: an historical context for space exploration" em www.history.nasa.gov/SP-2006-4702/chapters/chapter1.pdf
RAMOS, Rui et al. *História de Portugal*. Lisboa, 2009.
RANDLES, W. G. L. *Geography, Cartography and Nautical Science in the Renaissance: The Impact of the Great Discoveries*. Farnham, 2000.
RAVENSTEIN, E. G. *The Voyages of Diogo Cão e Bartholomeu Dias, 1482-1488*. Engle, 2010. [Trad. port. *As viagens de Diogo Cão e Bartolomeu Dias*]
RODRIGUES, J. N. & Devezas, T. *1509*. Famalicão, 2008.
_____. *Pioneers of Globalization – Why Portugal Surprisorg the World*. Famalicão, 2007.
RODRIGUES, Vítor Luís. "As companhias de ordenança no Estado português da Índia, 1510-1580". In: *Oceanos – Indo Portuguesmente*, n. 19/20, pp. 212-18. Lisboa, 1994.
RODRIGUES, Vítor Luís Gaspar & OLIVIERA E COSTA, João Paulo. *Conquista de Goa 1510-1512*. Lisboa, 2008.

_____. *Conquista de Malaca 1511*. Lisboa, 2011.
ROGERSON, Barnaby. *The Last Crusaders: East, West and the Battle for the Centre of the World*. Londres, 2010.
RUSSELL, Peter. *Henry the "Navigator": a Life*. New Haven, 2000.
SANCEAU, Elaine. *Indies Adventure*. Londres, 1936.
_____. *The Perfect Prince*. Porto, 1959.
SANTOS, José Loureiro dos. *Ceuta 1415: A conquista*. Lisboa, 2004.
SHERIFF, Abdul. *Dhow Cultures of the Indian Ocean*. Londres, 2010.
SILVA, Joaquim Candeias. *O fundador do Estado Português da Índia. D. Francisco de Almeida*. Lisboa, 1996.
SUBRAHMANYAM, Sanjay. *The Career and Legend of Vasco da Gama*. Cambridge, 1997.
_____. *The Portuguese Empire in Asia, 1500-1700: A Political and Economic History*. Londres, 1993.
SUCKLING, Horatio John. *Ceylon: A General Description of the Isle*. Londres, 1876.
TEIXEIRA, André. *Fortalezas: Estado Português da India*. Lisboa, 2008.
THOMAZ, Luís Felipe. *De Ceuta a Timor*. Lisboa, 1994.
THOMPSON, William R. (org.). *Great Power Rivalries*. Columbia, 1999.
VILLIERS, Alan. *Sons of Sindbad*. Londres, 1940.
WEINSTEIN, Donald. *Ambassador from Venice: Pietro Pasqualigo in Lisbon, 1501*. Minneapolis, 1960.
WHITEWAY, R. S. *The Rise of Portuguese Power in India 1497-1550*. Londres, 1899.
WINIUS, George D. (org.). *Portugal, the Pathfinder: Journeys from the Medieval Toward the Modern World, 1300-c.1600*. Madison, 1995.

ÍNDICE REMISSIVO

Os números de páginas em itálico se referem a ilustrações.

Abrantes, 207
Abreu, Antônio de, 316-17
açúcar, 59, 97, 107, 212, 342, 363, 386
Áden, 47, 50, 79, 112, 178, 209, 214-15, 220, 346-47, *348*, 351, 356, 359, 362, 366, 373, 381
   Afonso de Albuquerque, tentativa de captura, 308-12, 316, 321, 324, 333
   escadas em, 348-51, 381
Adil Shah, 282-96, 304-05, 333
   Afonso de Albuquerque, negociações com, 266-69
   e a fuga dos portugueses de Goa, 287-89
   guarnição deixada em Goa por, 282-83
   Pangim guarnecido por, 292
   pedido de paz para Afonso de Albuquerque, 266
   tentativa de retomar Goa por, 294-95
   trégua com Vijayanagar, 286, 288-89, 297
Afonso, 39, 43-44
Afortunadas, ilhas, 19
África, 19, *26*, 154
   comércio europeu com, 19-20
   desejo de Portugal para comércio com, 119
   explorações portuguesas na, 25-28, 30-37, 45-46
   navegação pelos juncos chineses em torno da 40
África Ocidental, 27, 35, 37, 73, 81, 110
Agincourt, batalha de, 28
Ahmed, Rais, 366-68, 370-71
Albergaria, Lopo Soares de, 376, 381
Albuquerque, Afonso de
   acusado por Empoli de inventar mapas, 304
   aprisionado em Cananor, 261, 374
   assinatura de, *377*
   ataque da costa suaíli, 187-92
   atentados à vida de, 365
   barba longa, 216
   briga com primo, 159-63
   carta a Manuel sobre construção do império, 330
   carta a Manuel sobre diplomacia de, 327-29
   cartas a Manuel a respeito das incursões no mar Vermelho, 357
   chegada em Vaipim, 138
   como construtor de um reino cristão, 189-90
   como o escolhido por Manuel, 205
   como "o Terrível", 215
   Dabul como presente para, 292
   decisão de atacar Goa, 277, 281, 282-83
   destruição do islã desejada por, 359, 382
   determinação de voltar a Goa, 301
   disenteria de, 373-74
   e a vitória em Ormuz, 218-20, 279
   e o forte de Ormuz, *375*
   e o plano de Timoji para atacar Goa, 281-83
   em ataque a Malaca, 279, 303-04, 309-12, *313*, 314-23, 326
   em batalha em Calicute, 265-69, 275-80
   em negociação com Adil Shah, 292
   em partida para as Índias, 181
   entrada em Ormuz, 366-67
   envenenado em Goa, 374
   estátua de, 386
   exasperação de Manuel com, 329-331
   ferido em Calicute, 374-75
   Goa, construída por, 321-22
   Goa, contra-ataque de, 282
   Goa, obsessão de, 333
   Goa retomada por, 289, 335
   homens treinados para a guerra por, 256
   ideais imperiais de, 363-64
   juramento a Manuel assinado por, 206
   mar da Arábia patrulhado por, 214
   mar Vermelho bloqueado por, 217-18, 220, 240
   moeda goesa, 284-85
   morte de, 365, 376, 378
   Muçulmanos de Goa, mortos por, 258
   naufrágio em Sumatra, 184
   navios de Coutinho herdados por, 244
   nos jantares da sala de cerimônias em Goa, 364
   operação conjunta com o xá proposta por, 283-85
   ordens para destruir Calicute, 265-66
   partida para Portugal, 141-42
   pedido de desculpas de Almeida por, 241-42
   preparando para entrar no mar Vermelho, 304, 317, 326, 333, 335, 344
   recusa em negociar com o xá, 297-98
   renegados torturados por, 289
   repressão de Almeida por, 239
   segundo ataque a Goa de, 317

sobre a falta de sentido na divisão das forças portuguesas, 279
tentativa de capturar Áden, 346
termos exigidos ao xá por, 292
última carta de Manuel a, 376-77
volta de Ormuz para Portugal, 335-36
Albuquerque, Francisco de
briga dos primos com, 163, 208
chegada em Angediva, 291, 301
chegada em Vaipim, 159
guarnição do samorim em Cochim posta em fuga por, 159, 161-62
Alenquer, Pero de, 43, 45, 65
Alexandre VI, papa, 52, 111
Alexandre, o Grande, 338
Alexandria, 18, 40, 42, 44, 47, 102, 131, 134, 169, 171, 317, 355, 357
Algarve, 276, 377
algodão, 79, 182, 222
Ali, Sidi, 258
Almeida, dom Francisco de
Ayaz buscando a amizade de, 246
carta defensiva a Manuel de, 214-15
e a reivindicação de Albuquerque ao governo de Cochim, 220
e boatos de perigo a Chaul, 222-23
e o controle de Malaca, 359
feito capitão-mor, 173-75
ideias imperiais de, 363-64
na batalha de Diu, 222-25, 231
navios muçulmanos queimados, 197
pedidos de desculpa a Hwaga Ata, 240
planos para capturar as remessas muçulmanas no Mar Vermelho, 176
recusa em abrir mão do posto, 260
tributo de Chaul exigido por, 246
Almeida, dom Francisco de, expedição de, 175, 179, 180-81, 184, 192, 195
Angediva abandonada por, 210
chegada a Cochim, 196-97
chegada à costa de Malabar, 196-97
costa de Malabar atacada por, 266, 280
Dabul atacada por, 221
estandarte concedido a, 180
fortes de Cochim construídos por, 196
frota de, 160-61, 163, 165-66, 173
Honavar atacada por, 197, 202
instruções de Manuel a, 162, 176, 179, 183, 191, 197
Mombaça atacada por, 184-87, 193, 202-03
partida de, 241
planos para lidar com o samorim, 176
substituído por Afonso de Albuquerque, 205-06
tributo do sultão exigido por, 187
Almeida, Gaspar de, *ver* Gama, Gaspar da
Almeida, Lourenço de, 179, 181, 197, 209-13, 221-250, 259, 273, 279-80, 375

desejo de atacar navios, 209-11
espiões egípcios e, 223
ferimento de, 197
em ataque a Cananor, 169-70
em Chaul, 210-11
em Chaul, ataque, 210-11, 221-25
morte de, 239, 250, 259
almíscar, 320, 369
Alpoym, Pero, 297-98
Amaral, André do, 195, 308,
amêndoas, 59
Anatolia, 195
anéis, 80, 92, 95
Angediva, 106-07, 122-23, 137, 176, 197, 210, 291, 301, 303
animais exóticos, 322, 337, 341
Angola, explorações portuguesas da, 25
Aníbal, 341
Antiga Confeitaria de Belém, 386
Antônio, dom, 275, 297
Antuérpia, 168
Apocalipse de são João, 190
árabes, 19, 28, 85, 103, 122-23, 125, 127, 160, 176, 185, 193, 217, 221, 284, 311, 337, 356
Arábia, 79, 102, 113, 121, 173, 209, 214, 266, 271, 281, 311, 346, 355, 359
Arábia, mar da, 21, 34, 164, 214, 220, 352
Arábica, península, 78, 80, 89, 102, 107, 182, 195, 214, *215*, 353, 356, 366
Aragão, Maria de, 179
Araújo, Rui de, 308, 311
Arnau, Michel, 227-30
arroz, 79, 91, 166, 233-34, 295, 322, 332
Ásia Central, 30, 286
astrolábio, 48, 59, 64, 72, 385
Ata, Hwaga, 218-19, 240, 285-86, 366, 372
Ataíde, Pero de, 125
Atlântico, oceano, 45, 52-3
atum, 60, 230
aveia, 59
Aviz, casa de, 17, 19, 28, 55
Ayaz, Malik, 222, 226, 231, 244, 246, 304, 338-39
acusado de inventar cartas, 304
aliança de Hussain com, 231
na batalha de Diu, 220-21, 224, 227-28
preparação para batalha com Almeida, 217-20
prisioneiros feitos por, 236-37, 244, 246
turnê de Benastarim feito por, 374

Bab-el-Mandeb, estreito, 346, 351
bacias, 60, 81, 97, 284
Bagdá, 78-79
Bahamas, 51, 72
baía da Mesa, 261
baía das Vacas, 45
Banda, 311, 326

Barbara, 214
Barreto, Pero, 224, 228, 232, 235-37
  na batalha de Chaul, 232-237
Barros, João de, 43, 46, 67, 211, 381
beduínos, 156, 209
Behaim, Martin, 32, 34
Bela, 181
Belém, 117, 119, 207, 342
Benastarim, 374
Bengala, 79, 280, 311, 363
berços, 60, 64, 74, 274
Bergamo, Matteo da, 134, 138
Bérrio, 65, 76, 81, 83, 107, 110,
  ataque ao, 81-2
Bharkal, 137, 202
Bijapur, 210, 281-82, 337-39
Bijapur, sultão de, 210, 282
Bolonha, 168
brâmane, enviado de paz, 152, 199, 222, 306
Branda, 180
Brasil, 20, 52-53, 118, 120, *121,* 126, 161,
  181, 303, 326,
Brito, Lourenço de, 213-14
Bruges, 168
Brunei, 311
Buonagrazia, Giovanni, 141-42
Burma, 78, 326
Butão, 384
butim, 183, 186, 201, 211, 227, 236-37, 245,
  275-76, 279, 318, 320, 336
cabo das Agulhas, 45
cabo da Boa Esperança, 45, 47-48, 61, 73, *86,*
  119, 121, 129, 135, 168, 175, 181, 261, 326
  Dias, contorno do, 47-48, 61
  Gama, contorno do, 73, *86,* 121
cabo da Cruz, 35
cabo de são Vicente, 19
cabo do Diabo, 39
Cabral, Pedro Álvares,
  ataque da multidão no posto português,
    126, 149
  chegada de, em Calicute, 117-19
  concessão da bênção de Manuel a, 119
  desejo de vingança do samorim contra,
    127-28
  elefante capturado por, 125-27
  em Kilwa, 122, 136
  expedição de, 117-18, 129, 132
  instruções de Vasco da Gama para, 119, 123
  massacre de, 147, 138
  navio perdido, 161
  no comércio de especiarias, 112, 124-25,
    128-131
  presentes de, 118, 124, 132, 145
  primeira visão da África por, 109-10,
    119-20, 122
  retorno de, 131-32
  tripulação de, 110, 134, 141

Cacotoia, *ver* Socotra
café, 386
Cairo, 40, 47, 49, 56, 77-79, 102, 112, 134,
  156-58, 166, 169-71, 176, 190, 193-96,
  209, 223, 237, 244, 285, 311, 317, 333,
  346, 355-57, 359, 382-83
Calicute, 20, 49-50, 66, 77-78, 86-87, 89,
  91, 97, 101-03, 105-06, 112, 118,
  122-23, 125, 127-29, 131-33, 138-39,
  146-47, 151-53, 155-56, 158-59, 163-66,
  169, 174, 176, 193, 211, 223, 249-50,
  252, 258-59, 265-67, *267,* 268-69,
  275-80, 284, 309, 311, 317-18, 321,
  337-39, 374, 382
  avanço do samorim a, 146-47, 152
  bloqueio de, por Gama, 152-53
  bloqueio português de, 152-154
  chegada de Cabral a, 117-18
  comércio em, 49, 66, 78, 84, 89, 97, 102,
    127-28, 131-32
  como destino de Gama, 66, 77-78, 86-87,
    89
  desejo de vingança de Afonso de
    Albuquerque contra, 275, 286
  desembarque de Gama em, 382
  deserção dos mouros de, 166
  falta de defesas de, 267
  frota portuguesa em, 249, 259
  genes chineses em, 103
  impostos portuários, 104
  massacre em, 127, 138, 174, 277, 279
  recepção a Gama em, 80, 82, 85, 91
  reféns tunisinos em, 99, 101, 103-05
  segunda viagem de Gama a, 168-72
  treinamento de tropas por Afonso de
    Albuquerque em, 280
Calicute, batalha de, 249-50, 251-53
  baixas hindus em, 270
  baixas portuguesas em, 246
  ferimento de Albuquerque em, 374
  morte do regente em, 270
  pilhagem de Cerame em, 267-269
  planos portugueses para, 277
Calicute, Portugal solapado pelo comitê, 169
Ca'Masser, Leonardo da, 169-70, 192-93,
  201-02
Cambaia, 176, 338
  golfo de, 222, 376
  sultão de, 339, 341
Camboja, 311
Caminha, Pero Vaz de, 118, 120, 126
Camões, Luis de, 161, 384
Camoram (Kamaran), *352*-54, 357
Cananor, 128-29, 133, 137, 145-46, 154-55,
  157, 163-64, 176, 197-98, 200, 210-14,
  223, 252, 260-61, 278, 304, 337, 340,
  362-63, 374
  ataque a, 211

ÍNDICE REMISSIVO **409**

chegada de Albuquerque a, 261
comércio de especiarias em, 261
mosqueteiros treinados em, 362
Canárias, ilhas, 19, 59, 69
canela, 18, 102, 106-07, 111, 152, 192, 386
Cantino, Alberto, 131
Cantino, planisfério, *121*
Cão, Diogo, 25-26, 32, 36, 65
Cão, Pero, 232, 255
capitães, motim, 194 -94, 211-14, 217, 229-30
caravelas, *32*-33, 48-49, 51
Caribe, 52
carracas, 223-30, 232-34, 236, 249-50, 251,
  251, 253-55, 257-59, 282, 284, 311, 347
cartazes, 155-56
cartógrafos alemães, 32
Carvalho, Antônio, 256
Casa da Alfândega, 168, 201-02
Castanheda (cronista), 237
Castela, 27-28, 31, 88, 382
castelo de São Jorge, 39
catalão, atlas, *29*
Ceilão, 21, 79, 102, 152, 176, 178, 209, 212,
  279, 309, 311, 364
Cerame, 265, 267-69
  pilhagem de, 267-69
  portas de, 269
cetins, 118
Ceuta, 17-20, 27
chá, 385
chapéus, 97
Chaul, 154, 195-97
  Almeida, exigência de tributo de, 246
Chaul, batalha de, 197-210, 219-22, 249, 342
  baixas portuguesas em, 226
  como vitória pírrica para os muçulmanos,
    237
  pedido de desculpas de Almeida a, 240-41
  prisioneiros portugueses de, 236-37, 244,
    246, 261
China, 65, 155, 275, 342
  e ataque a Malaca, 309-11, 313
  porcelana da, 79, 311
  seda da, 385
  soft power da 386
  viagens oceânicas proibidas na, 20
Chipre, 171
ciganos, 342
Cirne, 243
cobre, 101
  caldeirões de, 60
Cochim (Kochi), 125, 127-29, 133, 147,
  151-52, 155, 157-59, 161-62, 163-66,
  176, 178, 183, 196-97, 199, 200,
  201, 205, 210-13, 220-21, 222-26,
  231-32, 236-41, 243, 252, 260-61,
  265-67, 277-78, 280, 286, 289, 294,
  304, 323, 325, 329-30, 334, 337-38,
  340-41, 362, 365, 376

Almeida, chegada a, 196
  ataques a, 164
  capitães de Albuquerque querem voltar para,
    286
Coelho, Nicolau, 65, 76, 118
comércio de especiarias em, 131, 176
desejo de vingança do samorim contra, 147,
    151, 158
forte português em, 212
frota de Lisboa em, 310, 329, 334
grande frota portuguesa em, 257
guarnição do samorim posta em fuga de, 161
mosqueteiros treinados em, 336, 362
retirada portuguesa de, 151, 165
Colaço, Fernão, 47
Colombo, Cristóvão, 33-34, 37, 41-42, 46-47,
  49, 51-54, 58-59, 72, 78, 112, 203, 310
  crença em rota direta para as Índias, 192-93
  morte de, 203
  nas ilhas Canárias, 59
  patrocínio espanhol de, 51
  plano para alcançar as Índias, 30-34, 50-51,
    54
  rejeitado por Portugal, 42, 51
  sobre a volta de Dias, 42
colorido, vidro, 60
comércio, 30, 73
  com Flandres, 168
  de ouro, 175
  desejo português de, africano, 135
  em Malaca, 310
  importância de Calicute no, 49-50, 66,
    77-78, 86-87, 89, 91, 97, 101-103,
    105-106, 112, 118, 122, 131, 139
  no oceano Índico, 97, 102
  pelos mamelucos, 158, 178
  pelos muçulmanos, 80, 84, 89-90, 97, 100,
    107, 122-23, 132-33, 181
Comitê dos Dez, 196
Conceição, 255
Congo, rio, 35, 37
Constantinopla, queda de, 28, 56,
Conti, Niccolò de, 40, 77
coral, 80, 97, 118, 180
Corrêa, Antônio, 126
Corrêa, Aires, 118, 124
Correia, Gaspar, 136-37, 180, 269, 278, 313,
  325, 348, 351-52, 355, 363, 366, 374-75
  crônica escrita por, 278
  desenho de Malaca feito por, *313*
  forte de Ormuz desenhado por, 375
  sobre a batalha de Chaul, 223-24
  sobre a batalha de Malaca, 303-04
  sobre a doença de Albuquerque, 354
  sobre a entrada de Albuquerque em Ormuz,
    366
  sobre a entrada do mar Vermelho, 344
  sobre a entrega de estandarte à expedição de
    Almeida, 180-81

sobre a fuga de Goa, 289
sobre a luta em Áden, 346
sobre a ronda diária de Albuquerque, 363
Costa, Antônio da, 220
Coulão, (Kollom), 128, 176
Coutinho, Fernando (marechal), 261, 265, 269, 272, 279
   e ordens de destruir Calicute, 265-68
   em plano para capturar Calicute, 265-68
   na batalha em Calicute, 265-68
Covilhã, Pero de, 42-44, 46, 47, 49, 50, 54, 77, 355
Cranganor, 128
cravos, 59, 85, 102, 309
Creta, 171
Cretico, Il, 131-32
cruzadas
   desejo de Manuel por, 191-92, 285, 378-79, 381
   e as explorações portuguesas, 25-27
   no Norte da África, 44-45, 48
cruzado, 284-85
Cuba, 51
Cunha, Tristão da, 175, 206, 212, 214, 341
   em Socotra, 206

Dabul, 210-12, 221, 227, 231, 244, 246, 292, 376
   ataque de Almeida a, 244-46
   concedida a Albuquerque, 292
D'Alpoym, Pero, 297-98.
Damasco, 18, 40
damasco, 118, 180, 320
Dawit II, rei da Etiópia, 379, 381
Decão, planalto, 79
Delgado, João, 365
Deli, monte, 280
dhow, 65-66
diamantes, 79
Dias, Bartolomeu, 41, 47, 51, 65, 69, 118, 121
Dias, Diogo, 103-04, 122, 130
Dias, Fernão, 355
Dias, Pero, 36
Dias, Ruy, 299-300, 304, 375
Dias de Solis, João, 208
Diogo, 54
disenteria, 72, 277, 372-73
Diu, 220, 222-23, 225, 231, 243, 246, 249, 252, 254, 259, 260, 261, 280, 282, 304, 308, 323, 338-39, 349, 355, 357
   arqueiros em, 251
   batalha de, 231, 282-83, 323
   estratégia de Almeida em, 221-25
   frota egípcia em, 222
   fugitivos de, 282
   plano muçulmano para, 222-23
   vitória portuguesa em, 237, 246, 253, 259, 260

doges, 169
Dominicana, República, 51
Dürer, Albrecht, 341

Eduardo III, rei da Inglaterra, 28
Egito, 79, 131, 156, 166, 206, 209, 222, 279, 308, 340
Elini, 340
elefantes, 381, 60, 79, 125, 127, 164, 186, 199, 212, 284, 314-15, 319, 341, 342, 359, 364
Empoli, Giovanni da, 162-63, 303, 306-07, 312, 319-21, 323-25, 376
   em ataque a Malaca, 303, 306, 312, 320
   furacão, 323
Emxobregas, 322, 324
enxofre, 60, 79, 102
Escobar, Pero, 36, 65, 118
escorbuto, 72, 74-75, 108, 110, 137, 181, 303
escravos, 27-28, 32, 59-60, 65, 79, 168, 179, 182, 229, 235, 253, 255, 257, 261, 280, 322-24, 342, 365, 385
Eskender, 50
Espanha
   Albuquerque na, 208
   Almeida na, 175, 191
   Cabral, envolvimento na, 117
   Ca'Masser, espionagem da, 170-71
   controle islâmico da, 143
   em Calicute, 49-50, 77-78
   em Cananor, 141, 229
   especiarias, comércio, 33, 40-44, 49, 66, 78, 88, 112, 261
   especiarias, ilhas das, 40, 78, 79, 112, 326, 383
   fracasso de Cunha na, 212
   Henrique, "o Navegador" e, 27
   judeus expulsos da, 51, 55, 59
   lucros da, 168
   mamelucos, dinastia na, 308
   monte Deli, importância na, 137
   muçulmanos expulsos da, 55
   na primeira viagem de Gama, 55, 57-58, 64-67, 69, 73, 84, 121-24, 132, 134, 136-37, 146-47, 197, 200, 212, 246, 275, 281, 309
   ouro necessário para, 175-76
   rivalidade portuguesa com, 46
   veneziano, 112, 131-32, 156, 167-71, 174, 178-79, 193, 195-96, 201, 242, 305, 355
estreito de Gibraltar, 17, 19
estreito de Malaca, 316
Etiópia, 50, 190, 379, 381, 384
Europa
   comércio africano com, 27-28, 30-31
Faqih, Jauhar al, 139
ferengi, 85

Fernandes, Fradique, 305
Fernandes, Tomás, 331
Fernandes de Beja, Diogo, 274
Fernandez, André, 236
Fernando II de Aragão, 25, 37, 92, 167
Ferrara, duque de, 131
Ferreira, Miguel, 339, 367
Ferreira, Nicolau de, 374
Fez, 42
fidalgos, 28, 160, 186, 227, 234, 240, 270, 271, 273-74, 279, 280, 286, 288, 296-300, 317-18, 320, 330, 336, 348-50, 365, 381,
  barbas e, 240
  código de honra dos, 197, 212, 227
  em batalha em Calicute, 279-80, 286
  em fuga de Goa, 274
  em luta em Áden, 348-49
  enforcamento de, 300-01
  na retomada de Goa, 333
  no ataque a Malaca, 311, 314, 317
  rebelião dos, 298-300
  retenção de Goa oposta pelos, 281-89
Flandres, 168, 342
Florença, 66, 168
Fogaça, Jorge, 299-300
Formosa, 326
Forte Manuel, 163
Franciscanos, 118, 124, 126, 183, 186, 208
Francisco I da França, 54, 168
Freire, Lourenço, 236
Freire, Rui, 271, 275
Frol de la Mar, 201, 251, 253, 257, 295, 299, 300, 311-12, 322-23, 325-26, 362, 384
  danos ao, 292-95, 321
  réplica do, 384
Fugger, 168

Galle, 21
Galvão, Duarte, 179
Gama, Balthazar da, 226
Gama, Estêvão, 134
Gama, Gaspar da (veneziano), 108, 111, 118, 127, 178-79
  na batalha de Calicute, 112, 118, 127, 176
Gama, Paulo da, 74-75, 107-10
  morte de, 110
  pagamento a, 53
Gama, Vasco da, 46, 102, 176, 244, 342
  assinatura de, *154*
  brasão de, 95-96
  Cabral recebe instruções de, 119, 122-24
  carta para "o rei cristão na Índia" dada a, 77-78
  comércio por Calicute, 89
  costa de Malabar bombardeada por, 109
  encontros do samorim com, 96-100
  escolhido para a viagem à Índia, 57-58
  informações sobre, 55-57
  negociação de reféns por, 99, 101, 103-06, 123, 127, 128, 136
  negociação do samorim com, 96-99, 101, 103-05
  pagamento de, 64
  queima do navio capturado por, 107, 109
  sobre as viagens à Índia, 56-57, 66, 77-79, 85, 87, 90, 96
  título de almirante concedido a, 110
  visita ao templo de Calicute, 92
Gama, Vasco da, primeira expedição à Índia de, 48, 51-62, 79, 89, 102-04, 173, 274
  assassinato de homens na, 127, 133
  ataques a Calicute, 87-89
  Bérrio, ataque ao, 107, 110
  Calicute como destino da, 66, 77-78, 86-87, 89, 91, 97, 101
  chegada à Índia, 72-73
  comida para, 58-59
  consequências da, 92-94
  contorno do cabo da Boa Esperança por, 73
  desconfiança dos portugueses sobre os motivos indianos, 80-83, 98
  retorno do investimento na, 167
  na volta a Portugal, 97-99
  desembarque em Calicute, 382
  diferenças culturais aprendidas na, 85, 96
  divertimento na, 96-97
  encontro com muçulmanos indianos amigáveis na, 88-89
  espião veneziano tomado pela, 108
  frustração crescente na, 69, 82
  Gama escolhido como líder da, 90
  início da, 81
  instruções para a viagem recebidas por, 66
  monções na, 78, 86-87, 99, 102
  negociação de reféns na, 99, 101, 103
  piloto se evade da, 81
  presentes portugueses esnobados na, 80
  problemas de saúde na, 72, 122
  supressão dos mapas da, 113
  Timoji e, 107, 197, 281-83
  tortura dos reféns na, 83
  tripulação da, 83, 87
  velocidade da embarcação na, 86
  visita ao templo de Calicute, 92
Gama, Vasco da, segunda expedição de, 117-33
  ataque com bolas de fogo na, 153
  Calicute bloqueada na, 151, 152
  Chegada a Kilwa, 122
  Cochim, comércio de, 151
  comércio de especiarias em, 147, 151-152, 155, 156
  disparos na praia, 142, 149, 151, 154
  e o enviado de paz brâmane, 152
  em Calicute 127-32
  em Cananor, 128-29

instruções para, 118-119, 122
muçulmanos enforcados por, 147, 149
na luta com o *Miri*, 139-43, 146-47, 157, 246
partida da, 118
pescadores apreendidos e enforcados pela, 148-49
sultão ameaçado na, 169-70, 176
tamanho da frota da, *121*
tempestade e, 135, 149
Gambia, rio, 27, 37, 110
pedras preciosas, 285
gengibre, 80, 102, 105, 192
Gênova, 18, 66, 102, 168, 341
no comércio das especiarias, 18, 66
renegados em Goa de, 282
ghats, 267, *267*, 378
ghats ocidentais, *267*
Ghawri, Al-Ashraf Qansuh al (sultão), 156, 169
Jerusalém ameaçada por, 156, 170
reunião de Teldi com, 169-70
Gibraltar, 17, 19, 88, 355
girafa, 15, 17
Goa, 31, 49, 108, 277, 281-89, 292, 295-98, 301-08, 311, 321, 325, 330, 333-35, 337-38, 340, 344, 345, 358, 359, 361-62, 364, 366, 368, 374, 376-78, 383-84
Adil Shah, partida de, 283
Albuquerque, construção de colônia em, 362
Albuquerque, retomada de, 335
atividades prazerosas em, 333
decisão de Albuquerque para, 287
defesas de, 281
desejo de Albuquerque de voltar a, 321
deserção de portugueses de, 297-98
embaixadores afluindo para, 338
fuga de portugueses de, 270-71
guarnição muçulmana deixada em, 282
lucros dos portugueses de, 310-11
mercenários expulsos de, 283
moeda em, 284-85
moral dos portugueses em, 294-96
mosqueteiros treinados em, 362
obsessão de Albuquerque com, 333
palácio do xá em, 280
plano de Timoji para, 249, 281-86, 288-89
política de casamentos mistos em, 307
saque e massacre em, 271-72
suprimentos dos portugueses em, 270, 278, 280, 289
Goa, ilha, 286
Gomes, Rui, 286
Gomes "Cheira Dinheiro", 256
golfo de Guiné, 31
golfo de santa Marta, 44
golfo de são Cristóvão, 44

Grande Muralha da China, 20
Guiné, 33, 44-45, 48-49, 59, 60, 65, 69, 113, 163, 173
Gujarati, 79, 85, 182, 220, 222-225, 249, 250, 257-259, 279, 311, 313, 339

Haiti, 51
Hanno (elefante), 341
Henrique (o Navegador), 27-28, 56, 66-67, 87
expedições patrocinadas por, 27-28
morte de, 31
Henrique (escravo), 327
Henrique VII, rei da Inglaterra, 191
Henrique VIII, rei da Inglaterra, 195
hindus, hinduísmo, 78-79, 82, 89, 96, 101, 104, 106-08, 112, 123, 127-28, 149, 151, 162, 196, 212, 267, 270, 273, 274, 281-83, 285, 288, 306-07, 313, 320, 338
Goa governada por, 281-82
em casamentos mistos em Goa, 307
Honavar, 137, 197, 202, 304
hotentotes (Khoikhoi), 73
Hussain Musrif, 196, 209, 222
na batalha de Chaul, 222-230
na batalha de Diu, 222-23, 225, 231, 243, 246
e a incursão portuguesa ao mar Vermelho, 326, 333
reforços necessários por, 237

Ibn Battuta, 217
Ibn Iyas, 156, 209, 237, 356
sobre a incursão ao mar Vermelho, 356-57
Ibn Tayyib, 89
Ielala, quedas, 35-*36*, 43, 65
ilhas de Cabo Verde, 52-53, 69, 134
incenso, 79, 182,
Índia, 21, 36, 45, 65, 70
boatos de comunidades cristãs na, 56
Casa da Índia, 168, 178, 201
Gama, exploração da, 37-38
Viagem de Gama a, *ver* Gama, Vasco da, primeira expedição à, 344
remédios da, 385
tempo de comunicação com Lisboa, 309, 361
Índico, oceano, 16-17, 19-21, 40-42, 49, 57, 75, 77-79, 82, 84, 86-87, 97, 101-03, 106, 108, 110, 117, 123-24, 127, 129, 132-34, 137, 139, 143, *149*, 156, 158-59, 161, 170, 174, 176-79, 182, 184, 189-90, 194-96, 205-06, 209-10, 213, 217-19, 223, 225, 237 239, 243-44, 260, 275, 277, 279, 309, 310-12, 317, 323, 331, 338-39, 344, 346, 351, 357, 363, 366, 373-74, 382-83, 386

informações de Gaspar da Gama sobre, 244
marés do, 161
Índias, 18-19
    plano de Colombo para chegar às, 33-34,
    37, 41
Inglaterra, 191, 195, 385, 387
Inocêncio VIII, papa, 34
Irã, 286
Isabel, princesa das Astúrias, 65
Isabel, rainha de Castela, 31, 51, 54, 110
Islã, muçulmanos, 19, 21, 27-28, 45, 47,
    65-71, 181, 336
    como comerciantes, 76, 78-85, 88-90, 97,
    100, 123, 128, 132
    desejo de Albuquerque de destruição dos,
    246-47, 249-50
    exigência dos portugueses de tributo dos,
    182-83
    portugueses temidos pelos, 146-47
Ismail, xá, 160, 174, 280, 334, 341-42
Itália
    guerras na, 280, 334
    veludo da, 342

jangadas das estrelas, 16, 20, 40
Japão, 20, 34, 51, 383, 385
Java, 78, 311-12, 319, 326
Jerónimos, mosteiro, 342, 387
Jerusalém, 30, 41, 170, 205, 279, 285, 333,
    345, 359, 381
Jidá, 166, 195-96, 209
João I, rei de Portugal, 17, 32
    África explorada por, 15
João II, rei de Portugal, 25, 36, 89,160
    abordado por Colombo, 41-42, 46
    Alenquer elogiado por, 43
    Cão questionado por, 41-43
    e canhões de bronze, 21, 60, 210, 218, 384
    em busca de espiões perdidos, 49
    falta de interesse em patrocinar Colombo, 51
    missões africanas de, 37
    na investida final para o Oriente, 40-42, 50
    nas campanhas marroquinas, 50, 160, 330
    salvo-conduto concedido a Colombo por,
    46-47
João, mestre, 118, 120
joias, 95, 140, 169, 290, 320
Jolof, 37
judeus, 32, 42, 49, 51, 55, 59, 65, 79, 101,
    179, 189, 208, 342, 367
    expulsos da Espanha, 51, 55, 59
    expulsos de Portugal, 65
    imigrantes em Lisboa, 51, 59
Julia, 135
Júlio II, papa, 170, 190-91

Kamaran, *352*-54, 357
Kannur, *ver* Cananor (Kannur)

Khan, Palud, 286-88
Khoikhoi, 73-74, 261
Kilwa, 54-55, 89, 102-03, 137, 142-43
    Cavaleiros de são João, 195, 355, 357
    pilhagem de, 175, 181-182, 187
Kochi, *ver* Cochim (Kochi)
Kodungallur (Cranganor), 128
Kollam (Coulão), 128
Kundalika, rio, 223

Lacerda, Manuel de, 305, 307
Lagos, 18
Leão X, papa, 341
Lemos, Duarte de, 279
Leonor, 180
Líbano, 195, 308, 355
Lima, Jerônimo de, 305
limões, 59, 181
Lisboa, 26, 32-35, 37, 39, 42, 46-51, 57-59,
    62, 66, 77, 81, 96, 110, 112, 117, 119,
    122, 129, 130-31, 134, 155, 159, 161,
    163-64, 167-70, 173, 175, 178, 180,
    183, 189, 191-93, 195-96, 201-02,
    205-07, *207*, 208-09, 212, 216, 239,
    241, 243, 244, 261, 288, 309-11, 329,
    332, 334, 341-42, 353, 354, 361,
    364-65, 369, 374, 383, 387
    animais exóticos em, 337, 341
    Catedral de Lisboa, 180
    estaleiros em, 66
    peste em, 207
    reconstrução de, 168
    tempo de comunicações das Índias, 175, 309
Lopes, Tomé, 134, 137-38, 140-42, 147-51, 166
    muçulmanos mortos por, 187
Lopes de Sequeira, Diogo, 279
Lucena, Vasco Fernandes de, 34-35
Luís XII, rei de França, 191
lusíadas, Os (Camões), 384

Macau, 384
Machado, João, 287, 289, 292, 334, 339
Madagascar, 49, 75, 122, 208
Madeira, 117
    laqueada, 342
Magalhães (Fernão de), 20, 179, 327
    em Malaca, 326-27
Mahin, 246
Ma Huan, 89
Maiorca, 28
Malabar, costa de, 87, 89, 92, 103, 109, 118,
    125, 128, 132, 133, 137, 139, 143, 145-48,
    151, 155, 210, 221, 258, 280, 310, 338,
    364
    ameaça à expansão portuguesa na, 199-200,
    203
    ataques de Almeida à, 266, 280
    chegada de Almeida à, 196-97

desejo de vingança do samorim na, 158
desejo português de ocupação da, 166-67
fortes de Portugal na, 162-63
patrulhamento de Sodré da, 157
revolta na, 213, 250
soldados da, 280
Malaca, 78, 102, 176, 178, 241-42, 279, 303-04, 308-12, *313*-21, 322-23, 326-27, 330, 332-34, 358, 383-84
baixas portuguesas em, 319
comércio em, 310, 311, 314, 317
como uma cidade cosmopolita, 310-11
desenho de Correia de, *348*
divisão da cidade em, 279-80
flechas envenenadas usadas em, 307
Magalhães em, 327
ordens de Manuel para, 278
palácio do sultão em, 320
posto mercantil estabelecido por Manuel em, 279
reféns portugueses em, 310-11, 316
riqueza de, 311
suprimentos enviados para, 325
Malásia, península da, 78
Maldivas, 209, 212
Mali, 28, 31, 110
Mandi Mansa, 37
Mandovi, rio, 283, 286, 291, 293-94, 297, 301, 303-04, 306, 374, 377
Mansa Musa, 28-*29*
Manuel, dom, 42, 54, 67, 88, 118, 161, 173, 199, 252
encorajado a adotar o título de imperador, 190, 192
Manuel (moeda), 284-85
Manuel I, rei de Portugal, *56*, 88, 112, 173, 315-16, 318
Almeida nomeado capitão-mor por, 173
animais exóticos de, 341
apelidado "rei Merceeiro", 168, 207
Cabral recebe bênçãos de, 119
cartas ao samorim de, 96
carta de Albuquerque sobre a construção de império a, 291-94
carta de Albuquerque sobre diplomacia a, 298
carta do samorim para, 105
cartas de Albuquerque sobre a incursão ao mar Vermelho a, 327, 329-330
cartas defensivas de Almeida a, 214-15
como imperador das Índias, 190
cruzada ameaçada por, 174, 191-92, 280, 285, 378-79, 381
destino messiânico de, 55, 117, 189-90, 192, 280, 345
e ameaça do sultão a Jerusalém, 170
e fracasso da missão de Cabral, 124, 126, 131
e notícias da viagem de Cabral, 128
entreposto comercial em Malaca estabelecido por, 310

e o comando de Albuquerque, 161
e o saque de Goa, 271
estandarte entregue à expedição de Almeida por, 180-81
exasperado com o governo de Albuquerque em Goa, 321-22
expedição das Índias começada por, 50-52, 54, 57, 61, 64-66, 69, 73
expedição de Nova enviada por, 129
frota lançada por, 129
globos e mapas proibidos por, 171-72
informações sobre o oceano Índico dadas por Gaspar da Gama a, 275
instruções a Albuquerque, 214, 217
instruções a Almeida, 162, 176, 179, 183, 191, 197, 202
investiu na viagem de Cabral, 117-119
ordem para a conquista de Angediva por, 291, 301
ordenou a Albuquerque que destruísse Calicute, 265
ordens para capturar Malaca, 303-04
papado informado da expedição das Índias por, 110
portas de Cerames desejadas por, 268
presente de presa de elefante para, 109
presentes para Nambeadora, 199
projetos de construção de, 342
segunda viagem de Gama preparada por, 169
terras de infiéis concedidas a, 66
título de, 110
última carta a Albuquerque de, 376
Mapila, 89, 210
mapas, 19-20, 22, 25, 318
Afonso incumbido dos, *29*-30
da África, 14, 28, *29*-30, 62
Marakkar, Mayimama, 157-58, 223
marfim, 17, 342
Marrocos, 17, 42, 50, 57, 79, 138, 143, 157, 160, 174, 191, 330, 382, 384
Marte (deus), 240
Massawa, 354, 359, 366, 373
Matias, padre, 128
Mateus (embaixador), 340
Mauritânia, 27, 37
Mauro, Fra, 39-40, 77, 170, 174, 191
Maximiliano, Sacro Imperador Romano, 191
Mayr, Hans, 181-82, 196-97
Meca, 16, 50, 89, 97, 102, 104-05, 122, 132-33, 139, 147-48, 156-57, 166, 359, 381
remédios, 64
Medina, 50, 156-57, 346, 358
Mediterrâneo, mar, 41
Melinde, 15, 83-85, 96, 109, 122, 129, 137, 187, 202
busca de informações de Albuquerque sobre a frota de, 83-84
como a Grande Meretriz da Babilônia, 190
desejo português de esmagar, 187, 202

e a incursão portuguesa no mar Vermelho, 356
  no comércio de especiarias, 345
mercúrio, 118
merdimboca, 157
metal, bacias de, 60, 81
Ming, China, 15, 20, 40, 79, 103, 326
Miri, 139-43, 146-47,157, 246
Mirzan, Amir, 347
Moçambique, 76, 80-81, 83, 96, 109, 122, 129, 135, 136, 193
Moçambique, canal, 75
Mogadíscio, 109, 202
Mohamed, sultão, 313
Molucas, 53, 79, 311
Mombaça, 82, 109, 122, 135, 184-87, 193, 202-03
  ataque de Almeida a, 184-87
Monçaide, 89-90, 95, 105
monções, 78, 86, 87, 99, 102, 108-10, 118, 129, 135, 152, 159, 177, 197, 221, 223, 241, 281, 286, 287, 310-11, 313, 335, 351, 363
Mongol, Império, 40
Monte Deli, 137, 280
Moreno, Lourenço, 365
mouros, 82, 166
Mumbai, 246-47
Münzer, Hieronymus, 59-60

Nagasaki, 384
Naires, 164-66,
  na batalha em Calicute, 272-74
  reunidos pelo regente, 267-70
Nambeadora, 199
Namíbia, 35, 44, 47
Narayan, 159
Narsinga, 197
naufrágios, 21, 35, 167, *167*, 192
naus, 61
nestorianos, 30
Níger, rio, 27
Nilo, rio, 28, 35, 37, 47, 49, 102, 194-95, 340
  enchente do, 194
Noronha, Antônio de, 274, 288, 295-96, 300
  na luta em Áden, 311
Norte da África, 19, 29, 89, 101, 160, 195
  cruzada no, 19-20, 101
Nossa Senhora da África, 18
Nossa Senhora de Guadalupe, 274, 276, 377
Nova, João de, 129, 179, 219-20, 240
  barba de, 220
noz-moscada, 79, 111, 192, 311, 326
nozes, 59
Nunes, João, 87-88
Nuremberg, 59, 168
Nuruddin, Rais, 336, 367-68, 370, 372

Omani, 216-17, 220

ópio, 79, 311
Ordem de Cristo, 65-67, 260, 383, 344
Ordem cruzada de são João de Rodes, 308
orientais, tapetes, 342
Oriental, África, 145
Ormuz, 49-50, 79, 176, 217-19, 220, 239-40, 242-43, 260, 278-79, 281, 285-86, 288, 292-94, 300-01, 311, 329-30, 337-38, 342, 351, 366-67, 369, 371-72, 373, 374, 375, *375*, 383
  desejo de revanche de Albuquerque contra, 260
  disenteria em, 373-74
  entrada de Albuquerque em, 329-42
  exportação de animais de, 281, 337, 341
  forte português em, 332-33, 335
  muros de, 349
  paliçada de, 245
  ver também Chaul, batalha de
Otomano, Império, 40, 160, 305, 383
  renegados em Goa do, 295
  venezianos contra, 160
ouro, 34, 36-38, 52, 63, 65, 101, 119, 153, 177, 284-85

Pacanha, João Rodrigues, 237
Pacanha, Jorge, 237
Pacheco, Lisuarte, 270
Paiva, Afonso de, 42-44, 46-47, 49-50, 54
Pandarani, 90, 98, 101
Pangim, 291-92, 296,
pano, 79, 95-96, 101, 103, 105-06, 118, 182, 311, 342, 369
  pano escarlate, 105
pantera, 341, 369, 370
Panthalayini, 192
papagaios, 32, 59, 120-21, 309, 311, 341
Paio, Antônio de São, 237
Pedro, príncipe, 18
Pegu, 326
Pereira, Diogo, 376-77
Pereira, Duarte Pacheco, 55, 64, 161, 163, 178, 190, 196, 205
  em batalha em Cochim, 143-44, 179
  encarregado do Forte Manuel, 141-42, 173
  mergulhando no anonimato, 179
Pereira, Gaspar, 272, 365
Pereira, Isabella, 180
Pereira, Nuno Vaz, 255
Peres, Fernão, 291
perfumes, 182, 311, 321
pérolas, 40, 80, 95, 152, 192, 217, 311
Pérsia, 79, 113, 173, 217, 281, 285-86, 339, 366-67
  exportação de animais da, 366
  pano da, 338
  xá da, 366-68

Pérsico, golfo, 49, 79, 102, 176, 212, 214, 215, 217, 279, 311, 326, 366-67, 373
Pessoa, Fernando, epígrafe
Philippa de Lancaster, 28
pimenta-do-reino, 32, 79-80, 85, 102, 105, 111, 161-62, 201-02, 266, 290, 317, 342
Pio III, papa, 52
Pires, Tomé, 310-11, 317
Pires, Diogo, 235
Polo, Marco, 40
porcelana, 79, 102, 311, 321, 342
Portugal
   castelhanos em, 160
   Ceuta capturada por, 15-19
   construção de império por, 292-94
   falta de classe média empresarial de, 168
   falta de recursos de, 167
   guerra comercial de Veneza com, 132
   império moderno inventado por, 384
   judeus expulsos de, 51-52
   rivalidade com a Espanha, 46
Prassus, promontório, 34, 43
prata, 30, 43, 51, 80, 84, 95, 105, 134, 180, 182, 187, 194, 201, 218, 265, 271, 283, 380
Preste João, 30-32, 34-35, 37, 41, 66, 80, 176, 190, 340, 345, 352, 354, 358, 359, 379-81
Priuli, Girolamo, 112, 168
Ptolomeu, 19, 40, 47, 48

Qurayyat, 217

rajá, 127-28, 137, 145-47, 157-59, 161-62, 164-65, 197, 278, 364
   e o ataque do samorim a Cochim, 143
   e o forte português, 141
Real, Antônio, 365
regente, 267, 270, 272, 297-98
Rei Grande, 255
Restelo, Portugal, 51, 66-67, 87, 119, 134, 167, 181, 342, 344
rinoceronte, *340*-42, 344

rio de Ouro, *29*-30
rio Infante, 46
rio Tejo, 32, 35, 39, 43, 47, 51, 59, 129, 133, 167-68, 206-07, 342
Rodes, 42, 195
Rodrigues, Inês, 180
Rodrigues, Pai, 146
Romão, João, 297-98
romanos, 19
rubis, 80, 88, 111
rumes, 195, 225, 228, 231, 241, 252, 259, 282, 283, 284, 304, 372

Sagudino, Alvise, 193
samorim, rajá, 74-76, 86-87

crença dos portugueses na cristandade de, 91-93, 96, 99, 101
portugueses perseguidos por, 99, 125
samorim, rajá (sobrinho):
   carta a Gama de, 146
   carta ao rajá de Cochim do, 147
   delegação a Gama do, 147
   e a apreensão de pescadores por Gamas, 148
   e a reunião de multidão no posto avançado português, 126
   e grande frota portuguesa em Cochim, 265
   elefante desejado pelo, 125
   envenenamento do, 299, 307, 315-317
   enviado de paz brâmane mandado por, 152
   governador de Cananor escolhido pelo, 213
   instruções de Cabral para a reunião com, 122-123
   na incursão a Ormuz, 383
   navios enviados à frota de Diu pelo, 222-24
   no avanço para Calicute, 146
   no comércio de especiarias, 112, 124-25, 128-33, 137, 139
   palácio do, *ver* Cerame
   planos de Almeida para lidar com, 178-79
   presentes portugueses esnobados por, 124, 129, 132
   trégua portuguesa com, 162
Santa Maria, 51
Santa Vitória, 44
Santiago, 70
Santiago, João de, 36, 43
Santo Espírito, 253-55
Sanuto, Benedetto, 156
São Antônio, 224-25, 228-29, 230, 235
São Brás, 73, 110, 129
São Cristóvão, 44, 235
São Gabriel, 65, *68*
São João, 256
São Jorge, 109
São Miguel, 224-36
São Pedro, 125
São Rafael, 65, 75, 181
São Tomé, 44
sardinhas, 60
seda, 40, 225, 344, 371
Selim, "o Sombrio", 382
Senegal, rio, 18, 28, 37
Sernigi, Girolamo, 112
Shen Du, 15
Siam, 326
Silva, Vasco da, 273
Silveira, Jorge da, 349
Sintra, Portugal, 26
Socotra, 206, 208, 214-*15*, 218, 220, 239
Sodré, Brás, 134, 152, 159, 161, 175
Sodré, Vicente, 117-18, 153
   Calicute bloqueada por, 152
   Cochim protegida por, 151

costa de Malabar patrulhada por, 137
em ataques com bolas de fogo, 153
instruções dadas a, 133
Marakkar torturado por, 157-58, 223
morte de, 159
Sofala, 49-50, 129, 136, 175, 182-83
Souza, Garcia de, 349-50
Sousa, Payo de, 233-34
Sri Lanka, 16, 21, *198*
Strabo, 40
Strozzi, Piero, 306-07
Suaíli, costa, 78, 97, 137, 175, 181-82, 184, 186-87, 287
Suez, 169, 195-96, 223, 280, 346-47, 351, 355-57, 359
suíços, mercenários, 280
sultão de Kilwa, 122
sultão do Cairo, 135-36
  e o canal de Suez, 169
  em preparação para guerra portuguesa, 169-70
  nova esposa do, 194
  pedido de ajuda para Goa do, 282, 285-286
  rumores de preparação de frota por, 253
Sumatra, 78-79, 178, 312, 325-27, 374
sunitas, 285, 338

Tanur, 166
tapeçarias, 202, 316, 342, 368
  tapetes, 60, 186, 194, 342, 368
Tejo, 32, 35, 39, 43, 47, 51, 59, 66-67, 84, 110, 119, 129, 133, 167-68, 180, 206, 342
  palácio construído nas margens do, 168
Teldi, Francesco, 169-70
Terra de Vera Cruz, 120
Tomás, são, 30, 128, 152
Timbuktu, 37
Timoji, 107, 197, 281-83, 284-86, 288-90, 293-94, 296-98, 301, 304
  ataque a Goa planejado por, 382-83
  fuga de Palud Khan de, 287-88
  muçulmanos em Goa mortos por, 289
Timor, 311
Tiswadi, 281
Tokolor, 37
Tordesilhas, Tratado de, 52-53, 161, 310
Toscanelli, Paolo, 33
Trimumpara, 199
Trinidade, 322-25
Tristão da Cunha, 175, 206, 208, 212, 214, 341
Túnis, 60, 242
tupinambá, 120
Turan, xá, 368, 371
turbantes, 209, 222, 225
turcomanos, 195, 256
turcos, 81, 160, 222, 225, 261, 305, 335-36, 374

Ulmo, Fernão de, 41
Último desejo e testamento do elefante Hanno, 341

vagens verdes, 385
Vasconcelos, Diogo Mendes de, 303-04, 308, 336
Velho, Diogo, 237
veludos, 118, 271
Veneza, 18, 39, 66, 78, 88, 102, 112, 131-32, 168-70, 192-93, 196, 206, 311, 317, 345, 378, 382
  campanha otomana de, 174
  comitê de Calicute formado por, 169-70
  guerra comercial de Portugal com, 132
  no comércio de especiarias, 49, 56-57, 59, 66-68, 78, 89, 101-103, 112, 124, 131-32, 168, 261, 283
  redução de tarifas do Cairo desejada por, 156-57
  renegados em Goa de, 282
  sultão mameluco incentivado por, 193
Vermelho, mar, 45, 79, 112, 122, 130, 133, 137-39, 156-59, 176-78, 191-92, 195, 202, 206, 208, 209, 214, *215*, 217, 218, 220, 240, 279, 281, 285, 304, 317, 326, 333, 335, 344-47, 351, 354-58, 361, 366, 373, 383
  Albuquerque, guarda do, 208, 214-15, 217-19
  Albuquerque, preparação para a entrada no, 344-48, 355
  Almeida, plano para captura, 176, 279
  português, mapa do, *352*
  possível bloqueio do, 156-157, 279, 383
vermelhão, pigmento, 118
vidro, 60, 311
Vijayanagar, 282, 286, 288-89, 297, 304, 337, 338-39, 364
  rajá de, 278, 281
Vizinho, José, 32
Vaipim, 159

Wadan, 37
Waldseemüller, Martin, *358*

xiitas, 338

Yongle, imperador da China, 15-17

Zacuto, Abraham, 32, 59, 64
Zambezi, rio, 75
Zanzibar, 16, 109
Zeila, 214
Zheng He, 16, 20-21

SOBRE O AUTOR

ROGER CROWLEY é escritor e historiador, formado em história pela Universidade de Cambridge, na Inglaterra. Como filho de uma família de pessoas ligadas ao mar, seu fascínio pela história marítima e do mundo começou cedo, na ilha de Malta. Escreveu outros três livros sobre os impérios do Mediterrâneo e seu entorno – *1453: A Guerra santa por Constantinopla e o confronto entre o Islã e o Ocidente, Impérios do Mar* e *City of Fortune: How Venice Ruled the Seas*. Vive em Gloucestershire, na Inglaterra.

Conheça também outros títulos do selo Crítica

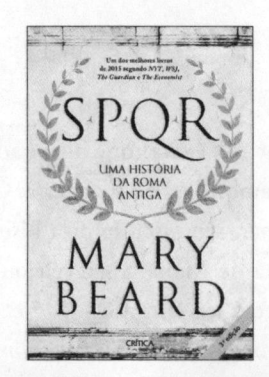

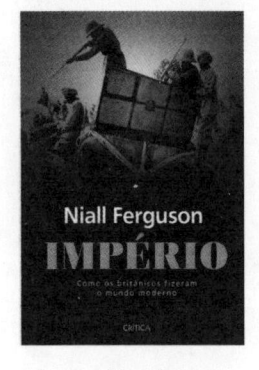

Acreditamos nos livros

Este livro foi composto em Adobe Garamond Pro e Bliss Pro e impresso pela Gráfica Santa Marta para a Editora Planeta do Brasil em agosto de 2022.